KB068440

카스트

카스트

가장 민주적인
나라의
위선적 신분제

CASTE: The Origins of Our Discontents

이저벨 윌커슨 지음
이경남 옮김

RHK
알에이치코리아

카스트 체제에서 살아남은 내 부모님과

그 제도에 도전했던 브렛을 기리며

아무도 내 말을 믿지 않는다.
좀 더 정확히 말해, 그들이 내 말을 믿지 않는 건
내 말이 사실이기 때문이다.[1]

– 제임스 볼드윈James Baldwin

많은 사람이 악의 근원에 대해 알게 된다면,
이를 치료할 날도 머지않을 것이다.[2]

– 알버트 아인슈타인Albert Einstein

격랑 앞의 조각배 하나

히틀러가 권력을 장악한 제3제국 시절에 찍힌, 유명한 흑백 사진이 하나 있다. 1936년 독일 함부르크의 한 조선소에서, 햇빛을 받으며 같은 방향을 바라보는 근로자 100여 명의 모습이 담긴 사진이다. 그들은 총통에게 충성을 맹세하는 표시로 오른팔을 뻗어 경례를 하고 있다.

자세히 보면 혼자 다른 포즈를 취한 남성이 서 있다. 점잖은 표정이지만 복종하지 않겠다는 의지가 분명해 보인다. 우리가 접하는 사진엔 화살표나 빨간 원으로 표시되어 있어 그를 금방 찾을 수 있다. 주변 사람들은 온통 나치의 망령에 홀려 있다. 모두가 손바닥을 쫙 편 채 허공에 팔을 뻗고 있지만, 그는 홀로 팔짱을 끼고 있다. 그만이 경례를 거부하고 있다. 그는 시류에 맞서는 유일한 사람이다.

지금에서야 하는 얘기지만 그 사진에서 역사의 옳은 편에 선 사람은 그 한 사람뿐이다.

그의 주변 사람들은 모두 잘못된 편에 섰다. 그것이 역사의 비극이자 운명이며, 역사가 내린 명백한 평가다. 그 순간 그 사실을 직시한 사람은 오직 그뿐이었다. 그의 이름은 바로 아우구스트 란트메서August Landmesser다. 당시 자신을 둘러싼 주변의 광기가 몰고 올 죽음의 가능성이 그 정도일 줄은, 란트메서도 몰랐을 것이다. 하지만 그는 어느 정도 알고 있었기에 그 광기를 거부할 수 있었다.

란트메서는 사진이 찍히기 몇 해 전 자진해서 나치당에 입당했다. 그는 나치가 독일 국민을 상대로 유대인을 호도하는 모습을 직접 목격했다. 당시 나치는 유대인을 버림받은 무리로 취급하며 제3제국 초기부터 그들을 겁주고, 비탄에 빠뜨리고, 와해시켰다. 란트메서는 유대인이 열등한 존재가 아니라는 걸 누구보다 잘 알고 있었다. 유대인은 자신과 다를 바 없는 독일 시민이었다. 그는 아리아인이었지만 유대인 여성과 사랑에 빠졌다. 하지만 그때 즈음에 제정된 법에 따르면 둘의 관계는 엄연히 불법이었다. 법은 두 사람의 결혼도, 성관계도 금지했다. 나치는 이 같은 관계를 '인종 모독'으로 간주했다.[3]

란트메서는 희생양으로 전락한 유대인을 직접 만나봤고 관계도 맺고 있었기에, 이 문제에 민감한 지배 카스트 구성원들(슬프게도 그들이 다수였다)이 거짓말과 편견에 너무 쉽게 속고 있다는 걸 알 수 있었다. 비록 자신은 아리안이었지만, 아리안이 자신들보다 못 하다고 여기던 민족의 인간성에 개방적이었고, 그래서 그들의 안녕에 관심을 가졌고, 그들의 운명과 자신의 운명을 별개로 생각하지 않았다. 그의 동족이 보지 않기로 한 것을 그는 볼 수 있었기 때문이다. 그의 행동은 조각배 하나로 대양의 파도에 맞서는 것만큼 무모한 짓이었다. 하지만 우리도 그의 입장이었다면 그렇게 행동했을 것이라 믿고 싶다. 우리가 제3제국 치하의 아리안 시민이라면, 분명 그들의 실체를 꿰뚫어 보고, 집단 히스테리에 맞서 권위주의와 야만적 행위에 저항했을 것이라 확신하고 싶다. 우리도 불의에 맞서 버림받은 무리를 두둔하는, 고난의 길을 택했을 것이라 믿고 싶다. 두려움을 극복하고, 불편과 조롱을 견디고, 이웃과 동료와 친구들의 냉소를 참아가며 말이다. 그러나 알고 지내는 모든 이로부터 미움받고, 배척받고, 추방당할 각오까지 되어 있지 않다면, 모두가 그 란트메서처럼 되는 것은 불가능할 듯하다. 시대를 막론한 란트메서가 되려면 무엇이 필요한가? 지금 이 시대의 란트메서에겐 무엇이 요구되는가?

차례

1장

피할 수 없는
투영의 시간

Infrared Light

박멸되지 않은
바이러스

좀처럼 잊을 수 없는 2016년 여름, 고대인들이 한 때 '땅끝'이라고 불렀던 시베리아 툰드라에 익숙지 않은 폭염이 덮쳤다. 지각이 충돌하던 미국의 정치 현장과 아득히 떨어진 북극권 지표면 아래엔, 어떤 열기가 대기 위로 솟아올랐다가 다시 하강하고 있었다. 러시아 야말 반도는 섭씨 35도까지 기온이 올라갔다. 평소엔 상상도 할 수 없는 온도였다. 산불이 발생했고 얼어 있어야 할 동토 아래에서는 메탄 기포가 부글거렸다.[1] 곧이어 원주민 목동들이 한 번도 겪어보지 않아 정체를 전혀 알 수 없는 병으로 앓아 눕기 시작했다. 12세 소년은 고열과 급성 복통에 시달리다 결국 사망했다. 러시아 당국은 비상사태를 선포한 뒤 가장 가까운 살레하르트 병원으로 수백 명의 병든 네네츠족Nenets(현지 유목민들)을 공수

했다.

과학자들은 시베리아 정착민들을 괴롭힌 병의 정체를 알아냈다. 전에 없던 열기가 평소보다 훨씬 더 깊이 러시아의 영구동토층을 파고들자, 세계가 전쟁을 치렀던 1941년 이후 그곳에 갇혔던 독소가 지표면 밖으로 올라온 것이었다. 범인은 탄저균이었다. 수십 년 전 순록 떼를 몰살시켰던 탄저균은 그들의 사체와 함께 영구동토층에 묻힌 채 숨어 있었다. 2016년 여름, 열기로 인해 부패한 순록들의 사체가 해동되면서 병균은 잠에서 깨어났다. 지표면 위로 올라온 탄저균은 예전과 다름없이 강력했다. 병원균 포자가 방목지에 스며들어 순록을 감염시켰고, 순록에 의지해 살아가는 목동들까지 감염시켰다. 탄저균은 없어진 게 아니었다. 혐오와 인종주의라는 인간 병원체가 21세기에 다시 기승을 부리듯, 탄저균은 때를 기다리며 잠자코 있다가 상황이 전환되자마자 지표면으로 올라와 다시 활개를 치기 시작했다.

△

지구 반대편에서는 세계에서 가장 오래되고 강력한 민주주의가 미국 역사에 정신적 단절을 가져올 선거를 앞둔 채 한바탕 경련을 치르는 중이었다. 아마도 여러 세대를 걸쳐 연구하고 해부해야 할 경련이었다. 그해 여름과 가을 그리고 이후로도 몇 년 동안 무슬림 금지령, 고약한 여자nasty women(도널드 트럼프Donald Trump 대통령이 여성 정적들에게 수시로 사용했던 문구-옮긴이), 국경 장벽, 거지 소굴 같은 나라shithole countries(트럼프가 아프리카나 중남미 등, 미국으로 이주민을 많이 보내는 나라를 비하한 말-옮긴이) 등의 문구를 통해 사람들이 자주 들었던 외침이 있었다. "이건 미국답지 않다", "이게 내 나라 맞나?", "예전에 우린 이렇지 않았잖아" 등. 모두 불신에 가득 찬 탄식이었다. 그러나 우리는 예전에도 그랬고 지금도 그렇다. 우리가 인정하고 받아들이는 것과는 상관없이.

북극에서 발생한 이상 열기는 미국까지 덮치고 말았다. 그해 늦여름 청색주blue state(민주당 지지자가 많은 주) 중에서도 푸른색이 짙은 항구 도시, 뉴욕의 브루클린에서 화가가 직업인 한 백인 남성이 장바구니를 옮기는 한 중년 백인 여성을 거들었다. 여성은 남쪽 코니아일랜드로 가기 위해 지하철역으로 가던 중이었다.

시기가 시기인지라 선거 얘기가 나오지 않을 수 없었다. 미국 역사상 처음으로 여성이 다수당 후보로 대선에 도전하고 있었다. 이 여성 후보는 이미 유명 인사였고, 자신이 다뤄야 할 정책이나 위기를 확실하게 파악하고 있었다. 반대파에게는 별다른 감흥이 없겠지만 기존의 측정 방식을 따른 몇 가지 평가에 의하면 자격이 차고도 넘치는, 두말할 필요 없는 유명한 인물이었다. 그녀의 상대는 충동적인 성격의 억만장자이자, 자신과 다른 성향의 사람에게 가리지 않고 모욕을 주는 버릇을 가진, 리얼리티 TV쇼 스타였다. 전문가들은 그가 공직 경험이 전혀 없으므로 대통령직은 고사하고 당내 경선 문턱도 넘지 못할 것이라 분석했다.

이 남성 후보는 전 세계가 지켜보는 토론장에서 스토커처럼 여성 후보 뒤를 서성였다. 그는 여성의 성기를 움켜잡는 짓을 자랑처럼 떠벌리고, 장애인을 조롱했다. 자신의 의견에 동의하지 않는 사람과 언론에 폭력을 행사하도록 지지자들을 부추겼다.[2] 그의 추종자들은 이 억만장자가 주인공인 대규모 집회에서 상대 여성 후보를 향해 "저 여자를 감옥으로!"라고 외치며 야유했다. 그의 말투와 행동거지가 너무 상스러워 일부 뉴스에선 사전에 부모가 자녀들의 시청을 자제하도록 권고했다. "그가 직책에 부적합한 인물이라는 사실이 너무도 분명했기에, 그의 대선 출마는 백악관을 향한 진지한 시도라기보다는 장난에 가까워 보였다." 2016년에 〈가디언*The Guardian*〉은 그렇게 논평했다.[3]

겉으로만 보면 미국 정계의 단골 메뉴인 인종은 이슈가 아니었다. 두 후보 모두 백인이었고, 처음부터 이 나라를 지배해 온 집단에 속해 있었다. 그러나 여성 후보는 대체로 인도주의적 사고방식을 가진 사람들과 소외된 사람들이 편의상 손잡은, 진보 정당을 대표하는 이였다. 남성 후보는 수십 년간 주로 백인 유권자들에게 유리한 정치를 표방하며, 그들에게 호소력 짙은 낡은 사회질서를 보호해 온 보수 정당을 대표하는 이였다.

두 후보는 극과 극이어서 상대방 지지자들로부터 똑같은 혐오를 받았다. 선거철마다 드러나는 양극화로 미국 시민들은 둘로 갈라져 자기 편에 충성을 선언하거나 후보의 말 한마디에 들썩이며 환호했다. 평소와 다름없었을 어느 날, 브루클린의 그 화가가 자신보다 나이 많은 여성의 장바구니를 들어주자 여성은 대통령으로 누구를 찍을 예정이냐고 물었다. 진보 성향의 정치관을 가진 남성은 경험이 많은 민주당 후보에게 투표할 거라고 말했다. 순간 장바구니를 들고 있던 그 여성의 얼굴에 불쾌한 기색이 스쳤다. 납득이 가지 않는다는 표정이었다. 건국 이래 계속 다수였던 다른 미국인과 마찬가지로 그녀는, 이민 정책을 혐오하는 억만장자 후보의 거침없는 언변에 한껏 고조되어 있었다.

불과 몇 주 전 그 억만장자는 5번가에서 자신이 누군가를 총으로 쏘더라도 지지자들은 여전히 자기에게 투표할 것이라고 호언장담했다.[4] 무거운 식료품 바구니를 든 그 여성도 억만장자의 지지자였다. 민주당의 성지인 곳에서 그녀는 그 화가가 뭘 착각하는지, 투표를 똑바로 하는 것이 왜 시급한 문제인지 한 수 가르쳐 주기로 했다. "그래요. 가끔 말이 너무 많아 탈인 건 사실이에요." 그녀는 그렇게 밑밥을 깐 다음 잠재적 개종자에게 한 발 가까이 갔다. "하지만 그가 우리의 주권을 되찾아 줄 거예요." 폭포 같은 폭로전이 시작될 TV 토론 방영이 코앞이었다. 그 화가의 머릿속에는 그 순간 문득 가능성도 희박하고 전례도 없지만 어쩌면 대선에 출마한 인물 중 역대급으로 경험이 없는 난데없는 TV쇼 스타가 자유세계의 지도자가 될 수 있겠다는 생각이 스쳤다.

선거 운동은 단순한 정치 싸움 정도로 그치지 않았다. 그것은 발밑에서 구조가 뒤바뀌는 중인 나라의 주도권을 놓고 벌이는 실존의 투쟁이었다. 브루클린의 화가, 코니아일랜드로 가는 여성은 지배 카스트였다. 지배 카스트는 유럽인 조상을 둔 채 공화국 건립 이전부터 무언의 계층 구조 속에서 역사를 장악한 사람들이다. 그러나 라디오 토크쇼와 케이블 TV에서는 몇 년 전부터 전체 인구 중 백인의 비율이 점차 줄어들고 있다는 말이 나돌았다. 2008년 미국 인구조사국U.S. Census Bureau은 2042년이 되면 지금과 다른 인구 구성을 겪어본 적이 없는 이곳에서, 역사상 처음으로 백인이 과반수 자리를 내어줄 것이라고 발표했다.[5]

참담한 재정 위기를 맞고 있던 2008년의 가을, 오랫동안 세상

21

을 지배해 온 카스트가 우월한 지위에서 미끄러질 수 있다는 사실을 예고하듯 그동안 최하위 카스트에 속했던 한 사람이 미국의 대통령으로 당선되었다. 그의 부상은 탈인종주의와 그 반대파들 모두가 성급한 선언을 하도록 자극했다. 그를 반대하는 부류의 유일한 목표는 그가 미국에서 태어나지 않았음을 증명하는 것이었고, 그들은 2016년에 스스로 대선에 출마한 억만장자의 선거 운동으로 실체를 드러냈다.

△

지표면 아래에서는 불평불만이 부글거렸다. 지지자들의 신경세포는 지배 카스트의 대담한 투사가 그들의 열망을 대변해 줄 것이라는 전망에 들떠 있었다. 그래서인지 사람들은 더욱 대담해졌다. 뉴저지 남부의 한 경찰 간부는 '아프리카계 미국인 소탕' 문제를 언급하며 민주당 여성 후보가 모든 소수민족에게 굴복할 것이라고 투덜댔다. 그해 9월, 그는 수영장을 무단 사용한 혐의로 체포된 10대 흑인 소년을 구타했다. 목격자들의 말에 따르면 그 경찰관은 수갑이 채워진 소년의 머리를 농구공처럼 붙잡은 채 금속으로 된 문설주에 박았다고 했다. 선거가 다가오자 그 경찰 간부는 부하 경찰들에게 이 TV쇼 스타가 백인들의 마지막 희망이라고 공언했다.[6]

전 세계의 관측통들은 이번 선거의 심각성을 깨달았다. 베를린과 요하네스버그, 델리, 모스크바, 베이징, 도쿄의 구경꾼들은 개표 상황을 지켜보기 위해 밤늦도록 TV 앞을 지켰고 몇몇은 새벽까지 깨어 있었다. 미국인이 아닌 사람들은 쉽게 이해되지 않겠지만, 선거의 승패는 국민 투표로 결정되는 것이 아니라 노예제가 존재하던 시절 미국이 발명한 선거인단 투표로 결정된다. 각 주에서는 그들의 행정구역 내의 일반 투표 결과와, 자신에게 할당된 선거인단의 투표 결과에 따라 승자를 선언한다.[7] 그때까지 선거인단이나 이와 유사한 메커니즘이 전체 득표 결과를 뒤집은 선거는 5회에 불과했는데, 2회가 21세기에 일어났다.[8] 2016년 대선이 바로 그중 하나였다. 이례적인 상황의 충돌이었다.

이 선거를 계기로 미국은 고립주의와 종족주의로 치닫는다. 주변에 울타리를 두른 채 자신만을 보호하고, 부를 숭상하며, 지구 전체를 희생시켜서라도 필요한 것을 얻고야 말겠다는 의지를 분명히 천명한다. 투표 집계가 완료되고 억만장자의 승리가 확정되자 전 세계, 이 나라의 인종과 정치사에 별 관심이 없던 사람들까지도 모두 충격에 휩싸였다. 조지아의 골프장에서 라운딩하던 억만장자는 더욱 내키는 대로 자신의 의중을 드러낼 수 있게 되었다. 그는 다른 인간들을 노예로 부릴 권리를 지키기 위해 미합중국을 상대로 전쟁을 벌인, 아메리카 남부 연합의 아들이었다. 그 선거는 그의 승리이자 그를 낳은 사회질서의 승리였다. 그는 자신을 둘러싼 사람들에게 말했다. "각자 자신의 분수를 알던 시절이 있었습니다. 그 시절로 돌아갈 때입니다."

선조들의 폐쇄적 위계 구조, 낡아빠진 질서로 돌아가려는 정서는 곧 헤드라인을 장식한 혐오 범죄와 집단 린치의 물결을 타고 전 지역으로 확산되었다. 취임식 직후 캔자스에서는 한 백인이 인도 기술자를 총으로 쏴 살해하면서 그와 그의 인도 동료에게 고함을 질렀다. "내 나라에서 나가라!" 그다음 달에는 말쑥한 외모의 백인 퇴역 군인이 흑인들을 죽여야 한다는 사명감에 불타 볼티모어에서 뉴욕으로 가는 버스에 올라탔다. 그는 타임스스퀘어에서 66세의 아프리카계 미국인 남성을 뒤쫓아 가 칼로 찔러 살해했다. 그는 뉴욕에서 테러 혐의로 유죄 판결을 받은 최초의 백인 우월주의자가 된다.

오리건주 포틀랜드의 만원 통근열차에서도 한 백인 남성이 인종차별적인 반이슬람 구호를 외치며 10대 소녀 2명을 공격했다. 한 소녀는 히잡을 쓰고 있었다. "썩 꺼져! 여기엔 미국인만 있으면 돼." 백인 남성 3명이 소녀들을 지키기 위해 나서자 그는 그들을 칼로 찔렀다. 범인은 교도소로 끌려가는 길에 경찰관에게 그렇게 말했다. "나는 애국자요. 내가 찌른 놈들이 다 죽었으면 좋겠어." 안타깝게도 2명은 부상이 깊어 목숨을 잃고 말았다. 2017년 여름 버지니아 샬러츠빌에서는 한 백인 우월주의자가 차를 타고 혐오 반대 시위를 벌이던 군중을 향해 돌진하여 헤더 하이어Heather Heyer라는 젊은 백인 여성의 목숨을 앗아갔다. 그녀는 세계가 주목하는 가운데 남부 연합의 기념물 철거를 놓고 백인 우월주의자들과 대치 중이었다.

2017년에는 현대 미국 역사상 가장 끔찍한 사건들이 연이어 터졌다. 라스베이거스에서는 미국 최대의 총기 참사가 일어났고, 전국의 공립학교·주차장·거리·슈퍼마켓 등에서 잇따라 대규모 총기 난사 사건이 발생했다. 2018년 가을에는 피츠버그의 유대교 회당에서 예배를 드리던 신도 11명이 살해되는 사건이 일어나 미국 내 최악의 반유대인 테러로 기록되었다. 켄터키 루이빌 외곽에서는 한 남성이 아프리카계 미국인들이 다니는 교회를 테러의 표적으로 삼았다. 그는 교회로 쳐들어가 성경 공부를 하던 사람들을 쏘려 했으나 잠긴 문이 열리지 않자, 근처 슈퍼마켓으로 달려가 처음 마주친 아프리카계 미국인들을 살해했다. 식료품을 사기 위해 주차장에서 슈퍼마켓으로 들어가던 여성과 손자, 함께 포스터용 판지를 사던 남성 모두 아프리카계 미국인이었다. 범인은 주차장에서 무장한 행인과 마주치자 그를 향해 소리쳤다. "쏘지 마라. 나도 당신을 쏘지 않겠다. 백인은 백인을 쏘지 않는다."

이후 몇 달 동안 신임 대통령이 몇 가지 조약에서 탈퇴하고 독재자들과 협상 테이블에 앉자, 관측통들은 민주주의의 종말에 절망하며 두려운 눈으로 공화국을 바라보았다. 새 지도자는 2016년에 발효된 파리 협약을 탈퇴해 세계에서 가장 오래된 민주주의를 위축시켰다. 파리 협약은 세계 여러 나라가 기후 변화와 싸우기 위해 머리를 맞대고 만든 것이었다. 많은 사람이 '미국의 탈퇴는 지구를 지키기 위한 싸움에서 패배한 것이나 다름없다'며 우려를 감추지 않았다.

곧이어 일단의 저명한 정신과 의사들은 새로 임명된 자유세계의 지도자가 좋지 못한 자아도취에 빠져 대중을 위험에 빠뜨리고 있다며 경고하고 나섰다. 이들은 직업상 자신과 타인에게 위해가 되는 경우가 아니면 진단 결과를 발설할 수 없는 전문가들이었다. 집권 2년 차에 남쪽 국경 근처에서는 갈색 피부의 아이들이 망명을 요청한 부모와 강제로 떨어져 철조망 울타리 안에 격리되었다. 공기, 물, 멸종 위기종을 보호하려는 수십 년간의 노력도 한순간에 무위로 돌아갔다. 선거 캠프 자문단의 부패 혐의에 관한 수사가 확대되면서, 참모들은 실형을 선고받았다. 현직 대통령은 외세의 대리인이냐는 소리까지 나왔다.

야당은 정부 3부의 요직을 모두 잃고 우왕좌왕했다. 2018년에 가까스로 하원을 되찾았지만, 그래봐야 입법부의 절반 정도였기에 정부 전체에서 6분의 1을 차지한 것뿐이었다. 그 때문에 그들은 애당초 의도한 탄핵 발의를 망설이고 있었다. 억만장자의 기반을 함부로 자극했다가 역풍을 초래할까 우려하는 사람도 많았다. 트럼프를 지지하는 유권자는 소수였지만, 그들 구성원 대부분이 지배 카스트에 속해 있었기 때문이다. 대통령 추종자들의 조건 없는 충성과 야당의 망설임은, 정치가 기본적으로 갖춰야 할 견제와 균형의 체계를 위태롭게 만드는 듯 보였다. 사우스캐롤라이나 민주당 의장의 말대로, 한동안 미국은 '완전한 기능적 민주주의' 국가로 제 역할을 할 수 없게 되었다는 뜻이었다.[9]

집권 3년 차에 대통령은 야당 하원에 의해 탄핵 소추되었으나 상원의 지지 세력 덕분에 무죄판결을 받았다. 노선에 따라 갈라진 표는 나라 전체의 분열을 그대로 반영했다. 미국 역사상 세 번째 탄핵 판결이었다.[10] 이후 300일이 지나도록 워싱턴의 책임정치를 상징하는 백악관 언론 브리핑은 이루어지지 않았다.[11] 너무 말없이 사라진 탓일까? 이런 기본 절차마저 지켜지지 않고 있단 사실을 알아차린 사람은 거의 없는 듯했다.

그러다 100여 년 만에 고개를 든 최악의 전염병이 인류의 발을 꽁꽁 묶었다.[12] 대통령은 이 중국발 바이러스가 거짓말처럼 사라질 것이라고 일축하고는 현재의 야단법석은 날조일 뿐이라며, 자신에게 동의하지 않거나 경고하는 사람들을 비방했다. 몇 주 지나지 않아 미국은 세계 최대의 발병국이라는 오명을 썼고, 주지사들은 진단 키트와 인공호흡기를 내놓으라고 탄원했다. 일부 지역에선 간호사들이 감염을 막기 위해 쓰레기봉투를 뒤집어쓴 채 환자를 돌보는 모습도 목격되었다. 국가는 충격에 대처할 힘을 잃어갔다. 한 치 앞을 내다볼 수 없는 상황은, 우리 일상이 되어버렸다.

△

미국이 어쩌다 이렇게 되었을까? 모든 관례를 어긴 채, 나라와 전 세계를 검증되지 않은 유명인사의 손에 넘긴 수천만 유권자의 선택을 어떻게 설명할 것인가? 그는 전임자들과 달리 참전한 경험도, 공직을 맡은 적도 없었다.[13] 그의 수사修辭는 마치 극단주의자들을 끌어들이는 자동유도장치처럼 보였다. 탄광의 광부와 자동차 노동자가 경제 침체에 불안을 느꼈던 탓일까? 산업 중심지 사람들이 코스털 엘리트coastal elite(교육 수준이 높고 경제적으로 부유한 동서 양안 대도시 사람)에게 거세게 반발한 것일까? 일부 유권자들이 변화를 각오한 것일까? 여성으로서는 처음으로 국가 최고 직책에 가까이 다가간 후보가 정말 "선거 운동을 볼썽사나운 난장판으로 만들었"기 때문일까?[14] 투표소에 도시 유권자들(흑인)은 나오지 않고 근본주의자들(백인)만 나와서일까? 정치사의 전환점에서 진보주의자들이 늘 말하던 것처럼, 자녀를 위한 의료보험이나 교육 지원도 필요하고 마실 물과 임금도 지켜야 할 처지인 평범한 사람들이 어떻게 "자신의 이익에 반하는 투표"를 할 수 있을까? 이것들은 모두 나중에 유행처럼 회자한 해석들이지만, 몇 가지는 일리가 있어 보인다.

땅이 하룻밤 사이에 이동했다. 그렇게 보였다. 우리는 오래전부터 지진을 판의 충돌로 규정해 왔다. 구조판의 충돌로 땅의 한쪽 쐐기가 다른 쪽 아래로 밀려 들어가 지진을 일으키면, 지상에서도 지표면 아래에서 벌어지는 대치 상황을 아주 쉽게 인지할 수 있다고 여겼다. 전형적인 지진에서는 발밑의 땅이 흔들리고 갈라지는 것을 느낄 수 있고, 파괴된 지형과 그 뒤에 오는 쓰나미도 볼 수 있다.

진행 중에 쉽게 측정할 수 있는 것, 이것이 우리가 아는 익숙한 지진이다. 하지만 사실 과학자들이 최근에 알아낸 사실이 있다. 우리가 알아채기 한참 전부터, 발밑에서 30킬로미터 이상 떨어진 곳에서 구조판이 우르릉거리며 서서히 이동해 혼란을 야기할 준비를 하더라도, 너무 깊어 감지할 수 없거나 너무 조용해서 측정하지 못했다는 것이다. 지진은 우리가 눈으로 보고 몸으로 느낄 수 있을 만큼 강력하지만, 지표면 위로 그 위력을 드러내기 전까지는 소리 없이 진행되므로 탐지되지 않는 기간이 상당히 길다. 지구 물리학자들은 최근에 개발한 정밀 기술을 통해, 보이지 않는 깊은 곳에서 일어나는 동요까지도 탐지할 수 있게 되었다. 이 동요가 바로 침묵 지진silent earthquake이다. 우리 역시 마찬가지다. 최근에야 이런 불화의 시대를 겪게 만든 환경을 통해, 인간의 마음속에서 일어나는 침묵 지진을 감지하고 우리가 가진 불만의 기원을 발견한 것이다.

선거의 열풍 속 불길한 예감의 전조가 드리우던 해, 세계 최북단 시베리아에서 사람들은 몇 달 전 겪은 치명적인 이상 열기의 충격에서 벗어나, 정상으로의 회복을 위해 안간힘을 쓰고 있었다. 원주민 목축업자들 수십 명 중 일부는 격리되었고 나머지는 지시에 따라 다른 곳으로 주거지를 옮겼다. 그들이 거주하던 천막은 소독되었고 당국은 살아남은 순록과 목동들을 상대로 집단 예방 접종에 착수했다. 마지막 발병 이후 수십 년이 지났기에 지난 몇 년 동안 예방 접종을 하지 않았던 그들은, 문제의 원인을 과거에서 찾았다. 한 러시아 생물학자는 러시아의 한 뉴스 사이트에 나와 과거의 일이 명백한 실수였다고 시인했다.[15] 군 당국은 당시 폐사한 수천 마리의 순록을 처분하면서 병원균 포자가 다시 퍼지지 않도록 신중하게 조치했어야 했다.[16] 병원균을 완벽히 없애기 위해선 사체를 매장하는 것만으로는 부족했다. 소각장에서 섭씨 500도 이상으로 소각한 다음, 재와 주변의 땅까지 소독해 병원균을 말끔히 죽여야 후세의 사람들을 안전하게 지킬 수 있다.[17]

무엇보다도 인류에게 더 큰 골칫거리는 정신이 번쩍 들게 하는 2016년과 여전히 새천년인 두 번째 10년이 던지는 메시지였다. 지구의 대양과 인간의 마음속에서 솟아오른 열기는 오랫동안 묻혀 있던 위협적인 존재들을 되살려냈다. 어떻게 해도 죽일 수는 없고 기껏해야 억제만 가능한 몇몇 병원체는, 아마도 예상되는 돌연변이에 대처할 백신을 계속 개선해 나가는 방법으로나 간신히 처리할 수 있을 것이다.

아주 오래되고 내성이 강한 바이러스와 싸우려면, 예상보다 더 많은 대비가 필요하단 걸 인류는 깨달았다. 언제나 존재하는 위험에 관한 지식, 노출되지 않게 각자 알아서 가져야 할 조심성, 긴 수명과 돌연변이 능력, 동면해 다시 깨어나는 바이러스의 생명력에 대한 경계심 등. 이런 전염성 병원체는 바이러스가 다 그렇듯 절멸시킬 수는 없고, 발현되지 않게 억제하며 미리 손을 쓰는 도리밖에 없다. 결코 그것들의 부재를 당연하게 여겨서는 안 되며, 그것들의 끈질긴 생명력을 과소평가해서도 안 된다. 현재로서는 예측과 경계 심만이 가장 효과적인 해독제일 뿐이다.

병력의 치유력

병원에 가면 의사는 진료를 시작하기 전에 우리의 병력부터 확인한다. 우리의 병력뿐 아니라 부모와 조부모의 병력까지 캐묻는다. 병원에 도착하면 먼저 그들이 건네주는 설문 양식에 필요한 사항을 기입해야 의사를 만날 수 있다. 대대로 거슬러 올라가는 병력을 알기 전까지 의사는 섣부른 진단을 내리지 않는다.

의학적으로 과거와 현재의 불편한 점과 현재 우리 몸이 노출된 대상, 용케 견뎌낸 증상 등. 몸에 관한 기록을 여러 장 작성할 때, 그동안 질병에 시달리고도 안 아팠던 척하거나 지금 이 순간 여기까지 오게 만든 진실의 전모를 부정한다면 효과적인 치료를 받을 수 없을 것이다. 돌이켜봐도 그것들을 외면하고 해결했던 문제는 거의 없었다.

한 나라의 역사를 들여다보는 것은 가족 내 알코올 중독, 우울증 내력, 자살 빈도수, 유방암감수성유전자 돌연변이 표지 여부 등의 사실을 알아내는 행위와 크게 다르지 않다. 또한 이런 요인을 찾아냈다고 해서 우리는 죄책감이나 수치심에 혼자 구석에 틀어박혀 끙끙대지 않는다. 나아가 현명하다면 그런 사실을 함구하지 않는다. 오히려 그 반대다. 처음에는 혼자서 방법을 찾지만 곧 같은 전력을 가진 사람이나 같은 문제를 다루는 전문가들에게 사실을 털어놓는다. 그래서 문제가 무엇인지, 그 결과는 어떻게 되는지 알아낸다. 선택할 수 있는 해결 방법과 치료법을 배운다. 기도하거나 명상에 의지하기도 한다. 그런 다음 우리 자신과 후손을 보호하기 위한 조치를 취하고, 두 번 다시 그런 문제가 발생하지 않도록 모든 것을 분명하고 확실하게 처리해야 한다.

낡은 집을
비추는 엑스레이

      검사 전문가는 기이하게 굽은 천장 부분에 적외선 렌즈를 갖다 댔다. 눈에 보이지 않는 빛줄기가 라스^{lath}(일종의 철망)를 헤치며 '눈으로 볼 수 없는 것'들을 점검했다. 몇 년 전에 지어진 낡은 그 집을 살피다 나는 손님용 침실 천장의 한 구석 미장 부분이 약간 부풀어 오른 것을 발견했다. 아무리 봐도 특이했다. 지붕을 새로 얹었는데도 천장의 그 부분은 시간이 갈수록 파도처럼 더 넓어지고 불룩해졌다. 몇 년 동안 잊고 지냈던 건물이었다. 오래된 집은 푸근한 큰고모님 같은 존재여서, 얘기해 달라고 졸라대면 수수께끼 같은 신비한 사연들이 하나씩 술술 풀려 나온다. 이 처마 안쪽은 왜 남동쪽 구석으로 말려 들어간 거죠? 이 변색된 벽돌 조각 뒤에는 무엇이 있나요? 오래된 집은 손볼 데가 끊이지 않아, 수리가 완벽히 끝나는 날이 오리라 기대하지 않는다.

미국은 오래된 집이다. 그러니 수리가 완벽히 끝났다고 선언하는 일은 앞으로도 없을 것이다. 집에는 바람과 홍수와 가뭄 외에도 들고나는 인간의 변덕이란 요소가 있다. 처음 지어졌을 때 못 보고 지나쳤던 결함 때문에 가뜩이나 힘들게 버티고 있는 구조물은 타격을 입는다. 오래된 집에 사는 사람이라면 폭풍이 지나간 뒤 지하실이 무슨 피해를 입었는지 무척 궁금해질 것이다. 당연히 알아보고 싶겠지만, 사실 대면할 엄두는 나지 않는다. 그래서 확인하지 않기로 한다. 위험해도 어쩔 수 없다. 하지만 오래된 집을 소유한 사람은 못 본 척한다고 위험이 사라지진 않는다는 사실을 안다. 찾아내기로 작정하든 그렇지 않든, 숨어 있는 결함은 보이지 않는 곳에서 그 상태로 곪을 것이다. 아무것도 하지 않는다고 안전한 상태로 조용히 넘어갈 수 있을까? 그렇지 않다. 없어져 주길 바랐던 것들, 우리가 외면하기로 했던 것들은 용기를 내어 마주하기 전까지 우리를 조금씩 갉아먹을 것이다.

우리는 오래된 집을 물려받은 주인이다. 외부는 그럴듯하지만 지반이 불안정하고 돌투성이인 땅 위에 세워진 집이다. 여러 세대를 거치며 지반이 솟거나 내려앉아 생긴 균열에, 우리는 수차례 덧칠을 했다. 하지만, 수십 년, 심지어 수백 년 동안 보이지 않는 균열은 속으로 점점 더 깊어졌다. 흔히들 이렇게 말할 것이다. "이 모든 문제의 발단이 무엇인지는 모르지만 나는 상관이 없어. 과거에 저질러진 잘못과 나는 아무런 상관이 없다고. 내 조상들은 원주민을 공격한 적도 없고 노예를 소유했던 적도 없어." 맞다. 이 집이 지어졌을 때에는 우리 중 누구도 여기 없었다. 우리 바로 선대의 조상들도 그 일과 아무런 상관이 없었을 것이다. 하지만 균열과 휘어진 벽과 이음새들을 안고 있는 이 집을 차지해 살고 있는 사람은 다름 아닌 우리다. 우리는 좋든 나쁘든 옳든 그르든 이 집을 물려받았다. 반듯하지 못한 기둥이나 비뚤어진 바닥장선을 세운 사람은 우리가 아니지만, 그 문제를 처리해야 할 사람은 우리다. 이 문제를 더 악화시킬 것인지 여부는 사실 우리 손에 달렸다.

직접 해결하지 않는 이상 파열과 사인장 균열(부재에 비스듬히 발생하는 균열 – 옮긴이)은 저절로 고쳐질 리 없다. 독소는 사라지지 않은 채 퍼지고 배어 나오고 변이될 것이다. 오래된 집에 살다 보면 기존 구조에 감춰진 특이성과 위험에 적응하게 된다. 우리는 젖은 천장 밑에 양동이를 놓고, 삐걱거리는 마룻바닥에 지지대를 받친 채 계단의 썩은 나무 발판을 조심스레 밟는 법을 배운다. 처음에는 어색해도 금방 익숙해지고, 익숙해질 수 없는 것은 그저 불편한 상태로 견딘다. 그렇게 지내다 보면 있을 수 없다고 생각한 일도 별것 아닌 일이 된다. 그렇게 여러 세대를 거치며 우리는 살다 보면 이해되지 않는 부분도 있다고 믿는다.

△

인테리어 전문가는 천장의 수수께끼를 풀기로 작정한 뒤 먼저 습기를 확인하기 위해 센서를 갖다 댔다. 확실한 결론을 얻지 못한 그는 적외선 카메라를 꺼내 사진을 찍었다. 문제를 확인하기 전에는 손을 댈 수 없다고 판단한 것 같았다. 엑스레이를 찍자 벽지와 페인트칠을 한 뒤쪽 벽토 내부의 상태가 보였다. 오래전에 지어진 구조물이었기에 이와 같은 검사가 필요했다.

오래된 집들이 다 그렇듯, 미국에도 보이지 않는 골격이 있다. 바로 카스트 체제다. 카스트 체제는 겉으로는 드러나지 않지만 샛기둥이나 바닥장선처럼 집의 핵심 구성 요소로 작용한다. 카스트는 분열의 기반을 이루는 미국의 하부구조다. 그것은 인간을 나누는 위계 구조로, 미국의 경우 400년 된 사회 질서를 유지하기 위한 잠재의식 속 규약이다. 카스트를 들여다본다는 것은 이 나라에 엑스레이를 들이대는 일이다.

카스트 체제는 인간의 가치를 미리 정해진 서열에 따라 구축하는 인위적 구조물이다. 한쪽을 우월한 집단으로, 다른 한쪽을 열등한 집단으로 구별하기 위해 2개의 특징을 기준으로 삼았다. 하나는 조상, 또 하나는 변하지 않는 신체적 특징이다. 이 두 특징은 개념상으로는 중립적이지만 위계 구조 속에서는 생사를 가르는 문제가 된다. 카스트 체제는 엄격하고 때로는 자의적인 경계를 활용해 서열화된 집단으로 사람들을 갈라놓아 구별한 다음, 각자 지정된 위치를 지키게끔 만든다.

인류의 역사에서 카스트 체제는 크게 3개가 있다. 사람들을 공포에 떨게 만들어 비극으로 치닫다 진압된 나치 독일의 카스트 체제. 좀처럼 사라질 기색 없이 수백 년을 이어온 인도의 카스트 체제. 마지막으로 드러나거나 언급되지는 않지만 형체를 바꿔가며 존속해 온, 인종에 기반을 둔 미국의 카스트 피라미드. 이 세 카스트 체제는 특정 부류에 열등한 족속이라는 낙인을 찍어 서열의 밑바닥에 묶어둔 채, 규칙대로 실행하고 합리화하기 위한 비인간적 행위를 정당화했다. 그래도 이 체제가 유지되는 건, 지배 계급이 카스트가 경전이나 자연 법칙에서 비롯된 신성한 의지라고 강변하고, 문화 전반에 걸쳐 이를 강화하고 대대로 전승하게 만들기 때문이다.

일상 속 카스트는 영화가 상영 중인 어두운 극장에서, 손전등을 바닥에 비추며 지정된 좌석으로 안내하는 말 없는 가이드와도 같다. 카스트는 감정, 도덕 문제로 부여받는 것이 아니다. 카스트는 권력이다. 어떤 집단은 권력을 갖지만 또 어떤 집단은 그렇지 못하다. 카스트는 자원을 놓고 누구는 가질 자격이 있다고, 누구는 그렇지 않다고 여긴다. 그에 따라 어떤 이는 자원을 획득하고 통제하지만, 그럴 수 없는 이들도 있다. 카스트는 존중·권위·자격을 미리 전제하는 기준으로, 누구는 이런 것에 합당한 존재이지만 누구는 그렇지 못하다고 규정한다.

모든 범주의 인간에게 가치를 매기는 카스트는, 종종 인식하지 못한 곳까지 우리를 데려간다. 카스트는 인간의 특징에 관해 무의식적으로 매긴 서열을 우리 뼛속에 깊이 새겨놓는다. 규정·기대·스테레오타입이라는 말을 앞세워, 인류의 모든 집단을 상대로 잔혹 행위를 벌이고 이를 정당화한다. 미국의 카스트 체제에서 서열을 나타내는 표식은 쉽게 말해 '인종'으로, 외모를 근거로 한 분류법이다. 미국에서 인종은 카스트가 가장 아끼는 수단이자 충직한 앞잡이다.

인종은 카스트 체제를 대신해 온갖 힘든 일을 떠맡는다. 인류를 인종이라는 언어로 보도록 훈련받았다면, 카스트는 그것의 기본 문법이다. 모국어를 배우듯 우리는 어릴 때부터 그 비밀을 해독하는 법을 익힌다. 카스트는 마치 문법처럼 말하는 방법뿐 아니라 정보를 처리하는 방법까지 알려준다. 보이지 않는 가이드가 되어 생각하지 않아도 문장을 즉각 떠올리게 해준다. 우리는 따로 문법 수업을 듣지 않아도 본능적으로 타동사에는 목적어가 필요하고, 주어에는 서술어가 붙는다는 것을 알고 있다. 마찬가지로 '인종'이라는 말을 입 밖에 낼 때 우리는 흑인이나 백인, 라틴계, 아시아인, 토착민들을 떠올린다. 각각 명칭의 밑바탕에는 수백 년에 걸친 역사가 있고, 우리는 위계 구조 속에서 신체적 특징에 일정한 추측과 가치를 부여한다. 사람들의 생긴 모습, 그보다 그들에게 할당되었거나 그들이 소속돼 있다고 인식되는 인종은 그들의 카스트가 무엇인지 알려주는 가시적 단서다. 대중에게 카스트는 역사와 관련된 플래시 카드와도 같다. 사회에서 어떤 대우를 받을지, 어디서 살지, 어떤 직책을 맡을지, 도시의 어느 구역에 머무를지, 어떤 주제에 대해 말할지, 병원에서 어떤 진통제를 투여받을지. 유독성 폐기물을 버리는 이웃들이 있을 확률, 수도꼭지에서 오염된 물이 나오는 곳에 살 확률, 아무런 잘못도 없이 경찰의 총에 맞을 확률 등을 예측할 수 있게 해준다.

우리는 알파벳 글자가 하나의 단어로 조합되기 전에는 아무 의미가 없다는 사실을 안다. 우리는 그 단어가 문장에 삽입되고 그것을 말로 내뱉는 사람들에 의해 해석될 때까지는 의미가 생기지 않는다는 것을 안다. 흑과 백이라는 말을 생각해 보자. 흑과 백은 흑색도 백색도 아닌, 오히려 갈색과 베이지색, 상아색 등 조금씩 농도가 달라지는 피부색의 사람들에게도 적용되었다. 카스트 체제 역시 사람들을 양극단에 위치시킨 뒤 그 사이의 여러 단계에 의미를 부여한다. 그다음 각각의 카스트가 예전에 맡았거나 지금 맡은 역할,

해도 되거나 해야 하는 역할을 강조하며 그 의미를 되새김한다.

카스트와 인종은 동의어도 아니고 배타적인 개념도 아니다. 둘은 같은 문화 속에 공존할 수 있고 실제로 공존하며 서로를 강화하기도 한다. 미국에서 카스트는 보이지 않는 힘이다. 인종은 이 힘을 실현할, 눈에 보이는 대리인이다. 카스트는 뼈대고 인종은 피부다. 인종은 우리가 볼 수 있는 신체적 특성에 자의적 의미를 부여해, 그 사람이 누구인지 금방 알려준다. 카스트는 각 집단이 각자의 분수를 지키도록 만드는 강력한 하부구조다.

카스트는 엄격히 지켜지는 불변의 법칙이지만, 인종은 유동적·표면적 조건이라 지배 카스트의 요구에 따라 일정한 간격을 두고 다시 정의될 수 있다. 백인의 자격 요건은 수백 년 동안 계속 바뀌었지만, 지배 카스트와의 관련성만큼은 처음부터 고정된 채 그대로였다. 백인의 정의에 부합하는 사람은 지배 카스트가 갖는 법적 권리와 특권을 부여받았다. 그보다 더 결정적이고 비극적인 것은 체제의 사다리 맨 밑에 있는 피지배 카스트 역시 처음부터 더 이상 내려갈 수 없는 밑바닥 심리에 붙박이로 고정되어 있다는 사실이다.

이처럼 우리는 누구 하나 빠짐없이 태어날 때부터 수백 년 된 조용한 워 게임war-game에 던져져, 스스로 선택하지 않은 팀에 징집되었다. 사람을 범주에 따라 분류하는 미국식 체계에서 우리가 배정받는 팀은 카스트의 유니폼에 따라 추정되는 가치와 잠재력을 신호로 알린다. 우리 중 누구라도 이렇게 조작된 분류법을 극복해 또 다른 연결고리를 만들어 지속할 수 있다면, 이는 인간 정신의 아름다움에 대한 하나의 약속이 될 것이다.

타고난 신체적 특징으로 내면의 능력과 집단의 가치를 구분하는 것은 하나의 문화가 체제를 관리, 유지하는 데 가장 효과적인 방법이다. 정치학자 앤드루 해커Andrew Hacker는 신체적 특징으로 인간을 분류하는 방식에 대해 이렇게 썼다. "사회적이면서 동시에 인간적인 분류법으로서 그 강도와 예속 관계에서 모든 것을 압도한다. 심지어 성별까지도."[18]

미국의
불가촉천민

1959년, 마틴 루터 킹 주니어Martin Luther King, Jr.와 그의 아내 코레타Coretta는 로자 팍스Rosa Parks의 체포로 촉발된 몽고메리의 버스 보이콧을 주도했다. 그들은 재판에서 승리하기 얼마 전 봄베이라는 도시를 방문했다. 비폭력 저항의 아버지 모한다스 간디Mohandas Gandhi의 조국, 인도를 방문하기 위해서였다. 도착하자마자 화환을 목에 건 킹은 기자들에게 말했다. "다른 나라에서 저는 관광객이지만, 인도에서는 순례자입니다."[19]

오래전부터 인도 순례를 벼르던 그는 자와할랄 네루Jawaharlal Nehru 총리의 초청으로 한 달 동안 그곳에 머물렀다. 인도는 자유를 위해 영국의 지배에 맞서 싸운 나라였다. 킹은 자신이 미국에서 벌이고 있는 정의로운 투쟁에 영감을 준 그 나라를 직접 눈으로 확인하고 싶었다. 그는 오랜 역사를 가진 인도의 카스트 체제에서 최하위 카스트, 이른바 불가촉천민Untouchables을 보고 싶었다. 킹은 글을 통해 그들의 실상을 접하고 그들을 동정했지만, 인도가 독립을 쟁취한 지 10년이 지났음에도 불가촉천민의 사정은 조금도 나아지지 않았다. 막상 와보니 인도 사람들은 미국에서 억압받는 종족이 겪는 시련을 잘 알고 있었고, 그가 이끈 버스 보이콧도 소상히 알고 있었다. 봄베이, 델리, 그 어디를 가도 사람들은 거리에서 킹을 둘러싸고 사인을 받으려 했다.

어느 날 오후, 킹 부부는 남쪽 끝 케랄라주의 트리반드룸을 찾아 불가촉천민 출신의 고등학생들을 만났다. 교장은 킹 부부를 학생들에게 소개했다. "여러분, 미국에서 온 불가촉천민 친구를 소개하고 싶습니다."

킹은 당황했다. 그 용어가 자신을 소개하는 말에 쓰일 줄은 몰랐다. 솔직히 불쾌했다. 이래 봬도 다른 대륙에서 날아와 이 나라의 수상과 만찬을 함께한 신분이었다. 그는 인도의 카스트가 자신과 연결되리라고는 생각하지 못했고, 인도 최하위 카스트 사람들과 그가 왜 같은 카스트로 취급받는지도 금방 납득하지 못했다. "잠깐이지만 나를 불가촉천민으로 일컫는 것에 약간 충격을 받았고 언짢았다." 그는 그렇게 썼다.

그는 자신이 대변해 싸우고 있는 사람들의 현실을 생각했다. 그 2000만 명은 수백 년 동안 미국의 가장 낮은 자리에서 여전히 옴짝달싹할 수 없는 가난의 굴레에 갇힌 채 외딴 슬럼가에 격리되어 자기 나라에서 유배 생활을 하고 있었다. 그는 혼잣말을 했다. "그래, 나는 불가촉천민이지. 그리고 미국의 흑인들 모두가 불가촉천민이고."그 순간 킹은 '자유의 땅Land of the Free(미국 국가의 한 구절-옮긴이)'이 인도의 카스트와 다를 바 없는 체제를 자신에게 강요했음을 깨달았다. 그 역시 평생 그 제도의 지배를 받으며 살아왔다는 사실도 함께. 그가 미국에서 맞서 싸우고 있는 힘의 기저엔 카스트가 있었다.

△

그날 마틴 루터 킹 주니어가 새삼 깨달았던 조국의 실체는 사실 우리 조상의 조상이 첫 숨을 들이키기도 전에 시작되었다. 독립혁명이 일어나기 100여 년 전부터, 나중에 미국이라는 나라가 되는, 논란 많은 이 땅에서 인간의 위계 구조는 진화를 거듭했다. 그 위계 구조는 태어날 때부터 부여된 개념이었다. 이는 세계 최초의 민주주의를 가동하기에 적합한 규모로 팽창해야 한다는 유혹이었고, 그와 함께 인간의 가치와 용도에 순위를 매기는 작업이었다. 이 위계 구조는 인간의 정신을 뒤틀어 놓았다. 정복자들은 탐욕과 자존심으로 인간의 양심을 가린 채 땅과 인간의 몸을 빼앗으면서도 자신에게 그럴 권리가 있다고 확신했다. 황무지를 개간하고 구미에 맞게 개화하려면 그곳에 사는 사람들을 정복하거나 노예로 삼거나 제거해야 한다고 생각했다. 열등한 존재라고 생각한 사람들을 데려와 자신의 명령에 길들이고, 그들이 부지런히 일궈놓아 비옥해진 토지와 해안선을 이용해 본인들은 부를 생산해야 한다고 생각했다.

정복자들은 자신들의 계획을 정당화하기 위해 성경을 아전인수

식으로 해석했다. 자신들이 세상의 중심이라는 기존의 관념을 보강한 다음, 누가 무엇을 할 수 있고 무엇을 가질 수 있는지, 위와 아래 속하는 사람과 그 사이에 있는 사람은 누군지를 결정하는 시스템을 만들었다. 그렇게 등장한 인간 사다리는 본질 자체가 굉장히 국제적이어서, 사다리 위쪽을 차지한 유럽 출신들 역시 그들만의 위계가 따로 있었다. 맨 꼭대기 자리는 결국 북아메리카 전역에서의 유혈 투쟁에서, 총과 자원으로 우세를 보인 영국 프로테스탄트의 차지였다. 그밖의 사람들은 가장 우월한 부류와 가까운 정도에 따라 순차적으로 서열이 매겨졌으며, 사다리 맨 아래에는 아프리카에서 잡혀 온 사람들이 속해 있었다. 바다 건너로 끌려와 승자들의 신세계 건설에 기여한 아프리카 출신들은 위치를 지키며 세대를 거듭해 나갔다.

카스트 체제의 근거는 사람들의 생김새였다. 사람의 생김새는 하나의 서열로 내면화되었다. 일상에서 시민들은 이 사실을 입 밖에 내지도 않고 명칭을 붙여 말하지도 않으며 인정하지도 않는다. 하지만 그들 모두 어디에서나 이 서열을 철저히 지키며 무의식중에도 그에 맞춰 행동한다. 건물을 이루는 기반인 샛기둥과 바닥장선이 사람들의 눈에 보이지 않듯 말이다. 카스트가 위력을 발휘하며 끈질긴 생명력을 유지할 수 있는 것도 그 때문이다. 카스트는 의식에 들어오기도 하고 나가기도 하며, 격동의 시기에는 한껏 불타올라 강력하게 주장을 펼치다가 평온해지면 잠시 물러나기도 한다. 하지만 그것은 이 나라를 떠받치는 골조로 여전히 제자리를 지키고 있다.

미국에서는 카스트라는 말을 잘 사용하지 않는다. 카스트는 인도나 봉건 유럽의 용어라고 사람들은 생각한다. 그러나 미국에서도 일부 인류학자와 인종학자 들은 이 용어를 수십 년 전부터 사용해 왔다. 남북전쟁 이전부터 북부에서 흑백 분리주의와 맞서 싸운, 노예 폐지론자이자 미 상원의원이었던 찰스 섬너Charles Sumner는 근대 이전에 카스트를 확인한 미국인 중 하나였다. "색깔이나 인종을 근거로 보스턴 지역의 공립학교에서 아이들을 분리하는 것이야말로 카스트의 본질이다. 그런 점에서 카스트는 평등 원칙을 위반하는 행위다."[20] 그는 그렇게 쓰면서 같은 인도주의자의 말을 인용했다. "신이 아무것도 구별하지 않은 곳에서 카스트는 인간을 차별한다."

우리 모두에게 입력된 인간 피라미드를 설명하지 않고서는 현재의 격변이나 미국 역사의 전환점을 제대로 이해할 수 없다. 카스트 체제와 위계 구조를 옹호·지지·폐지하려는 시도는 미국 남북전쟁과 이후에 전개된 민권 운동의 밑바탕이 되었고, 21세기 미국 정치에도 여전히 그 영향력을 행사 중이다. DNA가 세포 증식의 명령어이듯, 카스트는 미국이 태동한 순간부터 이 나라의 경제·정치·사회의 상호작용을 가동해 온 운영체제다.

1944년 스웨덴의 사회경제학자 군나르 뮈르달Gunnar Myrdal과 미국에서 가장 유능한 연구진의 공동 저서《미국의 딜레마An American Dilemma》는 미국의 인종 문제를 가장 광범하게 파헤친 저술이다. 뮈르달은 인종 문제를 탐구하던 중, 미국 사회의 운영 구조를 가장 정확하게 설명할 수 있는 용어는 인종이 아니라 카스트라는 사실을 깨달았다. 인간의 가치를 고집스레 서열화해 고착시킨 현상을 다룰 때 필요한 용어는, 카스트 하나뿐이었는지도 모른다. 미국은 하나의 체제를 창안해 "피부색에 의한 차별을 유지하려는" 노력을 기울였고, "일반 백인 남성들로 하여금 카스트 체제 자체를 지지하게 만들어 '흑인을 지금 그 자리에' 묶어두었다"라고 뮈르달은 결론 내렸다.[21]

인류학자 애슐리 몬터규Ashley Montagu는 인종을 생물학적 개념이 아닌, "인간의 발명품이자 하나의 사회 구조"라고 주장한 최초의 인물이다. 미국의 분열과 불균형을 연구하는 과정에서 그는 사람들이 사막의 모래 늪 같은, 인종이란 그릇된 신화에 쉽게 빠져들었다는 사실을 확인했다. 1942년에 그는 이렇게 썼다. "우리는 미국에서 인종 문제를 말하지만, 사실 그것의 실체는 카스트 체제다. 인종 문제는 그 카스트 체제가 미국에서 만들어 낸 현상이다."[22]

△

100년 전 백인 우월주의를 주장한 사람들 중에서도 인도의 카스트와 미국 남부의 카스트의 연관성을 간파한 사람들이 있었다. 실제로 미국에는 가장 순수한 법적 차원의 카스트 체제가 이미 존재했다. "혈통의 순수성을 지키려는 인도의 지배 상류층들의 필사적인 노력의 기록은 신중하게 지켜진 카스트 체제 속에서 오늘날까지 이어지고 있다."[23] 한때 이름을 떨쳤던 우생학자 매디슨 그랜트Madison Grant는 1916년에 쓴 그의 베스트셀러《위대한 인종의 소멸The Passing of the Great Race》에서 그렇게 말했다. "우리 남부 여러 주의 짐 크로Jim Crow('니그로'를 뜻하는 경멸적 이름으로, 공공장소에서 이루어진 흑백 분리 정책을 상징함-옮긴이) 정책은 사회적 차별과 정확히 같은 목적을 가지고 있다."

카스트 체제는 모든 주민을 걸러내는 고유한 규칙을 가지고 있
다. 그 규칙은 광천수처럼 스며들어 사다리에서 자기 자리가 어디
인지 예상할 수 있게 한다. "'더 내려다 볼' 곳도 없는 제분소 일꾼
도 자신이 흑인보다는 우월하다고 생각한다."[24] 1942년 예일 대학
교수였던 리스턴 포프Liston Pope는 그렇게 말했다. "유색인종은 사
회적 망각과 맞서는 최후의 전초기지다."

1913년에 남부의 저명한 교육자 토머스 피어스 베일리Thomas
Pearce Bailey는 자칭 남부의 인종 강령이라는 것을 직접 정리했다.
그것은 카스트 체제의 중심 교의가 되었다. 그중에는 이런 것도 있
었다. "지위가 가장 낮은 백인도 지위가 가장 높은 흑인보다는 더
존중받아야 한다."[25]

같은 해 인도 중부 지방에서 최하위 카스트인 불가촉천민으로
태어난 한 남성이 봄베이를 떠나 뉴욕시로 갔다. 빔라오 암베드카
르Bhimrao Ambedkar는 그해 가을 경제학을 공부하기 위해 컬럼비아
대학원에 들어갔다. 그는 인종과 카스트와 계급을 중점적으로 공부
했다. 그는 할렘에서 겨우 몇 블록 떨어진 곳에 살았기 때문에, 미
국에서 자신과 같은 처지인 사람들의 형편을 직접 볼 수 있었다. 그
는 남부 연합에 바치는 선동적 영화 〈국가의 탄생Birth of a Nation〉이
1915년 뉴욕에서 처음 상영될 때 논문을 완성했다. 그는 런던에서
공부를 더 한 뒤 인도로 돌아가 불가촉천민을 대변하는 리더가 되
었고, 새로운 인도 헌법의 초안을 작성하는 데 참여했다. 그는 경멸
의 뜻이 담긴 불가촉천민이란 말을 없애기 위해 많은 노력을 기울
였다. 그는 간디가 불가촉천민을 달래기 위해 대안으로 제시한 하
리잔Harijan이라는 용어를 거부했다. 그는 자신과 같은 처지의 사람

들을 '망가진 자broken people'라는 뜻의 달리트Dalit라고 말하면서, 달리트를 그렇게 만든 것이 바로 카스트 체제라고 했다.

미국에서의 경험이 그에게 개인적으로 어떤 영향을 미쳤는지는 헤아리기 어렵다. 하지만 암베드카르는 많은 달리트가 그랬듯 몇 년 동안 각별한 관심을 갖고 미국의 피지배 카스트를 지켜보았다. 인도인들은 남북전쟁 전에 미국에서 오랫동안 노예로 살아온 아프리카인과 그 후손들의 고초를 알고 있었다. 1870년대에 노예제가 끝나고 흑인의 처지가 개선되었던 남부 재건기 동안, 조티바 풀레Jotiba Phule라는 인도의 사회개혁가는 노예제 폐지론자들의 모습에서 많은 영감을 얻었다. 그는 자신의 희망을 이렇게 표현했다. "내 나라 사람들이 그들의 고귀한 본보기를 길잡이로 삼았으면 하는 바람이다."[26]

수십 년이 지난 1946년 여름, 미국 흑인들이 소수민족으로서 유엔에 보호를 청원했다는 소식을 접한 암베드카르는 당시 가장 잘 알려진 아프리카계 미국인 지식인인 W.E.B. 두 보이스W.E.B. Du Bois에게 편지를 썼다. 그는 두 보이스에게 바다를 건너 "니그로 문제를 연구하러 갔던 학생"이라고 자신을 소개하며, 본인과 같은 사람들이 공통으로 가진 운명을 잘 알고 있다고 말했다. 암베드카르는 두 보이스에게 인도의 불가촉천민과 미국의 흑인들은 유사한 점이 매우 많다고 말하면서 후자에 대한 연구는 당연할 뿐 아니라 꼭 필요하다고 썼다.[27] 두 보이스는 암베드카르에게 보낸 답장에서 자신도 잘 알고 있는 사실이며 인도의 불가촉천민의 처지에 깊이 공감한다고 말했다.[28] 그들의 존재에 대한 양측의 의식을 확인하는 두 보이스의 말은 두 나라에서 소외받은 자들을 동시에 대변하는 것 같았다. 수십 년 전 두 보이스는 미국 내 흑인들의 비통한 외침을 보며 인도 사람들의 언어로 탄식했다. "하나님은 왜 나를 내 집에서 버림받은outcast 이방인으로 만드셨습니까?"[29]

△

이 책을 쓰기 시작할 때, 나도 미국에서 벌어진 이 모든 일의 발단을 좀 더 잘 파악하기 위해서라도 바다 건너 인도에 꼭 한번 가봐야겠다고 생각했다. 카스트는 정치와 정책뿐만 아니라 개인의 상호관계를 규정하고 그 방향을 정해주는, 수백 년에 걸쳐 전해져 내려온 피라미드다. 책을 쓰는 일은 카스트, 즉 변화하지 않는 신체적 특징에 의미를 부여하는 작업이었다. 모든 미국인의 일상과 기회에 사사건건 끼어드는 위계 구조의 기원과 기능은 무엇인가? 틈만 나면 내 삶에 끼어들어 불쾌하게 간섭하고 영향을 준 존재의 정체는 대체 무엇인가?

짐 크로 사우스Jim Crow South(흑인과 백인을 분리시킨 짐 크로법이 지배하던 시절의 미국 남부 또는 미국 남부의 짐 크로법−옮긴이)의 역사를 20년 가까이 탐구했던 나는 미국의 카스트 체제를 연구하기로 마음먹었다. 짐 크로 사우스는 노예제가 없어지고 난 뒤에도, 1970년대 초반까지도 지속되었다. 그것은 지금의 미국인들 상당수가 직접 겪는 법률상의 불평등이었다. 나의 전작《다른 태양들의 온기The Warmth of Other Suns》는 미국 카스트 체제를 파헤친 책이었다. 그 책을 쓰면서 나는 인위적인 위계 구조를 발견했다. 그 구조 안에서 가능한 일과 불가능한 일은 대부분 인간의 겉모습에 근거해 정해졌다. 남북 가릴 것 없이 모두가 이를 천명했다는 사실도, 어디를 가든 그들 뒤에는 항상 위계 구조가 따라붙는다는 사실도 발견했다. 카스트의 그림자가 인도인에게 따라붙는 방식과, 미국의 인종 차별이 너무 흡사하다는 사실도 알게 되었다. 나는 미국 남부의 카스트 체제로 인해 낙인 찍힌 600만 명에 관해 그 글을 썼다.

이 책을 쓰면서 나는 집단과 집단을 구분하고 한 집단을 다른 집단 위에 올려놓는 행태의 기원과 진화 과정을 밝혀내고 싶었다. 또 그 결과로 인해 혜택을 받는 집단과 저 아래에서 그들의 표적이 된 사람에게 미치는 영향을 알아내고 싶었다. 세상을 두루 다니며 나 자신을 살아 숨 쉬는 카스트의 실험 도구로 삼아, 나를 포함한 수백만 명의 사람이 자신의 일과 꿈을 추구하기 위해 헤쳐나가야 했던 위계 구조를 알아내고 싶었다.

그러기 위해 우선 세상에 가장 많이 알려진 인도의 카스트 체제를 들여다보고, 내 나라에 만연했던 카스트와 원조 카스트의 유사점과 차이점을 조사하기로 했다. 또한 나치 독일의 카스트 체제를 만든, 단순하면서도 강력한 응집력을 가진 악을 연구했다. 그 과정에서, 독일과 미국 사이에 놓인 놀랍고도 불안한 연결고리를 발견했다. 세 위계 구조의 역사를 탐구하고, 분야를 넘나드는 풍부한 연구 자료들을 검토하면서, 나는 그 유사점들을 좀 더 체계적으로 정리하며 이들이 공유한 본질적 특징을 확인했다. 나는 그것을 '카스트의 8대 기둥8 pillars of caste'이라 칭했다. 그 기둥은 세 카스트 모두에 불온한 상태로 존재한다.

미국이 고전하고 있는 카스트 체제 그림자 아래서, 이를 연구하는 데 엄청난 에너지를 쏟는 사람들이 여전히 남아 있다. 1000년 동안 이어진 인도의 카스트 체제를 집중적으로 연구하는 사람들도 있다. 대체로 이들은 두 구조를 별개의 고립된 실체로 간주해 한쪽만 전문적으로 다룰 뿐, 그 둘을 나란히 놓고 보지는 않았다. 오히려 그랬다가는 저항에 부딪히는 경우가 많았다. 나는 굳이 어떤 사명에 구애받지 않고 왜곡과 부조리의 뿌리를 파헤치려고 했다. 이 현상을 더 자세히 기록하기 위해, 나는 이 책 곳곳에서 카스트의 현장을 묘사했다. 그중엔 내 경험도 있고, 카스트를 경험했거나 카스트를 소상히 알고 있는 사람에게 들은 것도 있다.

이 책은 이 위계 구조에 발목이 잡힌 모든 사람에게 미치는 영향을 고려해 쓰였다. 그중에서도 미국 카스트 체제의 양극단을 특히 중점적으로 다룰 것이다. 그것은 가장 높은 곳에 있는, 이 제도의 최대 수혜자인 유럽계 미국인과, 가장 아래쪽에서 철저히 비인간적인 체제의 횡포에 휘둘리는 아프리카계 미국인들의 이야기다.

△

미국의 카스트 체제는 1619년 여름에 아프리카인들이 처음으로 버지니아 식민지에 도착하면서 시작되었다. 그곳 사람들은 평생 노예로 삼을 사람과 한시적 노예로 삼을 사람을 구분할 방법을 정교하게 다듬었다. 시간이 지나면서 이는 똑같이 일해도 영국과 아일랜드의 노예들에게는 아프리카인 노예들보다 더 많은 특권을 부여하는 방식으로 바뀌었다. 그렇게 유럽인들은 백인이라는 새로운 신분으로 편입되었고, 반대쪽은 흑인으로 분류되었다. 역사학자 케네스 M. 스탬프Kenneth M. Stampp는 이런 인종 배당을 카스트 체제라고 칭하면서, 그것은 "외모로 자신의 조상이 순수한 코카서스인Caucasusian이라는 사실을 주장할 수 있는 사람과, 역시 외모에 의해 자기 조상의 일부 또는 전부가 흑인이라는 단서가 드러나는 사람들을 구분하는 제도"라고 했다.[30] 그가 말한 코카서스 카스트의 구성원들은 '백인 우월주의'를 신봉했고, 그 점을 확실히 하기 위해 매우 단단한 결속력을 유지했다.

이 책에서 우리는 이 카스트 체제의 발상지인 미국 남부에 대한 언급을 매우 자주 만나게 될 것이다. 남부는 대부분의 피지배 카스트들이 이 나라 역사의 상당 기간을 살아간 곳이고, 또 그 때문에 카스트 체제가 공식화되고 가장 잔인하게 집행된 곳이다. 카스트끼리의 관계에 대한 교의가 처음 확립된 곳도 이곳으로, 그렇게 만들어진 교의는 전국으로 확대되었다. 1831년에 작가 알렉시 드 토크빌Alexis de Tocqueville은 이렇게 썼다. "인종적 편견은 노예제가 여전히 존재하는 주보다 폐지된 주에서 더 기승을 부리는 것 같다. 그리고 노예제를 들어본 적도 없는 이 지역만큼 관용이 없는 곳도 없는 것 같다."[31]

우리 자신을 보는 방법을 재확인하기 위해, 나는 다른 문화권 사람들과 더 쉽게 소통할 수 있는 새로운 방법을 제안하려 한다. 바로 공통의 언어를 사용하는 것이다. 백인 대신(또는 백인 외에) '지배 카스트, 지배적 다수, 특혜받는 카스트, 상류 카스트'를 사용하고, 아시아인과 라틴계에는 '중간 카스트'라는 용어를 쓸 것이다. '아프리카계 미국인, 흑인은 피지배 카스트, 최하위 카스트, 최저 카스트, 냉대받는 카스트'라는 용어로 흑인을 대체하려 한다. 아메리카 원주민 대신 '원주민, 피정복민, 토착민'을, 인종과 관계없이 모든 여성이나 모든 종류의 소수민족은 '소외된 사람들'이라고 표현할 것이다.

개중에는 낯설어 보이는 용어도 있을 것이다. 그럴 수밖에 없다. 미국을 제대로 이해하기 위해서는 우리 사회에 이미 만연한 카스트의 잠재 작용에 눈을 떠야 한다. 그러면 서로 공통점이 많다는 사실을 놓치지 않고 볼 수 있고, 혹시 우리 안에 있을지도 모르는 해결책을 용기 내어 끄집어낼 수도 있다.

집필을 시작하면서, 나는 인도와 미국의 카스트를 다룬 책들을 탐독했다. 카스트라는 단어가 들어 있는 부분을 만날 때마다 내 신경세포가 깨어났다. 나는 사회학자, 인류학자, 민족학자, 작가 등 마음이 통하는 과거의 영혼을 발견했고 그들은 시간과 세대를 관통하여 내 앞에 자신들의 작품을 내어주었다. 힘겹게 시류를 거스른 사람들의 이야기를 보며 나는 그들의 전통을 계승하는 기분이었고, 그래서 외롭지 않았다. 한창 조사에 몰두하던 때 내 연구 소식이 미국의 인도 카스트 전문가들 귀에도 들어간 모양이었다. 덕분에 나는 매사추세츠 대학 애머스트 캠퍼스에서 열린 카스트와 인종에 관한 창립 회의에 초대받는 영광을 누렸다. (애머스트는 W.E.B. 두 보이스가 태어난 곳으로 그의 논문이 보관되어 있다.) 그곳에서 나는 미국 남부가 백인 우월주의를 내세웠던 짐 크로 시대를 다룬 600쪽 분량의 책을 썼지만, 거기에 인종주의racism라는 단어는 어디에도 등장하지 않는다고 말했다. 그건 그 시대를 겪었던 사람들의 증언을 듣고 난 뒤로 그 용어가 미흡하다는 것을 깨달았기 때문이라고 덧붙였다. 나는 카스트가 더 정확한 용어라고 소개한 다음 그 이유를 설명했다. 그들은 놀란 기색이었다. 또 내 말에 용기를 얻은 것도 같았다. 회의가 끝나고 쏟아지는 질문과 밤늦게까지 이어진 대화 덕분에 내 앞의 인도 음식들은 차갑게 식고 말았다.

폐막식에서 주최측은 인도에서 미천한 신분으로 태어난 수호성인의 청동색 흉상을 내게 선물로 주었다. 빔라오 암베드카르였다. 수십 년 전에 두 보이스에게 편지를 썼던 그 사람이었다. 그것은 마치 내가 늘 속해 있던 카스트로 들어가는 입문 과정 같았다. 몇 번이고 그들은 그들이 견뎌낸 사연을 들려주었고, 나는 마치 어떤 특별한 전환이나 결과를 예상했다는 듯 인정하는 반응을 보였다. 나는 그들을 마주할 때마다 출신의 높낮이를 맞춰 그들을 놀라게 했다. 하지만 그것은 생김새를 보고 그런 게 아니라, 위계 구조를 대하는 인간의 보편적인 반응을 보고 내린 판단이었다.

한 차례 회의가 끝나고 한 여성 발표자에게 다가갔을 때였다. 나는 그녀의 모습을 보고 그녀가 속한 카스트를 확신할 수 있었다. 그녀의 태도는 거의 본능적이었다. 달리트 연사를 고압적으로 대하고 그 달리트 여성이 말을 할 때마다 그 의미에 토를 달았다. 그녀 자신은 의식하지 못했겠지만 마치 제2의 천성인 듯 그녀는 은연중에 권위를 드러내고 있었다. 나는 그녀와 가벼운 얘기를 몇 마디 나눈 뒤 이렇게 물었다. "상류 카스트에 속하신 분 맞죠? 그렇죠?" 그녀는 조금 멋쩍은 표정을 지었다. "어떻게 아셨어요? 티를 내지 않으려 했는데." 그녀가 그렇게 말했다. 그녀와 한 시간 남짓 이야기를 나누며 나는 내재한 우월 의식이 무의식적으로 내보내는 신호를 관리하려면 각별한 노력이 필요하다는 걸 확인했다. 카스트의 프로그래밍을 중화하려는 마음가짐이 필요하다는 말이다. 더불어 카스트의 차별을 치유하는 데 헌신적인 사람에게조차 그것이 얼마나 힘든 일인지 확인할 수 있었다. 그 여성은 피지배 카스트 출신의 남성과 결혼했고, 평등을 위해 남다른 노력을 하는 사람이었다.

집에 돌아오는 길에 공항의 보안요원이 내 여행 가방을 조사하겠다는 신호를 보냈을 때 나는 다시 내가 속한 세계로 돌아온 것을 실감했다. 20대 초반으로 보이는 아프리카계 미국인이었다. 그는 라텍스 장갑을 끼고 일을 시작했다. 그는 내 여행 가방을 뒤져 작은 상자를 찾아내 포장지를 풀고 선물로 받은 암베드카르의 흉상을 집어들었다. "이게 엑스레이에 찍혔군요." 그는 그렇게 말했다. 그것은 문진文鎭만큼이나 무거웠다. 흉상 위아래를 이리저리 살펴보던 그의 시선이 밑바닥에 꽂혔다. 그 안에 뭔가 있을지 모른다고 생각한 모양이었다. "확인해 봐야겠습니다." 그가 통보했다. 얼마 후 돌아온 그는 가져가도 좋다고 말했다. 그는 안경을 쓴 흉상을 건네며 머리가 벗겨지기 시작한 굳은 표정의 남성을 다시 한번 들여다보았다. 왜 다른 문화권의 토템 같은 것을 가지고 있는지 의아하다는 표정이었다. "그런데 이게 누굽니까?" 그가 물었다. 암베드카르라고 해봐야 알아듣지 못할 것 같았다. 나도 그를 알게 된 게 겨우 1년 전이었으니까. 설명할 시간도 없었다. 그래서 나는 알아듣기 쉽게 불쑥 내뱉었다. "아, 이분은 인도의 마틴 루터 킹입니다." "아주 멋진데요." 그는 만족스러운 표정으로 그렇게 말했다. 자부심도 약간 섞인 말투였다. 그러더니 암베드카르가 킹 목사라도 되는 양 다시 종이로 감싸 여행 가방에 조심스레 집어넣었다.

보이지 않는 프로그램

20세기 후반, 두 영화 제작자의 상상 속엔 보이지 않는 인공지능의 힘에 대한 이야기가 있었다. 그 인공지능은 가상현실 속에서 인간을 초월하고 인간을 조종했다. 보고 듣고 맛보고 냄새 맡고 만지는 모든 것이 실제로는 프로그램에 불과했다. 프로그램 안에 프로그램이 있고, 인간 역시 프로그래밍될 위험에 처하고, 사실 프로그램에 지나지 않는 존재가 된다. 현실과 프로그램은 하나가 된다. 이렇게 맞물린 프로그램은 계속 재생된다.

영화 〈매트릭스The Matrix〉는 이런 사실을 깨달은 인간들이 함정에서 빠져나갈 방법을 찾는 위대한 탐구다.[32] 자신이 프로그램의 일부라는 사실을 받아들인 사람들은 현실처럼 보이는 것에 예속되어 죽은 상태나 다름없는 삶을 산다. 그들은 포로다. 그는 사실을 알지 못하는 한, 겉으로는 안전해 보인다. 어쩌면 그것은 아무런 의식이 없는 목종이며, 갇혀 있다는 사실조차 인정하지 않는 무지일지 모른다. 하지만 그것이야말로 포로를 잡아두는 가장 효과적인 방법이다. 자기 자신이 포로라는 것을 모르는 사람들은 속박에 저항하지 않는다.

그러나 갇혀 있다는 사실을 깨달은 사람들은 매트릭스라는 협잡을 위협한다. 감금 상태를 벗어나려는 시도는 적발될 위험을 감수하고, 질서를 깨뜨리는 신호를 보내고, 인간에게 부과된 비현실성의 술책을 폭로하는 행위다. 자동 조절되는 집합체의 생존 본능을 먹고 자라는, 보이지 않는 마스터 프로그램인 매트릭스는 자신에게 닥쳐올 위협에 잘 반응하지 않는다.

중요한 순간에, 자신과 자신의 종족을 포로로 잡고 있는 프로그램을 깨달은 한 남성이 지혜로운 여성 오라클Oracle과 상담한다. 그녀라면 그를 잘 안내할 수 있을 것 같다. 그는 현실일 수도, 아닐 수도 있는 공원 벤치에 그녀와 같이 앉아 있다. 그는 그녀에게 확신이 서지 않기에 계속 경계한다. 그녀는 암호와 비유로 말하는 사람이다. 그들 앞에 있던 새 떼가 날아올라 건너편 도로에 내려앉는다. "저 새들을 보게." 오라클이 그에게 말한다. "어느 순간 새들을 통제하는 프로그램이 작성되었지." 그녀는 고개를 들어 수평선을 훑어본다. "나무와 바람, 일출과 일몰을 감시하는 프로그램도 있어. 사방에서 프로그램이 돌아가지." 프로그램은 모르는 사이에 작동되고, 임무에 완벽하게 조율되어 존재의 무인 조종 장치 속에 깊이 박혀 있다. "다들 자기 할 일을 하는 거야." 그녀가 그에게 말한다. "하기로 되어 있는 일을 하면 그 일이 보이지 않아. 그런 게 있는 줄도 모르지."

카스트 체제 역시 소리 없이 작동한다는 점에서 매트릭스와 같다. 카스트는 인형술사의 줄과도 같아 눈에 보이지 않지만 사람들의 잠재의식 속에 살며 지시를 내린다. 카스트는 지배층의 지시를 정신에 주입하는 정맥주사이며, 정상이라는 겉모습으로 가장해 숨는다. 정의처럼 보이는 불의다. 사회라는 기계를 계속 돌아가게 만들기 위해서는 피할 수 없는 잔혹 행위다. 카

스트라는 매트릭스다. 카스트의 목적은 권력을 축적하고 옮겨
쥔 사람들의 우월성을 유지하는 것이다.

2장

분류는 차별이다

Human Division

카스트의
캐스팅

매일 웅장한 무대에 막이 오른다. 수백 년 동안 이어져 온 무대에서 배우들은 전임자의 의상을 입고 주어진 배역을 충실히 이행한다. 배역을 맡은 배우와 극중 인물이 동일인은 아니다. 하지만 워낙 오래 연기한 탓에 맡은 역할과 자신은 하나가 되고, 주어진 과제는 내면의 자아와 융합되었다. 그들은 그들을 바라보는 세상의 방식에 맞춰 살게 되었다. 입고 있는 옷은 태어날 때부터 물려받은 것이라 벗어버릴 수가 없다. 의상은 배역을 맡은 모든 출연자에게 역할과 무대 위치를 일러준다. 공연이 반복되자 출연자들은 누가 어떤 역을 연기하는지 훤히 파악할 수 있었다. 세대를 거치면서 누가 중심을 잡고 무대를 이끌어 가는지도 서로 잘 알게 되었다. 누가 영웅이고 누가 조연인지, 누가 웃음을 능숙하게 유도하는지, 그늘 속에는 누가 들어가는지, 누가 대사 한 줄 없이 합창만 하는지, 노래는 하지 않지만 꼭 그 자리에 있어야 하는 사람이 누구인지 다 알고 있다.

각자의 역할이 연기자에게 완전히 녹아든 상태였으므로 주연 배우는 무대 뒤쪽에 있는 사람들의 이름을 알 필요도 없고 눈여겨 보지도 않는다. 한 배역을 오래 맡다 보면 배우는 자신이 그 배역에 가장 적합한 사람이라 생각한다. 마치 내가 그 배역을 위해 태어난 것 같고, 자신이 원래 그 부류에 속하며, 그 배역을 맡도록 예정되어 있었다고 믿게 된다.

출연자들은 우쭐대는 역이든 냉대받는 역이든 미리 정해진 전제에 따라 고정된 역할만 수행한다. 움직이라는 방향으로 움직이고, 맡은 인물이 말하는 방식대로 말해야 한다. 그는 그 자신이 아니다. 그가 되려고 해서도 안 된다. 건네받은 대본과 맡은 배역을 고수해야 정해진 보수를 받는다. 대본을 벗어나면 그에 따른 결과를 각오해야 한다. 대본대로 하지 않으면 다른 출연자가 끼어들어 어디가 잘못되었는지 지적한다. 그런 일이 자주 생기거나, 결정적인 순간에 다른 연기를 할 경우 시시한 배역을 맡게 될 수 있다. 심한 경우 엔 해고되거나 배역 자체를 받지 못해, 그가 맡은 인물이 편의상 줄거리에서 삭제될 수도 있다.

카스트 체제로 알려진 사회적 피라미드가 연극의 배역과 같다고 단언할 수는 없지만, 두 단어는 어딘가 교차 가능할 것처럼 보인다. 어떤 배역을 받으면 우리는 더 이상 우리 자신이 아니다. 우리는 작품이 정해놓은 자리를 근거로 연기할 뿐, 우리 내면에 있는 존재를 근거로 공연하는 것이 아니다. 우리는 조상들이 이 땅에 도착하기 훨씬 전부터 마련된 무대에 오르는 연기자다. 우리는 17세기 초에 이 땅에서 초연된 이후, 장기 공연 중인 드라마에 최근 캐스팅된 배우다.

네덜란드의 군함이 제임스강 어귀인 포인트 컴포트에 정박한 것은 청교도들이 플리머스에 상륙하기 1년 전인 1619년 8월 말이었다. 지금 우리가 버지니아로 알고 있는 그곳은 당시 황무지였다. 우리가 이 사실을 알 수 있는 건 초기 정착민인 존 롤프John Rolfe가 쓴 편지에 우연히 끼어들어간 한 구절 때문이다. 이는 영국 식민지에서 온 아메리카의 아프리카인을 언급한 기록 중 가장 오래된 것이다. 그들은 식민지인들과 다르게 생긴 탓에 그때 막 나타난 카스트 체제에 따라 맨 밑바닥 자리를 배당받았다. 롤프는 영국 정착민들이 그들을 상품으로 취급하고 있지만, 기대했던 상품은 아니라고 말한다. 배는 20명 남짓한 니그로들만 데려왔다고 롤프는 썼다. "총독과 교역책임자가 식량과 교환하기 위해 산 것이다."

이 아프리카인들은 스페인 식민지로 가는 노예선에서 포획되었고 북쪽으로 끌려가 영국에 팔렸다. 그들의 지위에 대한 역사가들의 말은 엇갈린다. 자유가 허락되지 않은 단기 계약 하인이었다고도 하고 그 자리에서 평생 노예로 분류되었다는 주장도 있다. 하지만 이후 250년 동안 이쪽 해안에 도착한 사람과 같은 외모를 가졌거나 그들 사이에서 태어난 사람들은, 거의 모두가 죽을 때까지 노예로 살았다. 그들이 도착했을 당시 버지니아 백인 주민들의 눈에 비친 그들의 첫 모습은 유별나게 비천했다고 역사학자 올던 T. 본Alden T. Vaughan은 말했다. 아직 정식으로 영구 노예가 되지는 않았지만, "버지니아의 흑인들은 적어도 그런 상태로 되어가는 중"이었다.[1]

그 이후 수십 년 동안 식민지 법은 카스트 체제를 통해 유럽 노동자들과 아프리카 노동자들을 분리하고 차별했다. 미국에서 카스트 체제는 사회·정치·경제 체제의 근간이 되었다. 카스트 체제는 미국 땅에서 돌이킬 수 없는 치열한 전쟁을 촉발했고, 린치를 통해 피지배 카스트에 속한 수천 명의 사람들을 피살시켰으며, 지금까지도 나라를 어수선하고 불안하게 만드는 불평등의 근원이다.

1630년에 버지니아는 어설프긴 해도 처음으로 식민지 인구조사를 실시했고, 이때 위계 구조의 일정한 형태가 갖춰졌다. 대부분의 유럽 거주자와 달리 아프리카인은 이름으로 인구조사에 등재될 만큼 중요한 존재로 대접받지 못했다. 나이와 입국 날짜는 계약 조건이나 기간을 정하는 데 없어서는 안 될 아주 중요한 정보였지만, 아프리카인만은 나이나 입국 날짜를 기록으로 남기지 않았다.

이처럼 미합중국이 존재하기 전부터 식민지 버지니아에는 그들이 만든 카스트 체제가 따로 있었다. 처음에 식민지 사람들의 지위를 규정한 기준은 우리가 알고 있는 것과 달리 인종이 아니라 종교였다. 유럽인의 대표적 상징인 기독교 신앙 덕분에 유럽 노동자들은 평생 노예에서 면제될 수 있었다. 이런 초기 구분법에 따라 가장 먼저 비천한 부류로 지목받은 집단은 아메리카 원주민이었고, 그다음이 아프리카인이었다. 아프리카인들은 도착할 당시 대부분 기독교란 종교를 몰랐으며, 그 때문에 위계 구조의 가장 낮은 자리를 배정받았다. 이후 인종이 새로운 기준으로 굳어지면서, 이 체제는 이들의 최종적이고 완전한 퇴락을 정당화하는 데 활용되었다.

카스트 체제는 단 한 번의 칙령에 의해 나타난 결과가 아니다. 카스트 정립 자체가 인간 범주의 한계를 시험하며 형체를 갖추어

가는 하나의 과정이었다. 카스트 체제는 수십 년에 걸쳐 식민지인들이 내리는 결정에 의해 계속 노선이 바뀌었고, 시간이 갈수록 가혹해졌다. 아프리카인들이 기독교로 개종하자, 종교를 근거로 한 위계가 흔들리기 시작했다. 식민지 사회에 본격적으로 합류하려는 그들의 노력은, 값싸고 유연한 노동력을 통해 신대륙에서 부를 쌓으려던 유럽인들의 탐욕에 정면으로 위배되는 것이었다.

아프리카 노동자들의 강점은 결국 그들을 파멸시킨 원인이 되었다. 예를 들어 서인도제도의 영국 식민지인들은 아프리카인들을 "예의 바르고 비교적 유순한 사람"으로 보았다. 아프리카인은 규율을 잘 따랐고, 일을 시키면 서로 도와가며 잘 처리했다.[2] 아프리카인들은 유럽인의 질병에 면역력을 가지고 있다는 사실을 스스로 입증했기에, 식민지 주민들 입장에서는 원래 노예로 삼으려던 아메리카 원주민들보다 더 쓸모 있는 존재였다.

체사피크의 식민지들은 분위기 쇄신을 위해 담배를 경작할 인력을 시급히 보강하려 했다. 그보다 더 남쪽에 자리한 식민지들은 사탕수수와 쌀과 면화를 재배하기에 적합한 곳이었다. 영국인들은 재배 경험이 없는 작물이었지만, 아프리카인들은 고향에서 경작했던 것이었고 심지어 경험이 없어도 재배 요령을 금방 익혔다. "식민지 주민들은 아프리카인과 그들의 기술이 없다면 자신들의 사업이 실패로 끝날 수밖에 없음을 깨달았다." 인류학자 오드리 스메들리Audrey Smedley와 브라이언 스메들리Brian Smedley는 그렇게 썼다.[3]

아프리카인들에게는 안타깝고 불리한 일이지만, 유럽 식민지인들이 보기에 그들은 태생적 특징을 지니고 있었다. 그래봐야 다양한 외모 변이 중 하나에 불과한 것이지만, 그 탓에 그들은 유럽인들

사이에서 눈에 띌 수밖에 없었다. 유럽 출신 하인들은 주인의 손에서 벗어나 하나의 카스트로 굳어지고 있던 일반 백인들 부류에 섞일 수 있었다. "게일인(아일랜드인)의 폭동으로 영국인들은 이들의 노동을 완전히 다른 자원으로 대체하려 했다. 바로 아프리카 노예였다."[4]

식민지에 온 유럽인들은 자기 땅에 있는 원주민들을 노예로 만들 수 없었고, 그래서 그들이 직접 데려온 아프리카인들로 노동 문제를 해결해야겠다고 생각했다. 원래 그 땅에 살던 사람들이 더 이상 소용이 없자, 그들은 조상 대대로 살아온 그들의 땅과 이제 막 만들어진 카스트 체제에서 아메리카 원주민들을 추방하기 시작했다. 확실한 밑바닥 자리는 확실히 아프리카인들의 몫이었다. 1600년대 후반의 아프리카인들은 단순한 노예가 아니라 볼모였다. 아프리카인을 포획해 온 자들은 입에 담기 힘든 잔혹한 고문을 해놓고도 조금도 뉘우치는 기색 없이 그런 사실을 기록으로 남겼다. 그들을 구하기 위해 몸값을 치르려는 사람은 세상 어디에도 없었다.

미국인들은 노예 이야기를 입에 올리기 싫어한다. 노예제에 대해 아는 것도 별로 없지만 그런 제도가 정의로운 계몽 국가나 세계 민주주의의 횃불이라는 민주 시민의 인식에 맞지 않기 때문이다. 노예제는 이 나라 역사에서 '슬프고 어두운 한 페이지'로 간단히 밀려난다. 마치 노예제와의 거리를 벌릴수록 노예제가 유발하는 죄책감과 수치심을 피하기가 더 쉽다고 생각하는 것 같다. 그러나 이는 어린 시절 목격한 가정 폭력, 대대로 이어진 알코올 의존증의 가족력을 조사하지 않은 채 건전하고 건강한 생활을 위한 치유를 시작할 수 없는 것과 마찬가지의 문제다. 국가 역시 과거의 경제와 사회

질서의 기반이었던 그들의 실상을 직시하지 않고서는 건강한 상태를 되찾을 수 없다. 250년 동안 노예제는 이 나라 체제 자체였다.

노예제가 있었던 지역을 방문한 공직자나 유럽인들은 호기심과 혐오감에 꼭 한마디씩 하곤 했다. 19세기 오하이오주의 한 의원은 하원 연설에서 이렇게 탄식했다. "의회 의사당 앞, 그 아름다운 길에서 의원들은 회기 중에도 사슬로 목을 묶은 노예들이 줄지어 국립 노예시장을 향해 갈 때 길을 비켜주어야 했습니다."5 미 해군 장관 역시 뙤약볕 속에 노예들이 무거운 사슬로 엮인 채 맨발로 멀리 남부까지 걸어가는 끔찍하고 저주스러운 광경을 묘사한 적이 있다. 그들 뒤에서 말을 타고 따라가는 백인은 허리에 권총을 차고 있었는데, 그 곁을 지나는 자신들을 보고도 뻔뻔스럽게 얼굴 하나 붉히지 않았다고 묘사한다. "설명한 대로 그들(노예 소유자)은 인간성을 욕보이는 파렴치하고 추잡한 행위를 묵인하고, 범죄자도 아닌 그들을 단지 흑인이라는 이유만으로 악당 대하듯 제재를 가했다. 알몸이나 다름없는 남녀들을 사슬로 묶어 백주대낮에 이곳에서 저곳으로 수백 마일 끌고 다니면서, 자기 자신과 나라를 망신시켰다."6 해군장관 제임스 K. 폴딩James K. Paulding은 그렇게 말했다.

△

이 땅의 노예제는 어쩌다 흑인들이 운이 없어 당한 단순한 재앙이 아니었다. 노예제는 미국식 혁신이었고, 지배 카스트 엘리트들이 자신의 이익을 위해 창작해 낸 것이었다. 사람들 중 가난한 사람들이 자신의 운명을 양심이 아닌 카스트 체제에 맡기게 되는 바람에 집행된 미국의 제도였다. "노예는 주인 한 사람만의 뜻이 아니라 다른 모든 백인의 뜻에 따라야 한다"는 법과 관습의 지시대로, 노예제는 지배 카스트에 있는 모든 사람을 주인으로 만들었다. 노예제는 완벽할 수 있었던 천에서 뜯겨 나온 실이라고 사회학자 스티븐 스타인버그Stephen Steinberg는 말한다.[7] 그는 노예제가 천의 재료가 되는 직물을 제공했다는 것이 사실에 더 가까울 것이라고 보았다.[8]

1619년부터 1865년까지 지속된 미국의 노예제 속 노예는 고대 그리스의 노예 개념도, 오늘날 불법으로 규정하는 성 노예 개념도 아니었다. 앞서 말한 노예제는 당연히 불법이다. 그 제도에서 탈출한 사람들은 자유를 인정받고 자신을 노예로 삼은 자를 처벌하는 곳으로 향한다. 반면 미국의 노예제는 법이 허락한, 정부와 집행자들이 승인한 제도였다. 간신히 탈출하더라도 그들이 달아난 곳은 그들의 자유를 인정하지 않을 뿐 아니라 주인에게 돌려보내 보복을 받게 하여, 말로 표현할 수 없는 공포에 떨도록 만드는 세상이었다. 미국의 노예제에서 처벌받는 쪽은 노예를 부리는 쪽이 아니라 달아난 노예였고, 노예 주인은 노예에게 어떤 잔혹한 체벌이라도 가할 수 있었다.

식민지인들이 만들어 낸 것은 세상 어디에도 없었던 지독한 형태의 노예제였다고 법률사가 아리엘라 J. 그로스Ariela J. Gross는 썼다.[9] "역사상 처음으로 인간의 한 부류가 '인류'에서 배제되고, 별개의 집단으로 분류되어 대대손손 영구히 노예로 전락했다." 노예 소유제는 250년 동안 인간을 화폐로, 기계로 바꿔놓았다. 그들은 오로지 주인의 이익을 위해 존재하며, 주인이 원하면 계속 일해야 하는 기계였다. 그들은 자신의 몸에 대한 권리도, 사랑하는 사람에 대한 권리도 없었다. 노름으로 따내거나 저당 잡히거나 번식에 이용되었고, 결혼 선물이나 유산으로 줄 수 있었으며, 소유주의 빚을 갚거나, 경쟁자에게 앙갚음하거나, 재산을 위해 배우자나 자녀와 떼어 멀리 팔아버릴 수 있는 존재였다. 그들은 수시로 채찍에 맞고 강간당하고 낙인찍히고 소유주의 변덕과 짜증을 감내해야 했다. 몸종 중에서는 거세를 당하는 등 끔찍한 고문을 받는 이도 있었는데, 이 땅에서 아프리카계 사람들에게 제네바 협약을 적용했다면 아마 가해자들은 전범으로 처벌되었을 것이다.

노예제는 미합중국이 태동하기 전부터 있었다. 그들의 형편은 12대에 걸쳐 대물림되었고, 그들은 죽느니만 못한 일상을 살았다. "노예는 고생할 수밖에 없는 운명이다. 그 열매를 따는 사람은 따로 있다."[10] 러핀 판사Judge Ruffin라고 자신을 밝힌 편지에서 그가 딥사우스Deep South(조지아, 앨라배마, 사우스캐롤라이나, 미시시피, 루이지애나 등 주로 목화재배에 의존하던 미국 동남부 지역 - 옮긴이)에서 본 것들에 대해 적은 내용이다.

"노예는 전적으로 주인의 뜻에 복종해야 한다."[11] 1830년대에 노예제를 연대순으로 기록한 목사 윌리엄 구델William Goodell은 이렇게 말했다. "주인이 노예에게 벌을 주기로 마음먹으면 고스란히 받아야 한다. 손을 들어 방어해서는 절대 안 된다. 항의해도 안 된다. 피하거나 고통을 줄이려 해서도 안 된다." 그들은 들판의 짐승만큼도 자신을 보호할 수 없었다. 그들은 화를 낼 줄도 모르는 것 같다고 구델은 썼다. "그들은 주인이 내키는 대로 벌을 받고 심지어 주인의 직권으로 사형에 처해질 수도 있다."

노예 노동의 착취 현장이었던 사우스캐롤라이나는 노예제를 보유한 다른 주들과 마찬가지로 결국 1740년에 아프리카계 노예의 노동시간을 3월부터 9월까지는 15시간, 9월부터 3월까지는 14시간으로 제한하기로 결정했다.[12] 제도가 바뀌었지만 품삯을 받는 일반 노동자에 비해 흑인들의 노동시간은 2배나 길었다. 같은 시기에 범죄로 유죄 판결을 받은 죄수들은 하루 최대 10시간까지 일했다. 그럼에도 아프리카계 미국인들이 우리를 위해 한 게 뭐가 있느냐는 말이 끊이지 않았다.

깨어 있는 시간 내내 쉬지 않고 일하면서 노예들은 일주일에 옥수수 한 펙peck(약 9리터)으로 연명했다. 옥수수는 밭일을 하고 난 뒤 밤에 손으로 빻았다. 잘못을 저지르면 이마저도 받지 못했다. 단백질 보충을 위해 고기는 1년에 한 번만 먹을 수 있었다. "주인의 식탁에서 떨어진 빵 부스러기도 주우면 안 되었다."[13] 조지 화이트필드George Whitefield는 그렇게 썼다. 음식을 훔치는 행위는 매로 다스려야 할 범죄였다.

1739년에 화이트필드가 체사피크 식민지에 보낸 공개서한에는 이러한 문장이 있다. "내가 보기에 당신들의 노예는 당신들이 타고 있는 말 못지않게 열심히 일한다. 말이야 일이 끝나면 먹이도 주고 보살피기라도 하지만."[14] 노예를 부리는 사람들은 이윤을 최대로 짜내기 위해 노예들을 혹사하고, 불가능한 목표를 세운 다음 해내지 못하면 채찍질하고, 목표를 초과 달성해도 지친 몸에서 더 많은 것을 짜내기 위해 더 세게 매질을 했다. 역사학자 에드워드 뱁티스트Edward Baptist는 "채찍질은 폭력의 시작일 뿐, 이는 곧 기이할 정도로 창의적인 사디즘으로 이어졌다"[15]라고 말한다. 노예를 부리는 사람들은 신체 일부를 절단하는 것부터 물고문에 이르기까지 모든 현대식 고문 방법을 동원했다.

노예제는 노예를 소유한 자에게 "가능한 한 짧은 시간에 사람을 현금으로 바꿀 수 있는 능력"을 부여함으로써 그들을 세상에서 가장 부유한 사람으로 만들어 주었다. 이 때문에 남부 사람들은 그때부터 그들이 조성한 공포를 대수롭지 않게 여겼고 그 상황에 익숙해졌다. "경제를 굴러가게 만드는 기본 수단이 '고문'인 사회에서 살고 있다는 사실을, 아무도 인정하려 하지 않았다." 뱁티스트는 그렇게 썼다.

△

지금의 미합중국이 태동한 이후 첫 246년 동안 이 땅에 살았던 아프리카계 미국인들은 대부분 그들의 신체와 생명에 절대적 힘을 행사한 사람들로부터 위협받았다. 또한 잔혹한 행위를 저질러도 아무런 제재를 받지 않는 사람들에게 복종하며 살았다. 사회학자 가이 B. 존슨Guy B. Johnson은 이러한 사실이 인종 갈등을 이해하는 데 대단히 중요한 역할을 한다고 말한다.[16] "이는 기나긴 노예제 기간에 백인들이 법의 동의와 승인을 얻어 흑인들의 오만과 불복종을 '규제'한다는 생각에 익숙해졌다는 의미다."

노예제는 권력의 균형 관계를 곡해해 피지배 카스트를 격하시키는 행위가 정상적이고 정의로운 일인 것처럼 보이게 했다. 아주 점잖은 가정에서도 이따금 쇠사슬과 족쇄를 끄는 소리, 도망자의 뒤를 쫓는 사냥개 짖는 소리, 총성이 들려오곤 했다고 남부 출신 작가 윌버 J. 캐시[Wilbur J. Cash]는 썼다.[17] "그 당시의 광고에서 분명히 드러나듯, 절단과 낙인도 심심치 않게 자행되었다." 강제수용소를 운용하고 감시한 자들은 사람들로부터 존경을 받고 자비롭다는 말을 듣는 상류인사들이었다. 그 수용소를 그들은 점잖게 플랜테이션[plantation]이라고 불렀다. 검은 피부로 태어난 죄밖에 없는 무방비 상태의 죄수들을 모아놓은 곳이었다. 같은 인간에게 사사로운 방식으로 소름 끼치는 고문을 가한 사람은 사회공동체의 기둥인 착하고 자애로운 어머니, 아버지들이었다. 제임스 볼드윈은 이런 처참함에 관해 다음과 같이 썼다. "미국 흑인이 삶에서 느꼈던 공포에 대해서는 마땅히 표현할 말이 없다."[18]

1776년에 미국의 독립 이후로, 이 땅에서 노예제가 지속되었던 기간(246년)이 지나면 2022년이 된다는 것을 아는가? 이 사실을 떠올리면 미국의 노예제가 얼마나 오래 지속되었는지를 짐작할 수 있다.[19] 1865년 노예제 폐지 이후 아프리카계 미국인들이 노예로 지냈던 세월만큼의 시간이 지난다면, 아마 지금 그 누구도 지상에 남아 있지 않을 것이다.

△

미국의 노예제 종말은 100만 명의 4분의 3에 해당하는[20] 군인과 민간인의 목숨을 앗아간 남북전쟁, 대통령 에이브러햄 링컨[Abraham Lincoln]의 암살, 수정헌법 13조 통과라는 진통을 겪고서야 도래했다. 북부는 재건기라고 알려진 12년의 짧은 기간 동안 남부를 재건하고 새로 해방된 400만 명을 돕기 위해 많은 노력을 기울였다. 그러나 연방정부는 1877년에 정치적인 이유로 군대를 철수시켰고, 피지배 카스트들은 그들을 노예로 삼은 바로 그 사람들의 손에 다시 맡겨졌다. 전쟁의 패배로 인한 분노를 분출시킬 곳이 필요했던 남부의 지배 카스트들은, 복원된 카스트 체제에서 주권을 회복하기 위해 새로운 고문과 폭력으로 피지배 카스트에게 적대감을 드러냈다. 지배 카스트들이 새로 해방된 사람들을 가장 낮은 지위에 확실히 붙들기 위해 교묘한 법적 미로를 고안해 내는 한편, 한쪽에서는 우생학이라는 유사 과학이 등장했다. 선풍적 인기를 끌었던 우생학은 해방된 노예를 다시 격하시키려는 행위를 정당화하는 데 증거로 쓰였다. 하층민들은 길에서 빨리 비키지 않거나 투표에 참가하는 등의 행동을 하면 카스트 체제를 위반했다는 이유로 정식 절차 없이 매를 맞거나 살해당했다.

아메리카 대륙에 도착하기 훨씬 전부터, 식민지인들은 카스트 체제를 만들기로 작정했다. 지배 카스트는 모든 자원을 통제했고, 피지배 카스트에 대해서는 먹고 자고 번식하고 살고 죽는 문제까지 통제했다. 식민지인들은 카스트를 만들어 놓고 흑인은 원래 우둔한 종족이라며 이들에게 읽고 쓰는 법을 가르치지 못하도록 금지했다. 게으르다는 이유로 그들을 생가죽으로 채찍질했고, 부도덕한 무리라며 멋대로 강간하고 강제로 애를 낳게 했다. 유괴되었을 때, 태형이나 고문을 당할 때, 자기 자신을 보호하려는 인간의 지극히 자연적인 반응조차도 부당 행위로 간주했다.

따라서 지금 미국인의 조상인, 새로 들어온 이민자들은 이미 존재하는 위계 구조 속으로 자연스레 합류할 수 있었다. 그것은 양극화된 체제로, 피부색을 기준으로 인간을 끝과 끝으로 몰아넣는 구조였다. 이민자들은 그들이 선택한 새로운 땅의 위계 구조에서 어떤 위치에 어떻게 자리 잡아야 하는지 살폈다. 세계 곳곳에서 억압받고 살았던 사람들(특히 유럽에서 온 사람들)은 엘리스섬을 통과하는 순간 강력한 지배층에 편입할 입장권을 받기 위해 자신의 옛 정체성을 벗어던졌고, 누군가는 이름마저 버렸다.

유럽인들은 여정의 어딘가에서 되어본 적도 없고 될 필요도 없었던 '특정' 존재가 되었다. 그들은 체코인이나 헝가리인이나 폴란드인에서 백인으로 변신했다. '백인'이라는 말은 백인이 아닌 대상과 대비될 때만 의미가 있는 정치적 호칭이었다. 그들은 새로운 창작물에 합류했다. 그 창작물의 영향력은, 유럽에서 신대륙으로 들어온 모든 사람의 머리 위에 씌운 우산과도 같았다. 이민 법률학자 이안 헤이니 로페즈Ian Haney López에 따르면 독일인들은 1840년대에 지배 카스트에 편입되었고, 아일랜드인은 1850년대와 1880년대 사이에, 동유럽과 남유럽인들은 20세기 초에 지배 카스트로 인정받았다. 미국인이 되는 과정에서 그들은 백인이 되었다.

로페즈는 국적과 사회, 인종 등 그들의 정체성이 무엇이었든 간에 거기에 '백인'이라는 정체성은 없었다고 말한다.[21] 모국에서는 서로 전쟁을 벌였을지도 모를 세르비아인과 알바니아인, 스웨덴인과 러시아인, 터키인과 불가리아인들도 하나로 뒤섞였다. 그들은 공통의 민족 문화, 언어, 신앙, 국적이 아니라 오로지 외모를 근거로 하나가 되었다. 위계 구조에서 지배 카스트를 차지하고 강화하기 위해서였다. 제임스 볼드윈의 말처럼, 미국에 오기 전까지는 아무도 백인이 아니었다.[22]

그들의 지리적 태생은 지배 카스트로 가는 여권이었다. "유럽 이민자들의 경험은 결정적으로 유럽성Europeanness, 즉 백인성whiteness 이 사람이 내세울 수 있는 가장 중요한 소유물 중 하나인 경기장에 들어서면서부터 형성되었다."[23] 예일 대학 역사학자 매튜 프라이 제이콥슨Matthew Frye Jacobson은 이어서 다음과 같이 썼다. "황금의 문Golden Door(엘리스섬의 별명)을 열어준 것은 신세계의 아량이 아니라 그들의 백인성이었다."

입장에 앞서 이민자 무리에겐 기존의 최하층 카스트와 거리를 두겠다는 무언의 협정이 필요했다. 백인이 된다는 것은 자신을 그들의 반대편, 즉 흑인과 가장 먼 존재로 규정하는 일이다. 그들은 최하층 카스트가 어떤 시선을 받는지 지켜보았다. 그리고 그들을 경멸하고 모욕하는 것을 흉내 내거나, 아예 한술 더 뜨거나, 모욕적인 말을 배우거나, 그들을 향한 폭력에 가담했다. 이를 통해 자신이 지배 카스트에 들어갈 자격이 있음을 증명했고, 각자 새로운 지위를 확보했다.

처음 도착했을 때만 해도 그들은 중립적인 태도와 선한 마음을 가지고 있었지만, 그들이 택한 땅에서 살아남으려면 편승해야만 했다. 그들은 백인이 되는 법을 배워야 했다. 따라서 특정 집단에 대한 아무 반감 없이, 그저 영국 통치하에서 겪었던 지긋지긋한 기근과 박해로부터 벗어나겠단 일념으로 신대륙행 배를 탄 아일랜드 이민자들은 도착하기 무섭게 노예제를 놓고 벌어진 전쟁에 징집되었다. 노예제에서 혜택을 입는 것도 아니고, 자신들로 인해 생긴 제도도 아니었지만 그들은 흑인들과의 대치 상황을 맞이하고 말았다.

남북전쟁 당시 아일랜드 이민자들은, 자신들은 전쟁터에 차출되면서도 흑인들의 입대를 금한 백인 엘리트들에게 저항할 수 없었다. 그들은 미국의 위계 구조에서 자신들 밑에 흑인이 있다는 것을 깨닫고는, 흑인들을 희생양으로 삼아 분풀이했다. 그들은 미국 역사상 가장 큰 인종 폭동으로 꼽히는 1863년의 징병거부폭동Draft Riots에서 흑인들을 가로등에 매달고 그들과 조금이라도 관련이 있는 것은 죄다 태워버렸다.[24] 세기가 지난 1951년, 아직도 사람들의 기억에 생생한 사건이 일어났다. 한 흑인 퇴역군인이 가족을 데리고 백인들만 사는 일리노이 시서로 외곽으로 이사하려 하자, 이탈리아와 폴란드계 이민자들 약 4,000명이 난동을 부린 것이다. 최하위 카스트를 상대로 벌이는 적대 행위는 미국 시민권을 받는 입회식의 일부가 되었다.

이처럼 아프리카 출신들을 제외한 모든 사람은 그들과 대비되는 정도에 따라 자신의 입지를 긍정적으로 평가받을 수 있었다. 아프리카인의 후손들은 본의 아니게 카스트 체제를 더욱 공고히 해주는 접착제가 되었다. 제이콥슨은 이에 대해 다음과 같이 썼다. "다양한 백인 이민자 집단의 경제적 성공은 백인이 아닌 사람들을 희생시켜 얻은 것이었다. (…) 뿐만 아니라 그들의 백인성이 이처럼 널리 안정적으로 인정을 받을 수 있었던 데에는 백인이 아닌 집단의 덕택도 어느 정도 있다."[25]

△

노예제는 인간관계를 크게 왜곡해, 누군가에게 잠재할지 모르는 타고난 재능이나 지능을 무시한 채 복종을 요구했다. 그들은 멀쩡히 살아 있는 자식이나 배우자를 빼앗기고도 슬픔을 억눌러야 했다. 그렇게 다른 사람의 손에 넘어간 가족은 다시 볼 수 있으리라는 희망도 없이 새 주인에게 목숨을 의탁해야 했다. 목숨이 붙어 있어도 죽은 것이나 다름없었다. 슬픔을 참는 것에 대한 보상은 오늘은 채찍을 맞지 않았거나, 오늘은 남은 아들이나 딸을 빼앗기지 않았다는 안도가 전부였다. 반면에 지배 카스트들은 자신들이 천부적으로 우월하다는 착각에 사로잡혀 살았다. 당연히 요구해 받아야 할 임금을 달라고 할 줄 모르는, 자신들을 위해 18시간까지 일하는 사람들을 보며 지배 카스트들은 그들이 사람이 아니라 들판의 짐승처럼 우매한 존재라고 생각했다. 또한 매질을 할 때 그들이 보인 노예근성은 진정한 존경과 숭배의 마음에서 비롯된 것이라고 스스로 되뇌었다. 이런 추악한 관계는 대를 이어 내려왔다. 조상들 덕분에 위계 구조의 꼭대기에 올라간 사람들은 아무런 노력 없이 예속된 집단으로부터 받는 존경에 익숙해졌고, 이를 당연한 것으로 여기게 되었다. 그들은 자기 밑에 있는 사람들은 신체적 고통이나 마음의 아픔을 느낄 줄 모르는 존재이며, 어떤 잔학한 짓을 해도 그만인 천박한 기계에 지나지 않는다고 자신을 합리화했다. 그들은 그렇게 스스로 세뇌하며 자신을 속였다. 그들은 거짓된 삶을 살았고, 인간을 들판의 짐승으로 여김으로써 스스로 인간이기를 포기했다.

오늘날 미국인들은 그들의 가족이 노예를 부린 적이 있든 없든, 심지어 미국에 살았든 살지 않았든 간에 이런 왜곡된 구조에 합류하도록 만드는 방법을 물려받았다. 노예제는 흑인과 백인 사이에 인위적 간극인 중간 카스트를 만들고, 이에 아시아인, 라틴계, 원주민, 아프리카계 새로운 이민자들을 두었다. 그리고 그들에게 양극

화된 위계 구조 안에서 각자 자신의 길을 찾아가라고 강요했다. 극
에 캐스팅된 사람들이 극작가의 눈에 들기 위해 다투듯, 신참들은
지배 카스트의 환심을 얻기 위해 노력했다. 그들은 서로 경쟁하듯
최하층과 거리 두는 법을 배웠다. 그들은 그들이 택한 새로운 땅에
서 남부럽지 않게 살려면 지배 카스트의 지시에 따라야 한다는 사
실을 알았다. 그들은 최하위 카스트와 자신을 비교하고 상대를 깎
아내렸다. 이는 각자 자기 살 궁리만 하는 비정한 미국의 자본주의
경제 체제에서, 최하위 카스트들을 발판으로 삼아 출세할 수 있는
지름길이었다.

1930년대 말, 유럽에서 전쟁이 일어나고 권위주의 정권이 들어
설 당시 300년째로 접어든 미국의 카스트 체제는, 그 위력을 본격
적으로 발휘하고 있었다. 카스트의 운영 원칙은 전국 어디서나 확
실히 지켜졌지만, 옛 남부 연합의 권위주의적인 짐 크로 체제에서
는 더더욱 사정을 봐주지 않았다. 인류학자 W. 로이드 워너^{W. Lloyd}
Warner와 앨리슨 데이비스^{Allison Davis}는 다음과 같이 기록한다. "남
부의 카스트는 인간 사회를 구성하는 가장 기본적인 특권과 기회
에 대하여 모든 흑인과 백인의 지위를 자의적으로 규정하는 시스
템이다."[26] 카스트는 정도의 차이만 있을 뿐, 여러 세대에 걸쳐 작
동하는 사회적·경제적·심리적 전범이 되었다.

△

몇 년 전 런던의 브리티시 라이브러리^{British Library}
에서 강연을 할 때였다. 그 자리에 참석했던 나이지리아 태생의 한

극작가가 내 강연에 흥미를 느낀 모양이었다. 특히 600만 명의 아프리카계 미국인이 흑인대이동Great Migration(1910년대부터 1950대년까지 여러 차례에 걸쳐 흑인들이 남부의 인종차별을 피해 북부로 이주한 현상-옮긴이) 기간에 자국 국경 내에서 정치적 망명을 시도했다는, 자신은 알지 못했던 역사적 사실에 호기심이 생겼던 것 같다. 나중에 그녀는 내게 도저히 잊을 수 없는 말을 했다. 무엇보다 그 간결한 표현이 인상적이었다. "있잖아요. 아프리카에는 흑인이 없어요."

땅에 금을 그어놓고 인간들을 나눌 수 있다는 신화를 학습해 온 대부분의 미국인이라면, 그녀의 말에 굉장히 뜨악할 것이다. 말도 안 되는 소리 같다. 아프리카에 있는 사람들은 대부분 흑인 아냐? 아프리카 대륙 전체가 흑인들의 땅 아닌가? 어떻게 그걸 못 볼 수가 있지? "아프리카인들은 흑인이 아닙니다." 그녀가 말했다. "그들은 이그보우이고 요루바이고 에웨이고 아칸이고 은데벨레입니다. 그들은 흑인이 아닙니다. 그들은 그냥 그들일 뿐이에요. 그들은 그 땅에 사는 인간입니다. 그게 그들이 자기 자신을 보는 방식이고 그게 그들의 정체성입니다." 미국에서 복음으로 받아들여지는 것들이, 그들에게는 생소한 개념이라고 그녀는 말했다. "그들은 미국이나 영국에 와서 흑인이 되었습니다. 흑인이 된 건 그때부터예요."

유럽인들이 백인이 되고, 아프리카인들이 흑인이 되고, 그 밖의 사람들이 노랗고 빨갛고 가무잡잡한 인간이 된 것은 신대륙을 형성하는 과정에서 이루어진 일이다. 보이는 모습에 따라 인간을 분류하고, 대비되는 특징으로만 정체가 정해지고, 인종이라는 새로운 개념을 근거 삼아 사람들을 서열화한 것. 이는 모두 신세계를 만드는 과정에서 이루어진 일이었다. 우리는 막강한 힘을 가진 제작자의 요구에 따라 순위를 매기는 과정을 통해 정해진 배역에 캐스팅되었다.

사실 우리 중 누구도 본래의 우리가 아니다.

이미 그릇된
사람들

그녀의 이름은 미스^{Miss}다. 그냥 미스다. 거기에는 이유가 있다. 그녀는 짐 크로법이 기승을 부리던 1970년대 텍사스에서, 성년기를 맞은 부모로부터 태어났다. 짐 크로 시대는 자유의 지를 가진 나라에서 특정 구역에 몇 가지 기본 규칙을 정해놓은 권위주의 체제였다. 어떤 대가를 치르는 한이 있어도 최하위 카스트가 변함없이 자리를 지키게 해야 한다는 것이 대원칙이었다. 그 규칙은 무슨 말을 하든 무엇을 인용하든 그들의 열등함을 확실히 해두려는 의도를 분명히 드러냈다. 예를 들어 열차 사고를 보도할 때 신문들은 이렇게 썼다. "남성 2명과 여성 2명 그리고 흑인 넷이 죽었다."²⁷ 흑인 남성의 이름에는 절대 '씨^{Mister}'를 붙이지 않았고 흑인 여성에게도 '미스'나 '미세스'를 붙이면 안 되었다. 나이와 결혼

여부에 상관없이 그들은 성을 뺀 이름이나 '아줌마'나 '여자'로 불렸다.

이런 불문율은 계절의 변화만큼이나 확고했다. 앨라배마주 버밍엄의 시장 선거 결과를 가른 것도 바로 이런 신성불가침의 규약을 위반한 사건 중 하나였다. 경찰 최고위 인사였던 치안국장 불 코너Bull Connor는 1961년 선거에서 꼭 당선시켜야 할 후보가 있었다. 그는 떨어뜨려야 할 후보를 빠져나오지 못할 구석에 몰아 자신이 원하는 후보를 당선시키기로 했다. 그는 흑인 남성을 매수하여 사진기자를 대기시킨 다음 공개적인 장소에서 상대방 후보와 악수하게 했다. 이 사진과 기사는 지역 신문에 대서특필되었고 상대는 불 코너가 예상한 대로 선거에서 패했다. 역사가 제이슨 소콜Jason Sokol은 흑인과의 악수를 7가지 대죄cardinal sins 중 하나라고 쓰면서 흑인을 '미스터'라고 부르거나 그들과 악수하는 것은 남부 백인에겐 '기겁할' 일이라고 덧붙였다.[28]

그곳에서 150킬로미터 남쪽에 떨어진 셀마에 한 어린 소년이 있었다. 그 소년은 전혀 모르는 백인들, 심지어 아이들까지 자신의 할머니와 어머니를 이름으로 부르는 것이 못마땅했다. 일요일에 어머니가 예배용 장갑과 장신구를 걸쳤음에도 아이들은 "헤일 부인"이라고 하지 않고 버르장머리 없이 "펄리"라고 불렀다. 해럴드 헤일Harold Hale은 기품 있는 어머니와 할머니에게 무례하게 구는 그들이 너무 싫었다. 마치 주제를 알라는 듯한 태도였다. 더욱 참기 힘든 것은 자신이 할 수 있는 일이 아무것도 없다는 사실이었다.

1965년 초 마틴 루터 킹 주니어가 소년의 마을에 왔다. 남북전쟁이 끝난 지 100년이 지난 때였다. 수정헌법 15조는 피지배 카스트의 투표권을 인정했지만 여전히 그들은 투표권을 행사할 수 없었다. 해럴드 헤일은 킹 목사가 계획한 셀마에서 몽고메리까지의 행진에 참가하기로 했다. 여정을 시작하려면 헤일의 집에서 몇 블록 떨어진 에드먼드 페터스 브리지를 건너야 했다. 그를 포함한 600명의 참가자들이 다리 밑에 도착했을 때 말을 탄 경찰관들이 앞을 막았다. 경찰들은 시위자들을 기습적으로 공격했다. 그들은 최루탄을 쏘고, 시위자들을 곤봉으로 때리며 말발굽으로 짓밟았다. 작가 조지 B. 레너드George B. Leonard는 경찰을 태운 말과 말발굽이 쓰러진 사람들 위로 번개처럼 움직였다고 적었다.[29] 레너드는 겁에 질려 그의 흑백 TV로 그 장면을 지켜보았다. 나치의 전쟁범죄를 다룬 영화 〈뉘른베르크의 재판Judgment at Nuremberg〉이 방영되는 사이 사이에 ABC 뉴스는 셀마의 현장을 보여주었다. 악몽 같은 장면이 이어졌다.

10대 소년인 헤일은 앞줄에 선 지도자들과 멀리 떨어져 있었기에 다행히 다치지 않았다. 하지만 그는 요원해 보이는 변화의 가능성에 마음이 무거워졌다. 그 순간 그는 자신이 할 수 있는 일이 하나 떠올랐다. 자신의 다음 세대만은, 지배 카스트가 존경할 수밖에 없게 하겠다고 그는 결심했다. 그는 자신의 첫째 딸의 이름을 '미스'라고 짓기로 했다. 지배 카스트 사람들은 그의 할머니와 어머니에게 '미스'라는 호칭을 붙이지 않았지만, 그는 자신의 딸을 그런 호칭 이외의 다른 말로 부를 선택권을 그들에게 주지 않기로 했다. 딸의 이름은 미스가 될 것이다. 아내도 그런 그의 결정에 찬성했다.

어느 여름날 저녁, 레이스 천이 덮인 저녁 식탁을 사이에 놓고 나와 미스는 마주 보고 앉았다. 미스는 그동안의 일들을 되짚는 것 같았다. 남과 북에서 아버지의 꿈과 카스트가 어떤 식으로 부딪혔는지 그녀는 생각을 더듬었다. 테이블 위에 설탕을 담은 하얀 자기 그릇이 놓여 있었다. 그녀는 그릇 뚜껑을 손으로 쓰다듬었다. "백인들은 그런대로 괜찮았어요. 내 분수를 지키기만 하면요. 그들이 만든 그릇에서 나오지만 않는다면 말이죠." 그녀는 설탕 그릇의 옆면을 가볍게 두드렸다. 계속 그렇게 두드렸다. "그 그릇에서 나오는 순간." 그녀는 그릇 뚜껑을 들어올리며 말했다. "문제가 생겨요." 그녀는 뚜껑을 불빛에 한 번 비췄다가 다시 제자리에 올려놓았다.

그녀가 어렸을 때 그녀의 가족은 텍사스 동부의 작은 마을로 이사했다. 그 블록에 흑인 가족은 그들뿐이었다. 그녀의 아버지는 앞마당을 깨끗하게 정리하는 것이 즐거웠고 그래서 틈날 때마다 마당을 손질했다. 그녀의 아버지는 화단에 식물을 심고 하룻밤 사이에 완전히 새 마당으로 바꿔놓아 사람들을 깜짝 놀라게 했다. 어느 날 한 백인 남성이 지나가다 잔디밭을 깎는 그녀의 아버지를 보았다. 그는 그녀의 아버지에게 아주 일을 잘한다고 말하면서, 삯이 얼마냐고 물었다. "아, 돈은 안 받습니다." 해럴드 헤일은 그렇게 말했다. "대신 이 집 여주인과 잠을 자죠." 그녀의 아버지는 그 남성에게 빙긋 웃어 보이며 그렇게 말했다. "난 여기 살거든요."

그 말을 전해 들은 사람들은 야구방망이를 들고 몰려와 헤일이 정성 들여 가꾼 정원 앞에 서 있던 우체통을 부숴버렸다. 해럴드 헤일은 우체통을 콘크리트로 만들어 다시 세웠다. 어느 날 차를 타고 지나가던 사람이 차창을 내리고 다시 우체통을 부수려고 했다. 헤일 가족은 바깥에서 비명을 들었다. "그 사람이 던진 야구방망이에 일행의 팔이 다친 거였어요." 미스는 그렇게 말했다. "우체통이 콘크리트라, 야구방망이가 튀어오르는 바람에 자기들이 맞은 거죠."
이후 사람들은 우체통을 두 번 다시 건드리지 않았다.

헤일 가족이 그 동네로 이사 온 1970년대 초, 그 지역 고등학교
들은 이미 두 카스트가 함께 학교에 다니는 것을 허락하고 있었다.
10학년이었을 때 그녀는 휴식 시간이면 워키토키로 친구들과 얘기
를 주고받아 아이들의 눈길을 끌었다. 휴대폰이 나오기 전이라 쉬
는 시간에 그녀는 친구들과 워키토키로 연락한 뒤 사물함 앞에 모
이곤 했다. 어느 날 교장 선생님이 그녀를 호출했다. 대체 무슨 일
이기에 아이들이 그녀의 사물함 주변으로 모이는지 궁금했기 때문
이었다. 그녀는 교장 선생님에게 워키토키를 꺼내 보였다. 교장 선
생님이 이름을 물었다. "미스 헤일입니다." 그녀가 답했다. "이름은
뭔가?" "미스입니다." "아니, 그러니까 네 이름이 뭐냐고. 바보 같은
소리 그만하고 진짜 이름을 대란 말이야." 그녀는 아버지가 지어준
이름을 다시 반복했다. 교장 선생님은 흥분해서 직원에게 그녀의
학적부를 가져오라고 말했다. 그리고 그녀의 이름을 확인했다. "헤
일. 헤일이라…." 그는 혼자 웅얼거리며 왜 규약에 어긋나는 이런
일이 벌어졌는지 원인을 알아내려 했다. 남부의 작은 마을이라 백
인들이 모르는 흑인은 없었다. 그들은 대부분 지배 카스트에 기대
어 생계를 유지했기 때문에 웬만한 흑인들은 다 알았다. 도대체 어
떤 흑인이 백인들을 난처하게 만들 걸 뻔히 알면서 감히 그런 짓을
했다는 말인가?

"헤일이라… 그런 이름은 못 들어봤는데." 그는 마침내 그렇게
말했다. "너 여기 출신 아니지? 네 아버지는 어디 출신이냐?" "앨라
배마요." "무슨 일을 하는데?" 그녀는 회사 이름을 댔다. 본사는 텍

사스에 있지 않지만 포천 500대 기업이라고 말했다. 그녀의 부모님은 그 말을 꼭 붙이라고 그녀에게 가르쳤다. 그래야 안전하다고 생각했기 때문이었다. "여기 출신이 아닐 줄 알았다." 교장 선생님이 그렇게 말했다. "어떻게 알았는지 알아?" 그녀는 빨리 그곳을 벗어나면 좋겠다는 생각을 하며 고개를 저었다. "말할 때 내 눈을 똑바로 쳐다보는 걸 보고 알았지." 그는 그것이 카스트 규범에 위배된다고 말했다. "이 동네 사는 유색인종이라면 그 정도는 다 알아."

그녀는 마침내 교장실을 나왔고 그날 집에 돌아와 아버지에게 학교에서 있었던 일을 얘기했다. 아버지가 20년 동안 벼르던 순간이었다. "그래서 교장 선생님이 뭐라든? 넌 뭐라고 했니? 그랬더니 뭐라 답하든?" 그녀의 아버지는 흥분해서 계속 다그쳤다. 계획이 적중한 것이다. 그녀의 아버지는 그녀더러 이름에 부끄럽지 않게 살라고 거듭 당부했다. "그들만 인간성을 가진 것이 아니다. 인간성은 그들의 전유물이 아니야." 아버지는 그렇게 말했다. "그들만 여성성을 가진 게 아니란다. 건강하고 존중할 만하고 고귀하고 명예로운, 그러니까 여성 구성원을 의미하는 모든 것을 그들만 가진 것은 아니라는 말이다. 그게 그들의 전유물은 아니지."

몇 년 뒤에 미스는 미국의 또 다른 지역으로 옮겨가 살았다. 대학을 다니던 중 그녀는 뉴욕의 롱아일랜드에 사는 학교 친구의 초대로 그들 가족과 함께 여름을 보냈다. 친구의 가족들은 미스를 반갑게 맞아주었고, 그녀 이름을 듣고 재밌어하면서 남부의 꽉 막힌 사람들을 골탕 먹인 얘기에 배꼽을 잡았다. 그녀는 친구 할머니에게 유독 상냥했고 그 때문인지 할머니도 미스를 특별히 좋아했다. 미스는 우아하고 여유 있었으며 남부 흑인의 오랜 전통대로 어른들에게 깍듯했다. 여름이 끝나고 학교로 돌아갈 때가 되자 정이 듬뿍 든 할머니는 그녀가 떠난다는 말에 크게 낙담했다. "우리 집에서 지내면 안 되겠니?" 집안의 큰 어른인 할머니는 쓸쓸한 표정으로 다시 그녀를 붙잡아보았다. 미스는 가야 한다고 할머니를 달랬다. "옛날 같으면 널 붙들 수 있었을 텐데." 할머니는 아쉬워하며 그렇게 말했다. 단념한 듯 그녀의 목소리가 기어들어갔다.

△

우리는 모두 어떤 종류의 그릇에 담겨 있다. 거기에 붙은 라벨은 내용물이 무엇인지, 그것의 용도는 무엇인지, 그것을 어느 선반에 놓을지 알려준다. 카스트 체제에서는 라벨과 내용물이 맞지 않는 경우가 많이 있고 그릇이 엉뚱한 선반에 놓일 때도 많다. 이때 모르는 사이에 사람과 제도가 다치는 경우가 발생한다.

아마존Amazon이나 아이폰iPhone이 나오기 전에 나는 〈뉴욕 타임스〉 시카고 지부 기자로 일했다. 어느 날 나는 시카고의 대표적 상업지구인 매그니피센트 마일Magnificent Mile을 소재로 기획 기사를 쓰기로 했다. 특히 뉴욕 등지에 본사를 둔 유명 브랜드들이 자리한 번화가이자 이 도시의 간판 거리인 미시간 애비뉴를 집중취재하기로 했다. 나는 유명 브랜드들이 내 취재에 기쁜 마음으로 응해주리라 생각했다. 나는 기사를 구상하면서 그들에게 인터뷰를 요청했다. 전화를 받은 사람들은 모두 〈뉴욕 타임스〉 기자와 마주 앉아 시카고에 진출한 자신들의 포부를 밝힐 생각에 들떠 있는 것 같았다.

인터뷰는 순조롭게 진행되었고 마지막 인터뷰만 남은 상황이었다. 마감 시간이 임박해 마음이 급해진 나는 매장에 몇 분 일찍 도착했다. 늦은 오후여서인지 부티크는 텅 비어 있었다. 직원이 매니저에게 연락을 받았다며 그가 곧 도착할 거라고 일러주었다. 나는 그녀에게 상관없다고 말했다. 기사에 유명 브랜드를 또 하나 추가하게 되어 내심 흡족했기에 여유가 생겼는지도 모르겠다. 그녀는 나를 널찍한 쇼룸에 남겨둔 채 뒤쪽 구석으로 갔다. 그때 정장에 외투를 걸친 한 남성이 숨을 헐떡이며 다급하게 걸어 들어왔다. 구석에 있던 직원은 눈짓을 했고, 나는 내 소개를 하기 위해 그에게 다가섰다. 그는 여전히 숨을 헐떡이며 코트를 입은 채 시계를 확인했다. "아, 지금 당신과 얘기할 수 없어요. 나 지금 너무 바쁘거든요. 약속에 늦어서 말이에요." 처음엔 당황했다. 같은 시간에 다른 약속을 잡았다는 말인가? 왜 동시에 약속을 두 개 잡았지? 하지만 부티크에는 우리 둘과 그의 부하직원 말고는 아무도 없었다. "약속한 사람이 저 같은데요." 내가 그렇게 말했다. "아뇨. 〈뉴욕 타임스〉 기자와 중요한 약속이 있단 말이에요." 그는 코트를 벗으며 그렇게 말했다. "지금은 얘기할 시간 없어요. 다음에 하죠." "제가 〈뉴욕 타임스〉에서 나왔다고요." 나는 펜과 메모장을 들고 그렇게 말했다. "어제 저하고 통화하셨잖아요. 내가 4시 30분에 댁과 약속을 잡은 사람이에요." "이름이 어떻게 되죠?" "〈뉴욕 타임스〉의 이저벨 윌커슨입니다." "그걸 어떻게 믿죠?" 그는 참지 못하고 쏘아붙였다. "이봐요. 지금 당신과 얘기할 시간이 없다고 했잖아요. 그 기자가 금방 올 거란 말이에요." 그는 출입문을 보고 다시 시계를 보았다. "제가 이저벨이라고요. 지금 당장 인터뷰를 해야 하고요." 그는 한숨을 내쉬었다. "신분증 있어요? 명함은요?" 이번이 그 기사를 위한 마지막 인터뷰였고, 앞에서 명함을 다 나눠주었기 때문에 남은 것이 없었다. "오늘 온종일 인터뷰를 하느라, 남은 명함이 없네요." 나는 그에게 그렇게 말했다. "신분증은요? 면허증은 있으세요?" "내가 댁에게 내 면허증을 보여줄 이유는 없지만 여기 있어요." 그는 내 면허증을 보는 둥 마는 둥 했다. "거긴 '뉴욕 타임스'라는 말이 없잖아요." "당신을 인터뷰하지 않을 거면 내가 왜 여기 있겠습니까? 당신이 들어온 이후로 우린 여기 계속 서 있었어요. 그리고 아무도 나타나지 않았고요." "그 기자가 늦는 게 틀림없어요. 저도 준비를 해야 하니까 좀 나가주시죠." 나는 어이가 없고 화가 치밀어 그곳을 나왔다. 사무실로 돌아가면서 도대체 왜 이런 상황이 벌어진 건지 곰곰이 따져봤다. 남을 사칭했다는 의심을 받은 건 처음이었다. '이 사회에서 특정 직종에 종사하는 사람은 어떤 사람이어야 한다'는 그의 고정관념이 그의 눈을 멀게 한 것 같았다. 그래서 애타게 기다렸던 인터뷰 담당 기자가, 바로 자기 앞에 서 있어도 믿으려 하지 않았다. 내가 그 기자라는 사실을 알려주는 모든 증거를 다 제시해도 〈뉴욕 타임스〉 특파원이 나 같은 그릇에서 나올 수 있다는 생각은 미처 하지 못한 것 같았다.

내 기사는 그 주 일요판에 실렸다. 그를 인터뷰하지 못했기 때문에 그 매장에 관한 내용은 한 마디도 없었다. 그에겐 인터뷰가 꽤 좋은 홍보 기회였겠지만, 나에겐 그 남자 말고도 다른 인터뷰가 있었기에 없어도 그만이었다. 나는 그가 요구했던 명함과 함께 그 기사 클립을 그에게 보냈다. 아직도 나는 그 매장에 갈 생각도, 그 이름을 언급할 생각도 없다. 검열이 무서워서도 아니고 그 회사의 평판을 지켜주기 위해서도 아니다. 단지 드물게 불쾌한 태도로 실례

를 범하는 사람의 정체를 알려주면, 그런 문제를 뿌리 뽑을 수 있다
는 생각이 잘못됐기 때문이다. 이런 일은 언제 어디서든 일어날 수
있다. 진짜 문제는 사실 현상보다 더 깊은, 저 아래 뿌리에 있다.

근거 없는
척도

우리와 비슷한 자연법칙을 가진 평행우주에서, 강력한 무기를 가진 정복자들이 바다를 누비다 자신과 다른 모습의 사람들을 발견했다. 그들은 우연히 마주친 인간의 모습에 놀랐다. 그들은 그동안 보아온 어떤 인간들보다 키가 컸다. 고개를 들고 봐야 할 정도였다. 그들은 이 사실을 어떻게 받아들여야 할지 몰랐다. 그들은 자신이 인간의 기준이라고 생각해 왔다. 하지만 그들이 본 토착민은 특별하다는 말의 범위에서조차 벗어난 특징을 가지고 있었다. 여자도 보통 180센티미터가 넘었고, 남자는 웬만하면 210센티미터가 넘었다. 무장한 탐험대원들은 그 반대였다. 그들이 들고 있는 무기는 치명적이었지만, 그들의 머리는 땅에 더 가까웠다.

뛰어난 무기를 가진 부족들이 세상을 서로 차지하려는 가운데,

키가 크든 작든 눈에 쉽게 띄지만 종잡을 수 없는 특징을 가진 두 민족이 이렇게 인류 역사에서 처음으로 맞닥뜨렸다. 인간 중에 키가 제일 작은 부족이 키가 제일 큰 부족과 마주하게 된 것이었다. 첨단 무기를 가진 부족이 우세했다. 그들은 키가 큰 사람들의 용도를 알아냈다. 그들은 키가 큰 사람들을 그들이 세우고 있는 신대륙으로 옮기기로 했다.

그들은 전 세계 곳곳에 있는 키 작은 부족들과 함께 공동의 명분을 만들어 힘을 합쳤다. 그들은 뛰어난 화기와 책략으로 키 큰 부족을 정복하고, 그들을 포획하여 250년 동안 노예로 삼았으며, 위대한 민주주의를 건설했다. 그들은 키 큰 부족이 좋은 대접을 받을 자격이 없다고 생각했다. 그들은 교양이 없고 낙후했으며 열등하고, 가진 장점과 자원을 이용할 줄 몰랐다. 그들은 완전히 다른 종족으로, 정복자를 섬길 운명을 갖고 태어났으며, 그렇게 몰락해도 싼 인간들이었다. 그들은 저급한 별개의 인종이었다. 터무니없는 이야기 같은가? 이는 그런 일이 일어나지 않아서가 아니라, 인류를 분류하고 인종을 결정하는 기준으로 키를 택한 것이 말이 안 되기 때문이다. 인간을 구분할 수 있는 특징은 셀 수 없을 정도로 많다. 하지만 키는 피부색과 마찬가지로 유전자가 압도적인 영향을 미치는 외형적 특징이다.[30] 유전적 요인이 80퍼센트를 차지하기에 가족이나 종족 집단에서 상당히 일관성 있게 드러난다. 피부색과 마찬가지로 사람의 키는 120센티미터부터 210센티미터까지 넓은 범위에 다양하게 분포되어 있지만, 대부분은 그 중간에 몰려 있다. 인종을 판단하는 기준을 키로 삼는다면, 네덜란드 사람들은 남수단의 닐로테족이나 르완다의 투치족과 똑같은 '인종'으로 묶일 것이다.

그들은 모두 우리 종에서 가장 키가 큰 부류이고, 여성도 평균 180센티미터를 가볍게 넘기 때문이다. 반면에 피그미족과 사르디 니아인은 역사적으로 가장 키가 작은 인간에 속하기 때문에 별개의 '인종'으로 분류되어야 맞다.

현재의 카스트 행동 유형으로 짐작해 보면, 중간 키에 속하는 대부분의 사람은 권력을 가진 특정 키의 사람들에게 아첨할 것이다. 키 큰 사람들이 세상을 지배한다면 킬힐을 신고, 키 큰 것이 집안 내력이라고 자랑하고, 키 큰 사람만 데이트 상대로 지목하고, 결혼도 지배 카스트의 이점을 얻을 수 있는 방향으로 할 것이다. 키가 아주 크거나 아주 작은 경우처럼 여러 키에 대한 스테레오타입이 생길 수 있겠으나, 어느 집단이 권력을 잡든 지위를 정당화하기 위해 스테레오타입을 마련하고 이를 확고히 할 것이다.

키 작은 사람들이 지배하는 카스트 체제에서 키 큰 사람들은 비천하고 저급한 인종으로 분류되어 사람들을 웃기거나 노예로 부리기 좋은 존재로 전락한다. 키가 작은 사람들은 지성과 교양을 타고났다는 말을 듣고, 태어날 때부터 마땅히 리더가 될 자격을 가졌다는 평가를 받는다. 작은 키는 인간의 기본 체격이자 미의 기준이 되고, 역대 통치자들의 공통점으로 꼽히며 더욱 존경을 받는다.

키 큰 사람들은 이상적인 키와 완전히 상반된 모습으로 태어났기 때문에, 늘 불안해하고 남을 지나치게 의식하며, 이로 인해 매력이 없다는 말을 듣는다. 사회도 키 큰 사람을 보면 그가 가진 관심사, 적성과 관계없이 무조건 스포츠나 육체노동에 어울릴 것이라 단정한다. 과학자들은 키 이외에 키 큰 사람과 키 작은 사람의 차이를 측정하는 방법을 고안한다. 그렇게 탄생한 측정 방법은 주로 장

점이나 단점, 발탁이나 배제와 관련된 결과를 여러 세대에 걸쳐 추적한다. 이는 키 작은 사람의 타고난 우월성과 키 큰 사람의 불운한 결점에 대해 널리 받아들여지는 가설을 입증할 것이다. 기업의 이 사회나 권력자의 주변엔 키 큰 사람을 찾아보기 힘들 것이다. 키 작은 사람들이 통치하는 체제에서 키가 크다는 것은 곧 열등하다는 말이다. 물론 그 반대도 통용된다.

우스꽝스럽게 들릴지 모르지만 수백 년 동안 피부색이 그랬던 것처럼 인간을 분류하는 수단이 키였다면 사람들은 그것을 자연법칙처럼 받아들였을 것이다. 아름다움과 지성과 리더십과 권력을 결정짓는 강력한 기준이 키인 세상에서, 어느 평행우주에서는 사람들을 색깔에 따라 나눈다고 말하면 바보 같다고 비웃었을 것이다. 키가 아주 크고 아주 작다는 무작위적인 특징을 기준으로 사람을 분류한다고 하면 우리야 웃기는 소리라고 하겠지만 말이다. 사람들이 이 분류를 비웃는 이유는 '인종'이라는 기준을 이미 가진 상황에서, 한 번도 적용한 적 없는 특징으로 다시 나누려는 시도라서다.

인종이라는 개념은 인류 역사에서 비교적 최근에 나타난 인식이다. 그 기원은 대서양을 사이에 두고 행해진 노예 무역과 이후 노예제로 인해 생겨난 카스트 체제까지 거슬러 올라간다. 인종race이라는 단어는 스페인 단어 라사raza에서 유래되었을 가능성이 높다. 라사는 원래 "순수한 말馬의 등급이나 품질"을 지칭하는 것으로, "알아보기 쉽게 쇠로 낙인을 찍어" 구분했다고 인류학자 오드리 스메들리와 브라이언 스메들리는 말한다.[31] 유럽인들은 세계를 탐험하다 처음 마주친 사람들을 지칭할 때 그 단어를 사용했다. 북아메리카의 영국인들은 그중에서도 가장 엄격하고 배타적인 형태의 인종 이데올로기를 개발했다. 이를 고스란히 이어받은 미국에 관해 스메들리는 말한다. "미국인이 생각하는 인종이란 깊고 건널 수 없는 차이에 대한 진술이다. (…) 그것은 극복할 수 없는 사회적 거리를 뜻한다."

유전학자와 인류학자들은 오래전부터 인종을 과학·생물학적 근거가 없는, 인간이 만든 발명품으로 보았다. 19세기 인류학자 폴 브로카Paul Broca는 34가지 피부색을 동원해 인종을 설명하려 했지만 결론을 내리지 못했다.[32] 만약 지구상의 모든 인간을 키나 피부색 같은 하나의 물리적 특성을 기준 삼아 오름차순이나 내림차순으로 정렬한다면, 이 분류의 경계를 정할 때 혼란을 느낄 것이다. 인간과 인간 사이에 선을 긋기가 거의 불가능하기 때문이다. 가령 남아프리카의 산San족과 페루 마라뇨 강변에 거주하는 토착민들의 피부는 과학적으로 같은 색깔이므로, 수천 마일 떨어져 살며 같은 조상을 공유하지 않는다고 해도 둘을 구분할 수가 없다.

이들 범주의 무작위적 성격을 들여다볼 수 있는 창窓으로 유럽의 후손들을 코카서스인, 즉 백인이라는 용어로 지칭하는 것은 인류 역사상 비교적 새롭게 나타난 임의적 관행이다. 코카서스인은 고대부터 있었던 용어가 아니라 1795년에 독일의 의학교수 요한 블루멘바흐Johann Blumenbach의 머릿속에서 튀어나온 단어다.[33] 블루멘바흐는 다양한 종류의 인간을 분류하기 위해 수십 년 동안 이마, 턱뼈, 안와 등 인간의 두개골을 연구하고 측정했다.

그는 자신이 가장 아꼈던 러시아 코카서스 산맥에서 구한 어떤 두개골을 근거로 코카서스인이라는 용어를 만들었다. 그가 보기에 그 두개골은 그가 소유한 수많은 두개골 중에 가장 아름다웠다. 그래서 그는 자신이 속한 유럽인 집단에 그 두개골이 출토된 지역의 이름을 붙여주었다. 백인을 가리켜 코카서스인이라고 하니까 무슨 과학적인 근거가 있는 것처럼 보이는데, 실은 무척 자의적인 이름일 뿐이다. 그 후로 100여 년이 지난 1914년에 미국에서는 시리아인을 코카서스인(즉 백인)으로 볼 수 있느냐는 시민권과 관련된 재판이 열렸다. 이때 증인으로 불려 나온 한 전문가는 블루멘바흐의 알쏭달쏭하고도 중대한 발견을 한마디로 일축했다. "이보다 더 과학에 해악을 끼친 두개골은 없다."[34]

인간 게놈의 웅대한 지도와 가족 초청 이민 절차에서 요구되는, 조용히 그리고 오래도록 소원해 온 DNA 검사 키트의 결과들은 우리가 알고 있는 인종이 실체가 없다는 사실을 여실히 보여준다. 아주 오랜 세월 신성한 진리로 여겼던 인종은 근대인들이 만들어 낸 허구다. 20년 전, 유전자 정보를 분석한 과학자들은 모든 인간의 게놈은 99.9퍼센트 동일하다는 사실을 밝혀냈다. "인종은 과학적 개념이 아니라 사회적 개념이다."[35] 2000년 게놈 지도가 완성되었을 때, 인간 게놈 프로젝트를 주도한 단체 셀레라 게노믹스Celera Genomics를 조직한 유전학자 J. 크레이그 벤터J. Craig Venter는 말했다. "우리는 모두 지난 10만 년 전에 아프리카에서 나와 세계로 이주한 소수의 부족으로부터 진화했다." 이는 증오와 내전의 촉매제였던 인종 카스트가 사실 전부 인간의 수많은 유전자 중 몇 가지에서 추론한 자의적이고 피상적인 선택에 의한 특성을 기반하고 있음을 의미한다.[36] 이 지점을 지적한 인류학자 애슐리 몬터규는 다음과 같이 주장한다. "인종이라는 발상은 사실 착취 계급이 자신들의 이익을 위해 열등한 카스트로 간주한 부류에 대한 특권을 유지하고 지키기 위해 만든, 의도가 담긴 창작품이었다."

우리는 인종이라는 비논리를 받아들인다. 그 이야기를 지금껏 들어왔기 때문이다. 우리는 웬만한 '백인'의 피부보다 더 하얀 피부를 가진 사람을 보고 그들은 '백인'이 아니라고 생각하며, 그들이 백인이 아닌 다른 범주에 속한 사람이라는 주장을 받아들인다. 눈꺼풀의 접힌 부분이 백인과 미세하게 다르며, 그들의 선조는 일본에서 태어났기 때문이다. 우리는 피부가 미국의 웬만한 '흑인'보다 더 어두운 에스프레소 커피색 피부의 사람을 보면서도 '흑인'이 아니라는 말에 수긍한다. 비슷한 맥락으로 그들이 '흑인'이 아닌 별개의 범주에 속한다고 생각한다. 머리카락의 곱슬곱슬한 정도가 심하지 않고 마다가스카르에서 태어났기 때문이다. 우리는 이런 비논리성을 배워야 한다. 아직 이런 규칙을 배우지 못한 어린아이들은 흑인, 백인, 아시아인, 라틴계 같은 정치적 명칭이 아닌 보이는 대로 사람을 묘사할 것이다. 어른들이 명칭을 들먹이고 말도 안 되는 소리를 말이 되는 것처럼 말하며 그들을 '바로 잡아줄' 때까지 말이다. 색은 팩트다. 인종은 사회적 개념이다.

"우리는 피부색, 눈 모양, 머리카락의 질감 같은 특정한 신체적 차이를 통해 인종을 '본다'고 생각한다." 스메들리는 그렇게 썼다. 우리가 실제로 '보는' 것은 학습된 사회적 의미, 즉 스테레오타입이라는 것이다. 그의 말에 따르면 인종이라는 이데올로기와 그것이 남긴 역사적 유산을, 신체적 특징에 억지로 갖다 붙인 것이다. 역사학자 넬 어빈 페인터 Nell Irvin Painter는 미국이 배우지 못한 사람들이 미신에 매달리듯 인종에 집착한다고 지적했다.[37]

△

카스트라는 단어는 인도와 동의어가 되고 말았지만, 사실 카스트는 애초에 인도에서 만들어진 용어가 아니다. 카스트는 '인종' 또는 '혈통'을 뜻하는 르네상스 시대 포르투갈어 카스타^{casta}에서 유래되었다. 남아시아에서 초기에 무역을 시작한 유럽인 중 하나였던 포르투갈인들은 힌두인들이 사람을 구분하는 모습을 보고 이 용어를 인도 사람들에게 적용했다. 이처럼 우리가 인도어로 알고 있는 카스트는 사실 유럽인들의 해석에서 생겨난 용어다. 즉 그것은 아메리카를 창조한 서구 문화가 만들어 낸 개념이다.

그러나 인도인이 인간을 서열화한 개념은 인종이라는 유럽인의 개념보다 수천 년 더 긴 역사를 가지고 있다. 소위 바르나^{varna}라는 것인데, 이는 최근 수백 년 동안 인도인들이 카스트 체제라고 부르는 몇 가지 큰 범주를 가리키는 고대 용어다. 위계 구조를 만들려는 인간의 충동은 인종이라는 개념이 나오기 전부터 곳곳에서 다양한 형태로 나타났다. 원색적인 인종주의와 피부색에 의한 비교적 새로운 인간 구분 방식이 등장하기 훨씬 전부터 이 욕구는 더 깊이, 더 오랫동안 영향을 미쳐왔다. 유럽인들이 신대륙으로 세력을 확장하고, 외형이 다른 사람과 충돌하기 전까지만 해도 서구 문화에는 지금 우리가 가진 형태의 인종 개념은 존재하지 않았다고 역사학자 단테 푸조^{Dante Puzzo}는 말한다.[38] "인종주의는 근대의 개념이다. 16세기 이전 서구에는 사실상 인종주의라고 할 만한 생활과 사상이 없었다."

잘못된 리트머스 종이

요즘 우리가 마주하는 것은 선조들이 살았던 시대의 고전적 인종주의가 아니라 운영 체제의 요구에 따라 업데이트되어야 하는 소프트웨어의 변종이다. 민권운동으로 미국 정부가 어쩔 수 없이 차별을 불법화한 이후, 반세기 사이에 인종차별에 대한 미국인들의 인식도 많이 바뀌었다. 이제 인종차별이라는 단어는 미국 문화 안에서 논란의 여지가 가장 많은, 그래서 오해도 많이 받는 말이 되었다. 지배 카스트에게 그 단어는 방사능 같아서 누가 감히 그런 말을 꺼내기라도 하면 발끈하고, 두려워하고, 아니라며 잡아떼고 반발한다. 단어에 대한 거부감 때문에, 이를 바로잡는 실천에 대한 기초적인 논의마저도 종종 궤도를 이탈하며, 따라서 그 의미도 손상된다.

사회학자들은 종종 '인종차별'이라는 말을 인종적 편견과 체계적 권력이 결합된 개념으로 정의하면서, 성차별처럼 주로 힘을 가진 개인·집단이 힘이 약한 개인·집단에게 그 힘을 행사하는 것으로 본다. 남성이 여성에게, 백인이 유색인종에게, 지배자가 피지배자에게 힘을 행사하는 것이 그 사례다. 그러나 시간이 흐르면서 인종차별은 하나의 느낌이나 성격적 결함으로 의미가 축소되어, 누가 좋은 사람인지 아닌지 정도의 문제로 여겨지고 있다. 인종차별은 특정 인종이라는 이유로 특정 개인·집단을 명백히 그리고 노골적으로 증오하면서도, 실제로는 그런 사실을 좀처럼 시인하지 않는 관점 정도의 의미가 되고 말았다. 사람들은 성차별이나 외국인 혐오, 동성애 혐오를 찬성하거나 요구하면서도 스스로 인종차별적 성향을 가지고 있지 않다거나 "나 정도면 인종차별주의자라고 하기도 어려울 것"이라며 당장의 비난을 피하려 한다. 그들은 피부색을 따지지 않는다고 말하고 "가장 친한 친구도 흑인"이라고 자랑하며, 심지어 이런 문제에 대해서는 어느 정도 양식이 있는 편이라고 생각한다.

극단주의자들조차 인종차별을 인정하지 않는 시대에 인종차별주의자라는 말은 무엇을 의미하는가? 인종차별을 판별할 리트머스 시험지는 무엇인가? 유색인종에게 임대를 거부하거나, 갈색 이민자들을 모조리 체포하거나, 남부 연합 국기를 버젓이 내걸고도 인종차별 의도를 인정하지 않거나, 경멸적인 기호나 표식을 사용하는 현장을 들키지만 않으면 인종차별주의자라는 것을 '입증'할 수 없는 사회다. 이 사회 안에서 과연 누가 인종차별주의자인가? 인종차별주의자를 가려내고 확인하는 데 집착하다 보면, 그들에게 자백만 받으면 불의를 뿌리 뽑을 수 있다고 착각해 싸움에 패할 가능성이 높다. 그런 자백은 (a) 받아낼 가능성도 없고 (b) 체제보다 개인 한 사람에게만 초점을 맞추게 되며 (c) 화살을 돌리기 위해 타인의 잘못을 먼저 지적하는 이들에게 "고상하고 편견이 없는 사람 행세"라는 보호막을 제공할 뿐이다. 위계 구조 자체는 조금도 손상을 입지 않는다.

피부색 유전자에 근거를 둔 현재의 차별 자체를 거부하려다 보면 인종이라는 개념이 부조리하다는 것을 무의식적으로 인정하게 된다. 사회 구조의 결과가 실제가 아니라거나 차별 행위를 죄다 거부하라는 의미는 아니다. 그보다는 인종차별이라는 단어가 우리가 우리 시대의 현상과 긴장을 설명하는 유일한 단어, 가장 유용한 용어가 아닐 수도 있음을 인지하자는 것이다. 인종차별주의자를 비난할지 말지를 따지기보다는 힘없는 집단을 해치는 경멸적인 행동을 일삼는 개인에 초점을 맞추는 편이 더 건설적인 방법일 수 있다.

인종차별에 대해 보편적으로 합의된 정의가 없다면, 이는 절대적인 것이 아니라 계속 변화하는 연속체로 볼 수 있다. 누가 인종차별주의자인지 아닌지를 놓고 순도 테스트를 하기보다는, 사람을 계급으로 분류하는 사람을 인종차별주의자로 여기는 편이 나을지도 모른다. 어린 시절부터 받아들인, 그래서 이젠 피할 수 없는 사회적 가르침 속에서, 몸의 특정 성분을 바탕으로 나눈 등급으로 인간을 보는 사람들 말이다.

카스트는 인종이라는 개념보다 먼저 형성되었으며, 국가가 공식적으로 뒤를 봐준 탓에 오랫동안 공공연하게 자행된 인종차별 시대를 거쳐와 정착한 개념이다. 현대판 인종차별은 위계와 불평등을 만들고 유지하는 구조를 보이지 않게 감추면서, 인종차별이 아니라고 쉽게 잡아뗀다. 그러나 우리는 카스트 체제를 무시할 수 없다. 카스트는 구조다. 카스트는 서열화다. 카스트는 영역으로, 그것은 사람들의 외모에 따른 임무를 강화한다. 카스트는 살아 숨 쉬는 실체다. 이 체제는 무슨 대가를 치르더라도 자신의 존재를 지속시키려 한다. 진정으로 평등한 세상을 만들려면 생각보다 더 깊이 들여다봐야 한다. 홀로그램과 싸워서는 이길 수 없다.

카스트는 사람들이 생각하는 서열이나 위계상 지위를 근거로 상대에게 존경심이나 지위나 명예, 관심, 특권, 자원, 유리한 해석, 인간적 친절 등을 베풀거나 베풀지 않는 것이다. 카스트는 러시아인들이 이야기하는 테이블에 아무런 인사도 유머도 없이 상석에

가 앉는 아프리카계 미국인 여성을 싫어하는 것이다. 카스트는 전문 기술로 회사에 큰 기여를 하지만 CEO 자리는 아예 넘볼 생각이 없는 아시아계 미국인 남성을 선호하는 것이다. 카스트는 16세의 백인이 자기보다 나이가 3배 많은 하급 카스트 출신 직원들을 관리하는 매니저가 되는 일을 당연하게 여기는 것이다. 카스트는 개인의 일이 아니기에 오히려 음험하고, 따라서 강력하다. 이 체제는 편안한 일상이자 순진한 기대가 가진 낡은 관례다. 카스트는 아주 오랫동안 자리를 지켜온 탓에 원래부터 있었던 것처럼 자연스러운, 사회질서의 한 형태다.

인종차별과 카스티즘casteism은 무엇이 다른가? 미국에서는 카스트와 인종이 복잡하게 얽혀 있어 둘을 분리하기가 어렵다. 인종이라는 사회적 구조를 근거로 누구에게 열등하다는 딱지를 붙이거나 스테레오타입을 부여하거나 조롱하거나 위해를 가하거나 멋대로 추측하는 행동이나 제도는 인종차별로 볼 수 있다. 자신들이 생각한 범주를 근거로 누군가의 지위에 한계를 정하거나, 억제하거나, 정해진 서열에 놓으려 하거나, 그 사람의 지위를 올려주거나 강등시켜 각자의 자리를 지키게 하려는, 특정 행위나 구조는 카스티즘으로 볼 수 있다.

카스티즘은 자신의 서열·이점·특권을 유지하거나, 다른 사람 위로 올라서거나, 다른 사람을 자신의 밑에 두고자 하는 행위다. 즉 자신의 위계 또는 타인의 위계를 자신에게 유리하게 유지하기 위한 투자다. 소외된 카스트 사람들에게 카스티즘은 자신처럼 불우한 처지에 있는 사람들이 자신의 자리를 차지하지 못하게 막고, 특권층에 빌붙어 계속 지배 카스트의 총애를 받으려는 시도를 의미한다. 이러한 노력 때문에 카스트는 그 구조를 온전하게 유지할 수 있다.

미국에서는 인종차별과 카스티즘이 동시에 행해지거나, 중복되거나, 같은 시나리오로 전개되는 경우가 많다. 카스티즘은 사람의 지위를 정하고, 다른 사람과 관련됐을 땐 그의 지위를 제한한다. 인종차별의 주특기는 혼란을 조성하여 카스트의 기본에 깔린 구조적이고 더 강력한 카스트의 시스^{Sith Lord}로부터 주의를 분산시키는 것이다. 부러진 팔을 감싸는 깁스^{cast}처럼, 연극에 발탁된 배역^{cast}처럼, 카스트는 모든 사람의 자리를 정해놓고 그 자리에서 움직이지 못하도록 만든다.

이런 이유로 선량하고 친절해 보이는, 많은 사람이 카스트주의자^{casteist}가 된다. 카스트주의자는 위계 구조를 현재 상태 그대로 유지하는 데 투자하거나, 그것을 바꾸기 위해 아무것도 하지 않는 사람들을 말한다. 우리가 쉽게 떠올리는 고전적인 역할은 아니지만, 특정 집단에 대해 행동을 취하거나 공공연한 증오심을 드러내진 않는 부류다. 적극적인 인종차별주의자들, 즉 증오를 행동으로 옮기는 자들도 엄밀히 말하면 카스트주의자다. 그들의 증오심이 그들보다 밑에 있다고 생각되는 사람들에게 분수를 알고 위치를 지키라고 요구하기 때문이다.

옷가게에서 백인 쇼핑객이 흑인이나 갈색 피부를 가진 쇼핑객을 직원으로 착각하고 불쑥 다른 사이즈를 요구하거나, 파티에서 백인 하객이 흑인이나 갈색 피부를 가진 하객에게 술을 가져다 달라고 요청하는 것은 인종차별이 아니다. 버락 오바마도 상원의원 시절에 그런 일을 겪었다.[39] 심지어 지배 카스트 사람이라면 기소되지도 않을 가벼운 범죄에 하위 카스트는 형을 받는다 해도, 이를 인종차별이라고 하기 어렵다. 그것은 인종차별이 아니라 카스트다. 더 정확히 말하면 카스트 체제에 대한 집착이고 감시 행위다. 그것은 사람들의 외모와, 그동안의 역사를 통해 그들에게 할당한 역할과, 그들을 분류해 온 기준이자 특징이다. 스테레오타입을 기반으로 입력한 수천 장의 화상과, 다운로드한 신경학적 사회적 정보를 사람들에게 덧붙였을 때 갖게 되는 기대감에 대한 자동적이고 무의식적이고 반사적인 반응이다. 위계 구조에 의해 받은 메시지에 면역력을 가진 민족·인종은 없기에, 우리 중 그 누구도 그 영향권에서 자유로울 수 없다.

일부에서 말하는 인종차별은 좀 더 규모가 큰 미국의 카스트 체제를 내면화시킨 것에 대한 단순한 표명일 뿐이다. 카스트 체제는 하나의 척도다. 어떤 일이 일어났을 때 그 일의 원인을 어디서 찾는지, 그 판단의 기준을 얼마나 지지하는지, 그 체제에 맞춰 행동하는지, 별생각 없이 그 체제를 타인에게 강요하는지 등을 통해 그 영향력을 인지할 수 있다.

여성은 회의·회사·국가를 이끌 능력이 없다고, 유색인종·이민자는 권위 있는 자리에 앉을 수 없다고 여기는 것. 누군가를 보며 특정 지역에 거주할 수 없다거나, 특정 학교에 다닐 자격이 없다고 생각하면서 한편으로는 개인의 상처·충격·분노·불공평에 고통스러워하는 것. 하위 계층의 사람이 예상보다 훨씬 더 좋은 직업·자동차·집을 소유하며 명문 대학엘 다니고 권위 있는 자리에 앉는 모습을 보며 불쾌해했던 사실에 수치심을 느끼다가, 또 노인네들은 소프트웨어 개발보다는 보드게임이 어울린다고 생각하는 것. 모두 카스트가 우리의 의식 속에 절묘하게 코드화되어 있다는 것을 나타내는 반증이다. 카스트에 젖어 있다 보면, 사람들이 사회 안에서 마땅히 지켜야 할 위치에 있어야 한다고 은연중에 생각하게 된다. 그 순간 우리는 누가 어디에 있어야 하고 누가 무엇을 해야 하는지, 카스트의 전형을 위반한 것이 무엇인지, 이미 몸에 밴 지시 사항에 따라 대응한다.

인종과 카스트는 주의나 주장이 아니다. 인종과 카스트는 좋지 못한 결과, 불쾌한 만남에 대해 어떤 설명도 하지 않는다. 그러나 카스트는 성별·민족·인종·사회적 지위·성적 지향sexual orientation ·나이·종교 등 우리가 일상에서 결정을 내릴 때나 상호관계를 가질 때 미세하나마 영향을 미친다. 그리고 그것은 우리나라나 그 밖의 다른 나라의 정책에도 영향을 미친다. 카스트는 카스트의 표적이 되는 사람들이 생각하는 것처럼 대단한 문제가 아닐지도 모른다. 온갖 종류의 혐오를 겪었던 탈인종주의자들이 이젠 제발 사라지길 바라는 낡은 유물이 아닐 수도 있다. 해묵은 시대착오도 아닐지 모른다. 하지만 문제 삼지 않으면 악습은 그만큼 힘과 수명을 늘리기 쉽다. 카스트와 그의 충실한 심복인 인종은 미국이라는 방정식을 구성하는 미지수다. 당면한 난제를 해결하기 위해 우리가 고안해 낸 방법들은, 카스트를 밝히지 않고서는 완전한 정답이길 기대할 수 없다.

델리의 안개가
아메리카에 온다면

짙은 회색 장막이 덮인 델리 국제공항에 여객기가 내려앉았다. 2018년 1월, 아대륙에 첫발을 디디는 순간이었다. 조종사는 짙게 드리운 안개를 헤치고 승강 통로를 찾았다. 새벽 2시, 나는 김이 무럭무럭 나는 솥에 내려앉은 기분이었다. 아직 구름 속을 날고 있는 것 같았다. 땅은 전혀 보이지 않았다. 비가 온다는 예보가 없었기에 한밤중 비현실적으로 짙은 안개가 더 매력적으로 다가왔다. 하지만 그것이 매연임을 깨닫기까지는 그리 오랜 시간이 걸리지 않았다. 석탄 공장, 자동차, 불타는 그루터기에서 나온 연기가 흐르지 못해 그 자리에 갇혀 있었다. 그 오염은 처음 만나는 인도를 있는 그대로 보지 못하게 만든 장막이었다.

날이 밝자 햇빛이 매연을 헤치고 내려왔다. 나는 주최 측 사람들을 만나 그들 차에 올라탔다. 차는 교차로를 건너 사방으로 달리는 아스팔트 위의 차들 사이를 헤치고 나갔다. 차선도 제한속도도 없는 샛길을 따라 우리는 회의장을 향해 달렸다. 길가에 차려놓은 제단과 우후죽순처럼 널린 무화과나무의 밑동에는 힌두교 신들에게 바치는 화환과 조화가 놓여 있었다.[40] 그 곁을 지나는 사람들은 일터로, 시험장으로, 병원으로 가다 말고 잠깐 멈춰 선 채 명상을 했다. 매우 이국적인 그 모습을 보고 있자니 전혀 다른 장소에 놓여 있던 화환이 떠올랐다. 비극의 현장에 사람들이 가져다 놓은 꽃과 풍선으로 이루어진 제단이었다. 불과 몇 달 전, 버지니아 샬러츠빌의 악명 높은 집회에서 살해된 젊은 여성을 추모하기 위함이었다. 두 제단 모두 초월한 존재에 가 닿으려는, 인간의 욕구를 반영하고 있었다.

미국과 인도는 문화·기술·경제·민족 구성 등 다양한 측면에서 서로 다른 점이 너무 많다. 그러나 몇백 년 전만 해도 이 두 거대한 대륙은 비슷한 점이 많았다. 둘 다 여러 대양에 접해 있고, 영국의 지배를 받았고, 땅이 비옥해 탐내고 노리는 나라들이 많았다. 둘 다 사회적 위계 구조를 채택했고, 각자의 땅에서 가장 높은 계층과 가장 낮은 계층 사이의 크나큰 간격을 지속시켰다. 둘 다 아리안이라는 민족에게 정복당했다. 한쪽은 대서양을 건너왔고, 다른 한쪽은 북쪽에서 내려왔다. 두 나라 모두 가장 미천한 취급을 받는 사람들이 지체 높은 사람들을 섬겼다. 젊은 미국은 지구상에서 가장 강력한 민주주의 국가가 되었고, 역사 깊은 인도는 인구가 가장 많은 민주국가가 되었다.

두 나라의 위계 구조는 크게 다르다. 그러나 같은 사용설명서를 각자의 고유한 문화에 맞게 번역해 사용하는 것처럼, 두 나라는 비슷한 방식으로 경계와 규약에 엄격한 선을 유지했다. 두 나라는 지배 카스트를 따로 분리하여 하위 카스트 위에 놓았다. 두 나라 모두 토착민(인도는 아디바시족, 미국은 아메리카 원주민)을 보이지 않는 변방으로 멀리 내쫓았다. 두 나라 모두 가장 낮은 집단(인도는 달리트, 미국은 아프리카계 미국인)을 바닥에 눌러 놓는 법을 제정했고, 폭력·무력을 사용해 그들이 이탈하지 못하게 막았다. 달리트 출신 언론인 V. T. 라즈셰카V. T. Rajshekar는 "아마도 달리트만큼 오랜 차별의 역사를 겪은 민족은 유대인밖에 없을 것"이라고 썼다.[41] "그러나 달리트가 견뎌낸 고통의 본질을 생각할 때, 그에 못지않게 노예 상태·아파르트헤이트Apartheid·강제 동화Forced assimilation에 시달린 사람들은 아프리카계 미국인 말곤 달리 생각나지 않는다."

△

이후 양국은 카스트 체제를 규정했던 법을 공식적으로 폐지했다. 미국은 일련의 민권법에 따라 1960년대에, 인도는 그보다 앞선 1940년대에 없앴다. 그러나 두 카스트 체제는 사람들의 마음과 습관과 제도와 구조 속에서 여전히 살아 있다. 두 나라는 그런 규범이 없었던 시절보다 훨씬 더 긴 세월을, 그들을 지배한 규범의 잔재와 더불어 살아간다.

2017년에 인도에서 출간된 《성장에 의한 착취Ground Down by Growth》는 카스트의 역사를 다루고 있다. "식민강국은 인도(미국)에서 1843년(1865년)에 공식적으로 노예제를 폐지했지만, 그래봐야

채무 관계 탓에 농노로 전환되었을 뿐이다. 그것이 학자들이 말하는 소위 '채무노예debt peonage'다."[42] 앞의 문장에서 괄호 앞의 단어를 괄호 안의 내용으로 교체해 넣어도 큰 문제가 없다. 이처럼 인도 카스트를 설명하는 몇 가지 말들을 바꾸면 그대로 미국의 카스트 체제에 대한 설명이 된다.

두 나라의 최하위 카스트는 같은 시기에 주인들에게 노역을 제공했다. 아프리카계 미국인들은 체서피크 연안의 담배밭이나 미시시피의 목화밭에서, 달리트들은 케랄라의 차밭이나 난두르바의 목화밭에서 일했다. 모두 노예였던 그들은 나중에 그들이 농사지은 땅에서 살 권리를 얻기 위해 일했다. 아프리카계 미국인들도 소작제였고, 달리트도 살다리saldari라는 소작제였다. 그리고 둘 중 어느 쪽도 밑바닥 신분을 벗어나지 못했다. 정치학자 시드니 버바Sidney Verba와 그의 동료들은 달리트와 아프리카계 미국인들을 연구한 저서에서 "둘 다 그들 사회가 정한 신분 위계에서 가장 낮은 자리를 차지했다"라고 말한다.[43] 두 집단은 모두 그들만 갖고 있다고 생각하는 특징으로 인해 다른 집단에서 심하게 따돌림당했다.

공식적으로 차별을 금지한 이후 인도와 미국에서는 수십 년 동안 하위 카스트들에게도 문호가 개방되었으나, 두 나라 모두 극렬한 저항에 부딪혔다. 문호 개방을 위해 마련한 정책을 미국에서는 '적극적 우대조치affirmative action', 인도에서는 '우대정책reservations'이라고 하는데 두 나라의 상위 카스트들은 모두 달가워하지 않았다. 여전히 한쪽에서는 역차별, 다른 쪽에서는 역카스티즘이라며 불평한다. 둘은 여러 면에서 유사한 부분이 많지만 그 구조나 작동 방식은 같지 않다. 미국의 카스트는 크게 2개의 위계 구조로 나뉘어, 최상위 집단인 백인과 하위 집단인 흑인이 뚜렷한 등고선을 형성한다. 그 중간엔 경계가 분명치 않은, 양극 구조 내에 적응하려는 유럽 이외의 지역에서 온 이민자들이 차지한다.

이와 달리 인도의 카스트는 수천 개의 하위 카스트, 즉 자티^{jati}가 지역이나 마을과 밀접하게 얽혀 있는 정교한 구조로 되어 있다. 브라만, 크샤트리야, 바이샤, 수드라까지 4대 바르나와 불가촉천민(또는 달리트)까지 5개 집단으로 나뉜다. 무슬림·불교신자·기독교인 등 힌두교 외의 신도들은 카스트 체제 밖의 존재들이지만 그들도 이 나라의 작동 방식에 융합되어 있다. 이들 중에는 카스트와는 거리가 있고, 또 비공식적이기는 하지만 바르나와 비교할 만한 자신들만의 서열을 가진 경우도 있다.

주로 신체적 특징에 따라 카스트를 구별하는 미국과 달리, 인도에서 카스트를 가장 쉽게 구분하는 단서는 사람들의 성이다. 달리트는 그들이 하는 하찮고 더러운 일과 엮어 대체로 '천박한' 뜻을 담아 이름을 짓고, 브라만은 신들의 이름을 넣어 짓는다. 그래서 이름의 의미를 알면 그들 조상의 직업을 대충 짐작할 수 있다. 또 사는 마을이나 마을에서의 지위를 통해 카스트를 알아낼 수도 있다. 하지만 달리트의 경우엔 다른 카스트에 복속되고, 같은 달리트끼리만 결혼하는 관례가 오래 지속된 탓에 태도·억양·복장만으로도 신분을 짐작할 수 있게 되었다. 이들은 수백 년 동안 낮고 비천한 신세로 살아야 했다. 그래서인지 대체로 상류 카스트 사람들보다 피부가 더 검은 편이다.

인도의 카스트는 그 안에서 살아가는 사람들에게는 의심의 여지가 전혀 없는 확고한 체제로, 종교의 윤회에 관한 믿음과도 단단히 얽혀 있다. 윤회는 전생의 업보에 따라 이번 생을 사는, 전생에서 쌓은 업에 따라 처벌이나 보상을 받는다는 믿음이다. 또한 그들은 카스트의 규칙을 철저히 따르면 다음 생에 높은 신분으로 태어날 수 있다고 믿는다.

어떤 사람들은 이것이 인도의 카스트가 다른 제도와 다른 점이라고 지적한다. 최하위 카스트의 사람들은 자신들의 운명이 날 때부터 정해졌으며, 그래서 바꿀 수 없다는 사실을 받아들인다고 말이다. 달리트는 신들이 정한 업보에 따라 평생을 살고 불평 없이 미천한 일을 할 뿐, 그 이상은 꿈꾸지 않는다고 그들은 주장한다. 하위 카스트 사람들은 대부분 저항은 부질없는 것이라는 말을 듣고 자라며, 또 그렇게 믿고 산다는 것이다. 그러나 이처럼 하위 카스트를 비하하는 주장은 암베드카르와 그보다 앞선 개혁가들의 수많은 저항을 외면한 결과다. 그런 오만한 견해는 또한 노예가 된 아프리카인들에 대해 그릇된 생각을 갖게 만들고, 모든 인간은 자유를 원한다는 종의 기본적인 진리를 무시한다.

누구나 그렇듯 달리트도 자신들의 운명에 만족하지 않았다. 카스트 체제에서, 순종과 승인을 하나로 묶는 것은 그 자체로 비인간적 발상이다. 많은 달리트가 자신들의 나라 밖으로 시선을 돌려 전 세계에서 억압받는 사람들을 찾았고, 처지가 가장 비슷한 사람들이 누구인지 알아보았다. 그들은 아프리카계 미국인들에게서 많은 공통점을 발견했다. 일부 달리트들은 미국 민권운동을 주도하는 특정 부류에게 매우 강한 유대감을 느꼈고 그것을 철저히 추종했다. 1970년대에 그들은 흑표당Black Panther Party의 활동에 용기를 얻어 달리트 표범당Dalit Panthers을 창당했다.

몇 년 전 일단의 아프리카계 미국인 교수들이 인도 우타르 프라데시의 한 시골 마을을 찾은 적이 있었다. 그들을 환영하기 위해 그곳 마을 주민 수백 명이 모였다. 그들은 쓰레기를 수거하며 살아가는 최하위 카스트였다. 환영식에서 마을 사람들은 달리트 해방가를 불렀다. 그들은 미국인 손님들에게도 노래를 청했다. 인디애나 대학 법학과 교수 케네스 다우 슈미트Kenneth Dau Schmidt는 옛날 버밍엄과 셀마에서 시민권을 외치며 공격받기 전까지 행진 중에 불렀던, 바로 그 노래를 선창했다.[44] 후렴구에 이르자 달리트들도 따라 부르기 시작했다. 바다 건너 반대편에 사는 그들이었지만 '우리는 승리하리라We Shall Overcome'라는 노래를 모두 잘 알고 있었다.

히틀러의
모범 사례

1934년 6월, 베를린

다가올 공포를 짐작도 할 수 없던 제3제국 초기, 새
로운 위계 구조 채택에 대한 논의를 본격적으로 시작하기 위해 나
치 관료들로 구성된 위원회가 열렸다. 나치 집권을 계기로 유대인
을 아리아인들로부터 격리하려는 취지였다. 1934년 늦봄, 이들이
소환됐을 때만 해도 유대인을 말살하겠다는 생각은 계획에 없었고
그런 일을 꾸밀 처지도 아니었다. 그 계획은 몇 년 후 아직 시작되
지 않은 세계대전에 더 깊이 발을 들여놓던 시점에 열린, 소름 끼칠
정도로 냉혹한 반제 회합^{Wannseekonferenz}에서 구체화된다.

1934년 6월 5일 그날, 그들은 아리안 국가의 법적 골격을 마련

하고 이념을 법제화하기 위해 모였다. 그들은 거슬리는 무리들로부터 아리아인의 인종적 순수성을 지켜낼 방법을 다룬 나치의 연구 결과를 두고, 다른 나라도 함께 토론에 참여하길 바라고 있었다. 제3제국의 수도에서 열린 비공개 회의장에 모여 앉은 그들은 사안이 중차대하다고 여겼기 때문에 속기사를 불러서 절차를 기록하고 사본을 작성했다. 나중에 뉘른베르크 법령Nürnberger Gesetze으로 발효되는 초안을 두고 토론할 때, 그들이 첫 번째 의제로 다룬 나라는 미국이었다. 그들은 미국에서 무엇을 배울 것인지 살펴봤다.

회의를 주관하는 의장이자 제3제국 법무장관인 프란츠 귀트너Franz Gütner가 비망록을 하나 소개했다. 미국이 소외된 집단을 어떻게 관리해 통치 집단인 백인의 시민권을 지켜냈는지를, 귀트너의 법무부 주도로 상세히 조사해 정리한 문서였다. 제3제국 법률학자들과 관리 17명은 인종 간 결혼과 이민을 관리하는 미국의 순혈법을 다각도로 검토했다. 제3제국에서 인종차별을 제도화할 방법을 토론하면서 그들은 "미국인의 방식을 묻는 것으로 시작했다"라고 예일 대학 법학사학자 제임스 Q. 휘트먼James Q. Whitman은 썼다.[45]

그들 내부에 혐오의 씨앗을 뿌리는 일이었으므로 사실 외부인까지 끌어들일 필요는 없었다. 그래도 정권 초기엔 적법한 절차의 모양새를 갖춰야 했다. 또한 외국의 투자도 받고 싶었기 때문에, 그들은 그들이 만들고 있는 카스트 체제의 법적 본보기를 찾으려 했다. 인종 분리와 순수성 수호라는 계획을 빠르게 수립하던 그들은 인종 간 결혼금지법과 인종이 기준인 이민금지법을 갖추는 등 이미 미국이 그 분야에 있어 그들보다 수백 년 앞서 있다는 것을 알고 있었다. "우리 입장에서 볼 때 북유럽 혈통을 가진 세계 대국 중 하나가 게르만 제국과 견줄 만한 인종 법안을 이미 가지게 된 경위를 살펴보는 것은 특히 의미 있는 일이다."[46] 독일 언론사 〈그로스 도이처 프레세디엔스트$^{Grossdeutscher Pressedienst}$〉는 나치가 국정에 대한 지배력을 굳히고 있을 때 그렇게 썼다.

서유럽인들은 미국이 만인의 자유를 선언하면서도 일부 시민을 거의 완전한 예속 상태에 묶어둔 역설을 오래전부터 알고 있었다. "미국 사회는 표면만 민주주의라는 도료로 칠해놓았을 뿐이다." 프랑스 작가 알렉시 드 토크빌은 남북전쟁이 일어나기 전인 1830년대에 미국을 여행한 후 그렇게 썼다. 독일은 인종의 순수성과 우생학에 대한 미국의 집착을 잘 알고 있었다. 우생학은 특정 집단이 우월하다는 가정하에 인간의 등급을 정하는 유사과학이다. 발명가 알렉산더 그레이엄 벨$^{Alexander Graham Bell}$, 자동차 왕 헨리 포드$^{Henry Ford}$, 하버드 대학 총장 찰스 W. 엘리엇$^{Charles W. Eliot}$을 비롯한 미국의 여러 인사들이 20세기 초에 일어난 우생학 운동에 참여했다. 제1차 세계대전 당시 독일인종위생학회$^{Deutsche Gesellschaft für Rassen-hygiene}$는 "인종 위생 분야의 연구를 후원하고 이론적 지식을 실천으로 옮기는 미국인들의 헌신적인 노력"에 박수를 보냈다.[47]

특히 나치는 널리 알려진 미국의 우생학자 로스롭 스타다드$^{Lothrop Stoddard}$와 매디슨 그랜트$^{Madison Grant}$의 호전적인 인종 이론에 매료되었다. 두 사람은 모두 북부에서 태어나고 자랐으며 아이비리그에서 교육을 받은 특권층이었다. 그들은 유럽 '혈통'을 기반 삼아 유치하기 짝이 없는 서열화를 고안해 낸 혐오 이데올로기로 당시에는 대단한 명성을 쌓았다. 그들은 동유럽과 남유럽 사람들은 '북유럽인'보다 열등하다고 선언했으며, 북유럽 인종의 순수성을 위협하는 '인종'은 축출하고 제거해야 한다고 주장했다. 그중에서도 그들이 가장 첫 번째로 지목한 인종은 유대인과 흑인이었다.

유대인을 비롯해 비아리아인을 인간 취급하지 말아야 한다는 운동을 벌일 때, 나치가 채택해 사용한 단어가 있다. '열등 인류'를 뜻하는 운터멘슈Untermensch라는 이 말은, 뉴잉글랜드 태생의 우생학자인 로스롭 스타다드가 만든 것이었다. 1922년에 그가 쓴 책의 부제 '열등 인류의 위협The Menace of the Under-man'의 '언더맨Underman'은 독일어판에서 운터멘셴Untermenschen으로 번역되었다. 나치하면 이 단어를 연상하게 될 정도로 그들은 이 단어를 전면에 내세워 주체화했다. 그들은 백인 우월주의를 내세운 스타다드의 책을 제국의 교과서로 삼았다. 1939년 12월에 로스롭 스타다드는 국가수상부Reichskanzlei에서 아돌프 히틀러와 멀리 뚝 떨어진 상태로 접견할 기회를 얻었다.[48] "과학적이고 진정한 인도주의적 방법으로 게르만족 혈통에서 최악의 변종을 솎아내고 있다." 제2차 세계대전 중에 나치의 인종 말살 재판에 참석한 스타다드는 위와 같이 칭찬하면서도 한편으로 아쉬워했다. "그렇다고 해도 그들의 재판은 너무 조심스럽다."[49]

매디슨 그랜트는 뉴욕 출신의 대표적 우생학자였다. 그가 참석하는 모임에는 시어도어 루스벨트Theodore Roosevelt 대통령과 허버트 후버Herbert Hoover 대통령 등이 속해 있었다. 그랜트는 대서양 건너편에서 나치당이 형성되자 아리안 패권주의에 열광하며, 미국에서 1920년대에 이민과 결혼을 제한하는 일련의 법령 제정을 돕는 것으로 자신의 소임을 대신했다. 소외된 사람들을 경멸하는 그랜트의 태도는 남부의 인종차별주의자들보다 훨씬 적극적이었다. 그는 허약하거나 부적합한 자들을 제거하는 엄격한 제도를 통해 열등한 혈통을 번식할 수 없게 만들거나 격리해야 한다고 주장했다.[50] 1916년에 출간된 그의 저서 《위대한 인종의 소멸》은 탐탁지 않은 유전자 풀을 정화하자는 극렬 선언문으로, 독일어판은 총통 도서관에서 특별히 마련한 자리에 비치되었다. 히틀러는 그랜트에게 감사의 편지를 쓰면서 이렇게 말했다. "이 책은 내게 바이블입니다."

히틀러는 미국을 부러워하고 동경했다. 그는 먼 곳에서 미국을 공부하며, 미국인들의 성과를 아리아인의 혈통 덕분으로 돌렸다.[51] 특히 미국이 원주민을 대량 학살하고 살아남은 사람들을 보호구역으로 추방한 조치를 높이 평가했다. 그는 미국이 "수백만 명의 레드스킨(아메리카 원주민)을 사살해 그 숫자를 수십만으로 줄였다"라는 점에 만족해했다.[52] 히틀러는 1924년 미국 이민 제한법 Immigration Act of 1924을 인종 정화 프로그램의 모범사례로 보았다.[53] 나치는 하위 카스트인 아프리카계 미국인들을 폭력으로 다스리는 미국인들의 과감한 결단력에 감탄하면서, 그에 수반되는 고문 의식과 신체 절단 방법을 배웠다. 히틀러는 특히 미국의 "대량 학살을 감행한 이후 고도의 순수성을 유지한 솜씨"에 경탄했다.[54] 히틀러가 집권할 무렵 미국은 "인종을 차별하는 나라일 뿐 아니라 나치 독일조차 미국을 보고 영감을 얻을 정도로, 인종차별주의가 합법인 대표적인 곳이었다"라고 예일 대학 법학자 휘트먼은 썼다.[55] 미국인들은 인정하지 않았지만, 나치는 이미 두 나라의 유사점을 간파했다.

1934년 6월의 어느 날, 제국의 관료들과 법률학자 17명은 전례 없는 법률을 심의하는 과정에서 미국을 면밀히 조사한 뒤, 그 자료를 그들의 과제를 완수하는 데 참고했다. 하인리히 크리거 Heinrich

Krieger는 교환학생으로 미국 남부에서 법을 공부했다. 그는 남아프리카공화국에서 2년을 보내는 동안 외국의 인종차별 체제에 대해 여러 책을 썼는데, 당시 탈고한 원고의 제목이 《미국의 인종법*Das Rassenrecht in den Vereinigten Staaten*》이었다. 그는 이 책을 2년 뒤에 독일에서 출간했다. 나치 법률가들은 도망 노예 사례부터 플레시 대 퍼거슨 사건 Plessy v. Ferguson, 그 밖의 다른 사건에 대한 판례를 조사하는 과정에서 "미국 대법원이 남부 여러 주에서 제기한, 나치의 주장과 별 차이가 없는 소송을 호의적으로 다뤘다"는 사실을 알았다.[56] 나치는 모범이 될 만한 규약을 찾는 과정에서 호주와 남아프리카공화국 등 백인이 지배하는 국가들을 조사했지만 "나치가 찾을 수 있는 그 외의 이종족 결혼법에 관한 모델은 세계 어디에도 없었"다고 휘트먼 교수는 썼다.[57] "그들의 관심은 오로지 '모범 사례'인 미국에 쏠려 있었다."

△

　17명의 사내들이 머리를 맞대고 논의하던 때, 독일은 독재정권의 손아귀로 빨려 들어가는 음모와 격변의 시기를 보내고 있었다. 나치는 정권을 잡은 이후 권력 기반을 다지기 위해 마지막 진통을 겪는 중이었다. 히틀러는 수상에 취임했지만 아직 총통은 아니었다. 하지만 1934년 8월 바이마르 정권의 마지막 지주였던 파울 폰 힌덴부르크 Paul von Hindenburg 대통령이 사망하면서, 히틀러가 총통으로 완전한 통제권을 장악할 수 있는 길이 열렸다. 히틀러는 보수 엘리트들과의 막후협상에서 그들의 동의를 이끌어 내며 총리가 될 수 있었다. 보수 엘리트들은 자신들이 히틀러를 견제할 수 있으며, 그를 이용해 정치적 목적을 달성할 수 있으리라 확신했다. 그들은 히틀러의 교활함은 과소평가하고, 그의 지지 기반은 과대평가했다. 그들에게 히틀러가 필요했던 것도 바로 그의 지지 기반 때문이었다. 나치는 투표에서 가장 많은 표를 얻었을 때에도 그렇게 갈망했던 과반을 얻지 못했다. 12년간의 통치가 시작되는 첫해, 마지막으로 공정하게 치러진 자유 선거에서도 38퍼센트를 득표하는 데 그쳤다.[58] 이들 보수파는 자신들이 벌인 일이 "민주주의라는 방법론을 미끼로 민주주의를 파괴하는 짓"이라는 사실을 깨닫지도, 예측하지도 못했다.[59]

그들이 스스로 치명적인 오판을 저질렀단 사실을 알아차렸을 때에는 이미 대세가 넘어간 뒤였다. 히틀러는 아웃사이더 선동자로 부상했다. 그는 어떤 평론가의 표현대로 "횃불로 '불의 강물'을 이루며 장관을 연출한 행렬의 무리가 열렬히 숭배하는" 대상이었다. 히틀러는 자신을 민중Volk의 대변자, 그들의 불만과 두려움, 특히 낙후된 시골 사람들의 수호자를 자처했다. 신이 선택한 구세주로, 천부적 기질을 가진 존재로 여겼다. 그때까지 그는 한 번도 공직에 선출된 적이 없었다.

히틀러가 총리로 취임하자마자 나치는 자신들을 아리아인의 '뿌리'와 연결하는 산스크리트 상징인 스와스티카Swastika(卐)를 들고 유대인들에게 손을 뻗기 시작했다. 그들은 중세시대까지 거슬러 올라가 해묵은 분노까지 소환했다. 그 분노는 제1차 세계대전 말 독일이 자신들의 패배와 수모를 유대인 탓으로 돌리고 그들을 희생양으로 삼으면서 다시 고개를 들었다. 역사가들은 독일의 패인이 꼭 자금 부족 때문은 아니라고 평가하지만, 당시 유대인들은 돈을 손아귀에 쥐고도 전쟁에 재정적 지원을 제대로 하지 않았다는 비난을 받고 있었다.

나치의 선전은 유효했고 유대인에 대한 독일인들의 반감은 서서히 고조되었다. 나치 일당은 유대인뿐 아니라 유대인과 교류하는 아리아인에게도 대놓고 모욕을 주며 폭력을 휘둘렀다. 나치 정권은 유대인들이 정부 기관에서 일하지 못하게 막고, 의료계·법조계 등 사회적 신분이 높은 전문직을 가질 수 없게 만들었다. 이 분야에서 성공한 유대인들이 자신이 가진 비싼 차와 호숫가 빌라를 자랑하며 그만한 여유가 없는 독일인들의 질투심을 유발했기 때문이다. 마침 대공황에 허덕이던 시기였고, 나치가 집권한 1933년에 독일인 3분의 1 이상은 실직 상태였다.[60] 나치 법령이 유대인을 아리아인보다 저급하다고 선언한 상황에서, 유대인들이 높은 지위와 풍족한 재산을 가지고 행세하는 모습은 그들 분수에 맞지 않는 기현상처럼 보였다.

나치는 적어도 한동안은 국경 밖의 시선을 의식했기에, 인종적 위계 구조를 엄격한 법으로 정해놓고도 세계 무대에서 여전히 신뢰받는 미국의 현실을 경이로운 눈으로 바라보았다. 역사학자 클로디아 쿤츠Claudia Koonz는 나치가 미국의 이런 인종차별을 "여론이 당연한 것으로 받아들였다"는 사실에 주목했다고 썼다.[61]

미국 인종법을 도표로 작성하라는 지시를 받은 허버트 키어Herbert Kier라는 사람이 있었다. 이 젊은 나치 지식인은 미국이 자국민을 분리하기 위해 얼마나 많은 노력을 기울였는지 확인하고 실색했다. 남부의 주들은 대부분 법에 따라 백인과 유색인종을 다른 학교로 보내고,[62] 미국 대부분의 주에서는 출생증명서나 면허증이나 사망진단서에 인종을 명시하도록 규정한다고 그는 기록해 놓았다. "미국의 대부분의 주에서는 대기실, 열차, 침대열차, 전차, 버스, 증기선, 심지어 교도소와 구치소에서도 유색인종과 백인이 시설을 따로 이용하도록 법으로 요구한다." 아칸소에서는 납세명단도 따로 작성한다고 그는 언급했다. "인간의 모습을 한 모든 것이 평등하다고 천명한 그들의 기본 전제를 고려하면, 미국의 인종 관련 법안 규모가 그토록 광범위하다는 사실이 놀라울 따름이다." 키어의 글을 보며 휘트먼은 키어가 미국의 법이 도를 넘었다고 생각하는 몇몇 나치 연구원 중 하나에 불과하다고 설명한다.[63]

그들의 연구 결과를 건네받은 6월 회의의 17명은 자신들이 만들 카스트 체제에 대해 두 방향을 논의했다. 유대인과 아리아인의 범주를 법적으로 규정하는 것, 두 인종 간의 혼인을 금하는 것이었다. 독일은 이미 수십 년 전에 미국이 만든 인종 간 결혼금지법을 살펴본 뒤, 20세기로 접어들 무렵 그들만의 결혼금지법을 만들어 실험한 적이 있었다. 당시 그들은 서남아프리카 식민지에서 정착민과 원주민이 어울리는 것을 금지했었다. 독일은 이와 같은 방식으로 대부분의 식민지 열강보다 더 적극적인 혼혈 금지 정책을 택했지만, 미국 모델에 비할 바는 못 되었다. 결국 나치 극단주의자들은 유대인의 피가 더 이상 독일 국민의 몸에 침투하지 못하도록 막는 방안을 추진했다.[64]

아칸소 대학에서 법을 공부했던 크리거는 토론회에서 미국엔 다른 인종과 결혼하면 최대 10년까지 징역형을 선고하는 지역이 많다고 보고했다. 그는 미국이 인위적인 선 긋기를 통해 인구를 백인과 유색인종, 둘로 나뉘었다고 지적했다. 그와 나치 당원들은 조상을 짐작할 만한 사소한 단서로 인간을 분류하는 미국의 관습에 탄복했다. "눈으로 확인할 수 있는 흑인의 신체적 특징이 조금이라도 있을 경우, 유색인종 집단으로 규정하는 경향이 사법 관행에서 뚜렷해지고 있다."[65]

그 자리에 모인 사람들은 미국의 법을 얼마나 차용할지를 두고 의견이 엇갈렸다. 의장 귀트너를 비롯한 온건파는 미국보다 덜 번거로운 방법을 주장했다. 그는 인종 간에 피가 섞였을 경우의 위험에 대해, 교육하고 계도하면 다른 인종과 결혼하려는 아리아인들을 충분히 단념시킬 것이라고 주장했다. 그는 미국이 그 법을 실제로 시행하고 있다는 사실을 믿기 어려웠기에 미국의 규약을 대수롭지 않게 여겼다. 휘트먼은 "귀트너는 미국인들이 실제로 그 정도의 일로 기소한다는 사실을 인정하지 않았다"라고 썼다.[66]

나치당에서도 강경파에 속한 롤란트 프라이슬러Roland Freisler는 토론에 진척이 없자 초조해졌다. 그는 1920년대에 나치당에 입당했고, 유대인과 아리아인이 결혼할 경우 인종에 대한 반역으로 처벌하는 법을 추진하고 있었다. 그와 그 방의 극단주의자들은 반복해서 미국 법령을 들먹이며 그 의미를 설명하고 두둔하는 방식으로 회의론자들을 설득했다. "그들이 왜 이렇게까지 했겠습니까?" 프라이슬러는 자신이 연구한 내용을 미국과 미국의 인종에 빗대어 분석하며 물었다. 그는 미국인들이 백인과 백인이 아닌 사람들을 구별하려 별의별 척도를 다 동원한다고 설명했다. 그는 아프리카, 한국, 말레이시아 출신을 모두 비백인으로 분류하는 주도 있다고 말했다. 또 네바다에서는 에티오피아인을 흑인으로, 말레이시아인을 갈색인종으로, 몽골인을 황인종으로 분류한다고 말했다. 프라이슬러는 이런 모순을 우리에게 유리한 쪽으로 활용할 수 있다고 주장했다. 복잡하게 뒤엉킨 미국식 정의는 인간을 차별하려는 나치에게 특정한 허용 범위와 유용한 모순을 제공했다. 미국인들은 논리나 과학과는 별개로 인종에 대한 정의를 생각해 냈는데, 프라이슬러는 이를 "인종의 정치적 구조"라고 불렀다.[67]

그러나 나치가 이해할 수 없는 부분이 있었다. 우리들의 주된 관심사인 유대인을 미국인은 유색인종으로 간주하지 않는다는 점이었다. 유대인이 별개의 '인종'이라는 것은 나치가 보기에 명백한 사실이고, 미국은 유대인의 이민을 제한할 정도로 이미 그들에 대한 혐오감을 드러내고 있었다. 그렇기에 더더욱 그들의 태도가 이해되지 않았다. 유일하지만 나치 입장에선 썩 유쾌하지 않은 누락 사례와는 별개로, "그들의 법률 체제는 우리에게 완벽하게 적합하다"라고 프라이슬러는 말했다. 그 자리에 있던 사람들은 잘 몰랐지만 그는 나중에 그 법을 무자비하게 휘둘러 제3제국에서 수많은 사람을 교수대로 보낸 판사로 경력을 쌓는다. "나는 우리가 미국의 지역구들이 보여준 그런 미개함을 가지고 일을 진행할 필요가 있다고 생각한다." 그는 그렇게 말했다. "아주 어설픈 절차이지만 그 정도로도 충분하다."[68]

회의론자들은 미국 법령에 계속 의문을 제기했다. 그들은 결혼 금지 조치의 효과를 의심하면서 그동안 유대인과 아리안에게 제기된 정의를 분석하고, 미국의 분류 체계가 뜻하는 바를 파악하려 했다. 온건파는 반은 유대인이고 반은 아리아인인 사람들을 아리아인이 아닌 것으로 간주하고, 그동안 누려온 카스트 특권을 박탈한다는 발상을 탐탁지 않아 했다. 이들을 반 유대인이 아니라 반 아리아 인으로 볼 수도 있지 않겠느냐고 반문했다. 그러나 강경파인 아힘 게르케Achim Gercke는 미국의 규약을 다시 언급했다. 그는 유대인의 피가 16분의 1만 섞여도 유대인으로 봐야 한다고 주장했다. 쿤즈 는 자신의 주장에 대해 미국인들보다 느슨한 법을 만들고 싶지 않 았기 때문이라고 적었다.[69]

회의는 10시간가량 진행되었지만 결론이 나지 않았다. "다들 각자 자기 말만 했다." 프라이슬러는 회의를 끝낼 시간까지도 도무 지 진전이 되지 않는 이 상황이 답답했다.[70] 그래도 온건파들은 미 국 규정을 고집했던 급진파들을 일단 누를 수 있었다. 그러나 15개 월 뒤에는 급진주의자들이 득세했다. 1935년 9월에 히틀러는 뉘른 베르크에서 열린 나치 연례 전당대회 때 국가회의Reichstag를 소집 하여 나치 점령 이후 다듬어 왔던 새로운 법안을 발표했다. 그때까 지 히틀러는 오랜 친구이자 나치 준군사조직인 돌격대S.A. 대장 에 른스트 룀Ernst Röm과 국가회의 소속 12명을 처형하는 등 많은 정 적을 숙청하고 투옥했다. 이후 국가회의는 나치의 위협에 굴복하여 그들의 꼭두각시로 전락했다. 나치는 그때 이미 전국 곳곳에 집단 수용소를 짓고 있었고, 얼마 후 제국의 수도 북쪽 작센하우젠에 문 을 연 수용소는 시범 운영소가 된다.

집회 마지막 날에는 나중에 혈통보호법Blutschutzgesetz, Blood Laws 으로 알려지는 법안을 발표할 계획이었다. 그 전날 밤 히틀러는 부 관 몇 명을 시켜 형식상 국가회의의 승인을 거칠 개정안을 작성하 도록 지시했다. 이들 나치 연구원들은 미국의 인종 간 결혼금지법 을 뒤져 절반만 유대인인 사람을 누구로 봐야 할지를 규정하는 데 참고할 조항을 찾아냈다. 텍사스와 노스캐롤라이나는 결혼금지법을 적용하기 애매한 사람을 구분하는 데 도움이 되는 '관련 조항'을 마련해 놓고 있었다. 소외 집단에 속한 사람과 결혼하거나 교제하여 카스트의 순수성을 훼손하는 사람은 소외 집단에 속한 사람으로 간주했다.

히틀러는 이 법안을 그해 9월에 발표했지만 이후 몇 달 동안 그 범위를 계속 확대했다. 독일인의 혈통 및 명예를 보호하기 위한 법Gesetz zum Schutze des deutschen Blutes und der deutschen Ehre은 조부모 중 유대인이 3명인 사람은 유대인으로 간주했다. 또한 조부모 2명이 유대인이며 유대 관습을 따르거나, 유대교 공동체 소속이거나, 유대인과 결혼한 사람은 미국의 관련 조항을 적용하여 유대인으로 '간주'했다. 추가로 이 법은 유대인과 독일인이 결혼을 하거나 혼외 성관계를 갖는 것을 금지했고, 45세 이하의 독일 여성들은 유대인 가정에서 일할 수 없도록 규정했다. 이렇게 해서 엄격한 규제의 시행을 알리는 공고가 나붙기 시작했다. 유대인들은 해당 규제 이후로 시민권을 박탈당했고, 독일 국기를 게양할 수 없게 되었다. 이 법의 발표와 함께 독일은 본격적인 인종차별 정권이 되었다고 역사학자 조지 M. 프레드릭슨George M. Fredrickson은 썼다. "미국 법률은 그들이 입법 과정에서 비중 있게 참조한 외국의 선례였다."[71]

그러나 인종에 대한 나치의 집착을 고려하더라도 미국의 표본을 적용하는 데에는 한계가 있었다. "미국과 나치 인종 분류 체계에서 유사성을 찾는 일부 학자들의 태도는 크게 잘못되었다." 휘트먼은 그렇게 지적했다.[72] "이유는 단 하나다. 그들이 미국 법의 상대적 엄격성을 과소평가하고 있기 때문이다." 뉘른베르크 법은 재앙이라

했지만, 나치는 미국을 연구하면서 발췌했던 내용을 전부 입법에 적용하지는 않았다. 비공개 회의가 열렸던 당일이나 뉘른베르크 법안의 최종안에서도 그들이 끝내 채택하기 꺼렸던 조항이 있었다. 나치는 인종적 순수성을 법제화하려는 미국의 열의를 높이 평가하면서도, "혈관에 흑인의 피가 한 방울이라도 섞인 미국의 남녀를 흑인으로 간주하는 가차 없는 엄정함"까지 받아들일 수는 없었다고 했다. "한 방울 규칙one-drop rule은 나치가 보기에도 너무 가혹했다."[73]

소리 없는 악

허공으로 솟아오른 화장터의 재는 업보와 미풍에 실려 베를린 북쪽 작센하우젠 마을 사람들의 현관 계단과 제라늄 꽃밭에 내려앉았다. 마을 사람들의 뒷마당에 있는 그네와 아동용 간이 수영장도 재로 덮였다. 철조망 저편에서 버젓이 벌어지는 살육과 고문을 없던 일이라 할 수는 없었다. 악의 과실이 눈가루처럼 마을 사람들 머리 위로 떨어졌다. 그들은 악을 뒤집어썼다. 그중엔 좋은 부모도, 유능한 배우자도 있었지만 그들 모두 악을 막기 위한 어떤 노력도 하지 않았다. 한 사람의 힘으로 막기엔 악은 너무 거대한 존재였다. 아무도 공모하지 않았지만 모든 사람이 공모자였다. 악은 그들보다 커졌다. 그들이 그렇게 되도록 내버려 두었기 때문이다. 그리고 그 악은 이제 정교한 장식으로 꾸민 주택과 그들의 순박한 순응의 삶 위에 비가 되어 내리고 있었다.

저항신학자 디트리히 본회퍼Dietrich Bonhoeffer는 나치 수용소의 고압 전류가 흐르는 철책 뒤에서 고문과 고초를 겪다 독방에서 외롭게 숨진 수백만 명 중 한 사람이다. 마을 사람들은 이 무고한 사람들의 기도를 들었을까? "악을 보고 침묵하는 것, 그것이 곧 악이다." 본회퍼는 방관자들을 가리켜 그렇게 말했다. "하나님은 우리를 죄 없다 하시지 않는다. 말하지 않는 것이 말하는 것이고, 행동하지 않는 것이 행동하는 것이다."

마을 사람 모두가 나치는 아니었다. 사실 독일인들은 대부분 나치가 아니었다. 그러나 그들은 라디오에서 열변을 토하는 나치 지도자들을 추종했고, 히틀러와 괴벨스의 연설을 기다렸다. 나치는 이 새로운 기술의 이점을 십분 활용해 원할 때 언제든지 독일 국민의 삶에 손을 뻗을 수 있었다. 그들의 집에서 그들에게 지시할 기회를 얻었고, 그들의 정신에 정맥주사를 놓았다. 사람들은 타고난 열등성이라는 거짓된 존재를 믿었다. 유대인, 집시, 동성애자, 제국에 저항하다 잡혀 온 이들 죄수는 자신과 같은 인간이 아니라며, 마을 사람들은 계단에서 재를 쓸어내고 하던 일을 계속했다. 바람이 불면 어머니들은 아이들을 서둘러 불러들였다. 사랑하는 아이들 몸에 같은 인간의 재가 덮이지 않도록 하기 위해.[74]

미국 남부의 어느 마을 대로 한복판에는 거대한 고목 한 그루가 서 있었다. 느릅나무인지 참나무인지 플라타너스인지 모를 이 나무는 현대식 도로로 포장되기 전부터 심어져 있었다. 햇볕을 피할 장소로는 불편했지만, 마을 사람들 가슴 속에는 신성한 장소였다. 그 나무는 오가는 차들을 막고 서 있어서, 시내를 통과하려면 나무를 끼고 돌아야 했다. 동네 사람들만 운전하는 길도 아니고 어떤 차가 먼저 가야 하는지 확실히 알 수도 없어서, 언제든 사고의 원인이 될 수 있었다.

하지만 그 나무를 없앨 수는 없었다. 그것은 흑인들에게 은

밀한 징벌이 가해지는 장소였다. 나무는 그 마을의 흑인들에게 지난번엔 누가 사지를 묶인 채 매달렸는지, 다음에는 또 누가 매달릴지 "두고두고" 상기시키는 임무를 수행했다.[75] 나무는 정해진 시간을 기다렸다. 마을의 백인들은 본인들도 불편한 데다 다칠 위험도 있지만, 아랑곳하지 않고 나무와 피지배 카스트가 제자리를 지키도록 했다. 나무는 흑인들에게 그들의 운명을 침묵으로 증언하면서 지배 카스트더러 안심하라고 속삭였다.

텍사스 동부의 리즈버그 사람들은 버려진 차에서 떼어낸 차축을 땅에 두드려 박아 말뚝을 세웠다.[76] 그리고 와일리 맥닐리Wylie McNeely를 거기에 묶었다. 19세였다. 그는 백인 소녀를 성폭행한 적이 없다고 항변했지만 사람들은 들은 척도 않고 그의 발밑에 장작을 쌓았다. 1921년 가을, 와일리 맥닐리의 화형을 가까이서 보겠다고 모인 군중은 500명 가까이 되었다.

그러나 주동자들은 중요한 문제부터 해결해야 했다. 주동자들은 맥닐리를 산 채로 태운 다음, 누가 신체의 어느 부위를 가져갈지 가리기 위해 제비뽑기를 했다. 그렇게 최고의 기념품으로 치는 신체 부위가 결정되었다. 그들은 이와 같은 절차를 최후를 몇 초 남겨둔 그 젊은이의 눈앞에서 진행했다. 젊은이는 사슬에 묶인 채 자신의 손가락과 귀를, 자신을 불법으로 납치한 사람들이 가져간다는 말을 들었다. 주동자들은 그 자리에 모인 군중 앞에서 그 문제를 토의했다. 그의 마지막 순간을 보기 위해 모인 사람들은 축제가 시작되기만 초조하게 기다렸다. 전리품 문제가 해결되자 그들은 성냥을 그었다.

밝은 색의 세일러칼라 원피스를 입은 어린 소녀들은 초등학생일 것이다.[77] 소녀들은 귀 바로 아래에서 안쪽으로 말리는 페이지보이 머리를 하고 있다. 안절부절못하는 표정의 두 소녀의 옆에는 어머니나 숙모쯤 되어 보이는 여성들이 서 있다. 사진을 대하는 순간 가장 먼저 눈에 띄는 소녀는 10세쯤 되어 보이는데, 무리의 맨 앞에 서서 말똥말똥한 시선을 한곳에 고정시키고 있다. 그녀의 옆에 서 있는 남성은 빳빳하게 다린 흰색 바지와 흰 셔츠에 흰 파나마모자를 쓰고 있다. 마치 유람선 칵테일파티에 온 사람처럼 팔짱을 끼고 얼굴을 찡그린 채 미동도 없는데, 약간 지루해 보인다.

1935년 7월 19일, 그들은 모두 플로리다주 포트로더데일에 있는 소나무 숲의 어떤 나무 발치에 서 있다. 그들 위에는 루빈 스테이시Rubin Stacy의 몸이 축 늘어져 매달려 있다. 온몸이 찢겨 피투성이가 된 채, 총알이 벌집처럼 박혀 있고 손에는 수갑이 채워져 있다. 머리는 밧줄 때문에 옆으로 젖혀졌다. 그는 백인 여성에게 겁을 주었다는 이유로 살해되었다. 앞에 서 있는 소녀는 서커스 무대의 망아지들을 보듯 들뜬 얼굴로 미소를 머금은 채 죽은 흑인 남자를 올려다보고 있다. 무섭기보다는 신기한 표정이다. 사진작가는 소름 끼치는 모임을 배경으로 선 어린 소녀의 얼굴에서 뭔가 묘한 부분을 포착했다. 20세기에 찍은 미국의 모든 린치 사진 중에 가장 널리 알려진 사진이다.

린치는 일면 고문이고 일면 축제다. 그런 행위는 수천 명의 구경꾼을 불러 모았다. 그들은 공공연한 가학적 쾌감의 공모자 집단이 되었다. 사진사들은 행사를 미리 알리고 린치 현장에 휴대용 인쇄기를 설치한 다음,[78] 졸업식장의 사진사처럼 사진을 찍어 린치를 가한 사람이나 구경꾼들에게 팔았다. 그들은 사랑하는 사람들에게 보낼 수 있게 젤라틴 인화지로 엽서를 만들었다.[79] 사람들은 1907년 일리노이주 케이로에서 장대 끝에 매달린, 불에 타다 만 잘린 머리를 찍은 사진 엽서를 부쳤다. 그들이 보내는 불에 탄 토르소는 베수비오산의 화산재에 굳어버린 희생자들처럼 보였는데, 그런 고대의 공포도 근대인의 손에서는 전리품에 지나지 않았다. 어쩌다 머리카락 뭉치라도 얻게 되면 그들은 액자로 만든 린치 사진 유리 밑에 끼워 넣었다. 어떤 구경꾼은 1916년 텍사스 와코에서 보낸 엽서 뒷면에 이렇게 적었다. "이게 우리의 어젯밤 바비큐예요. 왼쪽 위에 십자가를 들고 있는 게 저예요. 아들 조 올림."

유독 미국만 그랬다. 〈타임^{Time}〉지는 이 광경을 다음과 같이 적었다. "나치도 아우슈비츠의 기념품을 팔 정도로 타락하지는 않았다."[80] 20세기로 넘어가는 시기에 린치 엽서는 미국에서 매우 흔한 소통 수단이었고, 린치 장면은 엽서 산업의 인기 소재였다. 1908년에 유통량이 크게 늘어 살해된 희생자의 모습을 담은 엽서가 사람들에게 혐오감을 줄 정도로 유행하자, 결국 미연방우체국장이 나서서 발송을 금지했다. 그러나 이런 명령에도 미국인들은 린치 행위를 무훈처럼 자랑했다. 그때부터 그들은 엽서를 봉투에 넣어 보냈다.

사람들은 오마하 시내에 장작불을 피우고 한 남자의 처형 준비를 끝냈다. 신문들이 린치 행위를 미리 광고해 둔 터였다. 1919년 9월 그날 법원 광장에 1만 5000명이 몰렸기 때문에 위에서 찍은 와이드 샷으로는 누가 누군지 구분하기도 어려웠다. 젤라틴 인화지에 찍힌 수천 개의 점은 한마음이 되어 오로지 하나의 임무만 갈망하고 있었다. 인간을 죽이기만 하는 것뿐만 아니라 모욕하고, 고문하고, 소각한 다음 모두 함께 살이 타는 연기를 들이마셔야 끝나는 임무였다.

이틀 전에 남자친구와 시내에 나갔던 백인 여성은 그곳에서 어떤 흑인 남자가 자신에게 치근거렸다고 말했다. 실제로 어떤 일이 있었는지 확실히 아는 사람은 아무도 없었고 그녀의 말 역시 수상했다. 공장에서 일하는 윌 브라운이 보안관에게 체포된 것은 마침 흑인대이동 기간에 북부로 유입된 남부 흑인들에 대한 분노가 고조되던 시기였다. 정확한 조사도, 정당한 절차도 없었다. 그날 폭도들은 총을 약탈한 뒤 브라운이 구금되어 있던 법원으로 몰려가 건물에 총격을 가했다. 폭도들은 브라운을 끌어내기 전에 이미 두 사람을 죽인 상태였다. 하나는 구경꾼이었고 또 하나는 같은 폭도였다. 그들은 법원 건물에 불을 지르고 브라운을 내놓으라고 고함을 질렀다. 소방관들이 불을 끄려 하자 폭도들은 소방 호스를 절단했다. 시장이 자제를 호소했지만 주동자들은 시장의 목에 밧줄을 감아 부상을 입혔고, 시장은 결국 병원으로 후송됐다.

법원 직원들은 죄수들을 이끌고 옥상으로 탈출했지만 폭도들은 브라운을 찾아 끌어내렸다. 그리고 폭도들은 일을 시작했다.[81] 윌 브라운의 옷을 벗기자 앞줄에 있던 사람들은 서로 때리겠다며 자기들끼리 치고받았다. 그들은 반쯤 기절한 브라운을 법원 밖 가로등 위로 들어올린 뒤, 매달린 그의 몸에 총을 발사했다. 총알이 발사될 때마다 환호성이 터져 나왔다. 그의 숨이 끊어졌다고 검시관이 말하자 폭도들은 법원 광장에 모닥불을 지핀 다음 시신을 태웠다. 그들은 시체를 경찰차에 매달고 오마하 거리 곳곳으로 끌고 다녔다.

사람들은 그를 달아맸던 밧줄을 토막 내 선반이나 벽난로 위에 놓을 기념품으로 팔았다. 현장에 있던 기자들은 각기 다른 각도에서 이를 포착해 남자들과 빵모자를 쓴 10대들이 결혼식 피로연처럼 포즈를 취하는 모습, 검게 그을린 몸통을 보겠다고 몰려든 사람들, 잿더미 속에서 튀어 오르는 불꽃 등을 프레임에 담았다. 그들은 사진을 친척이나 예전에 살던 동네 이웃에게 보냈다. 그 난리통에 14세 소년은 법원 건너편의 아버지 인쇄소에서 일을 거들고 있었다. 소년의 이름은 헨리 폰다Henry Fonda였다. 그는 나중에 오마하를 떠나 할리우드에서 이름을 떨친다.

133

그날 저녁, 폭도들과 가로등에 매달린 남자와 장작불 잿더미를 뒤로 하고 폰다와 그의 아버지는 공장 문을 닫고 아무 말 없이 집으로 차를 몰았다. "그것은 내가 본 것 중 가장 끔찍한 광경이었다." 수십 년의 세월도 그의 기억에 덮인 재를 쓸어내지는 못했다. 그가 생명의 소중함을 강조하는 영화에 그렇게 많이 출연한 것도 우연이 아닐지 모른다. 자경단의 만행을 다룬 1943년 영화 〈옥스보우 인서던트The Ox-Bow Incident〉에서 폰다는 피에 굶주린 폭도들에게 경고한다. "누구도 법을 손에 넣고 사람을 매달 수는 없다. 그런 식으로라면 세상에 무사할 사람이 하나도 없을 것이다."[82]

3장

카스트의 기둥

The Eight Pillars of Caste

기둥 1

신의 뜻, 자연의 법칙

인도의 고대 힌두교 문헌에 적힌 내용이다. 인간의 의식이 형성되기 전부터 이미 모든 것을 알고 있던 마누^{Manu}가 명상에 잠겨 있었다. 그때 위대한 사람들이 다가와 그에게 물었다. "성인이시여, 모든 사회 계급과 그 사이에서 태어난 사람들에 관한 법을 정확히, 순서대로 알려주십시오." 마누는 우리가 알고 있는 것처럼 우주가 깊은 잠에 빠져 있을 때의 이야기부터 시작했다. 인식의 영역 저편의 존재가 물을 낳고 스스로 "만물의 할아버지"인 브라마^{Brahma}로 탄생했다는 것이다.

그리고 마누는 땅을 채우기 위해 입에서 브라만을 창조하고, 팔에서 크샤트리야를, 허벅지에서 바이샤를, 발에서 가장 낮은 수드라를 창조했다. 수드라는 인간을 분류하는 4개의 바르나 중 가장 낮은 계급이다. 이들 바르나는 수천 년 전 예정된 시간에 창조되었다.

카스트 체제의 가장 낮은 자리에서 가장 높은 자리까지, 각자 차지할 자리와 위치는 예언에 따라 그 순서가 정해졌다. 발에서 나온 수드라는 하인이고 짐꾼이다. 허벅지에서 나온 바이샤는 상인이고 교역자다. 팔에서 나온 크샤트리아는 전사이자 보호자이고 통치자다. 그리고 그들 모두의 위에 있는, 입에서 나온 브라만은 머리이고 철학자이고 현자이자 제사장이며, 신들과 가장 가까운 존재다. 마누 법전Laws of Manu에 따르면 브라만은 법이 정한 바에 따라 이 모든 피조물의 주인이다. 따라서 사람들이 음식을 먹을 수 있는 것은 브라만의 자비 덕분이라고 말한다.[1]

하지만 지위가 너무 낮아 처음부터 4개의 바르나에 끼지 못한 계급이 있었다. 수드라의 발밑에 있는 자들이었다. 과거에 지은 업보 탓에 밑바닥으로 떨어진 그들을, 사람들은 건드리지도 않았다. 경우에 따라 그들은 눈에 띄어서도 안 되었고, 그림자조차 더러운 것으로 취급받았다. 그들은 말 그대로 버림받은 자들outcastes이었다. 이들이 훗날 달리트라고 불리는 불가촉천민이다.

서구의 〈구약성서〉에는 대홍수 이야기가 등장한다. 하늘의 문이 열리고 깊은 샘들이 터졌다. 이후 모든 인류는 족장 노아의 세 아들에서 유래되었다고 〈구약성서〉는 전한다. 그들은 하나님의 지시에 따라 방주에 들어가 40일이 넘도록 내린 홍수를 견뎠고, 비가 그친 뒤 노아는 땅을 일구는 사람이 되었다. 그의 아들은 셈Sem과 함Ham과 야벳Japheth이었는데, 이들이 모든 인류의 시조다.

어느 날, 노아는 자기가 심은 포도나무에 열린 열매로 만든 술을 마셨다. 포도주에 취한 그는 장막 안에 벌거벗고 드러누웠다. 가나안 백성의 선조가 될 함은 그 장막에 들어갔다가 아버지의 벌거벗은 모습을 보고 밖으로 나와 두 형제에게 이를 이야기했다. 셈과 야벳은 옷을 어깨에 걸치고 장막 안으로 들어가 아버지의 몸을 가렸다. 그들은 아버지의 나체를 보지 않기 위해 얼굴을 돌렸다. 술이 깬 노아는 함이 벗은 모습을 봤다는 사실을 알고 그의 자손과 그 뒤를 이을 백성을 대대로 저주했다. "가나안에게 저주 있으라! 가장 천한 종이 되어 그의 형제들을 섬길 것이다."[2] 셈과 함과 야벳, 세 아들은 각기 다른 대륙으로 흩어졌다. 셈은 동쪽으로, 함은 남쪽으로, 야벳은 서쪽으로 향했다. 야벳의 후손을 자처한 무리들은 그 이야기를 굳게 믿고 자신들에게 유리하게 해석했다.

아프리카에서 신대륙으로 노예를 팔아 만든 돈이 스페인, 포르투갈, 네덜란드로 들어갔다. 이 돈이 마지막으로 영국에까지 스며들어가면서, 이 구절은 함의 자손을 비난하고, 수백 만에 달하는 사람들을 납치하고, 그들을 노예로 삼고, 그들을 폭행한 행위를 정당화할 때마다 소환되었다.[3] 중세에 〈구약성서〉를 해석한 사람 중 일부는 함족의 피부가 검다고 했고, 노아가 함에게 내린 저주가 함의 후손과 피부가 검은 인간에게 내린 것이라고 해석했다. 유럽인의 말에 따르면 흑인들은 하나님의 사자인 노아의 저주를 받아 노예가 된 자들이었다.

그들은 레위기에서 더욱 마음에 드는 구절을 찾았다. "남종이나 여종을 두려면 너희 주변에 있는 다른 민족에게서 구하라. 그들에게서 남종과 여종을 사들이라."[4] 이 구절을 그들은 이교도를 노예로 만들고, 황무지에 새 나라를 건설하는 데 필요한 악행의 허가증으로 삼았다. 이처럼 하나의 위계가 그들이 만든 신세계에서 진화했다. 피부가 가장 검은 자들 위에 피부가 가장 밝은 자들이 놓이는 구조였다.

"함에게 내린 저주가 지금 그의 후손들에게 집행되는 것이다."[5] 남부 연합의 리더로 노예제를 옹호했던 토머스 R. R. 콥Thomas R. R. Cobb은 미국에서 240년 동안 이어진 인간 속박의 시대가 기승을 부리던 시기에 그렇게 썼다. "이 위대한 건축가는 그들을 던져 넣은 영역을 채우기 위해 육체와 정신, 양면으로 그들의 한계를 정했다. 그 틀을 정할 때 그분의 지혜에 자비가 더해져 그들에게 운명적으로 주어진 비천한 지위가 이처럼 합당하게 되었다."

노예제는 1865년에 공식적으로 끝났지만 카스트 구조는 고스란히 살아남았을 뿐 아니라 더욱 견고해졌다. "흑인들이 백인의 식탁에서 떨어지는 빵 부스러기를 먹도록 하라."[6] 20세기의 작가 토머스 피어스 베일리는 인도의 마누 법전을 되풀이하듯 미국 남부의 카스트 강령을 작성하면서 그렇게 기록했다.

미국과 인도의 건립 기반은 모두 각자의 문화가 만든 경전에서 비롯한 카스트 체제였다. 두 나라 모두 과거에 저지른 죄로 나락에 떨어질 수밖에 없었다며 피지배 카스트를 만들고, 그들을 사회 최하위층에 놓았다. 이는 높은 자리를 차지한 자들의 해석에 따라 신이 정한 인간 피라미드, 즉 존재의 대사슬Great Chain of Being에 대한 신념을 형성하는 신성하고 영적인 토대가 되었다. 이후 수백 년에 걸쳐 지배층은 변화에 따라 그 체계를 계속 정교하게 다듬었다. 그렇게 해서 카스트의 첫 번째 기둥인 신의 뜻Divine Will과 자연의 법칙Laws of Nature이라는 법칙이 세워졌다. 이는 모든 카스트 체제에 내재하는 조직 원리 중 가장 중요한 규율이다.

기둥 2

대대손손

카스트를 유지하기 위해 사회는 태어날 때부터 사람을 구분하는 명확한 경계선에 의존했고, 사회 구성원들은 마치 자기복제로 자생하는 유기체의 분자처럼 행동했다. 높든 낮든 특정 카스트에서 태어난 사람은 그 카스트에 머무르며 그 카스트가 부여한 지위나 낙인을 평생 유지하며 살았고, 후손에게 물려주었다.

인도에서 자식에게 서열을 물려주는 쪽은 보통 아버지였다. 미국의 경우, 버지니아 식민지 시절 아이들은 법과 관습에 따라 어머니의 카스트를 물려받았다. 그리고 이 규칙을 적용하기 힘들 경우엔 대체로 서열이 낮은 쪽 부모의 지위를 취득했다. 1662년에 버지니아주 의회는 식민지에서 태어난 사람들의 지위를 정하면서 구체적인 사례를 제시했다. "영국 남성과 흑인 여성 사이에서 태어난 자녀가 노예인지 자유인인지를 두고 몇 가지 의문이 제기된 탓에, 그에 따라 지금 이 의회에서 정한 내용을 선포하는 바, 이 나라에서 태어난 모든 아이는 오직 어머니의 신분에 따라 노예가 되거나 자유인이 된다."[7]

이 법령에서 식민지인은 영국의 전례를 무시했다. 그 전례는 그들이 알고 있던 유일한 법이자 예로부터 내려온 질서였다. 영국에서는 아버지가 자신의 지위를 자식에게 물려주는 게 법이었다. 그러나 식민지인들은 새로운 법에 따라 노예인 흑인 여성의 자녀를 평생 노예로, 이를 이어받은 그의 후손들까지도 재산으로 삼을 수 있었다. 그래서 그들은 내키면 아무렇지 않게 흑인 여성들을 임신시켰고, 그로 인해 더욱 부유해졌다. 이로 인해 흑인들의 자궁이 이윤의 구심점profit center으로 바뀌면서 카스트 구분선은 더욱 선명해졌고, 어머니도 아이도 상급 카스트 남성에게 권리를 주장할 수 없게 되었다. 흑인의 자궁에서 나온 아이는 최하층에서 빠져나올 방법이 전혀 없었다. 새로운 법 제정으로 식민지들은 백인과 비백인, 양극 체제로 옮겨갔다. 사다리의 한쪽 끝은 백인 카스트가 결집해 있었으며, 다른 한쪽에는 아프리카 혈통임이 드러나는 표식에 의해 흑인으로 분류되는 사람들이 자리를 잡았다.

카스트에 속한다는 것은, 그 소속이 외모라는 특징과 단단히 결합해 정해진 것이라는 점 때문에 태어나서 죽을 때까지 변하지 않았다. "돈을 주고도, 결혼을 해도 빠져나갈 수 없다."[8] 1941년 미국의 카스트에 독창적인 시각으로 접근한 연구서《딥 사우스Deep South》에서 앨리슨 데이비스와 벌리 가드너Burleigh Gardner, 메리 가드너Mary Gardner는 그렇게 썼다.

카스트와 자주 비교되는 용어로 계급class이 있지만, 여기엔 불변적 성격이 없다는 점에서 카스트와 다르다. 계급은 특정 사회에서 특정인의 지위를 별개의 기준으로 파악하는 척도로, 교육이나 소득, 직업 외에 말투나 취향이나 매너 같은 지엽적인 특성으로 구분된다. 이런 것들은 노력과 실력을 통해 얻을 수 있고, 잘못된 판단이나 재난으로 잃기도 한다. 현재의 처지를 벗어나려 애를 쓴다면 그것은 계급이지, 카스트가 아니다. 미국에서 피지배 카스트에서 태어난 사람들 중 일부는 오랜 세월 노력한 끝에 재산을 모으고 계급 상승을 했지만, 재산도 계급도 타고난 지위를 상기시키려는 지배 카스트의 시도까지 막아주지는 못했다.

카스트 체제가 형성된 지 수백 년 후에, 낮은 카스트에서 가장 성공했다는 사람들이 종종 카스트를 뛰어넘는 방법을 찾기도 했지만 그래도 카스트를 완전히 벗어나는 경우는 드물었다. "힌두교의 카스트처럼 미국의 흑백 차별은 태어날 때 결정되어 웬만해서 바꿀 수 없는 사회적 위계 구조를 마련했다. 성공한다 해도 그 구조는 바꿀 수 없다. 흑인은 관례에 따라 다른 사람들과 분리된, 미국의 불가촉천민이 되었다."[9]

아카데미상을 수상한 저명한 배우이자 중년의 아프리카계 미국인인 포레스트 휘태커Forest Whitaker는 2013년 겨울에 미식가들이 자주 찾는 맨해튼 웨스트사이드의 한 델리에 들렀다. 너무 붐벼서인지 아니면 내키는 메뉴가 없어서였는지, 그는 한 바퀴 둘러본 뒤 많은 사람이 그러듯 아무것도 사지 않고 돌아서서 나가려 했다. 그때 한 직원이 그를 수상하게 여기고 문 앞을 가로막았다. 유명 인사가 자주 찾는 고급 식당이나 가난한 대학생들이 드나드는 곳에서는 이런 경우가 간혹 있었다. 그 직원은 다른 손님들이 지켜보는 가운데 휘태커의 위아래를 훑어보았다. 아무런 혐의를 발견하지 못한 그는 당황한 휘태커에게 가도 좋다고 말했다. 델리 주인은 나중에 휘태커에게 사과하고 그 직원을 해고했다. 하지만 그가 느낀 수치심은 쉽게 사라지지 않았다. "누구에게 그런 식의 대우를 받다니 매우 굴욕적이었다." 휘태커는 나중에 그렇게 말했다. "아마 기를 죽이려는 의도였던 것 같다."[10]

재산도 명성도 경찰 앞에서는 소용없었다. 경찰은 최하층 카스트 사람들을 무지막지하게 대하도록 훈련받은 듯했다. 2015년 뉴욕시 경찰은 맨해튼의 한 나이트클럽 밖에서 현역 NBA 선수의 다리를 부러뜨렸다.[11] 애틀랜타 호크스^{Atlanta Hawks}의 포워드였던 그 선수는 부상으로 당시 시즌을 접어야 했다. 그 선수는 합의금으로 받은 400만 달러를 그 자리에서 국선 변호인 재단에 기부했다. 2018년에는 경찰관들이 전직 NFL 선수를 땅바닥에 쓰러뜨렸다. 보도에 따르면 자신의 차에 커피를 던진 운전자와 말다툼 중에 일어난 일이라고 했다. 그해 봄에 공개된 동영상에서 경찰관들은 데즈먼드 매로^{Desmond Marrow}의 팔과 다리를 비틀고 그의 얼굴을 도로 위에 찍어 눌렀다.[12] 이어 경찰들이 그의 몸을 돌려 올라타 목을 누르는 바람에 그는 잠시 기절했다. 동영상이 유포되자 내사가 이뤄졌고 경찰관 1명이 해직됐다. "아무리 대단한 인물이어도, 아무리 돈을 많이 벌어도, 사람들이 흠모할 업적을 쌓아도, 당신이 아프리카계 미국인 남성이거나 아프리카계 미국인 여성이라면 언제든 그런 식일 것이다."[13] NBA 스타 르브론 제임스^{LeBron James}는 그보다 1년 전에 기자들에게 그렇게 말했다.

기둥 3

사랑과 결혼

미국 카스트 체제의 틀을 마련한 사람들은 초기에 카스트를 분리한 다음, 사다리 상위 칸에 배정된 사람들의 혈통을 지키는 데 필요한 조치를 취했다. 그들의 그런 욕구는 카스트의 세 번째 기둥인 동족결혼endogamy으로 이어졌다. 동족결혼은 같은 카스트에 속한 사람과의 결혼만 가능하도록 제한하는 것을 의미한다. 동족결혼은 고대 인도에서 아메리카 초기 식민지, 독일의 나치 정권에 이르기까지 모든 카스트 체제의 근간을 이루는 철통같은 토대였다. 미국 역사에서 동족결혼 역시 현재의 인종 분열을 초래한 자양분과도 같다.

동족결혼은 자신이 속한 카스트 밖에 있는 사람과의 결혼뿐만 아니라 성관계, 심지어 이성으로서의 관심만 보여도 카스트의 경계를 넘은 것으로 간주할 정도로 엄격히 지켜졌다. 이렇게 각 카스트 사이에 세워진 방화벽은 카스트 내부의 자원, 순수성을 유지하는 주요 수단이 되었다. 동족결혼은 법적 가족관계를 카스트별로 고립시켜, 서로 다른 카스트끼리 공감대를 형성하거나 공동체 의식을 가질 기회를 차단한다. 따라서 사람들은 자신보다 낮은 카스트의 사람들이 느끼는 행복이나 성취, 복지에 아무래도 관심이 적어지고, 그들의 딱한 처지에도 공감하기 어렵게 된다. 더 나아가 지배 카스트들끼리만 결혼할 경우, 그들은 자신도 모르는 사이에 낮은 카스트 사람들을 인간 이하로 보게 되고, 경우에 따라 적으로 간주하거나 무슨 수를 써서라도 억눌러야 하는 위협적인 존재로 여기게 된다.

"카스트는 인구를 인위적으로 쪼개어 경계가 분명하고 고정적인 단위로 가른다는 뜻으로, 각각의 단위는 동족결혼의 관습을 통해 다른 개체와 융합할 수 없다."[14] 인도에서 반反카스트 운동을 시작한 빔라오 암베드카르는 동족결혼을 유지하는 방법을 밝혀내면 카스트의 기원과 메커니즘을 입증할 수 있다고 말했다.

동족결혼은 미합중국이 존재하기 전부터 있었다. 이는 신의 명령이었다. 미국에서 인종이라는 말이 처음 언급된 것은 유럽인과 아프리카인 간의 성적 관계를 다루는 자리에서였다. 1630년 버지니아 주 의회는 휴 데이비스Hugh Davis라는 사람에게 "흑인과 잠자리를 같이 하여 몸을 더럽힘으로써 신을 모독하고 기독교인들을 수치스럽게 했다"는 이유로 공개 채찍 형을 선고했다. 평소 같으면 지배 카스트 남성이 처벌받는 장면을 아프리카인들이 지켜보게 해서는 안 되지만, 의회는 데이비스가 특수 사례라고 판단해 어떻게 처리해야 할지 결정하지 못하고 있었다. 생긴 지 얼마 안 되는 카스트 체제에서 행해지는 이런 형벌은 이중의 효과를 발휘했다. 우선 자신보다 낮은 지위에 있는 구경꾼들 앞에서 형을 받아야 하는 데이비스로서는 더욱 견디기 힘든 수모였을 것이다. 동시에 이는 아직 존재하지도 않는 나라에서 가장 낮은 계급으로 추방될 사람들에게 보내는 경고였다. 카스트의 경계를 지키지 못한 백인의 운명이 이럴진대, 너희라면 훨씬 더 나쁜 결과를 각오해야 할 것이라는.

데이비스가 처벌을 받기 전까지만 해도 유럽 남성들은 노예무역 시절 내내 종종 상대방의 동의 없이 아프리카 여성들과 성관계를 가졌다. 하지만 그 일로 처벌을 받는 경우는 없었다. 그래서인지 그들은 아프리카인들을 마음대로 할 수 있다고 생각하고 행동하는 데 익숙했다. 많은 사람이 생득적이라고 여기는 행동을 했음에도 휴 데이비스를 공개적인 자리에서 모욕적으로 처형한 것은, 그의 행동이 위계 구조 존속에 위협이 될 만한 것이었기 때문이다. 또한 그가 상대방과 맺은 관계가 그들의 신경을 자극했으며, 따라서 개입해야겠다는 생각을 불러일으킨 것이었다. 등장한 지 얼마 안 된 카스트 체제는 최하위 카스트에 대해서는 얼마든지 착취를 허용했지만 동등한 카스트는 건드리지 못하게 했다. 그 때문에 법의 눈으로 볼 때 동등한 사람들끼리만 해야 하는 결혼은 엄중하게 감시했지만, 하층 카스트 여성을 강간하는 행위는 못 본 척했다.[15] 휴 데이비스의 사례는 미국에서 인종과 계급에 대한 첫 언급일 뿐 아니라 카스트 경계를 넘는 공공연한 관계의 영역을 설정하려는 첫 시도였다.[16]

10년 뒤에 또 다른 백인 남성 로버트 스위트Robert Sweet는 다른 백인 남성의 소유인 노예 여성을 임신시킨 사실이 들통난 뒤 어쩔 수 없이 관계를 시인했다. 그때는 카스트 위반에 대한 처벌 대상이 바뀌었다. 이때 채찍을 맞은 사람은 임신한 그녀였다. 어떤 측면에 서든 보호받아야 할 사람은 당연히 그녀이며, 또 그렇게 해야 가장 문명화된 국가에 어울리는 처사였겠지만, 그녀가 받은 채찍질은 그녀의 신분이 지극히 낮다는 걸 보여주는 징표였다.

1691년에 버지니아는 흑인과 백인의 결혼을 법으로 금지한 첫 번째 식민지가 되었다. 이후 3세기 동안 이외의 주들도 대부분 이런 결혼을 금지한다. 몇몇 주는 아프리카계 미국인 외에 아시아인, 아메리카 원주민과 백인의 결혼도 금지했다. 인종 간 결혼을 전국적인 차원에서 금지하려는 시도도 여러 번 있었지만 불발로 그쳤다. 대신 50개 주 중 41개 주가 인종 간 결혼에 대해 최고 5000달러의 벌금과 10년 이하의 징역에 처할 수 있는 범죄로 간주하는 법을 통과시켰다.[17] 일부 주는 향후에도 인종 간 혼인을 허용하는 법안을 통과시키지 못하도록 규정하기까지 했다. 법이 미치지 않는 지역에서 아프리카계 미국인들은 이 세 번째 카스트 기둥에 흠집을 내는 시늉만 해도 사형에 처했다. 대법원에서 이런 금지법이 뒤집힌 것은 1967년이 되어서였다. 그러나 일부 주는 동족결혼법을 공식적으로 포기하기 싫어 늑장을 부렸다. 가장 늦은 주는 앨라배마로, 그들은 2000년대가 되어서야 인종 간 결혼을 금지하는 법을 폐지했다.[18] 그때도 유권자 중 40퍼센트는 동족결혼을 유지하는 것에 찬성했다.

카스트 체제는 동족결혼이라는 관행을 통해 신체적 특성이 비슷한 사람들끼리의 결합만 인정하는 식으로 '인종'을 창조해 내고 강화했다. 그것은 수백 년 동안 사람들이 해왔던 로맨틱한 결정을 국가가 규제하겠다는 발상이었다. 동족결혼법은 미국 역사에서 백인이 유럽 출신이 아닌 이민자와 결합하지 못하도록 억제하면서, 오랫동안 그들의 혈통을 통제하고 인구를 관리하는 효과를 발휘했다. 이러한 사회공학은 표면적 차이를 유지하는 데 기여했다. 결국 '인종'은 누가 누구와 자식을 낳을 수 있는지에 관한 공식 허락의 결과였다. 동족결혼은 불평등을 정당화하기 위해 카스트 체제가 의존하는 '차별'을 보장해 주었다. "우리의 생김새, 즉 이 나라에서 우리가 드러내는 말 그대로의 '인종적' 특징이라는 것은 대부분 법률과 판결의 산물이다." 법률학자 이안 헤이니 로페즈는 그렇게 썼다.[19]

사람들은 이 세 번째 카스트 기둥을 숙지했다. 1958년에 갤럽이 실시한 여론조사에서 미국의 백인 중 94퍼센트가 인종 간의 결혼을 찬성하지 않는다고 답했다.[20] "흑인은 정신적으로 열등합니다."[21] 1940년에 남부의 한 내과 의사는 조사 요원에게 보통 사람들의 의식을 그대로 드러냈다. "다들 알고 있는 사실이고 나도 그렇게 생각하지만, 백인 같은 우월한 인종이 열등한 인종과 피를 섞는 것은 하나님의 의도가 아닐 겁니다."

이 나라 유사 이래 거의 내내 이런 정서가 우세했던 탓에 셀 수 없이 많은 사람이 이 결정적인 카스트 기둥으로 인해 목숨을 잃었다. 그 기둥에 손상을 입히면 대형 린치가 이어지곤 했다. 이 규약은 하위 카스트의 남성과 상위 카스트의 여성에게만 엄격했기에, 법을 만든 상위 카스트 남성들은 나이나 결혼 여부와는 상관없이 하위 카스트 여성에게 파렴치하고 노골적인 폭력을 서슴지 않았다. 이런 식으로 지배 카스트 중에서도 지배적 성을 가진 자들은 자신들보다 하위에 있는 모든 사람의 생계·생명의 기회를 통제하는 것 외에 사실상 모든 여성을 놓고 벌이는 경쟁 자체를 없앴다. 미국 역사를 통틀어 지배 카스트들은 사회 구성원의 이성 관계와 번식에 관한 접촉 권한 전체를 통제했다.

이 통제 방식은 한 집단에게는 완전한 자유를 허락해 놓고 다른 집단은 생사여탈권으로 다스리는 것이었다. 남자답다는 자연스러운 표현을 인위적으로 규정해 놓은 다음, 카스트의 경계는 더욱 강화하며 자신의 딸, 아내, 누이, 어머니를 지키려는 하위 남성들을 더욱 무기력하게 만들었다. 동시에 그것은 지배 카스트에 속한 남성의 절대적인 힘을 사람들에게 상기시키는 역할을 했다. 미합중국이 지상에 모습을 드러낸 이후 대부분의 시간 동안, 이 같은 통제는 최하위 카스트에 속한 모든 이의 삶에 그림자를 드리운 먹구름 같은 존재였다.

1830년대 중반 미시시피 그랜드걸프에서 백인 남성들이 흑인 남성 1명을 산 채로 불태우고 장대에 머리를 꿰어, 모든 사람이 볼 수 있도록 마을 끝에 세워놓고 하급 카스트의 남성들에게 경고한 일이 있었다. 당시 사람들의 말에 따르면 이 흑인은 "자신의 아내와 수시로 잠을 자는" 주인 남자를 참다못해 살해한 뒤 고문을 받고 참수형을 당했다.[22] 아내를 지키기 위해 자살 행위나 다름없는 극단적인 일을 저지른 뒤 죽음을 맞게 되었을 때, 그 남편은 "천국에서 보상받을 거라 믿는다"라는 말을 남겼다고 한다.

100여 년이 지난 1943년 12월, 착실한 15세 소년인 윌리 제임스 하워드Willie James Howard는 방학 기간 동안 플로리다주 라이브오크의 어떤 작은 가게에서 일하고 있었다. 10학년에 재학 중이던 그는 가족 중에 그나마 가장 잘되리라는 기대를 받던 외아들이었다. 그해 12월에 그는 카스트에서 가장 중요한 기둥을 알지 못했는지, 아니면 알고도 개의치 않았는지 모르지만 치명적인 실수를 했다. 그는 새 일자리를 얻은 것이 너무 뿌듯하고 벅차, 잘해보고 싶은 생각에 가게에서 일하는 모든 사람에게 크리스마스 카드를 보냈다. 그중에는 신시아라는 또래 소녀도 있었다. 그는 소녀에게 반해 카드에 이렇게 적었다. "L을 담아$^{with\ L.}$"(L은 love란 뜻이었다.)

크리스마스에 흔히 적을 수 있는 평범한 표현이었다. 귀엽게 보고 웃어넘길 수 있었다. 하지만 여기는 남부였다. 소년은 흑인이었고, 소녀는 백인이었다. 소녀는 아버지에게 카드를 보여주었다. 그 카드 때문에 소녀가 당황했다는 말이 돌고 돌아 윌리 제임스 귀에 다시 들어왔다. 그래서 1944년 새해에 첫날에 그는 자기 심정과 사과의 뜻까지 담은 쪽지를 직접 전달했다. "네가 우리 같은 사람을 하찮게 생각한다는 거 알지만 우린 널 미워하지 않아. 바라는 건 친구가 되는 건데 너도 그렇겠지(그렇지 않겠지). 이거 아무한테도 보여주지 마. 널 화나게 하고 싶지 않아…"[23] 그는 한마디를 더 붙였다. "네 이름이 좋아, 네 목소리도 좋아, S.H.^{sweetheart}(자기)에게. 난 널 택했어."

다음 날 소녀의 아버지와 다른 백인 남성 2명은 윌리 제임스와 그의 아버지를 스와니 강둑으로 끌고 갔다. 그들은 윌리 제임스의 팔과 다리를 묶고 머리에 총을 겨누었다. 그들은 윌리 제임스에게 강으로 뛰어내리게 한 뒤 아버지에게 총을 겨누고 아들이 익사하는 것을 지켜보게 했다. 포획당한 데다 수적으로 열세였던 윌리 제임스의 아버지는 속절없이 그 광경을 바라볼 수밖에 없었다.

경찰에 불려간 그들은 소년을 납치하고 손발을 묶었다는 사실을 시인했다. 그러나 그들은 소년이 제 발로 강물에 뛰어내렸다고 말했다. 며칠 뒤 소년의 부모는 달아났다. 전미 유색인지위향상회NAACP의 젊은 변호사 서굿 마셜Thurgood Marshall이 주지사에게 경고했지만 소용이 없었다. NAACP의 외근비서인 해리 T. 무어Harry T. Moore는 소년의 부모에게 두려움에 굴하지 말고 아들이 살해된 날 있었던 일을 사실대로 진술한 뒤 서명하라고 설득했다. 하지만 그 지역 대배심은 소년의 납치범들을 기소하지 않았고, 연방 검찰도 개입하지 않았다.

윌리 제임스의 죽음과 관련하여 단 하루라도 감옥에 들어갔다 나온 사람은 아무도 없었다. 그의 납치와 죽음은 카스트 질서를 지탱하는 받침대 같았다. 남부 카스트 체제의 공포는 아무런 처벌도 없이 계속되었다. 카스트 체제는 미국 정부의 재가를 받아 남부를 넘어 미국 전체의 제도가 되었다.

기둥 4

순수혈통과 더러운 피

카스트의 네 번째 기둥은 지배 카스트가 가진 '순수성에 대한 믿음'과, '하위 카스트로 인한 오염에 갖는 두려움'이다. 수백 년 동안 지배 카스트는 그들이 더럽다고 여긴 하위 카스트로부터 자신들의 고결함을 지키기 위해 극단적인 조치를 취했다. 카스트 체제가 한창 기승을 부리던 시기에, 인도와 미국, 단명했지만 극악무도했던 나치 정권은 순결에 대한 집착을 터무니없게도 예술적 경지로 끌어올렸다.

인도의 일부 지역에서는, 공공장소에 지배 카스트 사람들이 지나가면 최하위 카스트 사람들은 그들과 일정 거리를 유지해야 했다. 어떤 카스트냐에 따라 그것은 12보가 되기도 하고 96보가 되기도 했다.[24] 그들은 본의 아니게 다른 사람을 오염시키는 것을 막기 위

153

해 종을 달고 다녀야 했다. 마라타 지역에서 가장 낮은 하위 카스트에 속한 사람은 자신의 발자국을 쓸어 지울 수 있도록 가시 달린 나뭇가지를 끌며 걸어야 했고 브라만이 지나가면 땅에 엎드려 부정한 그림자가 거룩한 브라만을 더럽히지 않도록 해야 했다.[25]

상위 카스트들은 불가촉천민이 만진 물건에 손을 대거나 가까이 가기만 해도 오염됐다고 생각해 따로 정화 의식을 치렀다.[26] 오염됐다고 느끼는 즉시 흐르는 물에 몸을 씻거나 명상과 함께 프라나야마Pranayama(명상 호흡법)를 행했다. 베를린의 휴양지에서 독일의 나치는 유대인 거주자들이 여름에 그들의 별장에서 해변으로 나오지 못하도록 막았다. 독일 전 지역에서 유대인은 공공 수영장에 발을 들여놓을 수 없었다. 장 폴 사르트르Jean-Paul Sartre도 그렇게 말한 적이 있다. "유대인이 몸을 담그면 수영장 전체가 오염된다고 그들은 믿었다."[27]

미국에서 하위 카스트들은 생활의 모든 부문에서 격리되어 오랜 시간 동안, 심지어 20세기에 들어선 이후까지도 미국식 말로 '언터처블'이었다. 하위 카스트들이 오랜 세월 기대고 살았던 남부에서, 흑인 아이들과 백인 아이들은 각기 다른 교과서로 공부하며 자랐다.[28] 플로리다에서 흑인과 백인 아이들은 책도 함께 보관하지 않았다. 흑인들은 백인들이 마시는 식수대를 사용할 수 없었기에, 따로 식수대가 마련되기 전까지 그들은 무더위에도 말구유에 있는 물을 마셔야 했다.[29] 남부의 감옥에서는 죄수의 침대 시트를 흑인용과 백인용으로 구분해 차별했다.[30] 개인 활동이든 공동 활동이든 인간의 모든 활동은 태어나서부터 죽을 때까지, 병원의 병동에서부터 철도 플랫폼, 구급차, 영구차, 공동묘지에 이르기까지 철저히 인종으로 분리되었다. 흑인들의 이용을 허락한 매장에서도 옷, 신발, 모자나 장갑 등을 입거나 시착하는 일은 허락되지 않았다. "공립병원에서 흑인이 사망할 경우 시신은 백인의 안치소와 떨어진 곳에 마련된 '임시 안치소'에 놓인다."[31] 1937년 역사학자 버트럼 도일 Bertram Doyle의 글에도 이처럼 적혀 있다.

네 번째 카스트 기둥은, 1896년에 뉴올리언스 출신의 한 남성이 백인과 유색인종이 열차에서 구별지어 앉도록 규정한 1890년도 루이지애나 법에 도전한 뒤로 미합중국 법으로 공식화되었다. 루이지애나는 남부 재건기가 흐지부지되고 옛 남부 연합 세력이 권력을 잡은 뒤 이 법을 통과시켰다. 흑인인권단체는 소송비를 모금해 법정 싸움을 시작했다. 1892년 6월 7일, 백인처럼 생겼지만 미국이 정한 규정에 따라 흑인으로 분류되는 혼혈의 제화공 호머 A. 플레시Homer A. Plessy는 뉴올리언스에서 코빙턴으로 가는 이스트 루이지애나레일로드East Louisiana Railroad 열차에서 일등석 표를 구입해 백인 전용칸에 앉았다. 외모가 애매한 인종은 무조건 백인이 아닌 것으로 간주하던 시절이었기에 차장은 그에게 흑인 전용칸으로 가라고 명령했다. 플레시는 거절했고 예상대로 체포되었다. 그의 사건은 대법원까지 올라갔지만, 대법관들은 7대 1로 루이지애나의 "분리하되 평등한separate but equal" 법의 원칙에 문제가 없다며 플레시의 상고를 기각했다. 이를 계기로 70년 가까이 미국에서 한 카스트를 다른 카스트로부터 배제하고 이를 국가가 공식 승인한 고립 정책이 본격적으로 효력을 발휘했다.

남부 법정에서는 하나님의 말씀도 분리되었다. 진실을 말할 것을 맹세하는 성경마저도 백인용과 흑인용이 따로 있었다. 이 순수성이라는 기둥은 다른 기둥과 마찬가지로 하위 카스트 사람들의 생명을 위협했다. 1930년대 어느 날, 선로를 바꾸는 한 흑인 전철수가 멤피스 선로에서 일하다 미끄러져 입환용 기관차에 깔렸다. 그는 오른쪽 팔과 다리가 절단된 채 피를 흘렸다. 당시 보도에 따르면 구급차들이 급히 그 남자를 구하기 위해 달려왔지만, 흑인인 것을 알고는 돌아가 버렸다고 한다.[32]

급이 다른 물

지배 카스트가 강력하게 요구하면 하위 카스트는 바다와 해안에도 접근할 수 없었다. 20세기에 들어와서도 한동안 아프리카계 미국인들은 북부, 남부 가릴 것 없이 백사장이나 호수나 풀장에 들어가지 못했다. 달리트가 브라만이 사용하는 수역에 접근할 수 없고, 유대인이 제3제국의 아리아인의 물을 이용할 수 없었던 것처럼, 물을 오염시키지 않겠다는 조치였다.

이는 20세기 후반까지도 미국에서 건드릴 수 없는 신성한 원칙이었고, 지배 카스트들은 이 원칙을 제대로 지키기 위해 많은 공을 들였다. 1950년대 초, 신시내티가 압력에 못 이겨 일부 공공 수영장에서 흑인 수영선수들의 입장을 허가하자 백인들은 못과 깨진 유리를 물속에 던졌다. 1960년대에 한 흑인 민권운동가는 공공 수영장을 같이 사용하도록 만들기 위해 수영장에 뛰어들어 한 바퀴 헤엄친 후 밖으로 나와 수건으로 몸을 닦았다.[33] 그러자 백인들은 수영장 물을 완전히 뺀 후 다시 물을 채워 넣는 식으로 대응했다.[34]

1919년에 한 흑인 소년이 아무런 생각 없이 이 카스트의 기둥을 깨뜨렸다가 목숨을 빼앗기는 사건이 벌어졌고 그로 인해 시카고에서 폭동이 일어났다. 17세의 유진 윌리엄스Eugene Williams는 시카고 남쪽 미시간 호숫가에서 수영하다가 인종을 가르는 가상의 선을 무심코 지나쳤다. 그는 그 사실을 모르고 백인 구역으로 들어갔다. 그곳의 물과 흑인 구역의 물이 다를 게 없어 보였다. 하지만 소년은 그 때문에 돌에 맞아 익사했다. 이로 인해 생긴 긴장은 지배 카스트를 자극했고, 미국 역사상 최악의 인종 폭동을 촉발했다.

이후 수십 년간 캔자스주 뉴턴과 인디애나주 매리언 등 미국 중부 도시와 피츠버그, 세인트루이스 등지에서 상위 카스트 사람은 하위 카스트 사람이 그들의 수역에 접근할 때마다 신경질적인 반응을 보였다. 1931년 8월, 피츠버그에 공원이 새로 개장했다. 그곳 수영장 크기가 축구장만 했기에 1만 명도 수영할 수 있을 것처럼 보였다. 그러나 개장 직후 지역 신문인 〈피츠버그 포스트가제트 Pittsburgh Post-Gazette〉의 보도 내용은 그렇지 않았다. "어제 수영장에 들어갔던 흑인들은 즉시 백인에 둘러싸여 뚜들겨 맞거나 물속으로 처박혀 결국 수영을 포기하고 떠났다."35

세인트루이스 페어그라운드 파크에는 이 나라에서 규모가 가장 커 보이는 수영장이 있었다. 1949년 여름, 흑인들의 압박에 밀린 시 당국이 흑인들의 수영장 출입을 검토하기 시작하자 백인들로부터 즉각 반발이 일었다.36 이 문제를 담당한 공무원과 동명이인이었던 한 남자는 협박에 못 이겨 경찰에 보호를 요청할 정도였다. 수영장 인명구조대원들은 항의의 표시로 사직을 고려했다. 아프리카계 미국인들이 수영하러 온 첫날, 군중들은 칼과 벽돌과 몽둥이를 들고 모였다. 그들은 두 줄로 서서 수영을 하러 온 흑인 아이들을 그 사이로 걷게 한 뒤 때리고 조롱했다. 5,000명으로 불어난 폭도들은 공원에 접근하는 흑인들을 가리지 않고 뒤쫓았다. 그들은 자전거를 탄 아이들, 전차에서 내리는 남성, 교통체증에 갇힌 트럭 기사, 공원 옆집 현관에 서 있던 흑인 남성 등을 쫓아가 쓰러뜨리고 발로 찼다. 흑인들은 다리를 절뚝거리고 피를 흘렸다.

캔자스주 뉴턴에서는 1935년에 지어진 수영장에서 흑인들을 내쫓기 위해 주 대법원까지 갔다. 시와 수영장 관리업체는 흑인들의 입장을 허락하지 않겠다고 버텼다. 격일제도, 시간제도 안 된다며 수영장 유형 때문에 어쩔 수 없다고 했다. 이들은 법원에 수영장이 순환식이어서 시즌 중에 물을 한 번밖에 교체할 수 없다고 둘러댔다.[37] 백인들이 검은 피부가 닿은 물에는 들어가지 않으려 한다고 그들은 항의했다. 역사학자 제프 윌치Jeff Wiltse는 "흑인이 이용한 다음에 백인 주민들이 수영하는 유일한 방법은 물을 뺀 다음 풀장 벽을 문질러 닦는 것뿐"이라고 썼다. 흑인이 수영장에 들어갈 때마다 그럴 순 없지 않냐며 그들은 방침을 굽히지 않았다. 법원은 시의 손을 들어주었고, 수십 년 동안 그 도시에 유일한 공공 수영장이었던 그곳은 지배 카스트의 전용 수영장이 되었다.

피츠버그 외곽의 한 수영장은 시즌이 끝나는 9월까지 흑인의 출입을 막는 식으로 문제를 해결했다. 다시 말해 흑인들이 수영하고 싶어 하는 기간에 그들의 입장을 막았다. 관리소장은 직원들이 "흑인들이 사용한 뒤에 제대로 세척하고 소독할 수 있는 시간"을 확보하려면 그렇게 할 수밖에 없다고 말했다. 인디애나주 매리언의 한 백인 여성은 지배 카스트의 입장을 대변하듯 말했다. "그들의 흑색성^{blackness}으로 더럽혀지는 것을 원치 않아요." 뉴저지주 엘리자베스가 흑인의 시립 수영장 입장을 허락한 첫 주, 백인들은 출입구에서 아프리카계 미국인들을 막았다. 월치는 "물에 들어가려는 흑인들은 문자 그대로 목숨을 걸었다"라고 썼다.

1951년 오하이오주 영스타운의 한 청소년부 야구팀이 시에서 주최한 대회에서 우승했다. 감독과 코치는 자축하는 의미로 시립수영장에서 야유회를 갖기로 했다. 야구팀이 정문에 도착했을 때, 구조대원이 한 선수 앞을 가로막았다. 그는 팀의 유일한 흑인 선수인 알 브라이트^{Al Bright}였다. 그의 부모는 야유회에 참석하지 못했기에, 코치와 다른 아이의 부모가 대신 나서서 수영장 관계자들을 설득했지만 소용이 없었다. 구조대원들의 배려라고는 울타리 밖에 담요를 깔게 하고 사람들이 그에게 먹을 것을 가져다주는 정도가 전부였다. 선택의 여지가 없었던 알은 동료 아이들이 노는 모습을 밖에서 지켜봐야 했다. "가끔씩 선수나 어른들 한두 명이 나와 그의 곁에 앉아 있다가 다시 수영장으로 돌아갔다."[38] 어린 시절 알과 친구였던 작가 멜 왓킨스^{Mel Watkins}는 몇 년 뒤에 그렇게 썼다. "몇 분만이라도 아이를 수영장에 들여보내자고 설득하는 데 한 시간 남짓 걸렸다. 수영장 책임자는 알을 들여보내기로 합의하는 대신 조건을 달았다. 사람들이 모두 물에서 나온 다음 규칙에 따라 들어가야 한다는 것이었다." 알의 동료 선수들과 부모, 즉 모든 백인이 물에서 먼저 나와야 들어갈 수 있다고 했다. 모든 사람이 밖으로 나가자 알은 수영장으로 들어가 작은 고무보트에 탔다. 100여 명의 동료와 코치와 부모와 구경꾼들이 지켜보는 가운데, 알은 구조대원이 밀어주는 보트를 타고 수영장을 한 바퀴 돌았다. 혼자 한 바퀴를 돌며 괴로운 몇 분이 지난 후 알은 울타리 밖에 마련된 장소로 인솔되었다. 보트를 타는 짧은 시간에 그 구조대원은 그에게 중대 사항 하나를 여러 차례 반복해서 경고했다. "물에 손을 대지 마라. 무슨 일이 있어도 물에 손을 대면 안 된다."

구조대원은 그날 물을 깨끗하게 지켜냈지만, 그날 오후 그 어린 소년의 마음 한구석은 시커멓게 죽고 말았다. 코치가 그를 집까지 태워다 주겠다고 했지만 그는 거절했다. 손에는 우승컵을 들고 있었다. 알은 혼자서 약 1.5킬로미터를 걸어 집으로 돌아갔다. 그날 이후 그는 예전 같지 않았다.

한 방울 규칙의 지리멸렬

인도의 카스트 체제를 극히 짧은 시기에 속도를 높여 압축한 형태가 바로 미국의 카스트였다. 그 기틀을 마련한 사람은 노아와 그의 아들 이야기를 끌어들여 하위 계층의 존재를 정당화하는 데 사용했지만, 그들은 마누 법전에서 보듯 성경의 가르침을 빌리지 않고 독창적으로 체제를 시행하고 상위 카스트를 형성했다. 이처럼 미국의 '순수성' 단속은 지배 카스트 자체를 규정하는 일에서 시작되었다.

신대륙의 모든 나라가 유럽인들을 맨 위에 놓는 위계 구조를 만들어 냈지만, 그 체제의 기반을 인종 절대주의racial absolutism로 삼은 것은 미국뿐이었다.[39] 인종 절대주의는 아프리카인·아시아인·아메리카 원주민의 피 한 방울만 섞여도 유럽인의 순수성이 더럽혀진다고 주장한다. 이민종의 피가 섞인 사람들은 지배 카스트에 들어갈 자격을 상실한 것으로 봤다. 이것은 남아프리카공화국의 모델과 상반된 인종적 우위의 징벌적 모델이었다. 남아프리카공화국에서는 백색에 가까울수록 보상이 따르고 흑인과 백인 사이에서 완충 역할을 하는 중간 카스트에 속하는 유색인종이 정식으로 존재했다. 남아프리카공화국은 혈관에 흐르는 유럽인의 피를 기준으로 등급을 정한 뒤에 그에 따라 특권을 부여했는데, 청정-오염 범례에서 '백인'의 피는 하층 카스트의 피 소독제로 간주되었다. 두 나라모두 각자의 인구 구성에 맞게 만들어진 백인 우월주의를 갖추고있었다. 남아프리카공화국에서 소수에 속하는 백인들에게는 자신들과 아주 가깝다고 판단한 사람들에게 명예 백인성을 부여해 자신들의 세력과 함께 숫자를 늘려야 할 동기를 만들었다. 미국은 백인이 다수집단이었기 때문에 그런 동기 부여가 필요 없었다. 스스로 높은 자리에 올라 자기들보다 수가 적은 사람들을 떼어놓은 다음, 발밑에 종속시켜 노예로 삼아 이권을 챙겼다.

"더럽혀진 피로 인한 타락은 독이 묻은 네소스^{Nessus}의 겉옷처럼이 나라에 사는 함의 후손에게 붙어 떨어질 줄 모른다."[40] 남북전쟁전에 조지아주 대법관을 지낸 조지프 헨리 럼킨$^{Joseph Henry Lumpkin}$은 그리스 신화와 카스트의 두 기둥인 신성한 의지와 오염을 하나의 판결로 묶었다. (신화에 나오는 피 묻은 겉옷은 반인반마 네소스가 죽기 전 입은 옷으로, 그 옷을 입으면 불운을 피하지 못하고 파멸한다.)

체제를 입안하는 자들은 누구를 지배 카스트에 포함할지를 두고 처음부터 공을 들였다. 지금 우리가 백인으로 알고 있는 사람들을 비롯해 대다수는 그들의 정의와 맞지 않았을 것이다. 펜실베이니아는 독일 출신 인구가 계속 늘어나자 "외국인들의 식민지가 되어가고 있다. 독일인의 수가 너무 많아 그들이 영국화되는 것이 아니라 머지않아 우리가 독일화될 판이다. 그들이 우리의 피부색을 가질 수 없듯이 그들은 우리의 언어나 관습을 취하지 않을 것이다."⁴¹ 미국 독립전쟁이 일어나기 25년 전에 벤저민 프랭클린Benjamin Franklin은 그렇게 말했다.

결국 지배 카스트들은 이민법과 결혼법을 통해 서열에 넣을 사람과 배제할 사람을 정했다. 그러다 보니 지배 카스트의 정의를 계속 바꿔야 했다. 법률학자인 레이먼드 T. 다이아몬드Raymond T. Diamond와 로버트 J. 코트롤Robert J. Cottrol은 법이 분류하지 못한 것을 법으로 나눌 수는 없었다고 썼다. "카스트 체제를 법으로 규정하려면 카스트 자격 규정을 최소화해야 했다."⁴²

1790년에 의회는 처음으로 법령에 따라 미국 시민권을 백인 이민자, 즉 '자유 백인'으로 제한했다. 그러나 '백인성'에 관해선 아직 확실하게 정해진 것이 없었다. 19세기 중반에 독일에서 이주해 온 사람들과 기근을 피해 아일랜드에서 건너온 사람들이 수백만 명에 달했기 때문이다. 대서양 양쪽의 백인 우월주의자들은, 19세기 아리아인의 우월성을 주장했던 아르튀르 드 고비노Arthur de Gobineau의 유명한 말처럼 "옛 시절 유럽에서 가장 퇴락한 인종들"⁴³이 넘치는 나라의 앞날을 걱정했다. "그들은 아일랜드계인, 독일과 프랑스 혼혈, 근본이 더욱 의심스러운 이탈리아인 등 고금을 막론하고 두말할 필요도 없는 인간 잡동사니들이다."

미국에서 앵글로색슨이 아닌 사람은 누구나 인간 '공해' 취급을 받고 아래 계급 어딘가로 떨어졌다. 작전 지역에서 측면 방어에 주력하는 야전사령관처럼 지배 카스트들은 20세기로 바뀌는 시점을 전후로 가장 엄격한 이민 금지법 2개를 들고 나와 새로운 이민자들의 유입을 막기 위해 싸웠다.

미국은 1882년에 중국인 배척법Chinese Exclusion Acts을 제정해 서부로 밀려오는 중국인들의 유입을 막으려 했다. 그다음 그들의 화살이 향한 곳은 유럽 남부와 동부에서 들어오는 이민자였다. 전 버지니아 주지사의 표현에 따르면 그들은 불량배이자 인간쓰레기들[44]로, 범죄와 질병을 들여와 미국 고유의 백인 혈통을 오염시키는 자들이었다. 의회는 몇몇 전문기관에 의뢰해 이들로 인한 위기를 분석했다. 딜링햄 보고서Dillingham Report로 알려진 영향력 있는 문서와 하원의 이민귀화위원회House Committee on Immigration and Naturalization는 인구를 더욱 철저히 관리하려는 당국에 발맞춰 청문회를 소집했다. "이 나라의 도덕성은 허약해졌고 그 대단했던 생명력은 파도처럼 밀려드는 이 동양의 쓰레기들로 인해 오염되었습니다."[45] 펜실베이니아 해리스버그 출신의 목사 M. D. 리칠리터M. D. Lichliter는 1910년 위원회에 증인으로 나와 말했다. "기품 있는 우리 앵글로색슨의 특징은 무슨 일이 있어도 보존되어야 합니다. 다른 인종과 섞이지 않은, 아리안 조상으로부터 물려받은 깨끗한 피가 이베리아 인종과 섞이는 일이 있어서는 안 됩니다." 이베리아인은 우생학 시대에 남부 이탈리아인들을 가리키는 말이었다.

이런 연구 결과는 1924년 이민법의 초석이 되었다. 이 법에 따라 폴란드인, 유대인, 그리스인, 이탈리아인과 그 밖의 서유럽 이외 지역 사람들의 대규모 유입 전인 1890년 조사 인구를 기준 삼아 이민 쿼터제가 시행되었다. 그때는 이들의 지위가 계속 논란이었기 때문에 완벽한 '백인'임을 입증하는 자격증이 늘 주어질 정도로 법의 허용 범위가 넓지는 않았다. 1903년 루이지애나주는 대통령 예비선거 때 이탈리아 유권자들을 '백인'에서 배제하려 했다. 그보다 10년쯤 앞선 1891년 뉴올리언스에서는 경찰서장이 암살된 후 이탈리아 이민자 11명이 목숨을 잃는, 미국 역사상 가장 큰 집단 린치 사건이 일어났다. 유력한 용의자로 이탈리아 이민자들이 지목되었기 때문이다. 린치가 자행된 이후에도 수백 명이 추가로 검거되었다. 린치를 주도한 사람 중 하나였던 존 M. 파커John M. Parker는 후에 이탈리아인들을 가리켜 이렇게 말했다. "습성도 나쁘고 법도 안 지키고 배신을 밥 먹듯 하는 등 못된 면을 따지자면 솔직히 흑인들보다 조금 더 나쁘다."[46] 그는 이후에 루이지애나 주지사로 선출되었다.

1922년에 앨라배마에서 짐 롤린스Jim Rollins라는 흑인 남성이 기소되었다. 이디스 라부Edith Labue라는 백인 여성과 결혼하여 살고 있다는 이유였다. 그러나 이 여성이 시칠리아 출신이라는 사실을 확인한 판사는 그녀를 백인이라고 할 만한 "유력한 증거가 없다"며 사건을 기각했다.[47] 백인이라고 볼 만한 결정적 근거를 찾기 어려웠기 때문에, 린치를 당하고도 남았을 흑인 남성을 석방하는 이례적인 조치가 취해진 것이었다.

백인·흑인에 대해 확실한 정의를 가진 지역도 있었지만, 아직 검토 중이거나 고심하는 지역도 있었다. 아칸소주는 처음에 니그로를 "아프리카 혈통임이 외모에서 드러나거나 아프리카인의 피가 섞였다는 사실이 뚜렷한 자"로 정의했다.[48] 이후 1911년 아칸소는 인종 간 성관계를 중범죄로 정하면서 "조금이라도 흑인의 피가 (…)

섞인 자"로 정의를 바꾸었다. 앨라배마주는 인종 간 결혼 금지령에서 흑인을 "흑인의 피가 한 방울이라도" 섞인 자로 규정했다. 오리건주는 백인이 아닌 자를 "니그로의 피가 4분의 1 이상 섞인 자, 니그로의 피가 4분의 1 이상 섞인 중국인이나 그 밖의 인종, 인디언의 피가 2분의 1 이상 섞인 중국인이나 카나카(하와이 및 남양군도의 원주민)"로 정의했다. 노스캐롤라이나주는 "흑인 또는 인디언 후손 3대를 포함하는" 사람과 백인 간의 결혼을 금지했다. 조지아주는 백인을 "흑인, 아프리카, 서인도제도, 아시아의 피가 섞인 흔적이 전혀 없는" 사람으로 정의했다.

　루이지애나는 1983년까지만 해도 "흑인의 피가 32분의 1 이상"이라는 경계를 법으로 명시했다. 루이지애나 문화의 특이성은 아프리카 "피"의 추정 비율을 기준으로 하위 캐스트를 다양하게 분류한다는 점에서 인도의 마누 법전과 조금도 다를 바가 없었다. 그리프griffe(4분의 3이 흑인), 매러본marabon(8분의 5가 흑인), 뮬라토mulatto(2분의 1이 흑인), 쿼드룬quadroon(4분의 1), 옥타룬octaroon(8분의 1), 섹스타룬sextaroon(16분의 1), 데미-미아멀루크demi-meamelouc(32분의 1), 상멜리sangmelee(64분의 1)가 그들이었다. 현재 코카서스인으로 분류된 미국인들 중 위에 해당사항이 없다고 장담할 수 있는 사람은 많지 않다. 이 범주들은 지배 카스트가 인종과 카스트의 순수성에 얼마나 집착했는지 잘 보여주는 사례다.

　버지니아는 한술 더 떠 1924년에 소위 인종순혈법Racial Integrity Act을 통과시켰다. 그 법에서는 인종 간 결혼 금지 외에, 백인을 "코카서스인이 아닌 피의 흔적이 전혀 없는 사람"으로 규정까지 해놓았다.[49] 이를 보고 다이아몬드와 코트롤은 "'흔적의 정도'는 흑인으로 보이지 않는 흑인에게도 분수를 알게 만들기 위함"이라고 썼다. "가능한 한 먼 옛날 조상까지 흑인의 흔적을 추적하는 것은 카스트 체제가 원활히 기능하는 데 필요한 전제조건이었다."[50]

하얀 텐트 아래의 사람들

미국의 카스트 체제에서 백인의 정의를 충족시키 기만 하면 이 땅과 이 땅에 사는 모든 사람을 지배할 수 있다는 꿈 이 생기자, 사람들은 맨 위 칸을 차지하기 위해 미친 경쟁을 벌였 다. 1905년에 플로리다의 이버시티가 전차에서 흑백 좌석을 분리 하기 시작했을 때, 신분이 애매한 쿠바인들은 백인 구역에 앉을 수 있다는 얘기를 듣고 크게 안도했다.[51]

하얀 텐트 안에 들어가면 완전한 시민권을 보상으로 받았고, 높 은 지위에 오른다면, 재능이 허락한다면 이 나라에서 제공하는 최 고의 것들을 손에 넣을 수 있었다. 하다못해 일상에서 하위 카스트 에게 유세라도 떨 수 있었다. 카스트 체제가 양분된 탓에 백인들의 지분은 높아졌고, 그로 인해 법원에 제출된 소송인 명부는 상위 카 스트에 들어가려는 경계선상의 사람들로 가득 찼다.

일본 이민자인 다카오 오자와Takao Ozawa는 미국에서 20년 넘게 살고 있었다. 그는 웬만한 '백인들'보다 피부가 하얗기에 백인 자격 을 갖추었으므로, 따라서 시민권을 받아야 한다며 소송을 제기했 다. 내가 백인과 무엇이 다른가? 그는 그렇게 주장했다. 피부가 하 얀데 왜 백인이 아니란 말인가? 실제로 피부가 하얀 사람이 백인이

166

아니면 누가 백인인가? 백인의 의미가 무엇인가?

이 사건은 미국 대법원까지 갔다. 1922년 법원은 만장일치로 백인은 피부색이 아니라 '코카서스인'을 의미하며, 일본인은 코카서스인이 아니라고 판결했다. 그러나 미국에 있는 백인 중에 러시아 코카서스 산맥에 거주한 조상을 가진 백인들은 거의 없었고, 있다고 해도 그들 역시 그 축에 끼지 못했다. 판결 이후 일본 이민자들의 편을 든 한 신문은 판결을 조롱했다. "우리 신문은 백인을 '우수한 인종'으로 생각하지 않았기에 '일본인은 자유 백인이 아니다'라는 고위 법원의 판결을 '다행으로' 생각한다."[52]

몇 달 후 인도의 지배 카스트 출신인 한 이민자는 그가 제기한 시민권 소송이 대법원까지 갔을 때, 미국에서 자신과 대등한 지위를 가진 사람들과의 공통점을 명분으로 내세웠다. 바가트 싱 신드 Bhagat Singh Thind는 자신이 코카서스인이며, 잘 알려진 대로 아리아인은 남쪽으로 내려가 인도에 정착해 그 나라의 상위 카스트를 형성했으므로 사실 그는 유럽인과 같은 혈통이라고 주장했다. 자신이 코카서스인이라는 그의 말은 정당한 주장 같았다. 사실 코카서스 산맥은 이란 옆에 있어 서유럽보다는 이웃한 인도에 더 가까웠다.

그러나 법원은 신드의 주장을 인정하지 않고 시민권 신청을 기각했다. "피부가 흰 스칸디나비아인과 피부가 갈색인 힌두인도 고대로 거슬러 가면 어렴풋이 조상이 겹치는 흔적을 찾을 수 있을지 모른다."[53] 법원은 기각 사유로 이렇게 덧붙였다. "그러나 보통 사람들은 오늘날 그들 사이에 명백하고도 중대한 차이가 있다는 사실을 정확히 알고 있다." 이 같은 결정은 시민권을 받고자 했던 아시아인들에게는 가슴 아픈 재앙이었다. 친유럽 정서가 고조되면서 정부는 이미 정착해 살던 아시아계 사람들의 귀화 시민권을 박탈하기 시작했다. 성인이 된 후 대부분의 세월을 미국에서 합법적으로 보낸 사람들이었다. 한참 뒤에 미국 남부와 멕시코의 국경을 넘은 이민자들에게도 같은 일이 반복된다.

이는 비극적인 결과를 초래할 만한 일이었다. 대법원이 인도인은 백인이 아니므로 시민권을 받을 자격이 없다고 판결할 당시, 인도 이민자인 바이슈노 다스 바가이Vaishno Das Bagai는 8년째 미국에 살고 있었다. 그는 아내와 3명의 자식이 있었고 샌프란시스코 필모어 스트리트에 잡화점도 소유하고 있었다. 그는 평소에 스리피스 수트를 입고 짧은 머리에 옆 가르마를 타고 다녔다. 바가이는 비백인 이민자 단속에 걸려 시민권을 잃었다. 동시에 자신의 사업체도 빼앗겼다. 캘리포니아 법이 시민권자가 아닌 사람들의 경제적 권리를 제한해서다. 그는 인도로 돌아가려 했으나 여권을 빼앗겨 그마저도 불가능했고 결국 나라 없는 신세가 되고 말았다. 원래 고향과 멀리 떨어진 새 고향에서 거부당한 그는, 산호세에서 방을 하나 빌려 가스를 틀고 스스로 목숨을 끊었다. 그는 유서에서 미국으로 건너오기 위해 바쳤던 모든 희생이 물거품이 되었다며 절망했다. "이쪽에는 장애물이 가로막고, 저쪽엔 바리케이드가 버티고 있고, 등 뒤에 있던 다리는 불타버렸다."[54]

경계선에 선 신청자가 어떤 길을 택하든, 카스트 체제는 상위 카스트의 순수성을 유지하기 위해 자기 방식대로 변신을 거듭했다. 순수성이라는 환상을 지탱하는 실은 가늘어지고 풀어져 해져 있었다. 일본의 한 소설가는 일본인 오하라Ohara와 아일랜드인 오하라O'Hara의 시민권을 놓고 가부를 가리는 것은 아포스트로피 하나

뿐이라고 꼬집었다.[55] 이는 카스트라는 인위적인 분류와 이를 지탱하는 순수성, 오염에 대한 인식이 터무니없이 불합리할 뿐 아니라 정확하지도 않다는 사실을 여실히 드러내는 사건들이었다. 또한 카스트 제도의 취지와 모순인 증거에 정면으로 저항하는 사건으로, 논리적 공격에도 아랑곳하지 않고 한 치도 양보하지 않으려는 카스트 체제의 경직성을 폭로했다.

어차피 바닥은 너네야

중간 카스트는 사다리 위 칸으로 오르기 위해 갖가지 압박을 가했지만, 주변을 "오염시키는" 최하위 카스트를 배척하는 분위기는 조금도 달라지지 않았다. 아프리카계 미국인들은 시민이 아닐 뿐 아니라 인도의 달리트와 마찬가지로 사회 계약에서 밀려난 처지였다. 중간 카스트와 달리 달리트는 그들로 인해 주변이 더러워진다는 비난을 매일 받아야 했다. 달리트는 인도의 지배 카스트와 같은 컵으로 물을 마실 수 없었다. 상위 카스트와 같은 마을에 살 수 없었고, 상위 카스트 가정의 정문을 통과할 수도 없었다. 아프리카계 미국인들도 마찬가지였다. 남부에 사는 아프리카계 미국인들은 백인이 사용하는 시설에 접근할 때면 옆문이나 뒷문을 이용해야 했다. 미국 전역에 적용되었던 일몰법은 해가 진 뒤에는 백인 마을이나 백인 동네에 흑인들이 눈에 띄면 안 된다는 규정이었다. 이를 어기면 폭행이나 린치를 각오해야 했다. 북부의 술집이나 식당에서는 흑인이 자리에 앉아 식사하는 것을 허락했지만, 바

텐더는 가끔 흑인 단골손님이 방금 입을 댔던 잔을 들어 깨뜨리는 쇼를 벌였다. 잔 깨지는 소리가 날 때마다 손님들은 고개를 돌려 누가 감히 상위 카스트의 심기를 건드렸는지 확인하곤 했다.

불가촉천민은 힌두교 사원에 들어갈 수 없었고, 미국의 흑인 몰몬교도는 그들이 믿는 종교의 성전에 들어갈 수 없었으며 1978년까지는 성직자도 될 수 없었다.[56] 불가촉천민이 산스크리트어와 신성한 글을 배울 수 없었던 것처럼, 노예가 된 흑인들도 책을 읽거나 글을 배우는 것 자체가 금기사항이었다. 남부 교회에서 흑인 신도들은 위층이나 뒷줄에 앉았으며, 백인들이 그것조차 싫어하면 흑인들은 밖에서 창과 문으로 새어 나오는 복음을 들었다.[57] 지금도 일요일 아침은 미국에서 인종차별이 가장 두드러지는 시간이다.

민권 운동 시대로 접어든 뒤에도 오랫동안 카스트 체제는 남부 지역 대중의 일상 활동에서 아프리카계 미국인을 배제했다. 사실 그들은 대부분 남부에서 살았다. 그들은 마을에 서커스단이 온다거나 정치 집회가 열린다는 공고가 붙어도 모른 척해야 한다는 걸 알고 있었다. 그들에게는 그림의 떡이었다. 역사학자 데이비드 R. 로디거David R. Roediger에 따르면 그들은 정치적 통일체를 오염시키는 존재라는 이유로 독립기념일 퍼레이드에서 쫓겨났다고 한다.[58] 식민지 행정관이자 역사가인 W. W. 헌터W. W. Hunter는 인도의 최하위 카스트에 대해 이렇게 썼다. "그들은 위대한 국가적 추모행사나 그에 따르는 축제에 참석하는 것이 허용되지 않았다."[59] 이는 아프리카계 미국인들에게도 그대로 적용되었다. "그들은 결코 노예 상태를 벗어날 수 없었다. 들판에서 가장 힘든 일은 그들의 몫이었다."

이러한 배척은 배척 자체를 정당화하는 데 활용되었다. 그들의 퇴락한 지위는 그들의 퇴락을 정당화했다. 가장 천박하고 가장 더러운 일을 한다는 이유로 그들은 천박하고 더러운 존재로 취급받았다. 카스트 체제에 속한 사람들은 모두 그들의 퇴락이 던지는 메시지에 세뇌되었다. 그 부담은 최하위 카스트에게 고스란히 돌아가, 백인과 접촉할 때마다 그들은 지배 카스트의 편의에 맞게 적응해야 했다. 19세기에 용케 건축가가 된 한 아프리카계 미국인 남성은 건축 설계도 위아래를 거꾸로 놓고 보는 훈련을 해야 했다고 학자 찰스 W. 밀스Charles W. Mills는 썼다.[60] "백인 고객들이 책상에서 자신과 같은 쪽에 앉는 것을 불편해하기 때문이었다."

20세기에 들어선 뒤에도 오랫동안, 흑인들이 규칙을 위반할 때마다 지배 카스트들은 펄쩍 뛰었다. 민권운동 시대 미시시피의 어떤 백인 엄마는 어느 날 기겁한 채로 마당에 있던 어린 딸을 낚아채 부엌 싱크대로 데려갔다. 그녀는 딸을 끌어안고 수세미로 작은 손을 박박 문질렀다. 딸이 마당에서 일하던 흑인 소녀의 손을 만졌기 때문이었다. 어머니는 딸에게 다시는 그 아이의 손을 만지지 말라고 말했지만 '손'이라는 단어를 쓰지는 않았다. "더러워. 거기엔 세균이 있단 말이야."[61] 엄마가 너무 화를 낸 탓에 아이는 놀라 싱크대에서 울음을 터뜨렸다. 흑인을 건드리는 것은 절대 어겨서는 안 될 금기였다. 1970년대까지 남부의 백인들은 대부분 흑인과 악수조차 하지 않았다.

대공황 시기에 남부에서 자란 젊은 지배 카스트 남성은, 어려서부터 카스트 체제의 규칙을 배우고 지킬 만큼 지켰다. 20세기 중반에 북부로 가서 군에 입대한 그는 어렸을 때부터 들었던 근거 없는 이야기들로 인해 혼자 갈등을 겪어야 했다. "망상에서 해방되는 순간 이무깃돌 같은 것들이 튀어나온다."[62] 그는 그렇게 말했다. 북쪽에 와보니 흑인과 같은 환경에서 작업하게 되는 경우가 종종 있었다. "나는 정서적으로나 지적으로 완전히 준비가 되었다고 나름대로 생각하고 있었다." 잡지 〈룩Look〉의 편집자였던 그는 몇 년 뒤에 그렇게 회상했다.

하지만 그는 자신이 스스로 만든 조건에 포로가 되어 있다는 사실을 깨달았다. 광기라고 해도 할 말이 없는 그런 조건이었다. 흑인과 악수해야 할 때마다 거의 반사적으로 혐오감이 고개를 들었다. 그렇게 단련되었기 때문에 어쩔 수 없었다. 어렸을 때 흑인 아주머니가 몸을 씻겨주고, 비스킷을 만들기 위해 손으로 밀가루를 반죽하고, 노예들이 일을 하느라 자신을 건드려도 전혀 거부감을 느끼지 않았음에도, 막상 악수할 때에는 움찔했다. 아무리 봐도 다를 게 없는 손이지만. 그는 고백한다. "흑인들과 악수할 때마다 손을 씻고 싶은 충동을 느꼈다. 모든 이성적인 동기, 스스로 가장 괜찮다고 생각하는 모든 동기를 끌어내어 그런 충동을 물리치려 했다. 그러나 검은 피부에 닿은 그 손은 자기만의 의지가 있어, 깨끗하지 않다는 신호를 좀처럼 저버리지 않았다. 그래서 광기라고 한 것이다."

기둥 5

노동의 머드실

.

집을 지을 때 들어가는 부재 중 가장 중요한 골조는 기초를 고정하기 위해 끼워 박는 첫 번째 목조 빔이다. 머드실 mudsill(토대)이라고 불리는 이 빔은 집의 기단과 나란히 놓이는 수평부재로, 위에 놓이는 전체 구조물의 무게를 지탱한다. 샛기둥과 애벌 바닥, 천장과 창문, 문과 지붕, 그 밖의 집을 구성하는 모든 부재가 이 머드실 위에 올라간다. 카스트 체제의 머드실은 하위 카스트로, 그 위에 올라가는 다른 모든 카스트가 의지하는 기초다.

1858년 3월 남부의 한 정치인이 미 상원 원내에서 아주 중요한 원칙을 선언했다. "모든 사회 제도에는 비천한 임무와 일상의 고된 일을 수행할 계급이 있어야 합니다." 사우스캐롤라이나주 상원의원 제임스 헨리 해먼드 James Henry Hammond는 동료 의원들에게 그렇게 말했다.[63] "그들은 꼭 필요한 계급이지만, 그들에게 지적 수준이나 기술은 그다지 필요하지 않습니다. 그들에게 필요한 것은 체력과 온순함과 성실함입니다. 그런 계급을 두어야 합니다. (…) 그들이 바로 이 사회의 머드실입니다." 그는 자신이 남부가 가진 노련함을 대신 보여주기라도 한 듯 한껏 우쭐했다. 남부는 "그런 목적에 맞는 인종을 찾았습니다. (…) 우리가 소유하고 있는 노예는 흑인이며 우리와는 별개인 열등한 인종입니다. 우리가 그들에게 부여한 신분은 그들로서는 일종의 출세인 셈입니다. 그들은 우리의 노예가 된 덕에 하나님이 그들을 처음 창조할 때 부여한 처지에서 출세할 수 있었습니다."

해먼드는 농장을 여러 개 소유하며 300명이 넘는 사람들을 부리고 있었다. 이는 모두 사우스캐롤라이나의 부유한 지주의, 수수하고 아무것도 모르는 어린 딸과 결혼해서 얻은 재산이었다. 그는 주지사가 되었고 남북전쟁 이전에 남부의 주요 인사로 부상했다. 이 연설을 하기 훨씬 전에, 그는 상원 의원으로 가는 출세의 길을 닦으려 온갖 볼썽사나운 짓을 저질렀다. 이를 보고 어떤 학자는 그를 가리켜 "괴물이나 다를 게 없는 인간"이라고 혀를 내둘렀다.[64] 그는 자신이 노예로 삼은 여성 중 최소 2명을 상습적으로 성폭행했던 사실이 알려졌는데, 심지어 그중 하나는 다른 노예 여성에게서 낳은 자신의 딸이라는 말도 있었다.

정치 경력이 단절될 뻔한 적도 있었다. 어린 조카 4명을 성적으로 학대했다는 사실이 알려졌기 때문이었다. 조카들의 삶은 너무 피폐해진 나머지 성인이 된 후 아무도 결혼하지 않았다. 그는 일기에서 조카들 이야기를 보란 듯이 언급하면서 그런 '통정'을 그들의 탓으로 돌렸다.[65] 그의 아내는 몇 가지 이유로 아이들을 데리고 그의 곁을 떠났지만 나중에는 돌아갔다. 이런 불미스러운 평판에도 굴하지 않고 그는 결국 미국 상원의원으로 선출되었다.

그러나 정작 그를 유명하게 만든 것은 남부가 만든 위계 구조의 핵심을 짚은 연설이었다. 그가 말한 위계는 전국으로 확대되어, 머드실을 기반으로 한 구조물로 자리 잡았다. 이렇게 그는 카스트의 다섯 번째 기둥, 위계에 따른 노동 분업의 의미를 명확하게 규정했다. 그는 위계 구조 확립의 경제적 목적부터 밝혔다. 사회가 제 기능을 하려면 꼭 해야 할 일이 있으며, 싫든 좋든 누군가는 그 일을 맡아 처리해야 한다. 이때 그 누군가는 바로 머드실로 태어난, 냉대받아 마땅한 사람들이라는 것이었다.

인도의 카스트에는 훨씬 정교한 위계인 서브카스트subcaste(각 카스트 내에서 다시 분류되는 하위 카스트), 즉 자티가 있었다. 사람들은 자티에 따라 화장실 청소부부터 사원의 성직자까지 그 가족이 수행하는 직업이 결정되었다. 쓰레기를 수거하거나, 동물의 가죽을 태우거나, 죽은 사람을 처리하는 집안에서 태어난 사람은 아주 심하게 오염된, 낮은 위계에 있는 인간으로 취급받았다. 날 때부터 그들의 몫으로 정해진 일은, 꼭 해야 하는 일이었지만 다들 하기 싫어했고, 또 해도 표가 나지 않는 일이었다.

마찬가지로 아프리카계 미국인들은 이 땅에서의 세월 대부분을 가장 더럽고 비천하며 아무도 하고 싶지 않은 일을 숙명처럼 떠안아야 했다. 노예로 지낼 때나 20세기에 들어와서도 그들은 기껏해야 소작인이나 하인 노릇을 하며 집안일, 잔디 깎는 일, 운전기사, 수위 같은 일로 생계를 유지했다. 교육을 받은 사람들이라 해도 바랄 수 있는 직업 중에 그나마 나은 것은 하위 카스트 사람들을 상대로 가르치고 목회를 하고 건강을 보살피고 죽은 사람을 매장하는 정도의 일이었다. "두 나라 모두 심각한 직업적 박탈감이 있다."[66] 1971년에 인도와 미국을 비교 연구한 시드니 베르바Sidney Verba와 바시루딘 아메드Bashiruddin Ahmed와 아닐 바트Anil Bhatt는 정도로 보면 거의 비슷한 수준의 박탈감이라고 적었다.

남북전쟁 직후 사우스캐롤라이나는 흑인들이 농사일이나 가사일 외에 다른 노동을 하지 못하도록 규정하여 그들의 지위를 확실하게 못 박았다. 입법부도 포고령을 내렸다. "관할 법원의 판사가 따로 면허를 발급하지 않는 한 유색인은 누구도 직공이나 기술자가 될 수 없고, 상점 등의 매매업이나 인력 사업이나 기업(경작 사업이나 노동계약에 따른 하인은 제외)을 자신의 명의로 자신의 이익을 위해 추구하거나 개업할 수 없다. 면허의 유효기간은 1년으로 한정한다."[67] 면허 청구 비용은 연간 100달러로 일부러 터무니없이 높게 잡았다. 이는 2018년 기준으로 1500달러에 해당하는 액수다. 지배 카스트에게는 그런 돈을 요구하지 않았다. 지배 카스트는 250년 동안 노예가 되어본 적이 없지만, 그들이 구직에 그 돈을 들였다면 더 좋은 일자리를 얻을 수 있었을 것이다.

북부가 옛 남부 연방을 장악했던 10년의 남부 재건 기간에 이 법은 명목상 효력을 잃었다. 하지만 북부가 물러나고 노예 주인들이 다시 정권을 잡자, 법은 사람들의 마음과 관습에서 다시 살아나 남북전쟁 패배의 분풀이로 사용되었다. 노스캐롤라이나에서 노예제가 존속한 기간과 소작 시대에 접어들기까지 최하층 카스트 사람들은 어떤 종류의 상품도 팔거나 거래할 수 없었고 이를 어기면

39대의 채찍질을 당해야 했다.[68] 그들은 농사로 돈을 벌 방법이 없었기에 경제적으로 지배 카스트에 의존할 수밖에 없었다. 학자 에드워드 로이터Edward Reuter는 노예제에 자연스레 따라붙는 카스트 질서는 흑인을 백인의 일꾼이자 하인으로 규정했다고 말한다. "직업 선택의 범위는 좁았고 육체노동의 궤도 밖에 있는 직업들은 흑인들에게 좀처럼 문호를 개방하지 않았다."[69]

남부는 흑인들이 자신에게 할당된 지위보다 더 높은 곳으로 갈 수 있는 모든 경로를 폐쇄했다. "흑인이 쟁기질이나 요리 등, 하인으로서의 일 이상을 꿈꾸게 하는 것은 무엇이 됐든 흑인에게는 가장 좋지 않은 결과를 가져다줄 것이다." 미시시피 주지사 제임스 K. 바더맨James K. Vardaman은 그렇게 겁박했다. "전능하신 하나님은 흑인을 종살이나 하도록 만드셨다. 그것 외에는 그들에게 따로 어울리는 일이 없다."[70]

남북전쟁 이후 사람들은 제1차 세계대전을 계기로 시작된 흑인 대이동의 물결을 타고 북으로 갔다. 그들은 남부에선 벗어났지만 그들의 카스트까지 벗어던질 수는 없다는 걸 깨달았다. 그들은 북부에서도 가장 밑바닥으로 들어갔다. 그들의 처지는 남유럽과 동유럽 출신들보다 아래였다. 남유럽과 동유럽에서 온 사람들은 영어를 못 해도 노동조합에 가입할 수 있었고, 좀 더 살기 편한 동네에 자리를 잡을 수 있었다. 반면에 자신의 노동력으로 황무지를 개간하고 이 나라를 부강하게 만든 아프리카계 시민들은 그런 동네나 노조에 들어갈 수 없었다.[71] 연방법에는 인종을 빌미로 직업을 제한하는 조항이 없었지만, 남부의 법령과 북부의 관습은 하위 카스트 사람들이 제자리를 벗어나려는 시도 자체를 불가능하게 만들었다.

북부 산업은 아프리카계 미국인들을 소위 '용역 업체 직원' 정도로 고용했고, 노조는 백인들을 위해 따로 남겨둔 모든 직종에 흑인들이 발을 들여놓지 못하게 막았다. 검열관들은 흑인 기술자들이 수행한 전기 작업은 승인해 주지 않았다. 밀워키의 한 공장은 일자리를 찾는 흑인들의 간절한 청을 외면했다. 뉴욕과 필라델피아에서 흑인들은 오랫동안 마부 면허를 받을 수 없었다. "그에게는 형편을 개선할 만한 길이 완전히 막혀 있었다."[72] 노예제와 그 이후의 역사, 하위 카스트 남성들의 운명을 소재로 작품을 쓴 윌리엄 A. 싱클레어William A. Sinclair는 그렇게 썼다.

예외도 있었다. 일부 엄선된 노예들은 목수나 대장장이로 일하거나 대형 플랜테이션에서 일할 수 있었다. W. 로이드 워너와 앨리슨 데이비스는 카스트 안에 다시 수천 개의 카스트가 있는 인도에서도 4대 바르나에 "오직 하나의 카스트만 맡을 수 있는 직업은 없다"라고 썼다.[73] "이론적으로 카스트는 직업을 전문화할 것을 요구하지만, 카스트 중에서도 가장 이상적인 조직이라는 브라만조차도 실제로는 매우 다양한 직업을 가지고 있다." 프랑스의 인류학자이자 철학자인 셀레스탱 부글레Célestin Bouglé는 인도 카스트 체제에서 상인은 6개의 카스트, 필경사는 3개, 농부는 40개, 직공은 24개, 양치기와 사냥꾼은 9개, 어부와 선원은 14개, 다양한 종류의 장인과 목수와 금세공사와 도공은 12개, 직조공은 13개, 양조업자는 13개, 가정부는 12개의 카스트가 맡았다고 썼다.[74]

한때 미국의 카스트 경계는 인도보다 훨씬 더 엄격했던 것 같다. 사회학자 스티븐 스타인버그는 1980년에 "흑인 남성의 85퍼센트, 흑인 여성의 96퍼센트는 농사 아니면 가정이나 개인을 위한 서

비스 노동, 단 2개의 직업군에 고용되었다고 밝힌다.[75] 40년 후 대공황이 시작되고 아프리카계 미국인들이 북부 도시로 이주할 당시, 가장 낮은 노동 계급을 차지한 흑인 비율은 그대로였으며 절반 가까이는 강한 허리 힘을 요구하는 육체노동에만 매달리고 있었다. 화이트칼라 노동자로 등록된 흑인은 5퍼센트뿐이었다. 그마저도 대부분은 흑인들만 상대하는 목사, 교사, 중소기업 소유주들이었다.

북부, 남부 모두 아프리카계 미국인들의 지위는 다들 잘 알고 있었기에, 지배 카스트 사람들은 자기보다 지위가 낮은 사람의 일을 하지 않으려 했다. 1810년대 미국을 여행한 어떤 영국 관광객은, 미국에 사는 백인들은 흑인들 일이 따로 있는 줄 안다고 꼬집었다. 역사학자 데이비드 R. 로디거는 오하이오에 사는 백인 빈민들이 '노예로 보일까' 두려워 자신이 쓸 물도 긷지 않았다고 했다.[76] 애초에 미천한 노동이라 하면 흑인을 연상했기에 미국인의 머릿속에서 흑인들은 더욱 굴종적인 존재로 굳어졌다. 그들은 그런 일을 할 수밖에 없다는 이유로 꼼짝없이 벌을 받았다. 그리고 그런 강제적 노동의 이미지는 그들이 바라는 자유의 의미까지 퇴색시켰다.

20세기에 카스트 체제의 형태가 바뀌면서, 지배 카스트들은 직업의 위계 구조를 강제하기 위해 더 정교한 방법을 찾아냈다. "백인과 유색인을 함께 고용해도 그들이 하는 일은 같지 않고 지위도 절대 동등하지 않다. 흑인이 백인보다 높은 직책을 맡는 일은 거의 없다. 게다가 흑인들은 낮은 직책을 면하기 어렵다. 어쩌다 승진해도 다른 흑인보다 나은 일을 하는 정도다. 아무리 일을 잘해도 승진을 자주 바랄 수는 없다."[77] 1930년대 역사학자 버트럼 도일은 흑인들의 지위가 태어나기 전에 이미 정해져 있었다고 썼다. "흑인은 기관차의 화부는 될지언정 기관사는 될 수 없다." 하위 카스트에 속한다는 건 단순히 특정 종류의 노동을 맡는다는 의미가 아니었다. 카스트는 지배와 복종을 의미했다. 도일은 다음과 같이 덧붙인다. "분업 노동에 두 인종이 고용되는 경우가 있다. 그때 미천한 일은 보통 흑인들의 몫이다. 흑인은 그 점을 살펴서 처신해야 한다."

1930년대에 한 흑인 남성이 좋아하는 여성의 집에 방문하러 마을 광장을 지나고 있었다. 그때 백인 남성들 몇 명이 다가오더니 "평일인데 너무 멋을 냈다"라며 당장 작업복을 구해 입으라고 윽박질렀다.[78] 노예제는 각 카스트가 수행해야 할 역할을 인위적으로 제한했다. 농사나 부엌일 외에 최하위 카스트에게 공공연하게 권하는 유일한 일은 예능 분야였다. 물론 그것도 그 세계에서는 예속적인 일 중 하나였다. 그것은 지배 카스트를 즐겁게 해준다는 카스트의 개념과도 잘 맞았다. 요구되었던 예능은 인간의 창의력보다는 동물적 본능을 기반으로 하는 저속함, 흑인들의 타고난 신체적 특징에 대한 선입견을 확인시켜 줄 뿐, 리더십이나 지성의 측면에서 지배 카스트의 우월성을 조금도 위협하지 않았다.

노예에게 공연을 지시하면 그들을 더욱 예속시킬 수 있었다. 흑인들은 방금 매질을 당했어도, 고된 일에 지쳤어도 시키면 노래해야 했다. 제대로 부르지 못하면 그 이상의 처벌을 각오해야 했다. 그렇게 억지로라도 분위기를 띄워놓으면 지배 카스트는 죄의식을 덜고, 노예들은 굴욕감을 느끼게 되어 지배층은 이중의 효과를 거둘 수 있었다. 쇠사슬에 묶여서도 행복한 표정이라면 누가 그들을 학대한다고 말하겠는가? 채찍을 통해 강요된 것이라 해도 흥겨움은 카스트 구조가 건실하다는 점을 확인시킨다. 모든 것이 다 잘 되고 있고, 모두가 현실을 받아들이고 있으며, 자신이 처한 지위까지 인정하게 만든다는 점에서 희화는 없어서는 안 될 요소였다. 그렇게 노예들은 자신의 퇴락한 처지를 수긍할 수밖에 없었고, 경매에서 배우자·자녀·부모와 헤어져도 노래하고 춤을 추었다. "모두가 유쾌하고 만족스러워 보이게 만들기 위한 수법이었다."[79] 남북전쟁 전에 노예상의 조수 노릇을 하며 인간 상품을 팔 수 있는 상태로 만드는 일을 했던 윌리엄 웰스 브라운William Wells Brown의 이야기다. "나는 그들의 뺨이 눈물로 젖었을 때에도 춤을 추게 했다."

아프리카계 미국인들은 억지로 떠맡은 역할과 이를 통해 닦은 재능을 발판으로 예능과 문화계에서 탁월한 존재로 거듭났다. 비록 인구 수에 비해 비율은 터무니없이 낮았지만 말이다. 20세기 초의 루이 암스트롱Louis Armstrong부터 무하마드 알리Muhammad Ali까지, 아프리카계 미국인들 중 가장 부유한 사람들은 대체로 연예인이나 운동선수였다. 2020년 기준 가장 부유한 아프리카계 미국인들 중 오프라 윈프리Oprah Winfrey, 제이 지Jay-Z, 마이클 조던Michael Jordan 등 상위 20명 중 17명은 연예계나 스포츠 분야에서 혁신과 탁월한 재능으로 부를 쌓은 이들이다.

예전부터 이들은 자신들을 위해 따로 마련된 분야를 장악했고 때로 유명해졌다. 하긴 그것도 잭 존슨Jack Johnson처럼 상위 카스트와 정면 대결하지 않았을 때의 이야기다. 1910년에 흑인 복서 잭 존슨은 예상을 깨고 백인인 제임스 제프리스James Jeffries를 쓰러뜨렸다. 제프리스는 은퇴한 복서였다. 하지만 작가 잭 런던Jack London은 인종 혐오가 극에 달한 분위기를 이용해 제프리스더러 은퇴를 번복하고 존슨과 맞붙어 그의 코를 납작하게 만들어 주라고 설득했다. 언론도 제프리스를 "위대한 백인의 희망"이라고 부르며 분위기를 띄웠다. 하필 독립기념일에 제프리스가 링에서 쓰러지자 백인들은 그의 패배를 자신들의 우월성에 대한 모욕으로 여겨 미국 전역에서 폭동을 일으켰다. 뉴욕시의 백인들은 11곳에서 폭동을 일으켜 흑인들이 사는 동네에 불을 지르고 패배에 대한 분풀이로 흑인 남성에게 린치를 가하려 했다. 메시지는 분명했다. 아무리 허락된 경기장이라도 흑인들은 주제를 알아야 한다는 경고였다.

수백 년 동안 노예로 살았던 사람들은 고된 밭일 외에도 주인의 기분에 따라 연기하거나, 놀이에 져주거나, 무도회에서 음악을 연주하는 등 비위를 맞추느라 바빴다. 인류학자인 W. 로이드 워너와 앨리슨 데이비스는 미국 문화에서 카스트 관계가 가진 역할에 대해 "천박하고 우스꽝스러운 짓은 백인과의 관계에서 흑인이 맡아야 할 중요한 역할이었다"라고 밝혔다.[80]

카스트 체제는 어수룩한 궁정 광대에 어울리는 '인종'이라는 신화를 유지하면서, 흑인들을 희화화하는 것으로 위안을 삼았다. 이는 타고난 낙천적 성격으로 개인적 고통을 감추는 인종이라는 신화였다. 이런 프레임은 백인들이 느끼는 양심의 가책을 덜고 잔학 행위를 정당화했다. 그래서 태운 코르크(눈썹을 그리거나 얼굴에 검은 칠을 할 때 사용한 분장 도구-옮긴이)칠을 한 백인 배우의 분장, 하위 카스트를 조롱하는 음유 시가는 노예제가 끝나고 짐 크로법이 강화되면서 인기 있는 오락물이 되었다. 21세기에도 백인들은 친목 모임이나 장기자랑이나 핼러윈 축제에서 이 오락을 계속했다.

흑인 연예인들은 오래전부터 보수를 받았지만 그들이 맡는 역은 기성 이미지에 부합하는 것들뿐이었다. 아프리카계 미국인으로 아카데미상을 처음 수상한 해티 맥대니얼Hattie McDaniel은 1939년 영화 〈바람과 함께 사라지다Gone with the Wind〉에서 이상적 여성의 표본인 스칼렛 오하라Scarlett O'Hara와 대비되는 인물로, 잔걱정이 많고 뚱뚱하며 성적 매력이라고는 조금도 찾아보기 힘든 매미Mammy 역을 맡았다. 매미는 자기 가족보다 백인 가족에 더 헌신적이고, 주인을 지키기 위해 흑인 군인과 싸우는 캐릭터였다.

이런 상징적 대비는 노예제를 다루는 영화들이 흔히 사용하는 기법이었지만, 사실 그것은 카스트라는 상상력이 만들어 낸 반反역사적인 허구였다. 노예제 치하의 흑인 여성들은 식량을 제대로 받지 못했기 때문에 대부분 홀쭉하고 수척했으며, 밭일에 더 쓸모가 있다고 여겼기 때문에 집안에서 일하는 경우는 거의 없었다. 그러나 지배 카스트들은 통통하고 명랑한 여종을 원했기에, 맥대니얼을 비롯한 그 시대의 흑인 여배우들은 그런 모습이 그들이 따낼 수 있는 유일한 배역임을 잘 알고 있었다.[81] 이들은 대부분 북부나 서부에서 자랐기 때문에 대본에서 요구하는 남부 흑인들의 토속어를 거의 알지 못했고, 그래서 호들갑을 떨며 우스꽝스럽게 말하는 법을 배워야 했다. 그게 할리우드 감독들이 생각하는 흑인 말투였기 때문이다.

이러한 조롱은 지배 카스트가 아프리카계 미국인의 퇴락을 여흥으로 삼았던 시절에, 노예제에 시달리던 그들을 함부로 욕보인 심각한 역사적 사실을 호도한다. 어느 날 사우스캐롤라이나의 두 대농장주가 농장에서 함께 식사하고 있었다. 두 사람은 노예들이 신앙을 가질 능력이 있는지를 두고 언쟁을 벌였다. 초대받은 농장주는 그럴 것 같지 않다고 말했다. 하지만 주인 농장주는 자신의 생각은 다르다며 말했다. "우리 노예 하나는 구세주를 부인하느니 차라리 죽는 것이 낫다고 하더군."[82] 그 손님은 주인을 비웃으며 한번 입증해 보라고 시비를 걸었다. 그래서 주인은 남자 노예를 불러 예수 그리스도에 대한 믿음을 포기하라고 명령했다. 그 노예는 그럴 수 없다며 용서를 구했다. 주인은 손님 농장주에게 자신이 옳다는 것을 입증하려 그에게 예수를 부인하라고 계속 다그쳤지만 노예는 신앙을 굽히지 않았다. 결국 주인은 자신의 말을 거역했다는 이유로 뼈가 부러질 때까지 채찍질을 해댔다. 신앙의 노예가 된 그 사나이는 결국 상처가 깊어 죽고 말았다.

제3제국의 병사들도 허약하거나 영양실조에 걸린 유대인 포로들을 놀잇감으로 삼았다. 작센하우젠의 사격장 건설을 감독하던 친위대 대장은 삽 하나를 땅에 박은 뒤 죄수들에게 곰처럼 폴짝 뛰며 삽 주위를 돌게 했다.[83] 그들 중 하나가 이를 거부하자 그 대장은 삽으로 그를 때려죽였다.

두 카스트는 사실 아무런 연관성이 없는 체제였지만 거기서 벌어진 이런 일들은 모두 지배 카스트가 피지배 카스트들의 생존에 대한 전권을 장악하고 있다는 사실을 상기시키기 위한 계산된 행동이고 제스처였다. 19세기 작가 윌리엄 구델은 상위 카스트들이 "인간의 영혼 그 자체에 대해 절대적 소유권을 주장했다"라고 썼다.[84]

기둥 6

인간성 말살

비인간화^{dehumanization}, 즉 인간성을 말살하는 작업은 내집단^{in-group}과 대비되는 외집단^{out-group}을 날조해 내는 기본 요소이자 기념비적인 과제다. 이는 진리와의 전쟁이며, 눈이 볼 수 있는 것과 마음이 느낄 수 있는 것과의 전쟁이다.

다른 사람의 인간성을 말살하는 행위는 단순히 그 사람을 인간이 아니라고 선포하는 것으로 그치지 않는다. 우연히 일어나지도 않는다. 이는 하나의 과정이고 프로그래밍이다. 같은 호모사피엔스에 속한 다른 사람에게 명백한 사실을 부정하려면, 이를 증명할 에너지와 그 에너지를 보강할 존재가 필요하다. 나와 마찬가지로 사랑하는 사람을 잃고 눈물을 훔치거나, 나와 마찬가지로 넘어져 고통스러워하거나, 나와 마찬가지로 뜻밖의 중의적 표현에 웃음을 터뜨리는 사람을 앞에 두고 그의 인간성을 말살하기는 어렵다. 개인적으로 알고 지내던 사람의 인간성을 말살하기는 더 어렵다. 권력을 탐하고 분열을 노리는 사람·집단이 굳이 한 개인을 비인간화하는 방식을 피하는 것은 바로 그 때문이다. 그보다는 하나의 집단 전체에 낙인을 찍고 오염의 치욕을 씌우는 것이 더 낫다.

집단을 비인간화하면 그 집단에 속한 개인까지 비인간화하기가 수월해진다. 특정 집단의 인간성을 말살하면 내가 선택한 집단으로부터 그들을 격리시킨다. 심지어 인간성을 말살하기로 마음먹은 표적 집단 안에서 자신의 생각과 직접 목격한 사실조차도 믿지 못하게끔 사람을 프로그래밍할 수 있다. 비인간화는 외집단을 내집단 사람들뿐만 아니라 그들의 인간성에서도 떼어놓는다. 이것은 체제에 있는 모든 사람을 집단적 사고의 노예로 만든다. 카스트 체제는 비인간화에 의존해 소외된 사람들을 인간의 규범 밖에 묶어놓고, 그들을 못살게 구는 행동을 타당한 일처럼 보이게 만든다.

나치 독일과 미국은, 그들의 외집단인 유대인과 아프리카계 미국인들을 이름도 얼굴도 없는 획일화된 대중으로 격하시켰다. 이들은 두 나라가 겪는 집단적 공포와 좌절의 충격을 흡수하는 완충장치였다. 독일은 제1차 세계대전의 패배로 겪은 수모와 경제적 빈곤의 책임을 유대인들에게 돌렸다. 미국은 갖가지 사회적 병폐의 원인을 아프리카계 미국인 탓으로 돌렸다. 두 나라 모두 획일적이고 불명예스러운 특성을 공유한다는 이유로 개개인을 싸잡아 같은 무리로 취급했다. 또한 앞으로 가해질 착취와 잔학 행위를 각오하고 받아들여야 하는, 흐릿하고 개성 없는 존재로 만들었다. 개인은 더 이상 개인이 아니었다. 개성은 지배 카스트나 부릴 수 있는 사치였다. 개성은 낙인찍힌 자들이 잃어버린 첫 번째 분실물이었다.

우리는 홀로코스트 시기에 놀랍도록 짧은 시간 동안 유대인 600만 명과 그 밖의 500만 명이 살해당한 사실을 알고 있다. 하지만 우리는 사람의 운명이 처참한 지경으로 치닫게 된 경위와, 제3제국의 강제수용소에 갇힌 수백만 명의 고통에 대해서는 아직 자세히 알지 못한다. 아울러 잔학 행위가 행해지기 이전에 있었던 비인간화 과정도 모른다. 인간성은 물론 그 내면에 있던 악과의 상호연관성도 잘 모르고 있다.

서로 다른 세기에 대양을 사이에 두고 각각 볼모로 잡혔던 유대인과 아프리카계 미국인들은 모두 목적의식이 분명한 인간성 말살 프로그램의 지배를 받았다. 강제수용소에 도착하기 무섭게 유대인들은 옷과 소지품 등 모든 것을 빼앗겼다. 구레나룻이나 콧수염이나 무성한 머리카락 같은 그들만의 상징적 특징도 한순간에 사라졌다. 그들은 이제 개인이 아니었고, 참작하거나 관여하거나 고려할 인격체도 아니었다.

아침저녁으로 행해지는 점호 시간에는 도주자가 없는지 수천 명을 일일이 확인하는 친위대 장교들의 서슬에 밤늦도록 몇 시간씩 서 있었다. 그들은 모두 줄무늬가 그어진 죄수복을 입었고, 모두 박박 밀린 민머리를 했으며 뺨이 움푹 들어간 채 혹한 속, 무더위 속에 초점 없는 눈으로 서 있었다. 그들은 저절로 한 덩어리가 되어 친위대 장교들이 거리 두기도 쉽고, 같은 인간이라는 감정도 느끼지 못하는 존재로 변해갔다. 사랑하는 아버지, 고집 센 조카, 자애로운 의사, 헌신적인 시계 제작자, 랍비, 피아노 조율사들은 동정심을 가질 만한 인간이 아니라 통제력을 행사할 수 있는, 내키는 대로 할 수 있는 완벽하게 획일적인 하나의 집단이 되었다. 그들은 더 이상 사람이 아니라 숫자였고, 목적을 위한 수단이었다.

미국 남부의 경매시장과 강제수용소에 도착한 아프리카인들은 부모가 지어준 이름을 빼앗기고 새 주인을 만난 개처럼 시저, 샘손, 드레드 같은 조롱 섞인 이름을 부르는 주인의 호출에 응해야 했다. 그들은 요루바나 아산테나 이그보 같은 부족의 일원으로 어부의 아들이나 마을 사제의 조카나 산파의 딸이었던 과거의 삶과 신분을 박탈당했다. 몇십 년 뒤 유대인들도 그들의 성과 이름을 빼앗기고 강제수용소에서 부여한 죄수 번호를 기억해야 했다. 1000년 전 인도의 불가촉천민들은 그들이 맡은 일로 구분 가능한 성을 받았기에, 자신을 밝힐 때마다 자신의 천한 처지를 드러내야 했다.

유럽의 중부와 동부, 미국 남부의 강제수용소에서 좀 더 현대적 구색을 갖춘 두 카스트 체제의 포획자들은 피둥피둥 살찐 체구로 볼모들에게 비인간적인 노동을 강요했다. 그러면서도 자신을 부유하게 만들어 주는 노예들에게는 죽지 않을 정도의 식량만 지급했다. 나치는 인간의 결핍을 과학적 측면에서 접근했다. 그들은 가령 나무를 베고 그루터기를 파내는 노동에 필요한 칼로리를 계산한 다음, 그보다 100~200 칼로리를 적게 먹였다. 비용을 절감하면서도, 지배 집단에 대항하기 힘들 만큼 허약하게 만들어 서서히 굶겨 죽이기 위한 수법이었다.

남부의 농장주들은 가장 힘든 노동을 맡은 아프리카 포로들에게 가장 적은 영양분을 공급했다. 단백질은 거의 공급받지 못했고, 그나마 먹는 것도 음식이라기보다는 사료에 가까웠으며, 일부는 포획자들의 갖가지 방종한 잔치판의 먹을거리를 지켜보는 고통을 견려야 했다. 그들은 철저한 감시를 받았고 포획자들의 기분에 따라 수시로 대우가 나빠졌다. 유대인들은 올이 성긴 죄수복을 받았는데 일부러 전부 너무 크거나 너무 작게 만든 것들이었다. 아프리카계 노예들의 옷 역시 올이 성긴 회색 천으로 만들었다. 이는 감자 자루 의 중간 정도 천으로, 죄수복과 마찬가지로 입을 사람의 신체 크기 를 고려하지 않고 만든 것이었다.[85]

무엇보다도 비인간화의 핵심은 표적이 된 자의 인간성을 강제 로 포기하게 만드는 것이었다. 이는 표현할 수 없을 정도로 잔인한, 업보를 빙자한 강도 행위였다. 피지배 카스트에게는 인간이라면 자 연스레 나오는 행동마저도 허용되지 않았다. 노예 시대에는 자녀· 아내·남편이 팔려가면 살아 있는 동안에 두 번 다시 볼 수 없고, 목 소리조차 들을 수 없어도 울음소리를 내면 안 되었다. 그들은 터무 니없는 요구를 강요받을 때에도 역시 인간으로서 당연한 반응 때 문에 벌을 받았다. 그들에게서 인간성의 참모습이 드러난다면, 이 는 지배 카스트가 늘 해왔던 주장에 대한 모욕이었다. 그들은 그들 이 인간이라는 이유로 벌을 받았다.

천한 신분으로 인해 박탈감을 겪었던 인도의 달리트는 목숨을 부지해보자고 식량을 훔쳤다가 죽도록 매를 맞는 경우가 많았다. 노예 시대의 아프리카계 미국인과 마찬가지로 달리트는 읽고 쓰는 법을 배우는 것 자체가 범죄여서 이를 어길 경우 혀를 잘라 내거나 녹인 납을 귀에 붓는 벌을 받았다.[86]

노예로 지내는 동안은 무임금으로, 20세기에 들어선 뒤에도 거 의 보수 없이 일하던 아프리카계 미국인들은 음식을 훔쳐서, 75센 트를 훔쳐서, 변명하거나 이의를 제기해서 채찍을 맞고 린치를 당했다. 나치 강제수용소에서 가장 잔인한 노동은 제빵소 사역 배정을 받는 일이었다.[87] 물에 불린 쐐기풀이나 비트 수프로 간신히 연명하던 죄수들은 주린 배를 움켜쥔 채 매일 친위대들이 먹을 빵과 페스트리를 반죽하고 구웠다. 모락모락 피어오르는 반죽 냄새가 오감을 자극했지만 빵부스러기 하나라도 슬쩍하는 날에는 매를 맞거나 그 이상의 벌을 각오해야 했다.

　미국의 노예 경매는 카스트 제조라는 비인간화 프로젝트에 잘 어울리는 구경거리였다. 이 나라의 가장 가치 있는 유동자산으로서, 땅과 단단한 인연을 맺고 있지만 땅보다 더 가치 있는 노예들은 생이별시키는 지배 카스트 판매자들에게 더 큰돈을 벌어주기 위해 명랑한 표정을 지어야 했다. 여자 노예는 사람들 앞에서 옷을 벗어야 했고, 치아나 손을 검사한답시고 들어오는 남자들의 거친 손길에도 몇 시간 동안 꼼짝 말고 시키는 대로 해야 했다. 그들의 몸은 그들의 것이 아니라 지배 카스트의 것이어서, 무슨 짓을 하든 감수할 수밖에 없었다. 경매에서는 어떤 질문을 받아도 웃으면서 명랑하게 답해야 했고 잘 팔리지 않으면 노예상에게 채찍 30대를 맞았다. "누가 말을 걸어오면 입가에 미소를 머금고 얼른 대답해야 한다."[88] 노예 시절에 어머니와 떨어져 다른 곳으로 팔려간 존 브라운John Brown은 이런 일을 여러 번 겪었다고 회상했다. "그곳에선 방 하나 정도를 사이에 두고 아내와 떨어져 있는 남편들이나, 부모와 떨어진 자녀들을 볼 수 있었다. 흥정이나 조건에 따라 영원히 헤어져야 하는 경우도 봤지만 입에서 한 마디 탄식이나 신음도 나와선 안 되었다. 작별 인사도, 마지막으로 한번 안아보는 것도 허용되지 않는다."

△

    미국은 이미 고착화된, 의도적인 부당성을 강조하기 위해 방법을 고안해 냈다. 그들은 악의적인 이중 잣대를 가진 두 개의 평행 세계를 개발했다. 우리 시대에 대량 투옥을 초래한 불균형을 예감하듯, 노예제 폐지론자인 윌리엄 구델 목사는 남북전쟁 이전의 미국에서 흑인들이 겪는 곤혹스러움을 주시했다. "다른 사람이라면 죄가 되지 않을 행동도 노예의 경우엔 범죄가 된다."[89] 1853년에 구델은 그렇게 썼다. "모든 사람은 면죄를 받아도 그는 가혹한 처벌을 피할 수 없다. 그는 법의 보호를 받지 못하지만 법의 지배를 받고 있기에, 법을 적으로만 생각한다."

    버지니아주는 백인이 저지르면 투옥이지만 노예의 경우엔 사형에 처하는 죄목이 71가지나 있었다.[90] 말을 훔치거나 곡식 자루에 불을 지르는 행위 등이었다. 아버지가 아들을 가르치는 등, 인간이면 누구나 하는 평범한 일도 노예는 할 수 없었다. 조지아의 경우 흑인 아버지가 자녀에게 글을 가르치면 태형에 처했다.[91] 흑인은 자유인이라도 총기를 소지할 수 없으며, 백인에게 불리한 증언을 할 수 없고, 정당방위라 해도 백인이 위협할 때 손을 들고 막으면 안 되었다. 역사학자 케네스 M. 스탬프는 리치먼드에서 흑인들과 혼혈인은 백인들이 지나갈 때 길 한쪽으로 물러나야 했고, 하인으로 동승하는 경우가 아니면 마차에 탈 수 없었다고 썼다.[92] "찰스턴에서 노예들은 욕을 하거나, 담배를 피우거나, 지팡이를 짚을 수 없었고 군대의 행진을 보거나 즐거운 행사를 위해 모이는 것도 허락되지 않았다."

아프리카인들이 노예로 끌려와 영양실조에 시달리면서 늪지대의 물을 빼고, 나무를 베고, 땅을 개간해서 남부의 농장과 기반시설을 건설했듯이, 제3제국의 포로들 역시 굶주린 채로 자신들에게 고통을 줄 기반시설을 건설해야 했다. 그들은 제국에 필요한 벽돌을 만들기 위해 진흙 구덩이와 채석장에서 일했다. 양쪽 체제의 볼모들은 모두 자신이 갇힐 벽을 쌓았고 그러다 죽기도 했다. 나치가 세력을 확장하던 초기에는 약 2000명의 죄수들이 매일 강제수용소를 출발하여 베를린 북쪽 오라니엔부르크 마을을 지나 운하의 다리를 건너 진흙 구덩이까지 행진했다.[93] 저녁에 돌아올 때 수레에는 탈진해서 죽거나 사살된 자들이 가득 실려 있었다.

△

인간성 말살 행위가 갈수록 심해지면서, 유대인과 아프리카계 미국인은 모두 지배 카스트 의사들의 소름 끼치는 실험 대상이 되었다. 독일 과학자들과 친위대 의사들은 쌍둥이에게 끔찍한 고문을 가하는 것 외에 희생자들에게 머스터드가스를 주입하고 저체온증의 임계치를 시험하는 등, 유대인을 비롯한 포로들을 상대로 20가지가 넘는 생체실험을 했다.

미국의 의사들은 노예제 시절은 물론이고 20세기에 들어와서도 한동안 아프리카계 미국인들을 실험의 공급 사슬로 활용했지만, 당사자에게 동의를 받은 적은 없고 마취도 하지 않았다. 과학자들은 노예에게 플루토늄을 주입하고, 매독과 같은 질병들을 치료하지 않은 채 결과를 관찰하고, 생체실험을 통해 장티푸스 백신의 효과를 관찰했다. 아무리 고통스러운 실험이라도 의사들이 원하면 노예들은 꼼짝없이 당해야 했다.

이들의 폭력은 아무런 제지를 받지 않았다. 의료윤리학자 해리엇 A. 워싱턴Harriet A. Washington의 저서 《의학적 아파르트헤이트Medical Apartheid》에 따르면 집단농장의 어떤 의사는 간질 치료법을 연구한답시고 흑인 아기의 두개골을 절개했다.[94] 그 의사는 나중에 구두 수선공들이 쓰는 도구로 아기의 두피를 열고, 구부러진 송곳으로 두개골에 구멍을 뚫었다고 말했다.

이 의사는 나중에 부인외과학의 창시자로 알려지게 되는 제임스 매리언 심스James Marion Sims다. 그는 앨라배마에서 구한 여성 노예들을 상대로 잔혹한 실험을 진행해 여러 사실을 알아냈는데, 수술을 받은 피해자는 기형이 되거나 죽는 경우가 잦았다. 그는 질 수술을 하면서도 "참을 만한 고통"이라며 마취를 하지 않았다. 대신 그는 수술이 끝난 뒤에야 모르핀을 투여했는데 그 이유를 이렇게 썼다. "소변 볼 때 뜨끔거리는 통증을 덜어주고, 반복되는 조치에 저항할 의지도 약화시킨다."

1830년대에 루이지애나주의 한 외과 의사는 노예 여성을 상대로 제왕절개 기술을 익혔다. 난소와 방광결석을 제거하는 요령을 터득한 의사들도 있었다. 그들이 노예들을 실험 대상으로 삼은 이유는 백인 환자를 마취 상태에서 수술할 때 필요한 획기적인 시술법을 찾기 위해서였다. 그들은 흑인들의 몸을 마음대로 다룰 수 있었기에 평소엔 어림도 없었을 실험 대상을 면밀히 살피고 분석할 수 있었다. 심스 같은 경우는 여성의 옷을 벗기고 테이블에 무릎을 꿇린 다음 의사들이 돌아가면서 검경檢鏡으로 질 속을 들여다보게 했다. 심지어 마을의 지도자들이나 견습생까지 불러들여 보게 했다. 그는 후에 이렇게 썼다. "나는 여태껏 어떤 남자도 보지 못했던 것들을 다 보았다."

△

같은 인간을 상대로 그런 잔혹 행위를 저지르는 사람은 따로 있고, 대부분은 그런 충동을 뿌리칠 것이라 믿고 싶은 게, 우리의 솔직한 심정이다. 실제로 그런 사람들이 많다. 하지만 우리가 믿고 싶은 만큼은 아니다.

1963년, 유명하지만 커다란 논란을 일으킨 연구가 발표된 적이 있었다. 다른 사람에게 위해를 가하라는 명령을 받았을 때, 사람이 어느 정도까지 그 명령을 실천하는지를 관찰하는 연구였다. 실험 참가자였던 대학생들은 옆방 사람에게 전기 충격을 가하라는 지시를 받았다. 장치는 사실 가짜였기 때문에 충격을 '받는' 사람에게 아무런 피해가 가지 않았지만, 가해자가 충격의 강도를 높이는 정도에 따라 피해자는 비명을 지르며 벽을 쾅쾅 치는 등 고통스러운 시늉을 했다. 연구를 주도한 심리학자 스탠리 밀그램Stanley Milgram의 보고에 따르면 참가자의 3분의 2가 실험진의 요구에 따라 아무런 죄도 없는 피해자에게 허용된 최대치까지 전압을 올렸다.[95]

1975년에 스탠퍼드 대학에서도 비슷한 실험이 이루어졌다. 하지만 이번엔 충격을 가하라는 명령 따위는 없었다.[96] 참가자들은 징계를 받을지도 모르는 학생들에 관한 발언을 엿듣기만 하면 되었다. 연구진들은 참가자들에게 타 대학 학생들과 공동 프로젝트를 수행 중이라고 말했다. 그리고 그들은 우연을 가장해 참가자들이 들리는 곳에서 그 학생들의 성취도를 놓고 평가했다. 어떤 참가자는 중립적이거나 괜찮은 친구라는 등 호의적인 평가를 들었고, 또 다른 참가자들은 인간적으로 비하하는 말을 엿듣기도 했다. 연구진으로부터 처벌 수위를 정해달라는 요청을 받은 참가자들은 좋지 못한 평가를 받은 사람에게 좋은 평가를 받은 사람의 2배에 해당하는 벌을, 결과를 전혀 알지 못하는 사람들보다 훨씬 더 많은 벌을 주었다. 좋지 않은 평가를 들은 학생들에게는 서슴지 않고 가장 심한 벌을 주었다.

데이비드 리빙스턴 스미스David Livingstone Smith는 "비인간화는 생물학과 문화와 인간 정신이라는 구조물의 합작품"이라고 썼다.[97] "인간의 이야기는 고통과 비극으로 가득 차 있다. 하지만 여러 사례를 종합할 때 우리가 서로에게 저지른 잔혹 행위 중 유대인을 박해하고 말살하려 했던 시도, 아프리카인들을 상대로 저지른 잔혹한 노예화, 아메리카 원주민의 거주지 파괴는 유례를 찾기 힘들 정도다."

△

미국의 잔인한 문화는 모르는 사이에 사람들의 마음에 스며들어, 어느덧 폭력과 조롱은 일상적인 놀이가 되어버렸다. 20세기에 들어와 축제나 지역박람회에서 운에 맡기고 벌이는 게임game of chance이 일상이 된 것도 마찬가지다. 이런 것들은 사람들의 공감 능력을 무디게 만들었다. '쿤딥Coon Dip'이라는 인기 코너에서 사람들은 아프리카계 미국인들을 세워놓고 투사물을 던지는

게임을 했다. 아이들이 괴상하게 희화화된 흑인 얼굴에 콩주머니를
날리는 '빈엠Bean-em'이라는 게임도 있었다. 말 한마디 없이 그림만
으로도 사람들은 카스트의 경고를 배웠다.[98]

홍이 난 사람들은 코니아일랜드, 캔자스시티, 캘리포니아 외곽
에서 '함의 후손'들을 향해 자신의 운을 시험해 보려고 줄을 섰다.[99]
그곳에서 백인들은 돈을 내고 흑인 남성의 머리에 야구공을 던지
며 즐거워했다고 스미스는 적었다. 지배 카스트에 속한 아이들에게
폭력을 가르치는 무언의 교육 과정도 세대에 걸쳐 행해졌다.[100] "백
인 문화 속에서 자란 아이들은 인종 폭력에 둔감해졌다." 역사학자
크리스티나 더로셔Kristina DuRocher는 그렇게 말했다. "그렇게 인종
폭력은 자연스레 몸에 배어버리고 만다."

기둥 7
폭력과 공포

감정을 가진 존재를 인위적으로 다른 이의 발밑으로 밀어 내리고, 그들보다 재능 없는 사람으로 만들어 정해진 위치에 묶어두는 방법은 유일하다. 폭력, 공포 수단을 동원해 그 존재가 저항의 의지 자체를 갖지 못하게 만드는 것이다. 이 경우 지배 카스트가 해야 할 일은 사실 아무것도 없다. 그들은 가만히 앉아 아무것도 하지 않고 있으면 된다. 구경꾼들도 따로 할 일이 없다. 그저 우두커니 서서 저질러지는 악에 침묵으로 공모하면 그뿐이다. 그러면 카스트 체제는 테러 행위에 시치미 떼고 가담하는 사람들을 알아서 보호하며, 심지어 보상도 해준다.

나치 치하에 있던 유럽의 유대인, 남북전쟁 이전 짐 크로법의 지배를 받던 미국 남부의 아프리카계 미국인, 인도의 달리트는 모두 경멸과 증오로 배를 채웠던 사람들의 손에 맡겨진 희생양이었다. 지배 카스트는 같은 인간에게 가하는 잔인한 행위에 가담하거나 묵인함으로써 자신의 우월성을 증명해야 할 동기가 있었다. 무엇보다도 지배 카스트는 피지배 카스트에게 자기가 가진 절대 권력을 상기시켜야 했다. 미국과 독일의 지배 카스트들은 카스트 규정을 위반했다는 억지를 부리며 볼모들을 채찍질하거나 교수형에 처했다. 부당한 처우에 대해, 인간이라면 당연히 나오는 반응을 보이면 그를 죄목으로 삼아 처벌했다. 미국에서 채찍은 가장 흔한 처벌 도구였다. 역사학자 케네스 M. 스탬프는 노예 주인들 대부분이 채찍을 사용했고, 성인이 된 노예 중에 채찍질을 온전히 피한 사람은 거의 없었다고 적었다.[101]

나치는 유대인과 정치범들이 나뭇잎으로 담배를 말거나, 허기를 못 이겨 쥐를 잡는 등의 사소한 행위로도 트집을 잡아 그들을 판자에 묶어 매질을 했다. 죄수들은 매를 맞으면서 숫자를 세어야 했다. 채찍질을 25회로 제한했으나, 그들은 숫자를 제대로 세지 않았다고 억지를 부리며 매질을 계속했다. 미국인들은 채찍질을 400회로 정했는데, 그 정도면 살인이나 다를 바 없었다. 매를 때리다 지치면 다른 사람이 채찍을 건네받아 매질을 계속했다.

무지막지한 신체적인 폭행을 수백 년에 걸쳐 일상적으로 당한 부류는 유례를 찾기 힘들 정도다. 새로 온 노예 감독은 농장에 도착하자마자 누가 명령을 내리는 사람인지 확실히 알려주기 위해 농장에 있는 노예들 모두에게 채찍을 휘둘렀다. 매일 아침 오두막에서 제일 늦게 나오는 사람에게 채찍을 휘둘러 자극제로 사용하는 감독도 있었다. 그들은 어린 노예를 '길들이고' 반항적인 늙은 노예

198

의 '기를 꺾기' 위해 채찍을 들었다.[102]

한 10대 노예는 채찍질을 견디다 못해 중간에 기절했다. 역사학자 에드워드 뱁티스트는 그 소년이 구토를 하며 깨어났지만 계속되는 매질에 다시 까무룩 의식을 잃었다고 썼다. "힘겨워하는 노예들 등에 떨어지는 감독의 채찍질 소리를 들을 때만큼 즐거운 시간은 없었다. 농장이 잘 돌아간다는 뜻이었으니까." 그렇게 말하는 노예 주인도 있었다.[103]

△

인류 역사는 상상할 수 없는 폭력의 사례로 넘쳐나지만, 우리만큼은 중세 유럽의 단두대나 훈족의 야만스러운 통치 방식과 거리가 멀다고 생각하고 싶을 것이다. 하지만 "아메리카 원주민의 가죽이 벗겨지고 고삐에 묶인" 곳이 바로 여기라고 정치철학자 찰스 W. 밀스는 썼다.[104] 조상 대대로 살던 고향에서 강제로 쫓겨나 이주하는 원주민의 '눈물의 길Trail of Tears(새로 제정된 법에 따라 보호구역으로 이동하던 아메리카 원주민의 행렬 – 옮긴이)'을 감독한 앤드루 잭슨Andrew Jackson 미국 대통령은 말을 타고 갈 때 원주민의 가죽으로 만든 고삐를 잡고 있었다. 20세기에 들어선 뒤에 아프리카계 미국인들을 화형시킨 곳도 바로 여기였다. 1916년 텍사스 웨이코에 살던 17세의 제시 워싱턴Jesse Washington은 수천 명의 군중들 앞에서 산 채로 불에 태워졌다.

살인과 강간과 폭행은 지금 모든 문명사회가 그렇듯 노예 시대에도 부도덕하고 비난받아 마땅하며 가장 엄중한 처벌을 받아야 하는 중죄였다. 그러나 미국은 이마저도 피해자가 흑인일 경우엔 처벌하지 않았다. 따라서 250년 동안 아프리카계 미국인들은 항상 존재하는 폭행과 그 이상의 위험을 감수해야 했다.

도망자를 찾는 광고에는 그들이 당한 폭행의 흔적이 같이 적혔다. 노스캐롤라이나주의 어느 노예 주인은 베티라는 노예를 잡아달라는 광고를 내면서 "얼굴 왼쪽에 인두로" 지진 자국이 있다며 "M이라는 글자를 새기려 했던 것"이라고 설명을 붙였다. 루이지애나의 한 노예 감독은 달아난 노예를 붙들어 놓았다며 "최근에 거세를 당해서 그런지 아직 상태가 좋지 않다"라고 말했다.[105] 루이지애나에 사는 또 다른 주민은 "자신의 남성 노예 3명을 거세한" 이웃 때문에 정떨어진다고 말했다.

노스캐롤라이나 뉴하노버 카운티 법원은 런던이라는 이름의 도망 노예를 수색하라는 명령문에서 누구나 적당한 방법으로 위에 언급한 노예를 죽이고 훼손해도 좋다고 밝혔다.[106] 어떤 시민이든 국가를 대신해 생명을 빼앗을 수 있다고 허락한 만큼, 백인들은 흑인의 생명을 가볍게 여겼다. 21세기의 경찰과 자경단이 비무장 흑인을 향해 저지른 총격 사건에서 보듯, 당시 그런 풍조는 아프리카계 미국인들에 대한 인권 경시의 전조처럼 보인다.

노예는 상해를 입히거나 죽이기에는 너무 비싼 존재였다고 주장하는 사람들도 있다. 하지만 이는 자신의 재산을 함부로 다루는 사람들이 있다는 사실을 모르고 하는 소리다. 예를 들어 빈민가에 건물을 가진 사람들 중에 그곳에 살지 않는 사람들은 건물을 돌보지 않아 끔찍한 결과를 초래하곤 한다. 하지만 그보다 더 심각한 것은 그런 주장을 하는 사람들이 폭력을 단순히 자신의 재산을 손상시키는 행위, 즉 '소유주'의 이익에 반하는 보기 드문 행위 정도로 착각한다는 사실이다. 하지만 노예 학대는 실제로 변태적 제도를 유지하기 위한, 정기 점검 성격을 띤 폭력 메커니즘이다. 이는 그들 나름의 계산법이었다. 루이지애나에서 감독과 그의 부하들에게 농장을 맡기고 1년 동안 자리를 비웠던 농장주가 있었다. 나중에 돌아와 보니 자신이 자리를 비운 사이에 부하 감독관들이 노예들을 때리고 굶겨 죽여 인원이 줄어 있었다. 그 농장에서 감독의 손에 죽은 노예가 최소 12명이었다고 스탬프는 적었다.[107] 그 농장주는 그 '손실'을 사업상 손비로 처리했다.

△

나치 독일과 미국 남부는 하위 카스트 사람의 공포심을 조장하기 위해 놀랄 만큼 유사한 처벌 수단을 고안했다. 나치 강제수용소의 경우, 사소한 규정을 위반해도 그 사람을 본보기 삼아 모든 수감자 앞에서 교수형에 처했다. 수용소 안에 따로 마련된 특수 교도소에는 포로를 고통스럽게 죽이도록 설계된 린치 기둥이 서 있었다. 바다 건너 남부에서는 신체 일부를 절단하는 등 다양한 린치가 자행되었다. 독일의 나치들과 남부 연방의 후손들은 푼돈이나 신발 등을 훔치는 사소한 부정행위에도 의식을 치르듯 격식을 갖춰 고문을 가했다.

노예 시대에 남부 사람들은 노예들을 예속 상태에 묶어두기 위해 갖가지 잔혹한 행위를 고안해 냈다. 탈출을 시도한 자의 머리에는 6킬로그램짜리 쇠사슬과 60센티미터 길이의 쇠뿔을 채워놓았다. 노예 막사에는 다락에 매질하는 공간을 따로 마련했는데, 여기에는 매질할 노예를 바닥에 고정시키는 나무 막대가 줄지어 박혀 있었다.[108] 때리는 이유도 가지가지였다. 노예를 사려는 사람에게 "또박또박 대답하지 못하거나 명랑한 표정을 짓지 않거나 똑똑해 보이지 않았다"는 이유로 그들은 채찍질을 했다. 채찍질은 매일 계속되었다.[109]

고문의 종류도 따로 이름이 있을 만큼 수법이 다양했다. '버킹bucking'은 손발이 묶인 채 발가벗고 앉은 자세로 말뚝 주변을 돌며 쇠가죽 채찍으로 3시간 동안 매를 맞는 것이었는데, 다른 노예도 꼼짝없이 그 장면을 지켜봐야 했다. 고문이 끝나면 소금과 고춧가루를 탄 물로 씻겼다. 존 글래스고John Glasgow라는 이름의 노예는 다른 농장에 있는 아내를 보기 위해 몰래 빠져나갔다는 이유로 버킹을 받았다. '피켓picket'은 채찍질할 때 묶는 기둥을 가로로 질러 놓고 거기에 쇠로 된 고리와 도르래에 밧줄을 걸어 노예를 매단 다음, 끝이 뾰족한 말뚝 위에 세워 고통을 주는 고문이었다. 존이 고문을 받는 동안 동료 노예들이 번갈아 그를 채찍질했다. 이를 거부하면 그들도 같은 처벌을 받았다. 브라운은 그러다 죽든 말든 내버려 두었다고 말한다. 그 노예는 한 달이 지나서야 겨우 몸을 일으켰고, 다섯 달이 더 지나서야 걸을 수 있었으며, 그 뒤로도 계속 절뚝거렸다.[110]

노예제가 끝난 후 옛 남부 연방이 다시 정권을 잡았지만 그들은 그들의 노예였던 사람들의 삶에 필요한 최소한의 물질적 투자도 하지 않았다. 오히려 그들은 더욱 심하게 하위 카스트를 괴롭혔다. 아프리카계 미국인들은 신체 일부를 절단당하고, 나무에 매달리고,

광장에서 화형당했으며 20세기에 들어선 뒤에도 40년 동안은 3일에 한 번씩 린치를 당했다. 노예를 소유한 노스캐롤라이나의 한 여성은 전 세계의 카스트 폭력 집행자들의 심정을 대변하는 듯한 발언을 했다. "그들을 두려움에 떨게 하라."[111]

△

상위 카스트들은 자신들의 힘을 과시하기 위해 노예에게 같은 노예를 못살게 구는 추악한 임무를 맡겼다. 상위 카스트 사람들은 농장의 감독관처럼 특정 직책을 맡은 사람이 아니면 웬만해서 노예를 괴롭히는 더러운 일을 직접 행하지 않았다. 최하위 카스트 사람들을 마음대로 부리는 것도, 역겨운 일을 시키는 것도 상위 카스트의 특권이었다. 이미 낙인이 찍힌 처지에 아무 일이나 시키는 대로 해야 할 때면 더욱 처참한 느낌이 들었지만, 노예들은 하루라도 더 목숨을 부지하려면 상위 카스트에게 협조할 수밖에 없었다. 독일의 나치와 서슬 퍼런 남부의 농장주들은 같은 처지들 사이에도 계급을 만들어 불화하도록 조장했고, 동료 노예보다는 자신들의 입장에 동화되어 동료들의 탈출이나 봉기 계획을 고자질하는 자에게 포상했다. 그들은 말을 잘 들을 것 같은 노예를 골라 다른 노예들을 다스리게 했다.

나치의 유대인 강제수용소에는 막사마다 카포[kapo]라는 우두머리 죄수를 두었다. 카포는 아침 5시에 모두 기상하게 한 다음 규율을 바로잡는 일을 맡았다. 그 대가로 그는 별도의 개인 잠자리와 그 외에 자잘한 특권을 받았다. 미국 남부에서는 흑인 노예 감독이 그 일을 맡았는데, 그는 일에 속도를 내고 다른 사람들을 감시하고 지시에 따라 동료 노예를 벌주는 앞잡이 짓으로 승진했다.

지배 카스트들은 종종 포로들에게 서로 벌을 주거나 그들이 직접 희생자들을 처분하도록 강요했다. 나치 독일에서 죄수들을 소각로에 넣는 사람들은 친위대가 아니었다. 그런 험한 일은 포로들이 했다. 전날 밤 숨진 사람의 시신을 수습할 때에도 친위대는 손을 더럽히지 않았다. 미국 남부에서도 노예를 채찍질하는 것은 주로 동료 노예였다. 남자나 여자나 아이 노예가 채찍을 맞으면 남자 노예를 시켜 그들의 팔다리를 붙잡게 하기도 했다. 나중에 린치가 주된 테러 수단이 되었을 때 린치를 가한 사람들도 그들이었다. 희생자 가족이나 흑인 장의사에게 린치 나무에서 시신을 내려도 좋다고 말해주는 것도 같은 노예였다.

△

18세기 중반 어느 날, 교회의 한 장로가 미국 남부의 숲을 지나던 중 살인이 자행되는 소리를 들었다.[112] 소리가 들리는 쪽으로 다가간 그는 벌거벗은 흑인이 나뭇가지에 매달려 있는 모습을 보았다. 그의 두 발을 묶은 쇠사슬 한쪽 끝은 소나무 난간에, 다른 한쪽 끝은 땅에 박혀 있어 그를 고정시키고 있었다. 감독관은 그 남자의 몸에 400대의 채찍질을 했다. 장로는 참담하게 찢긴 노예가 끌어내려져 의사의 치료를 받았다고 했다. 장로는 채찍질을 한 감독에게 노예가 왜 그런 벌을 받았는지 물었다. 주제넘은 말을 했기 때문이라는 답이 돌아왔다. 주인이 노예에게 옥수수 줄

이 똑바르지 않다고 지적했을 때 자신의 의견을 말한 것이 화근이었다. "주인님, 옥수수는 비뚤게 심어야 곧게 자랍니다." 그 말 한마디로 그는 죽음의 문턱까지 갔다 왔다. "그게 다였다. 그것만으로도 그는 벌을 받기에 충분했다." 그 장로는 그렇게 말했다. 감독은 주인의 재산을 다루는 솜씨를 과시했다. 그 노예는 주인에게 이견을 제시했다가 그런 벌을 받았다.

그로부터 한참 뒤에 노예제는 끝났지만 규칙과 그 규칙을 어겼을 때 받는 대가는 별로 달라지지 않았다. 예일 대학의 젊은 백인 인류학자 존 달라드John Dollard는 1935년 짐 크로 시대의 카스트 체제를 연구하기 위해 미시시피 삼각주로 내려갔다. 그는 흑인들이 얼마나 굴종적인지 금방 눈치챌 수 있었다. 그들은 그를 보면 비켜섰고, 모자를 벗었다. 달라드보다 훨씬 더 나이가 많은 사람도 그를 '나리sir'라고 불렀다.

어느 날 남부의 백인 남성들 몇몇과 차를 타고 나갔을 때였다. 흑인 소작인들이 일을 잘하는지 살펴보기 위한 행차였다. 백인들이 차를 세워도 흑인들은 오두막에서 나오기를 꺼렸다. 운전사는 소작인에게 농담조로 목매달지 않을 거라고 말했다. 나중에 달라드는 그 남자에게 말했다. "이 동네 흑인들은 아주 공손한 것 같습니다." 그 남자가 웃음을 터뜨렸다. "당연히 그래야죠."[113]

기둥 8

타고난 우월성,
타고난 열등성

할리우드는 짐 크로 시대가 기승을 부리던 1930년대에서 별다른 진전이 없다. 몸집이 푸짐하고 얼굴이 넓적한 흑인 여성은 두건을 쓰고 하인 복장을 하고 있다. 흑인 여성의 팔은 날씬하고 귀엽고 천진한 백인 여성을 감싸고 있으며, 그녀의 황금빛 머리카락과 도자기 같이 매끄럽고 뽀얀 피부는 일부러 꾸미지 않은 흑인 여성의 검은 피부로 인해 한층 돋보인다. 흑인 여성이 비굴한 어조로 무지함이 드러나는 말을 몇 마디 중얼거리면 도자기 여성은 상위 카스트만의 세련된 말투로 쏘아붙인다. 메리 픽퍼드Mary Pickford의 가냘픈 체격은 수많은 영화와 사진에서 작품에 함께 출연한 루이즈 비버스Louise Beavers의 육중함과 극명한 대조를 이루며 사람들 마음속에 한 집단의 아름다움, 적격성, 지성에 대한 타고난 우월 의식을 심어주었다.

배우 루이즈 비버스는 자신과 전혀 닮지 않은 이미지를 연기하는 것이 마음에 들지 않았지만,[114] 선택의 여지가 있는 것도 아니었다. 그녀는 캘리포니아에서 자랐기 때문에 남부의 농부와 하인의 어설픈 사투리를 따로 배우고 익혀야 했다. 그녀는 자신을 옥죄는 배역으로 인해 스트레스를 받았고, 그 때문에 체중이 많이 빠졌다. 영화 제작자들은 그녀의 모습을 공기처럼 가벼운 백인과 대비시키기 위해 몸에 패딩까지 부착하게 했다.

카스트의 각 기둥의 기저에는 지배 카스트는 원래 우월하고, 최하층 카스트는 애초에 열등하다는 끊임없는 암시와 추측이 있었다. '오염'을 이유로 분리하거나, 다른 인종과 결혼하지 못하게 막는 것으로는 성이 차지 않았다. 한 집단은 우월하기 때문에 최고가 될 자격을 타고났으며, 다른 집단은 고난을 받아 마땅하다는 사실을 사회 구성원 모두가 납득할 수 있어야 했다. 최하위 카스트의 열등감은 의심의 여지가 없는, 기정사실이어야 했다고 오드리 스메들리와 브라이언 스메들리는 말한다. 그들이 주장하는 열등함은 영원히 굴종적인 신분을 벗어날 수 없는 처지의 기반이 되었다.[115]

카스트 체제는 때와 장소를 가리지 않고 사람들에게 주문을 반복해서 외우게 했다. 주문의 내용은 상위 카스트로 태어난 사람들에게는 그에 합당한 경외심이었고, 하위 카스트에게는 그에 마땅한 권리 박탈이었다. 이를 위해서는 일상의 크고 작은 부분에서 상위 카스트를 높이고 하위 카스트를 비하하는 데 쓸 표식·상징·관습이 필요했다. "그는 가축처럼 그를 지배하는 우수한 인종에게 예속되어야 했다." 19세기의 노예 폐지론자 윌리엄 구델은 그렇게 말했다.[116] 노예제 시절 아프리카계 미국인들과 제3제국 시대의 유대인들은 길도 마음대로 이용하지 못해서, 지배 카스트에게 길을 양보하거나 도랑으로 나와 자신들의 신세를 되새겨야 했다. 버지니아 리치먼드의 거리에서는 흑인이 백인을 만나면 '길을 양보해야' 했고, 이를 어기면 거리로 끌려와 맨 등에 줄무늬가 그어지는 벌을 받아야 했다.[117]

미국과 인도와 제3제국에서 카스트 체제가 절정에 달했을 때 최하위 카스트들은 성공한 지위의 상징을 가질 수 없었다. 그것은 상위 카스트의 몫으로 따로 떼어놓은 것이었다. 그들은 상류층보다 더 잘 입고 다니면 안 되고 더 좋은 차를 몰아도 안 되며, 상류층보다 더 호화로운 집을 가질 수 없었다. 인도의 전통 의상 사리sari에는 달리트 여성이 지켜야 할 길이와 주름이 있었다. 달리트는 상류층 사람들의 천으로 옷을 지을 수 없고 보석을 걸쳐도 안 되었으며 열등의 표시로 누더기 같은 옷을 입었다.

1735년에 사우스캐롤라이나가 제정한 흑인법Negro Code은 흑인 노예의 신분을 헷갈리지 않도록 옷의 직물까지도 규정했다. 그들은 식민지에서 구할 수 있는 가장 싸고 가장 거친 옷감인 무명Negro cloth, 거친 모직물, 두꺼운 모직물, 오스나브릭(발이 굵은 면포), 청색 린넨, 체크 린넨, 무늬가 박힌 무명, 옥양목 이외에 값이 나가거나 부드러운 천으로 만든 옷을 입을 수 없었다.[118] 200년이 지난 뒤 아프리카계 군인들이 백인과 같은 군복을 입었다는 이유로 공격당하고 살해될 정도로, 흑인법의 정신은 시퍼렇게 살아 있었다.

독일에서도 독일계 유대인이 성공하거나, 돈을 많이 벌거나, 이를 공개적으로 드러내는 행동은 나치를 자극했다. 제2차 세계대전

말 베를린에서 게슈타포는 모피 코트를 입은 젊은 유대인 여성을 납치해 그녀를 강제수용소로 가는 소 우리 열차에 밀어 넣었다.[119] 수용소에 도착했을 때 친위대는 유대인 여성이 자신의 아내도 살 수 없는 비싼 모피를 입은 모습에 격분해 그녀를 돼지우리에 넣고 모피 코트를 입힌 채 차가운 거름더미에 계속 굴린 다음 매서운 추위 속에 죽든 말든 내버려두었다. 그러나 그녀는 돼지우리에 던져 넣은 사료 찌꺼기를 먹고 돼지들 사이에 웅크린 채 체온을 유지하며 버티다, 며칠 뒤 나타난 연합군에 의해 구조되었다.

△

카스트의 위력과 지배 집단의 지위가 가장 분명하게 드러나는 순간은 매우 역설적이다. 사실 지능은 어떤 집단에서 어떤 부분을 택하든 비교적 비슷한 분포를 보인다. 그런 점에서 지성·도덕성·윤리의식·인간성을 무시하고, 특정 집단의 모든 사람에게 다른 집단을 통제할 권리를 무조건 부여하는 것은 특별한 형태의 인간 학대였다.

역사학자 케네스 M. 스탬프는 절대적인 생사여탈권을 가질 자격이 없는 자에게 강제로 복종하도록 겁을 주는 카스트 체제의 자의적 횡포를 이렇게 설명했다.[120] "그들을 소유한 사람은 '글을 읽을 줄도 쓸 줄도 모르는' 여성이었다." 그들은 '열까지도 제대로 세지 못하는', 법적으로 정식 결혼을 할 능력도 없는 여성이었지만 그녀의 명령에 복종해야만 다음 숨을 쉴 수 있었다. 그들은 켄터키주 리빙스턴 카운티의 릴번 루이스Lilburne Lewis 같은 술주정뱅이의 소유였는데, 그는 도끼로 노예를 토막 내어 죽인 적도 있었다고 스탬프는 썼다. "뉴올리언스의 마담 랄로리Madame Lalaurie 같은 새디스트는 순전히 재미삼아 노예들을 고문했다." 살아남기 위해 "그들은 가장 불쌍한 백인에게도 굴복해야 했다." 1834년에 〈파머스레지스터The Farmers' Register〉는 그렇게 기록했다.

아프리카계 미국인들은 오랜 세월 동안 완전한 복종을 요구하는 구조 속에서 살아남을 방법을 찾아야 했다. 야만적인 처벌을 피하기 위해서는 상전의 의중을 세심하게 살피고 그에 따르는 복종심을 보여주어야 했다. "그들은 항상 복종해야 하고 어떤 상황에서든 쾌활하고 민첩해야 한다."121 버지니아의 한 노예 소유주는 그렇게 말했다. 언제 어디서 마주치더라도, 변덕과 터무니없는 요구를 받아도 그들은 상황에 맞게 적응해야 했다.

노예제 시절 노스캐롤라이나주의 한 판사에 따르면 노예들은 어떤 행위라도 오만으로 읽힐 수 있기 때문에 한시도 긴장을 풀면 안 되었다.122 표정, 손가락질 하나도 백인이 다가오면 길을 비키기를 거부하거나 무시하는 표시로 오해받을 수 있기 때문이다.

여기에 19세기 웅변가 프레더릭 더글러스Frederick Douglass는 백인들의 분노를 자극하고 폭력을 부추길 수 있는 몸짓을 몇 가지 덧붙였다.123 말투부터 대담하지 말아야 할 때 대담하거나, 대담해야 할 때 대답하지 않는 행동, 표정, 머리의 움직임, 걸음걸이, 태도와 거동도 오해를 살 수 있다는 것이다. 앞의 노스캐롤라이나 판사도 말했다. "만약 용인된다고 해도 그런 행위 하나하나가 우리의 사회 체제를 지탱하는 예속 관계를 망칠 수 있다."

이 법은 세대를 거듭할수록 범위가 확대되었다. 나치가 패망한 뒤로도, 아프리카계 미국인들은 여전히 분수에 넘치는 사소한 행위로 인해 잔혹한 처벌을 받아야 했다. 1941년에 앨리슨 데이비스와 벌리&메리 가드너 부부는 농장주들이 사소한 위반사항 때문에 상습적으로 소작인들에게 채찍질을 했다고 썼다.[124] 미시시피주의 한 농장주는 소작인에게 "그렇게 분수를 모르고 날뛰면 다음에 줄 것은 총알이나 밧줄밖에 없다"라고 협박하며, 돼먹지 않게 나대는 놈들은 그렇게 다뤄야 한다고 덧붙였다. 1948년에 미시시피 루이스에서는 흑인 소작농이 "수도 요금을 내고 영수증을 요구했다가" 백인 2명에게 흠씬 두들겨 맞았다.[125]

아주 작은 관계망에서도 하위 카스트는 서열을 염두에 두고 처신해야 했다. 1960년대 미국 남부는 대중교통을 이용하는 일에도 최하층 카스트에게 최대한의 굴욕과 오명을 씌우려 아주 치밀한 장치를 고안해 냈다. 흑인 탑승객이 버스에 올라 요금을 낸 후 얼른 내려 뒷문으로 달려가 탑승하게 하는 법이었다. 통로를 지나가면서 백인 탑승 구역을 더럽히거나 백인을 방해하지 말라는 취지였다. 뒤쪽이 유색인종 구역이었기 때문이었다. 뒷문으로 가기도 전에 버스가 출발하는 경우도 흔했다. 흑인 승객들은 실수해도 될 만큼 마음의 여유도 없고, 돈을 내고도 버스에 못 탔을 때 다음 버스를 기다릴 만큼 금전적 여유도 많지 않고, 그런 좌절감을 극복할 마땅한 완충장치도 없었다. 버스가 그들을 태우지 않으면 그들은 지각할 가능성이 높아 가뜩이나 보잘것없는 일자리마저 위험해지곤 했다. 역사학자 버트램 도일은 흑인은 열등과 비굴이라는 자리에 앉아, 여행하는 중에도 주변에 있는 백인들의 태도와 제약으로 인해 그런 기분을 수시로 떠올린다고 썼다.[126]

법과 규약은 그들을 뒷자리로 밀어냈다. 간격이 클수록 떼어놓고 격하시키기 쉽고, 또 자신들의 어떤 불의나 악행도 정당화하기가 쉬웠다. 미국의 저명한 카스트 학자인 제럴드 베러먼Gerald Berreman 이 적었듯, 카스트를 따르는 사람들에게 카스트가 갖는 의미는 힘과 취약함이고, 특권과 억압이고, 명예와 명예훼손이고, 풍요와 결핍이고, 보상과 박탈이며, 안심과 불안이었다.[127] 그는 다음과 같이 덧붙였다. "카스트를 설명하겠다며 이 사실을 밝히지 않는다면, 그는 그저 사이비일 뿐이다."

노예를 소유한 남부의 지배 카스트 일부는 그들 뇌리에 깊이 박힌 우월성과 이를 유지하는 데 필요한 잔혹성에 너무 익숙해진 나머지 노예들의 사후세계가 궁금해졌다. 사우스캐롤라이나의 백인 여성은 자신이 다니는 교회의 목사에게 물었다. "내 노예 중에 천국에 갈 자가 있을까요? 그곳에서도 그들을 봐야 할까요?"[128]

그 여성이 그런 말을 한 지도 한참이 지났지만, 카스트 체제는 모습만 바꾸었을 뿐 그 기둥들은 멀쩡히 살아남았다. 미국이 제2차 세계대전을 치르고 있을 때 오하이오주 콜럼버스의 한 공립학교는 논술대회에서 학생들에게 다음의 질문을 주제로 제시했다. "전쟁이 끝나면 히틀러를 어떻게 해야 할까?"[129] 그때가 바로 1944년 봄, 한 흑인 소년이 일하던 가게에서 백인 소녀에게 보낸 크리스마스 카드 때문에 아버지 앞에서 강물로 뛰어내려 죽었던 바로 그 해였다. 16세의 한 흑인 소녀는 히틀러의 임박한 운명을 생각해 봤다. 그녀는 학생 논술 대회에서 단 한 줄로 우승했다. "그를 검은 피부로 만들어 남은 인생을 미국에서 살게 해야 한다."

4장

불 보듯 빤한 모순

Glaring Inconsistency

희생양의 눈동자 색

선생님이 실험 규칙을 말하자 학생들은 앉은 자리에서 꼼지락 거리며 팔에 턱을 괴었다. 1960년대 후반 아이오와주의 농촌 도시 라이스빌에서 있었던 일이다. 독일, 스코틀랜드, 아일랜 드, 스칸디나비아에서 온 이민자들의 후손인 학생들은 피부색 이 선생님과 거의 같아, 멀리서 보면 구별하기가 힘들었다. 그 러나 마틴 루터 킹 주니어의 암살과 그들 주변에 펼쳐진 옥수수 밭 저편의 소동 이후 교사 제인 엘리엇Jane Elliott은 지배 카스트 의 학생들에게 신체적 특성으로 평가될 때의 기분이 어떤지 느 껴볼 기회를 주기 위해 색다른 실험을 하기로 했다. 눈동자의 색으로 차별을 두는 실험이었다.[1]

선생님은 아이들에게 평소와 조금 다른 실험을 할 것이라 고 말했다. 그녀는 아무 의미 없는 특성에 자의적으로 의미를 부여한 다음, 교실에서 그 특성을 가진 학생을 최하위 카스트에 놓기로 했다. 선생님은 눈동자가 갈색인 사람은 파란 사람보다 착하지 않고, 이해가 더디며, 똑똑하지 않다고 말했다. 그리고 별도로 허락이 떨어질 때까지 눈동자가 갈색인 학생들은 음수 대에서 물을 마실 수 없고, 대신 종이컵을 사용해야 한다고 일 러주었다. 또한 눈동자가 갈색인 사람들은 운동장에서 파란 사 람들과 함께 놀 수 없고 수업 종이 울리기 전에 들어와 앉아 있 어야 한다고 말했다. 하지만 눈동자가 파란 학생들은 조금 늦게 들어와도 좋다고 했다.

학생들은 처음에는 당황한 듯 술렁거렸다. 하지만 몇 분 만에 서열이 정해졌다. 선생님이 수업을 시작하며 교과서를 펼치라고 하자 효과는 바로 나타났다. "모두 준비됐나요?" 엘리엇 선생님이 학생들에게 물었다. 한 소녀가 페이지를 찾지 못해 책장을 이리저리 넘기고 있었다. 선생님은 그녀의 눈을 본 다음 다그쳤다. "로리만 준비가 안 됐군." 엘리엇 선생님은 짜증을 냈다. "아직 못 찾았어?" 눈이 파란 소년 하나가 끼어들었다. "쟤 눈이 갈색이에요." 그 남자아이는 그동안 그 소녀와 지내면서 아무 문제 없던 특징의 의미를 금방 알아차렸다.

점심시간이 되자 선생님은 눈이 파란 아이들에게 먼저 식사하되 모자라면 더 갖다 먹어도 된다고 말하면서 갈색인 아이들은 한 번밖에 먹을 수 없다고 주의를 주었다. "쟤네들은 너무 많이 먹는단 말이야." 선생님은 파란 눈 아이들에게 그렇게 덧붙였다. 갈색 눈 아이들은 금방 시무룩해졌다. 어떤 남자아이가 쉬는 시간에 다른 아이와 싸움을 벌였다가 선생님 앞에 불려왔다. 그 아이가 욕을 했다고 했다. "갈색 눈동자라고 했어요." 그 소년은 눈물을 글썽이며 말했다.

아무 의미 없던 특징이 순간 장애가 되어버렸다. 다음날 선생님은 역할을 바꾸었다. 이번엔 눈이 파란 아이들이 카스트의 희생양이 되었다. 전날 인위적으로 만들어진 하위 카스트 아이들이 겪었던 수모를 이번에는 눈이 파란 아이들이 똑같은 방식으로 고스란히 받았다. "못난 취급을 받으니까 나쁜 일만 일어나는 것 같았어요." 어떤 여학생은 그렇게 말했다. "그런 취급을 받으니까 아무것도 하고 싶지 않았어요." 다른 학생도 그렇게 말했다. 하위 카스트로 떨어진 몇 시간 동안에는 수업 성과도 나빠졌다. 갈색 눈의 학생들이 열등감을 느낀 날, 그들은 문제를 푸는 데 평소보다 시간이 2배 더 걸렸다.

"학생들이 내가 말한 대로 되더군요." 수십 년 뒤에 엘리엇 선생은 NBC뉴스NBC News에서 그렇게 말했다.[2] 엘리엇은 인터뷰에서 갈색 눈의 아이들을 지배 카스트 자리에 올려놓자 착했던 갈색 눈의 아이들이 15분 사이에 못되고 험악하고 거칠어지면서 다른 아이들을 지배하려 들었다고 했다. "똑똑한 파란 눈의 백인 크리스천 아이들이 15분 사이에 소심하고 겁에 질려 화를 내고 학습능력이 떨어지는 것을 봤습니다." 그녀는 잠깐 사이에 비굴해진 파란 눈의 희생양에 대해 그렇게 말했다.

"어떤 집단이 통째로 평생 그런 취급을 받는다면 심리 상태가 완전히 달라질 겁니다. 아예 다른 사람이 되는 거죠. 눈이 갈색인 학생들에게 너희는 우월하고 완벽하며 다른 사람을 통치할 권리가 있다고 말하고, 눈이 파란 학생들에게 너희들은 열등한 족속이라 말해보세요. 그런 생각을 평생 갖고 산다면 나중에 그 아이들이 어떻게 될까요?"

미스캐스팅

2017년 12월, 우중충한 잿빛 기운이 감도는 아침에 나는 런던에 도착했다. 중요한 회의에 참석하기 위해서였다. 그동안의 행사들과 달리, 나는 내가 몰랐던 부분을 좀 더 알아보기 위해 직접 나서서 말하기보다 가만히 앉아 듣기로 했다. 그 자리에 있는 사람들은 모두 '인간의 불화'라는 프로그램에서 빠뜨린 코드를 찾는 데 특별한 관심이 있었다. 갖가지 이즘ism의 밑바탕에는 카스트 문제가 도사리고 있다는 것이 평소 내 생각이었다. 그러니까 여기 모인 학자들은 나의 지적 동지인 셈이었다. 우리는 같은 종족이었다. 이들은 이 호모사피엔스를 못살게 구는 위계 구조와 분열을 직시할 능력이 있는 사람들이었다.

강당은 사회학자, 정치학자, 인류학자, 대학원생들로 가득 찼다.

나는 설레는 마음을 다독이며 앞자리를 찾아 앉았다. 동아시아 혈통으로 보이는 한 여성이 재킷을 벗다 나를 보더니 고개를 끄덕였다. 움찔하거나, 서둘러 자리를 뜨거나, 미국이라면 받았을 비꼬는 듯한 눈 흘김도 없었다. 기분이 좋아졌다. 청중들을 대충 훑어보니 희한하게도 세계의 교차로인 이곳 회의장에 나처럼 생긴 사람은 아무도 없었다. 대부분 남아시아나 유럽 출신으로 보였고, 인도나 영국 사람들이 가장 많은 것 같았다. 아프리카 혈통을 가진 사람은 아무도 없었고, 미국인으로 보이는 사람들은 모두 백인으로 유럽이나 인도 쪽에서 일하는 것 같았다. 나는 이날만을 위해 혼자서 대서양을 건넜다. 내 삶의 진로 외에 나보다 앞서 걸었던 다른 사람들의 경로를 결정한 힘을 알아보고 싶었다.

그동안 나는 아무도 다루지 않은 미국의 카스트 구조를 연구해왔지만, 그 기원에 해당하는 인도의 카스트 체제에 대해서는 별도의 시간을 투자한 적이 없었다. 불의에 대한 많은 담론이 그렇듯, 주제는 사회적 병폐의 근원보다 결과와 희생자에게만 초점이 맞춰졌다. 최하위 카스트들이 겪는 문제에 대해 패널들은 서로 다른 렌즈로 들여다보고 있었다. 인도의 최하위 카스트는 '지정 카스트scheduled castes' 또는 미국인의 귀에는 충격적으로 들리는 '후진 카스트backward castes'로 불리는 사람들이었다. 나는 그들의 발표를 들으면서 그들 제도와 미국의 제도에 비슷한 점이 많다고 느꼈다. 미국의 헤드라인 뉴스에서 나올 법한 얘기도 간간이 들렸다.

두 나라는 모두 법적으로 차별을 폐지했지만, 기조연설과 패널들의 발표 내용에 따르면 달리트는 인도 당국에 의해 터무니없는 푸대접을 받고 있었다. 아프리카계 미국인들이 미국 경찰에게 당하는 현실과 비슷했다. 아디바시^{Adivasi}로 알려진 인도의 원주민들은 미국의 원주민들과 마찬가지로 자신들의 땅과 문화를 지키려 힘겨운 투쟁을 하고 있었다. 눈을 감고 이들의 발표 내용을 듣고 있자니, 도로 미국에 앉아 있는 것 같은 기분이 들었다. 한 여성 패널이 말했다. "또 한 달리트가 경찰에 살해되고, 또 한 아디바시가 경찰의 손에 죽었습니다. 왜 국가가 행하는 폭력 행위를 직시하지 않는 겁니까?"

그날 오전 연사들이 발표했던 논문의 복사본을 구하고 싶었던 나는 첫 휴식 시간에 방법을 알아보기 위해 자리에서 일어섰다. 나는 일찌감치 내 인지도에는 기대지 않기로 마음을 먹고 있었다. 사실 나는 그때까지도 머릿속에서만 싹트고 있던 이 프로젝트에 혹시나 사람들이 관심을 보일까 봐 일부러 내색하지 않고 있었다. 그곳에서 나는 한 사람의 참석자로서, 그들이 눈으로 확인할 수 있는 것만 가지고 판단하도록 처신했다. 그래서 옷을 잘 차려입은 여성, 미국인, 아프리카계 미국인, 말씨가 점잖고 집중력이 남다른 여성으로 보이도록 노력했다. 나는 책임자로 보이는 교수에게 갔다. 인도 여성으로 상위 카스트라는 것을 알 수 있었다. 나는 발표된 논문의 사본을 얻을 수 있는지 물었다. 그녀는 안 된다고 답했다. "기다리셔야 합니다. 그런데 왜 사본이 필요하시죠?" "전 작가입니다. 그리고 이 회의 하나 때문에 미국에서 여기까지 왔습니다." 그 정도의 열성이면 그녀의 마음을 움직일 수 있을지도 모르겠다고 생각했다. 웬걸, 소용이 없었다. 인도 여성은 자기에겐 그런 권한이 없다고, 자기보다 윗사람이라며 어떤 영국 남성을 가리켰다. 카스트의 폐해를 연구하는 사람들만 모인 이 자리에서도 위계가 작동하는 것 같았다. 그 여성은 금방 다른 사람들과 휩쓸려 다른 곳으로 갔고 그 영국 남성도 역시 자기 일로 바빴다. 사람들 모이는 자리가 늘 그렇듯, 다들 서로 알고 지내거나 함께 일했던 사람들끼리 삼삼오오 모여 담소를 나누고 있었다. 남의 가족 모임에 불쑥 끼어든 것 같다는 생각이 들기 시작했다.

△

점심시간에 마침 혼자 앉아 있는 신사가 눈에 띄었다. 그 사람 건너편에는 다른 사람들이 이야기를 나누고 있었다. 참석자의 4분의 3은 인도인이었고 그도 인도인이었지만 그는 좀 달라보였다. 대부분 배낭을 메고 있었지만 그는 검은 서류 가방을 가지고 있었다. 업무 중인 것도 같고 따로 목적이 있어 보였다. 그도 나처럼 남의 모임에 끼어든 아웃사이더였다. 갑자기 동질감을 느꼈다. 내가 옆에 앉자 그는 투샤Tushar라고 자신을 소개했다. 벵골에서 태어났고, 지질학자이며, 지금은 런던에 산다고 했다. 사람들에 비해 좀 더 격식을 차린 복장이었고 회색 트위드 재킷 위로 파란 옥스퍼드 셔츠 깃이 살짝 보였다. 짙은 회색 머리는 옆 가르마를 탔고 다정한 표정이었으며, 말할 때 눈은 반달 모양이 되었다. "체제에서 전 두 번째로 높은 카스트입니다. 전사나 군인 카스트죠." 그는 마치 한때 알고 지내던 사람의 신분을 알려주듯 말했다.

나는 나보다 키가 살짝 큰 그 사나이를 바라보았다. 골격이 작고 어깨가 좁으며 점잖은 표정이었고, 태도에서 겸손함이 묻어났다. 도대체 이런 사람이 어디로 봐서 타고난 전사라는 말인가? 카스트 분류가 의심스럽다는 산 증거가 눈앞에 있었다. 하지만 그는 그런 사실을 깨닫게 된 것이 오래전 일이라고 했다. 또 날 때부터 정해진 자신의 지위를 그렇게 진지하게 여기지 않아서인지, 내가 물었을 때는 자신이 속한 카스트, 즉 산스크리트어로 바르나의 철자도 제대로 대지 못했다. 그때만 해도 나는 4가지 바르나도 몰랐고 심지어 카스트를 바르나라고 한다는 사실도 알지 못했기 때문에, 그에게 그가 속한 카스트의 철자를 적어달라고 부탁했다. 그는 내 노트에 카트리야Khatriya라고 쓰더니, 고개를 갸웃거리고는 다시 카야스트라스Kayastras라고 고쳐 썼다. "크샤트리야Kshatriya 같은데요." 철자나 발음을 제대로 기억하지 못하는 것을 대수롭지 않게 생각하기 때문이라는 듯 그는 말했다. "사실 이런 건 잘 모릅니다. 그래도 난 사회적으로 여러 가지 특권을 누리며 자랐어요. 두 번째 상위 카스트면 지배 카스트고, 우리 아래로 많은 사람이 있다는 사실을 다행으로 생각하라는 말을 듣곤 하죠."

어릴 때 그는 학교 가는 길에 먹을 것이 없어 길에서 구걸하며 적선을 바라는 거지들을 지나치곤 했다. 그의 가족은 달dal(콩)과 아마란스amaranth(비름), 양고기와 처트니chutney(인도의 양념) 등 코스 요리를 즐겼다. 반면에 그다지 부유하지 못한 가정은 쌀과 감자가 고작이었고 그 밑에 있는 사람들의 음식은 그보다 훨씬 험했다. 특권을 가진 사람이 아주 적을 때는 마음 편하게 특권을 즐기기가 힘들었다. 12세에 그는 왜 그의 가족은 모든 것이 풍족한데 다른 사람들은 저렇게 가진 게 없느냐고 묻기 시작했다. "그런 건 따지지 말아라." 어른들은 그렇게 말했다. "너는 공부만 하면 돼. 카스트는 신이 만든 것이야."

오후 회의는 달리트의 저항과 아디바시들의 땅을 노리는 기업들의 침탈이 주제였다. 투샤와 나는 각자 강당으로 돌아갔다. 장소가 영국인지라 티타임이 있었다. 나는 사람들 속에 혼자 있는 투샤에게 다시 다가갔다. 그는 이제 아예 버림받은 사람 같았고 조급해 보였다. "가족들은 내 질문에 답해주지 않았습니다." 그는 하던 말을 이어갔다. "평생 그렇게 살아왔어요. 그래서 이런 제도가 어떻게 시작되었는지 늘 궁금했습니다. 여기서 좀 더 들어봐야겠어요." 그는 내게 무엇 때문에 이 먼 길을 왔냐고 물었다. 나는 평생 카스트와 더불어 살았기 때문에 카스트에 대해 알고 싶다고 말했다. 다들 미국에는 카스트 체제가 없는 줄 알고 있지만, 미국은 카스트의 특징을 모두 가지고 있다고도 말했다. 그는 아무 말이 없었다.

"인도는 카스트가 모든 것을 규정합니다. 카스트 체제를 유지하는 것은 힌두교예요. 암베드카르가 불교 신자가 된 것도 그런 이유 때문이죠. 불교는 그에게 탈출구가 아니라 해방구였습니다. 카스티즘은 또 다른 형태의 인종차별입니다. 사람들이 카스트를 포기하는 데 얼마나 오래 걸릴지는 알 수 없는 노릇이죠." 그가 말했다. "혹시 지금도 힌두교를 믿으세요?" 내가 물었다. "전 무신론자입니다. 종교가 없어요. 열세 살 때부터요." "가족들은 어떻게 생각하세요?" "가족들이야 힌두교도로 태어나면 힌두교도로 죽는다고 생각하죠. 카스트는 벗어날 수 없는 겁니다. 하지만 나는 내가 믿는 것을 믿습니다. 그들이 어떻게 생각하든 무슨 상관입니까?" 그는 미국에도 카스트가 있다는 내 말에 잠깐 생각하는 표정이었다. 조금 의아하고 또 호기심도 생기는 모양이었다.

"미국에도 카스트가 있다면 당신은 어느 카스트에 속합니까?"

그가 물었다. 인도인들은 같은 인도인을 만날 때마다 어떤 식으로든 꼭 이런 질문을 한다. 그래서 최하위 카스트 사람들은 이런 식의 질문이 언제 나올지 몰라 미리 겁을 먹고 긴장한다. 인도인들은 성을 묻고 부친의 직업, 출신 마을, 그 마을이 속한 구역 등을 물어 상대의 카스트를 알아내려 한다. 그들은 상대의 서열이 밝혀질 때까지 질문을 그치지 않는다. 투샤는 한참 뜸을 들였다가 그 질문을 던졌다. 사실 내가 미국의 카스트 운운하지 않았다면 그런 질문을 하지도 않았을 것이다. 아예 그 문제를 생각하지 않았을 수도 있다. 그는 그런 발상이 신기한 것 같았다. 그는 미국의 카스트가 어떤 식으로 작동되는지, 외국의 낯선 위계 구조에서 내가 어느 위치에 속하는지 알고 싶은 듯했다.

△

솔직히 이런 질문은 예상하지 못했다. 지금까지 그런 걸 물어본 사람은 아무도 없었으니까. 어떻게 모를 수가 있지? 예의상 던진 질문이었나? 할리우드와 뉴스 매체들은 아프리카계 미국인들을 비하하는 이미지를 수백 년에 걸쳐 수출해 왔다. 바꿔 말하면 우리의 평판은 세상이 다 아는 사실이며, 그 딱한 사정은 조금도 나아지지 않았다. 그래서인지 조금 이상하긴 해도 내게 선택권을 준 그가 고마웠다. 사실 카스트라는 용어가 없어도 미국인이라면 내가 태어난 집단의 서열을 대부분 잘 알고 있으니까. 하지만 인도의 상위 카스트에서 태어났는데도 자신이 물려받은 지위에 대해 회의를 갖는 사람이 내 앞에 있었다. 그는 나를 어디에도 속할 수 있는 한 개인으로 보았다. 그는 나를 상자에 넣지도 않았고, 내가 매일 지겹게 시달리는 넘겨짚기도 하지 않았다.

그저 잘 몰라서 하는 그런 질문이 아니었다. 하지만 그 질문을 듣는 순간 60여 년 전 인도에서 킹 목사가 겪었던 깨달음이 떠올랐다. 나는 투샤에게 말했다. "미국에서 저는 최하위 카스트입니다. 미국의 불가촉천민이죠. 저는 미국의 달리트입니다. 그리고 저는 카스트가 인위적인 제도임을 보여주는 산 증거고요." 그의 표정이 내 말을 수긍하고 있었다. 내 대답은 그가 하나의 질병으로 여기는 것을 추가로 확인하는 절차였다. 이후 몇 달 동안 내가 런던에 방문할 때마다 우리는 많은 얘기를 나누었다. 그는 고향에서 목격한 어처구니없는 일들을 많이 들려주었다.

그는 시험에서 점수를 받지 못한 달리트 학생들을 기억하고 있었다. "시험지를 채점하지도 않더군요. 선생님이 상위 카스트였기 때문에 달리트가 만진 시험지를 만지고 싶지 않았던 거죠. 이게 웃을 일인지 울 일인지 모르겠지만 말입니다." 그는 예전에 같은 사무실에서 근무했던 상위 카스트 여성 이야기도 했다. 그녀는 자리에서 일어나 사무실의 긴 복도를 걸어가 모퉁이를 돈 다음 그곳에 있는 달리트에게 물을 가져다 달라고 부탁하곤 했다. "물주전자는 본인 바로 옆에 있었어요. 달리트는 그녀의 자리로 와서 물을 따라주어야 했죠. 상위 카스트가 직접 물을 따르는 것은 품위에 안 어울린다는 거죠. 이게 카스트의 병폐입니다."

그는 피부색에 대한 인도인들의 집착 때문에 생기는 마음의 상처와, 피부색이 어두운 인도인에 대한 혐오도 떠올렸다. 피부색은 카스트 안에 있는 또 다른 카스트였다. 피부색이 짙은 인도인은 꼭 그렇지는 않지만 하위 카스트일 가능성이 높고, 이로 인해 그들은 많은 고초를 겪는다. 그 점은 미국의 유색인종들과 크게 다를 바 없다. 그의 누나는 다른 형제들보다 피부색이 더 어두웠다. 성년이 되었을 때 그녀는 우유를 끓여 위에 뜨는 거품을 얼굴에 바르라는 소리를 자주 들었다. 청혼할 남성들이 오기 전날 밤에는 그렇게 바르고 자야 한다고 했다. "상상해 보세요. 이번 주에도 다음 주에도, 오늘 밤에도 내일 밤에도 말입니다. 누나는 거절당할지 모른다는 두려움에 방문을 걸어 잠그고 울었죠. 그때 난 열두 살이었어요. 지금도 그 일이 생생해요. 누나는 결혼했지만 그건 중요한 게 아닙니다. 그런 일을 겪지 말았어야죠. 잔인한 짓이에요."

우리는 둘 다 배역을 잘못 받은 사람들이었다. 각자 방식은 달랐지만. 그리고 우리는 각자 상대방의 눈으로 우리를 규정하고 제지했던 카스트 체제라는 망령을 꿰뚫어 볼 수 있었다. 우리는 그 매트릭스를 깨뜨렸다. 그리고 우리는 다른 사람이 볼 수 없는 것을 볼 수 있으며, 다른 사람들도 긴 잠에서 깨어난다면 그것을 볼 수 있으리라고 확신했다. 우리는 우리에게 배정된 카스트를 무시했다. 그는 전사도 통치자도 아닌, 지질학자였다. 나는 하녀가 아니었다. 나는 작가였다. 그는 저 위에서, 나는 아래쪽에서 각자의 카스트에 도전했다. 그리고 지금 이 순간 런던에서 우리는 평등의 마지노선 위에 섰다. 런던은 인간을 규정하려는 힘의 근원을 찾으려, 서로 다른 쪽에서 찾아온 우리를 만나게 해준 길목이었다.

맞이하지
않아도 될 죽음

2015년 말, 프린스턴 대학의 두 경제학자는 미국의 중년 백인들, 특히 교육을 많이 받지 못한 백인들의 사망률이 1950년 이후 처음으로 증가했다는 놀라운 사실을 발표했다. 이런 당혹스러운 결과는 신문의 1면과 뉴스 피드의 맨 윗자리를 차지하며 미국 전역에 경종을 울렸다. 중년 백인의 조기 사망률이 급증한 현상은 미국의 다른 모든 인종의 추세와 역행하는 것이라 더 의외였다. 연구 대상인 1998년부터 2013년까지의 기간에 흑인이나 라틴아메리카계 미국인의 사망률은 오히려 감소했다. 백인 사망률의 상승은 다른 서구 지역의 추세와도 맞지 않았다.

지난 세기 동안 미국인들은 더욱 건강해진 생활 습관과 의학의 발전 덕택에 세대를 거듭할수록 늘어나는 수명을 누려왔다. 그러나

위와 같은 연구 결과를 발표한 앤 케이스^{Anne Case}와 노벨상 수상자인 앵거스 디턴^{Angus Deaton}에 따르면, 21세기로 들어서기 직전부터 45세부터 54세까지 중년 백인 미국인들의 사망률은 증가하기 시작했다.[3] 특히 교육 수준이 낮을수록 자살, 약물 과다복용 그리고 알코올 중독성 간질환 등으로 인한 사망률이 늘어났다. 두 사람이 '절망의 죽음^{deaths of despair}'이라고 이름 붙인 이 현상은, 해당 기간에 백인 미국인 약 50만 명의 목숨을 앗아갔다. 이는 제2차 세계대전 중에 사망한 미군보다 더 많은 수치였다.[4] 이전 세대의 추세가 계속 유지되었다면 지금 이 순간에도 살아 있을 수 있었던 사람들이었다. "맞이하지 않아도 될 죽음입니다."[5] 케이스는 불평등을 다룬 한 회의 석상에서 그렇게 말했다. "이들은 천천히 또는 빠르게 자신의 목숨을 단축시키고 있습니다."

악화된 수치는 백인 전체의 사망률을 밀어 올렸다. 그것은 암과 심장병 치료의 발전으로 인한 수명의 증가분을 능가할 만큼 지속적이고 규모가 컸다. 이런 반전은 수십 년에 걸친 진전을 무위로 돌린, 미국만의 특이한 현상이라고 케이스와 디턴은 밝혔다. "다른 부유한 나라에서는 이와 비슷한 그 어떤 것도 찾을 수 없었다."

이런 특정 집단의 사망률은 다른 서구 국가들의 사망률이 급락했던 시기에 증가한 것이어서 더욱 이상했다.[6] 예를 들어 중년 백인 미국인의 경우 1990년대 후반 10만 명당 약 375명이었던 사망률은 2013년에 415명 정도로 증가했지만, 영국은 같은 기간에 10만 명당 약 330명에서 260명으로 떨어졌다. 서구 선진국들의 사망률을 보여주는 도표를 보면 중년 백인 미국인들의 사망률이 유달리 상승하고 있음을 알 수 있다. 서구 세계에서도 특이하고, 심지어 미국에서도 유일한 이 현상을 어떻게 설명해야 할까?

두 경제학자는 이를 1970년대 이후 블루칼라 노동자들의 실질 임금이 정체된 탓으로 봤다. 이전 세대에 비해 경제 상황이 나빠져, 풍족하지 못한 세대가 되었다고 지적했다. 그러나 저자들도 인정했 다시피 경기 침체는 다른 서구 국가들도 똑같이 겪은 일이었다. 하지만 다른 서구 국가엔 미국에 없는 안전망이 있다고 두 저자는 지적했다. 그러나 임금 정체와 빈약한 안전망으로 타격을 입는 것이 미국 백인들만의 문제는 아니다. 다른 배경을 가진 블루칼라 근로 자들도 경제적 불확실성으로 위험해지기는 마찬가지였을 것이다. 역사만 살펴봐도 다른 집단에 비해 흑인 사망률이 높지만 사망률 수치는 해마다 떨어지고 있었다. 절망으로 인해 죽어가는 숫자가 늘어나는 쪽은 중년의 백인 미국인들이었다.

카스트의 관점으로 보면 이들은 지배 카스트에 속하지만 미국 에서 가장 가난하고 가장 불안한 처지에 있는 사람들이다. 그들은 물려받은 서열과 그로 인한 혜택을 당연하게 여기며 살아왔다. 그러나 세상이 변했다. 인구 구성 변화의 여파와 노조의 위축, 체감할 수 없는 지위, 자신들의 처지에 대한 두려움, 아버지 세대가 의지했 던 안전장치가 내 인생 황금기엔 사라질지도 모른다는 불안감, 그 상황에서 오는 분노 등. 이 감정들을 우리가 과소평가한 것인지도 모른다. 태평양과 리오그란데를 건너오는 이민자들이 꾸준히 늘어나고, 아프리카계 미국인이 대통령으로 선출된 현실은 많은 사람이 알고 있던 세계에 대한 일종의 반전이었다. 그래서 일부는 2008년 이후의 "내 나라를 돌려 달라"라는 외침과 2016년의 "미국을 다시 위대하게"라는 구호에 더 민감하게 반응했을 것이다.

미국의 정치학자들은 이런 막연한 불안감에 이름을 붙여주었다. 지배 집단의 지위에 대한 위협dominant group status threat이었다.[7] 이 현상은 열등하다고 생각하는 외집단을 무시하는 흔한 형태의 편견이 아니라고 펜실베이니아 대학의 정치학자 다이애나 머츠Diana Mutz는 설명한다. "그보다는 외집단이 너무 잘나가고 그로 인해 지배 집단인 자신들의 지위가 위협받는다는 생각에서 비롯된 것이다."

이처럼 절망의 죽음에 희생된 사람들은, 수백 년 전 식민지 엘리트들이 카스트를 만들 당시 지위가 상승했던 바로 그 부류다. 미국의 농장주들은 유럽에서 건너 온 소작농이나 그보다 못한 계급의 사람들을 '백인'이라는 새로 만든 미국식 범주에 포함시켜 그들의 신분을 높여주었다. 당시 노예를 소유하지 않은 사람들도 "백인이라는 우월성이 주는 소중한 보물"에 집착했다고 남부 백인 작가 윌버 J. 캐시는 썼다. "그것은 노예제가 부여한 보물이었고, 그래서 그들은 흑인을 계속 쇠사슬에 묶어두기로 했다."[8]

남부의 백인 작가 릴리언 스미스Lillian Smith는 20세기 중반까지도 미국의 백인 노동자들이 심리적 자양분으로 받은 '피부색'과 '백인 우월주의'라는 부스러기 외에는 얻어먹은 것 없이 무시 받고 착취당했다고 적었다.[9] 저명한 사회경제학자 군나르 뮈르달은 상류층 백인보다 백인 노동자 계급에게 카스트 체제가 더 필요하다며, 그들은 '어떤 흑인도 가장 낮은 백인의 지위에 이를 수 없다'는 사실을 적극 강조한다고 썼다.[10]

심리적으로 말하면, 그들의 죽음은 환상이 끝나는 순간 시작된다. 타고난 우월 의식, 즉 하위 카스트보다 당연히 우위를 점할 자격이 있다는 믿음에 허점이 있다는 사실을 깨닫는 순간 그들은 절망에 빠지는 것이다. 그들은 의식의 영역이 미치지 않는 허상에 기대어 살았다. 지긋지긋한 경쟁사회 속에 부대껴야 했던 그들로서는 다른 어느 집단보다 그런 환상이 더 절실했을지 모른다. 역사학자 데이비드 R. 로디거는 그 상황에서 사회적으로 계속 뒤처질 것이라는 두려움이 그들을 끊임없이 괴롭혔다고 말한다.[11] "모든 것을 잃을 수는 있다. 하지만 백인성만큼은 잃을 수 없다."

대공황 속에서도 미국의 백인 노동자들은 공적·심리적 임금이라는 보상을 굳게 믿었다고 두 보이스는 지적했다.[12] "그들은 백인이었기에 공개적인 우대와 정중함이라는 직함을 받았다." 그들은 아무리 처지가 초라해도, 카스트가 자신을 절대 가장 낮은 자리로 내치지는 않는다는 보장을 대가로 노동자 계급의 불확실성을 받아들였다. 두 보이스의 말을 인용하자면 미국의 카스트 체제는 흑인과 백인 노동자를 완전히 이간질했다. 아마도 오늘날 이들처럼 실질적으로 같은 이해관계를 가졌으면서도, 너무 멀리 떨어진 탓에 공통의 이해관계를 전혀 찾지 못하는 노동자 집단도 드물 것이다.

이런 불안의 기원은 수백 년 전으로 거슬러 올라간다. 가난한 백인들의 경우, 피부색 이외에 상위 카스트로 태어난 것을 위안 삼을 만한 일은 거의 없었다고 버지니아의 한 노예 소유주는 말했다.[13] 태어난 집단을 중심으로 위계 구조가 형성되면 자신의 위치를 곡해해서 받아들이기 쉽다. 다시 말해 애초부터 자기 소유가 아닌 것으로 자신이 다른 사람보다 우월하다는 착각을 하게 된다. 그런 착각에 빠져 지내는 세월이 길어지면, 잠재의식 속에서 그런 생각이 진실인 양 자리를 잡아버린다. 릴리언 스미스는 "당신과 당신의 생활방식을 '우월한' 자리에 올려놓는 백인성을 빼앗을 사람은 아무도 없다"라고 말했다. "그들은 당신의 집과 직장과 당신의 여흥을 빼앗을 수 있다. 그들은 당신의 임금을 빼앗고 지식도 습득하지 못하게 막을 수 있다. 그들은 당신이 던진 표를 비난할 수 있고 당신을 꼬드겨 엉뚱한 곳에 표를 찍게 할 수도 있다. 그들은 당신의 걱정거리를 상기시켜 당신을 무력하게 만들 수도 있다. 하지만 당신의 하얀 피부를 벗겨낼 수는 없다. 피부는 가난한 백인들의 가장 소중한 소유물이 되었고 완전한 파멸을 면하게 해주는 '부적'이 되었다."14

위계 구조는 그것을 창조한 카스트를 위해 설계된 것이므로, 결혼과 직업과 공중 집회를 제한하는 조치는 백인 집단에게 더 많은 특권과 기회를 보장함으로써 두 집단을 자기영구적으로 갈라놓는다고 워너와 데이비스는 썼다. 이것은 지배 카스트의 우월한 신분을 절대적인 것으로 규정해, 심리적 안정이라는 엄청난 혜택을 그들에게 제공한다.15

상황이 바뀐 것은 1960년대에 시민권 법안으로 인해 모든 인종의 여성과 유럽 이외의 지역에서 온 이민자들과 아프리카계 미국인들에게 노동시장이 개방되면서부터였다. 특히 아프리카계 미국인들은 모든 집단에게 문호를 개방하라며 목숨을 걸고 저항 운동에 앞장섰다. 가뜩이나 제조업이 사양길을 걷던 시기에 노동 시장에 새로운 사람들이 넘쳐나면서 모든 노동자는 더욱 치열해진 경쟁에 뛰어들었다. 1960년대 〈뉴욕 타임스〉 칼럼니스트였던 러셀 베이커Russell Baker는 앵글로색슨계 백인 개신교도를 가리켜 다음과 같이 썼다. "몇 년의 잔인한 세월을 겪는 동안 그들은 미국 사회에서 '내부인'이라는 편안한 지위가 사회적 부채로 바뀌는 것을 보았다. 그것은 버림받고 착취당하는 자들이 그들의 양심 앞에 내민, 갚아야 할 차용증서였다."[16]

최하층 카스트에서도 주류로 진입하는 데 성공하는 사람이 있고, 몇몇은 지배 카스트 계급까지 올라가 2008년에 그들 중 한 사람은 이 나라에서 가장 높은 지위까지 올랐다. 이 사건으로 특히 일부 백인 노동자들, 즉 교육을 제대로 받지 못하고 물질적 안정도 누리지 못하는 사람들은 그들이 당연하게 여겼던 상품, 즉 피부와 생득적 특징이 그 가치를 잃은 게 아닌지 의심하기 시작했다.

피지배 카스트는 늘 있어 왔고 모든 사람은 피지배 카스트가 누구인지 알았으며, 그래서 그에 따라 자신의 위치를 정했다. "항상 흑인은 당신이 더 낮다는 것을 입증하는 데 필요한 대상이었다." 릴리언 스미스는 백인 노동자 계급의 딜레마에 대해 썼다.[17] "그런데 당신은 그것을 입증하지 못했다. 그렇다. 당신은 입증하지 못했다." 그런 믿음과 추정이 집단적 광기의 밑거름이 되었다. "그렇다. 광기는 반쪽의 거짓말과, 반의 반쪽의 진실과, 반의 반쪽의 공포를 먹고 산다."

태어날 때부터 열등하다고 생각한 사람들보다 자신이 뒤처진다는 것을 알게 된 지배 카스트들은 거대한 실존적 위기에 처했다. 하위 카스트에 속한다고 생각했던 사람들과 같은 난간에 서게 되자 스스로가 초라해지는 기분이었다. 상대적 결핍에 지탱한 채 돌아가는 카스트란 제로섬 게임에서, 낮은 카스트에 속한 사람이 한 칸 위로 올라가면 위쪽에 있던 카스트는 한 칸 내려와야 했다. 다른 사람이 올라갔다는 것은 내가 강등되었다는 뜻이며, 따라서 평등은 강등처럼 느껴진다.

하위 카스트 사람이 상류 계급보다 위로 올라가면, 자신이 속한 카스트의 본래적 우월성을 믿고 그에 길들여진 사람은 존재가치에 위협을 느낀다. 이는 자연스러운 반응이다. 그런 위협은 불편함과 자리바꿈이나 생존의 두려움에 대한 고조된 인식이다. "내가 믿은 것들이 사실이 아니라면, 나는 내가 생각했던 사람이 아니라는 말인가?" 정부에 대한 불신은 단순한 문제가 아니다. 그로 인한 불안은 정신적이고 심리적이고 감정적이다. 나보다 잘난 사람이 없다는데 나는 왜 이 모양인가? "카스트는 대단한 거짓말이지만, 그들은 그 위에 자신의 정체성을 쌓아올린다."18 런던에서 카스트가 정신 건강에 미치는 영향을 전문적으로 연구하는 정신과 의사 수슈루트 자다브Sushrut Jadhav 박사는 그렇게 말했다.

카스트 체제는 그 안에 있는 사람을 모두 포로로 만든다. 열등할 것이라는 가정이 카스트 체제에서 밑바닥 사람들을 괴롭히듯, 우월할 것이라는 추측은 상층부 사람들에게 부담을 준다. 그것은 사다리 위를 지켜야 하고, 항상 책임을 져야 하며, 언제든 일의 중심에 서야 하고, 자신의 앞을 가로막을지 모르는 사람들을 단속해야 하는, 충족될 수 없는 기대에 의한 부담이다. 또한 자격이 없는 하위 카스트들이 선을 넘어 우월한 자신보다 앞설 수도 있다는 생각에 분노하는 부담이다. 빔라오 암베드카르는 지배 카스트의 삶에 대해 "자신의 카스트를 보존해야 하는 초조한 노력의 연속"이라고 썼다. "그들에게 카스트는 어떤 대가를 치르더라도 지켜야 할 소중한 재산이다."19

사람들이 세대에 걸쳐 물려받은 단순한 가정을 논쟁의 여지가 없는 사실로 받아들일 때, 그 가정은 어느새 진리가 되어 사람들은 오류를 지적할 필요를 느끼지 못한다. 오류 섞인 가정은 바다로 가는 강물이나 우리가 들이마시는 공기만큼 진실하고 평범한 것이 된다. 인도의 원조 카스트 체제에서 보듯, 자격은 타고난다는 불변의 믿음은 상위 카스트의 마음을 단단히 사로잡아 지지대 하나 없이 오늘날까지 굳건히 버티고 있다고 암베드카르는 말한다. "지금으로서는 연못의 수면 위에 떠 있는 잡초처럼 믿음 외에 어떤 지지대도 필요치 않다."[20]

지배 카스트에서 가장 불안한 위치의 사람들이 갖는 걱정은, 가업을 이어받으리라는 기대를 한 몸에 받는 맏아들의 걱정과 별반 다르지 않다. 그는 가업에 관심도 없고 소질도 없지만, 그렇다고 해서 자신이 짊어진 의무감마저 떨쳐낼 수는 없다. 누이동생이 숫자에 능하고 매사 일처리를 잘해도, 누가 서열상 앞이고 누가 무엇을 물려받을지 결정하는 것은 집안의 위계이므로 그녀는 고려 대상이 되지 않는다. 태생에 의해 특정 부류가 지배권을 행사하도록 정해진 문화이기에, 애써 만든 기대감은 오래 가지 못한다.

백인은 노동자든 중산층이든 관습과 법에 의해 너무 오랫동안 격리되어 있었고, 냉대받는 미국인들이 받는 맞바람을 직접 볼 수 있는 위치에 있지도 않았다. 정부의 손길은 보이지 않게 백인의 삶에 영향을 미쳤고, 각 집단이 현재 그 자리까지 가는 방법을 크게 왜곡시켰다. 사람들의 분노와 경쟁의식은 극에 달해 있었다. 그 때문에 노년층에게 보험 혜택을 준 1935년의 사회보장법Social Security Act이나 부당노동행위를 막는 와그너법Wagner Act 등, 1930년대의 뉴딜 개혁은 남부 백인 정치인들의 성화에 못 이겨 농장과 가사노동에 종사하던 흑인 노동자들을 대부분 배제했다.

한술 더 떠, 신설된 연방주택청Federal Housing Administration은 주택담보대출을 통해 백인 가족이 백인 동네에서 쉽게 주택을 소유하게 해주었지만, 아프리카계 미국인은 특별히 배제했다. 흑인들이 사는 지역은 어떤 동네에서도 주택담보대출을 받을 수 없었다. 흔히 말하는 레드라이닝redlining이었다. 그뿐인가. 흑인들이 백인 동네에 집을 사지 못하게 막는 제한 규정이나 조항도 있었다. 이런 정부 프로그램들로 인해 오늘날 백인 미국인의 부모와 조부모와 증조부모들을 위한 안전망과 지원책은 계속 확장되었지만, 아프리카계 미국인들의 조부모들은 그런 보호 장치가 없어 백인처럼 돈을 벌거나 부를 쌓을 기회를 가지기 어려웠다.

오늘날 미국인들은 대부분 지배 카스트에게 특혜를 주는 정부 프로그램 속에서 평생을 살았다. 이 프로그램들이 아프리카계 미국인에게도 개방된 것은 1960년대 후반 거센 민권운동이 일어난 뒤의 일이다. 오랜 세월 노예에게 급여를 주지 않았던 것처럼, 최근에도 차별로 인한 빈부 격차는 더욱 심해져 현재 백인 가정의 재산은 흑인 가정의 10배에 이른다. 벤 매티스 릴리Ben Mathis-Lilley는 흑인이 아닌 사람이 1960년대에 주택담보대출을 받았다면 이는 차별로 인한 직접적·실질적인 혜택이라고 온라인 매거진 〈슬레이트Slate〉에 적었다.[21] 노예제와 짐 크로라는 아파르트헤이트는 겨우 한두 세대 전의 일이다. 이 불합리는 너무 오랫동안 짓누르고 있던 무거운 짐이어서, 떨치고 일어나 동료 백인의 뒤를 따라가려면 그들보다 몇 배 더 열심히 일하고 몇 배 더 절약해야 한다.

정치적 담론은 이런 불균형이 어떻게 시작되었으며 왜 미국인이 같은 미국인을 동정해야 하는지 등을 구조적으로 이해할 수 있도록 유도하지 않았다. 그보다는 게으르고 열등한 집단이 부당한 보조금을 받고 있다는 편견을 주입하고 강조하는 데에만 힘을 쏟았다. 그것은 공식적인 장벽을 더욱 불공평하게 만들고 백인 노동자 계급의 분노를 더욱 비극적으로 만드는 책임 전가였다. 1932년부터 1962년 사이에 연방정부가 보증한 대출로 확보한 주택 자산 평가를 통해 축적된 수조 달러의 재산에서도 피지배 카스트는 원천 배제되었다고 사회학자 조지 립시츠George Lipsitz는 지적했다.[22] 사실 그 돈은 지금의 부를 가능하게 한 주요 밑천이었다. "그러나 그들은 자신을 착취하고 억압하여 이득을 얻는 바로 그 사람들이 자신들을 특별히 우대받는 수혜자로 몰아간다는 사실을 알게 되었다." 노동·주택·학교가 마침내 하위 카스트에도 개방되자, 노동자 계급과 중산층 백인들은 상대적으로 자신의 형편이 더 나빠졌다고 생각해 역차별을 받는다고 불만을 터뜨렸다. 그들 눈에 자신들에게 유리한 불평등은 보이지 않았다.[23]

무의식적 편견과 그에 대한 대가

20세기 말, 사회학자들은 공공연한 인종차별이 무언의 반목으로 바뀌는 현상을 목격하고, 그렇게 서서히 끓어오르는 양측의 반감을 평가할 새 방법을 찾았다. 그들은 그것을 무의식적 편견unconscious bias이라고 불렀다. 이것은 민권운동 이전에 십자가를 불태우고 욕을 퍼붓는 큐 클럭스 클랜Ku Klux Klan, KKK식 생물학적 인종차별이 아니라, 평등을 공언하고 신봉하는 사람들의 잠재의식 속 편견에서 비롯된 차별 행동을 지칭하는 말이었다.

미국인들은 대부분 성인이 되면 흑인이나 그 밖의 소외된 집단에 대해 매우 부정적인 메시지를 담은 문화에 노출된다. 백인 미국인 중 무려 80퍼센트가 아프리카계 미국인에 대해 무의식적인 편견을 갖고 있으며, 그런 편견은 너무 반사적이어서 개인이 처리하기도 전에 효력이 나타난다고 사회학자 데이비드 R. 윌리엄스David R. Williams는 지적한다.[24] 이는 미국 사회에 너무 만연해서, 아프리카계 미국인 중에서도 3분의 1은 자신에게 불리한 편견을 가지고 있다. 윌리엄스는 이에 다음과 같이 덧붙인다. "소수민족 집단은 모두가 백인들에 비해 부정적인 쪽으로 인식이 고정되어 있다. 가장 안좋은 것은 흑인에 대한 인식이고, 라틴계에 대한 인식은 아시아인들에 비해 2배 더 안 좋다. 여기에도 서열의 위계가 있다."

어떤 종류의 사람이 이런 무의식적인 편견을 가지고 있을까? "여기 괜찮은 사람이 하나 있다. 이 사람은 과거에 일어난 불미스러운 일들을 측은하게 여긴다." 윌리엄스는 그렇게 말했다. "하지만 그 사람은 여전히 미국인이고 이 사회의 문화 전반에 뿌리박힌 흑인 스테레오타입에 물든 사람이다. 그래서 인종적 편견을 딱히 드러내지 않아도, 그의 잠재의식 속에는 암묵적 편견이 깊이 뿌리 내리고 있다. 그들은 아프리카계 미국인에 대해 부정적인 이미지들을 여럿 가지고 있다. 그래서 아프리카계 미국인을 대할 때 그들의 행동은 자신도 모르는 사이에 편견의 지배를 받는다. 이런 차별적 행동은 의식적인 차별보다 더 빨리 더 쉽게 나타나고 '나는 이 사람을 차별하기로 했어'라고 말하기 전에 이미 행동으로 옮겨진다."

윌리엄스는 이런 게 정말로 무서운 부분이라고 지적한다. "그것은 반사적이고 무의식적인 반응이기 때문에 당사자는 인식조차 못한다. '나는 이 사람을 다르게 대하지 않았어. 나는 모든 사람을 똑같이 대하거든'이라는 그의 말은 거짓이 아니다. 그들은 스스로 그렇다고 생각하기에 그 말은 진심이다. 그들은 심지어 자신이 알지 못하는 방식으로 이런 편견을 행동으로 옮긴다. 연구 결과에 따르면 백인의 약 70~80퍼센트가 이 범주에 속한다."

이런 자동반사적인 대응 때문에 고용·주택 마련·교육·의료 혜택 등에서 하위 카스트가 겪는 불평등은 더욱 심해진다. 늘 그렇듯 이런 불평등은 논리적이지도 않다. 예를 들어 사회학자 디바 페이저Devah Pager의 연구에 따르면 중범죄를 저지른 백인들의 고용 가능성이 전과가 없는 아프리카계 미국인들보다 더 높다고 한다.[25]

생사가 걸린 의료 처치에서도 아프리카계 미국인들과 그 밖의 소외된 사람들은 백인들만큼 시술 혜택을 받지 못하며 치료의 질도 떨어진다고 윌리엄스는 지적했다. 메디케어Medicare(고령자를 위한 의료보험제도)가 보장하는 가장 흔한 의료 조치 60종에서 아프리카계 미국인은 발병률이 더 높은데도 백인 환자에 비해 시술 혜택 종목이 더 적다. 공중 보건에서 드러나는 편파적 대우를 연구한 윌리엄스는 아프리카계 미국인이 백인보다 시술 비율이 높은 종목은 신장질환에 대한 혈관 단락 시술, 위궤양 조직 제거, 다리 절단, 고환 제거가 전부라고 밝혔다.

이 편견이 겉으로 드러나지 않는다고 해서 한 집단에 가해지는 피해까지 축소되는 것은 아니다. 무의식적인 편견은 백인 미국인들이 냉대받는 카스트들로부터 받아온 마음의 고통을 덜어내는 효과를 가져왔다는 점 때문에 더욱 비극적이다. 연구에 따르면 의사들은 흑인과 라틴아메리카계 환자가 통증을 호소해도 무시하는 경우가 많고, 아프리카계 미국인의 통증 임계치가 백인보다 높다고 잘못 믿는 것으로 나타났다.[26] 이로 인해 의사는 똑같은 통증을 호소해도 백인 환자에게는 약을 쉽게 처방해 주지만, 아프리카계 미국인 환자의 경우는 전이성 암환자라 해도 진통제를 투여하지 않거나 대충 처치한다. 이런 차별은 심각한 수준이어서 아프리카계 미국인들이 처방받는 진통제의 양은 세계보건기구가 정한 최저치에도 미치지 못한다.

오염물질이 공장 주변의 대기에만 국한되지 않는 것처럼, 특정 카스트에 대한 이런 불평등은 한 집단에만 머물지 않았다. 피지배 카스트는 성의 없는 치료 때문에 겪지 않아야 할 고통을 겪고, 지배 카스트는 과잉 진료로 인해 마약성 진통제인 오피오이드 중독에 빠져 백인 미국인들의 사망률을 끌어올리는 데 일조했을 것이다. 무엇보다 1990년대에 약물 남용을 막을 수 있는 절호의 기회를 놓치지 않았다면, 이 사회는 오피오이드 위기에 좀 더 현명하게 대처했을 것이다. 당시는 하위 카스트에 대한 도움이 절실할 때였다. 당시 유행했던 크랙 코카인 흡입은 사회 문제, 보건 위기로 다루어지기보다 범죄 문제로 치부되었고, 인간의 문제라기보다는 특정 집단의 문제로 여겼다. 그에 대한 반응도 상습복용자가 하위 카스트일 경우 범죄로 다스리는 것이 전부여서 대량 구금 사태와 가정 해체라는 결과만 초래했다. 결국 국가는 다가오는 오피오이드 중독의 비극에 제대로 대처하지 못했다. 카스트에 대한 선입견은 카스트로 분열된 양측을 모두 유린했고, 사회 전체가 가진 관용의 폭도 크게 좁혀놓았다.

위계의 상하를 막론하고 배제는 생명을 앗아간다. 불만이 가득한 미국 중부 지방 백인들의 건강을 연구해 온 의사 조너선 M. 메츨Jonathan M. Metzl은 자격이 없다고들 생각하는 소수 집단 복지를 보류한 주 정부의 결정으로 변화한 생사의 결과를 측정했다. 예를 들어 2011년과 2015년 사이에 테네시주의 제한적 건강 정책으로 인해 목숨을 잃은 것으로 추정되는 아프리카계 미국인은 4,599명이었지만, 백인의 수는 1만 2013명에 달했다. 흑인 거주자들보다 2배가 넘는 수치였다.

메츨은 그의 저서《백인성의 사망Dying of Whiteness》에서 치명적인 간염에 시달리던 41세 백인 택시 운전사를 사례로 든다. 테네시주 의회는 부담적정보험법Affordable Care Act을 채택하지 않았고, 의료보험 혜택의 범위도 확대하지 않았다. 따라서 이 남성은 켄터키 국경 바로 건너편에 살았다면 받았을 치료를 비용이 너무 비싸 받지 못한 탓에 목숨을 잃었다. 죽음에 가까워졌을 때 그는 정부의 개입을 원하지 않는다는 입장을 분명히 했다. "내가 낸 세금으로 멕시코인이나 복지 여왕welfare queen(일을 하지 않고 정부 급여로 버젓이 살아가는 사람을 비꼬는 말-옮긴이)들을 먹여 살릴 생각은 없습니다."[27] 그 남성은 메츨에게 그렇게 말했다. "오바마케어를 지지하거나 거기에 가입하는 일은 결코 없을 겁니다. 차라리 죽고 말죠." 안됐지만 그는 실제로 그렇게 되었다.

세상의 죄를
짊어진 희생양

　　해마다 속죄일이 되면 고대 히브리 사람들은 숫염
소 두 마리를 가져와 성회聖會의 장막 어귀에 놓았다. 대제사장은
제비를 뽑아 염소의 운명을 정했다. 한 마리는 죽여 하나님께 제물
로 바치고 지성소에 피를 뿌려 주변을 정화했다. 다른 희생양은 산
채로 하나님께 바쳤다.[28] 대제사장은 살아 있는 염소의 머리 위에
두 손을 얹고, 이스라엘 자손의 모든 죄와 악행을 고백했다. 자신들
의 모든 죄를 염소에 뒤집어씌운 대제사장은 염소를 광야로 추방
했다. 염소가 이스라엘 자손의 허물을 등에 지고 광야로 사라지면
이스라엘 자손은 죄에서 벗어나 평화롭게 번성할 수 있었다. 염소
는 사람의 죄로 인해 고통받고 쫓겨났기에 희생양scapegoat이라고
불렸다.

이것은 오랜 세월에 걸쳐 전승되어 온, 레위기에 따른 의례로 고대 그리스인들이 기록한 내용이다. 이 의식은 개인뿐 아니라 국가나 카스트 안의 상호관계에도 그대로 살아남아 있다. 고대인에게 희생양은 전체를 위해 바쳐져야 할 치유의 매체였다. 현대에 와서 희생양의 개념은 불행을 짊어지고 가는 매체에서, 불운을 가져온다고 비난받는 사람이나 집단으로 변질되었다. 융 학파의 심리학자 실비아 브린턴 페레라Sylvia Brinton Perera는 희생양이 "다른 사람, 즉 죄를 전가하는 사람의 책임을 덜어주고 그들의 힘과 정의감을 강화시키는 역할"을 한다고 썼다.[29]

미국이든, 인도든, 제2차 세계대전 당시 독일이든, 카스트 체제에서 최하위 카스트는 자기도 모르는 사이에 구조적 병폐에 쏠리는 사회의 관심을 집단적 불행의 탓이 되어주었다. 실제로 그들은 불행 그 자체로서 여겨졌다. 따라서 희생양은 자신도 모르는 사이에 특권층 카스트를 아무런 죄 없는 집단으로 보이게끔 만든다. 죄를 대신 받아주는 집단이 눈에 보이는 한, 그들은 죄의식에서 자유롭다. 페레라의 말처럼, "현재의 관행처럼 희생양을 만든다는 것은 악하거나 악한 짓을 했다고 볼 수 있는 사람을 찾아 그를 비난하고, 공동체에서 추방하여, 남아 있는 사람들의 죄의식을 덜고 대속하는 행위"다.[30]

희생양은 카스트의 집단적 안녕과 카스트 체제의 원활한 기능을 위해 없어서는 안 될 존재였다. 지배 집단은 희생양을 불운의 원인으로 여기고, 사회에서 가장 좋지 못한 측면을 드러내는 존재인 것처럼 경계한다. 페레라는 이에 대해 다음과 같이 썼다. "희생양에게 죄를 뒤집어씌우면, 자신의 이상적 자아가 받아들일 수 없는 것을 지녀야 한다는 부담에서 벗어나므로 마음이 가벼워진다. 희생양이 있으면 깨끗이 정화된 상태에서 서로 단결하여 신으로부터 축복을 받은 느낌을 가질 수 있다."

미국 남부에서 희생양으로 지목된 자는 광야가 아니라 변방으로 추방되었는데, 사실 지배 카스트들은 이들을 인간이라는 부류에서 추방하려 했다. 지배 카스트들은 남녀 가릴 것 없이 대부분 노예들을 수확량이 적다거나 수익이 보잘것없다는 이유로 비난하고, 자기를 위해 하루에 18시간 일하는 사람들을 게으름뱅이라고 부르면서 가지고 있던 실망감을 노예들의 몸에 분풀이했다.

카스트 체제는 희생양에 어떤 예외도 두지 않았다. 임신한 노예를 채찍질할 때에는 말뚝에 묶기 전에, 불어난 희생자의 몸이 들어갈 수 있도록 구덩이를 크게 팠다고 루이지애나의 C. 로빈C. Robin은 이야기한다.[31] "흑인은 희생양이 되기도 하고 동시에 자신의 집단에게는 좋은 본보기가 되기도 한다." 인류학자 앨리슨 데이비스는 그렇게 말했다. "그는 사소한 카스트 규약을 어겨 백인들을 자극했다는 이유로 고초를 겪지만, 그 고문은 동시에 앞으로 있을지 모르는 위반에 대한 경고이기도 하다."[32]

남북전쟁이 끝난 후 남부 연합은 전쟁의 패배를 또 흑인들 탓으로 돌렸다. 20세기에 들어선 뒤에도 린치는 때로 수천 명의 청중 앞에서 인간을 제물로 바치는 일종의 의식으로 사람들의 삶에 기여했다. 사람들은 지배 카스트 남성들이 하급 카스트 사람들을 플라타너스 가지에 매달기 전에 그들을 괴롭히는 모습을 구경하기 위해 몰려들었다. 이웃한 주에서 차를 몰고 오기도 했다. 학교는 아이들이 부모들과 같이 구경할 수 있도록 수업을 일찍 끝내주었다.

린치는 거의 예외 없이 "정체를 알 수 없는 사람들의 손에 의해" 자행되었고 "아무도 책임을 지지 않도록 집단적인 방식으로" 이루어졌다.[33]

1940년대를 대표하는 사회경제학자 군나르 뮈르달은 백인들이 흑인을 희생양이자 착취하고 미워하기 적절한 대상으로 본다는 점에서 일치단결했다고 썼다.[34] 그렇게 백인 연대는 유지되고 카스트 질서는 보호된다는 것이다. 하지만 아프리카계 미국인만 범죄를 저지르는 것도 아니고, 그들이 마약을 더 많이 복용한다는 사실 역시 그 근거가 불분명하다. 그러나 비난받는 것은 언제나 그들이다. 따라서 비슷한 범죄로 기소되는 백인보다 투옥되는 비율이 6배 더 높다. 수천 명의 아프리카계 미국인들은 약물을 소지한 이유로 철창신세를 지고, 지배 카스트는 마리화나나 대마초 산업으로 부를 축적한다.

아프리카계 미국인과 인도의 달리트가 기업에서 인사를 담당하거나 대학 입학처에 소속되는 경우가 거의 없는데도, 미국과 인도의 지배 카스트들은 지지부진한 사회 경력이나 대학 입시 실패를 하위 카스트 탓으로 돌렸다. 참담한 미국의 고용 현실과 고등교육의 문제가 흑인들 탓이라는 지적은 수치상으로도 맞지 않는 말이다. 지배 카스트 구성원이 꿈꾸는 직책을 차지한 아프리카계 미국인들은 그렇게 많지 않다.

물론 최근 들어 최하위 카스트와 그들을 지원하는 백인들의 투쟁으로 긍정적 조치도 시행되었다. 그러나 분석에 따르면 가장 낮은 계급의 사람들에게 가해진 수백 년 동안의 불의를 바로잡기 위해 마련한 계획의 주요 수혜자는 아프리카계 미국인이 아니라 백인 여성과 백인 가족인 것으로 밝혀졌다.[35] 희생양을 만드는 행위는, 소수의 이익을 위해 가뜩이나 어렵게 사는 미국인들을 더 힘들게 만드는 구조적 힘을 교묘하게 은폐한다. 사회적 병폐를 가장 힘이 없는, 발언권이 가장 적은 집단의 탓으로 돌리는 것이다. 그러나 정작 그런 분열을 통해 배당금을 챙기고 통제하는 자들은 아무런 제지를 받지 않는다. 경제적 긴장이 고조되는 시기에는 상황이 더 나빠진다. 지배 집단에서 가장 안전하지 못한 부류는, 실제로 양쪽 모두에게 피해를 입혔지만 그 어느 쪽에도 책임을 물을 수 없는 구조적 문제를 도리어 소수 집단의 탓으로 돌리며 그들을 공격한다.[36]

△

1989년 10월 어느 저녁, 보스턴 교외에 사는 한 부부가 출산 상담을 받고 차를 타고 집을 향해 가고 있었다. 남편 찰스 스튜어트Charles Stuart는 시내의 고급 모피 상점 지배인으로 내성적이지만 야심은 누구 못지않았다. 그의 아내인 캐롤 디마이티 스튜어트Carol DiMaiti Stuart는 체구가 작고 사교적인 변호사였다. 만약 아기가 남자라면 이름을 크리스토퍼라 짓기로 결정한 상태였다. 그들은 막 결혼 4주년을 맞이한, 평범한 블루칼라 출신 지배 카스트들의 자녀였다.

그날 저녁 그들은 유럽 이민자들의 관문인 록스베리 인근을 지나 집으로 가고 있었다. 록스베리는 제2차 세계대전 이후 가난한 흑인 노동자들이 많이 사는 지역으로, 마약과의 전쟁으로 황폐해진 동네였다. 차를 몰던 남편은 조금 돌아가는 길을 택했다. 미션힐 구역에서 신호대기 중에 총성이 울렸고 아내는 머리를, 남편은 복부를 맞았다. 아내보다 상태가 조금 나았던 그는 경찰에 구조를 요청했다. 두 사람은 병원으로 이송되었지만 위중했던 그의 아내는 병원에서 숨을 거두었다. 아기는 엄마가 숨을 거두기 몇 시간 전에 세상에 나왔다. 두 달이나 이른 출산이었다. 아기는 부모의 소원대로 크리스토퍼라는 이름을 받았다. 아기는 겨우 17일을 살았다.

사건 당일 밤, 찰스 스튜어트는 조깅복을 입은 한 흑인 남성이 차로 달려들어 총을 쐈다고 진술했다. 이 비극적인 사건은 보스턴뿐 아니라 전국에 오싹한 공포감을 촉발했다. TV는 필사적으로 경찰을 부르는 남편의 전화 목소리를 계속 내보냈고, 치명상을 입은 아내를 차에서 끌어내는 장면도 반복해서 방영했다. 격분한 보스턴은 행동을 개시하여 대대적인 범인 수색에 나섰다. 시장은 짐승 같은 놈들에게 책임을 묻겠다며 동원 가능한 형사들을 전원 사건에 투입하라고 명령했다. 경찰관들은 록스베리를 샅샅이 뒤져 인상착의에 맞는 남자들을 모두 세우고 몸을 뒤졌다. 거리의 거의 모든 흑인 남성들이 용의선상에 올랐다. 용의자 사냥은 몇 주 동안 집요하게 이어졌다. 수사팀은 용의자 확인 과정에서 찰스가 지목한 39세의 흑인을 기소했다. 전과가 있는 실업자였다. 사람들은 사형 선고를 외쳤다.

몇 달이 지날 때까지도 경찰은 남편의 진술에 일관성이 없다는 사실을 좀처럼 눈치채지 못했다. 그들은 본인들이 짐작한 각본에 이야기를 끼워 맞추기 바빴다. 총격 사건이 있던 날 밤 찰스는 자신이 평생 살아온 도시의 표지판도 알아보지 못했다고 주장했고, 자신들이 직전에 방문했던 병원으로 차를 돌리지 않고 경찰에 구조 요청을 하며 13분 동안 무작정 차를 몰고 다녔다. 그는 아내를 안심시키지 않았고, 아내의 이름도 부르지 않았다고 〈타임〉은 보도했다.[37] "병원으로 가는 구급차 안에서도 그는 자신의 부상이 어느 정도인지만 물었을 뿐 아내의 상태는 한 번도 묻지 않았다."

그는 젊고 건강한 아내에게 보험을 몇 개 들어놓은 상태였다. 병원에서 퇴원한 그는 그중 하나를 지급 받아 즉시 새 차와 1,000달러짜리 여성용 다이아몬드 귀걸이를 구입했다. 나중에 밝혀졌지만 아내가 죽기 전 그는 아내에게 말도 없이 금요일 저녁부터 다음날 새벽까지 외박하곤 했다. 모피 상점에서 한철 일했던 젊은 금발 여성과 함께 있는 것이 목격되기도 했는데, 그녀는 그가 병원에 있을 때 전화하라고 했던 사람이다. 사실이 알려지자 그녀는 두 사람의 관계를 극구 부인했다. 그는 친구들에게 출세에 지장이 있다며 아기를 원치 않는다고도 말했었다.

세부 진술에서 모순되는 부분이 많았지만 추정을 뒤집을 정도는 아니었다. 하지만 총격이 있던 그날 밤, 사건과 관련된 세 번째 인물이 있었다. 크리스마스를 며칠 앞둔 어느 날 그는 진실을 털어놓았다. 남편의 동생 매튜였다. 찰스는 사건 당일 밤 그 장소에서 매튜와 만나기로 계획을 세웠다. 동생이 도착하기 전에 찰스는 차를 세우고 아내의 머리를 쏜 다음 발을 쏘려고 했으나 잘못해서 몸통에 발사했다. 찰스는 동생에게 아내의 보석과 지갑과 총을 가져가라고 말했다. 강도 사건으로 위장하기 위해서였다.

그러나 매튜는 양심의 가책을 느껴 결국 가족들에게 사실을 털어놓았다. 그는 보험사기를 돕기 위해 지갑과 총을 가져갔을 뿐, 살해에는 가담하지 않았다고 말했다. 찰스는 경찰이 동생을 기소하지 않는 대가로 동생이 자신에게 불리한 증언을 할 계획이라는 소식을 들었다. 수사가 거의 마무리되어 가던 1월에 그는 강으로 투신해 사망했다. 그의 동생 매튜는 공모와 총기 소지 혐의만 인정되어 3년을 복역했다.

아내의 죽음에 대한 책임은 결국 남편 한 사람에게 돌아갔지만, 보이지 않는 공범은 또 있었다. 바로 카스트 체제다. 그는 카스트를 믿고 계획을 행동에 옮길 수 있었다. 가해자가 흑인이었다고 말하면 사람들은 그의 진술을 쉽게 받아들일 것이고, 누군가 용의선상에 오르면 하위 카스트보다는 지배 카스트의 말을 믿을 것이므로. 그들에게 초점이 맞춰지면 자신은 용의선상에서 쉽게 빠져나갈 거라고 그는 생각했다. 알리바이를 치밀하게 짤 필요도 없었다. 그럴듯하면 그만이었다. 아무리 항의해도 그 희생양이 죄를 짊어지게 되어 있었다.

카스트 체제는 찰스 스튜어트를 엄호해 주었고 캐럴 디마이티 스튜어트의 생명을 어이없게 앗아갔다. 남부 지방의 사람들은 백인 여성에게 무슨 일이 일어났을 때, 지배 카스트가 흑인 남성 하나를 고발하기로 마음먹는다면 얼마든지 그에게 책임을 물을 수 있다는 것을 알고 있었다. 그렇다고 해서 특정 집단이 범죄나 사기를 보다 쉽게 저지른다는 말은 아니다. 카스트 체제의 불온한 특징과 그것이 만들어내는 불공평한 정의가 사회를 불안하게 만든다. 범죄가 발생했을 때 그 책임을 엉뚱한 곳으로 전가하여 진범이 빠져나갈 여지를 만들어준다는 말이다. 카스트는 우리에게 거짓 위안을 주고, 세상이 질서 있게 돌아가고 있으며, 좋은 사람과 나쁜 사람을 척 보면 알 수 있다고 믿게 만든다.

그 무엇도 캐롤 디마이티 스튜어트의 목숨을 구할 수 없었을 것 같지만, 우리로서는 알 수 없는 일이다. 만약 남편이 흑인들의 우범성이라는 보편적 미끼에 의존할 수 없었다면, 그가 최하위 카스트에 대한 본능적 비난과 지배 카스트는 도덕적이라는 가정에 기댈 수 없었다면, 카스트 체제가 그의 편을 들어주리라고 추정할 수 없었다면, 찰스 스튜어트는 범죄에 대한 생각을 단념했을지도 모른다. 아마도 다른, 예를 들어 이혼 같은 방법을 시도했을지도 모른다. 적어도 그런 흉악한 짓을 마음 놓고 벌이지는 못했을 것이다. 아마 그의 아내는 살해당하지 않고, 그들의 아들도 죽지 않았을지 모른다. 적어도 그날 밤 그런 식으로는. 처음부터 실제 가해자를 겨냥해 수사가 진행되리라고 그가 예상했다면 말이다.

△

그로부터 여러 해가 지나고 2016년 대선이 끝난 뒤, 텍사스주 오스틴에 사는 39세의 프로젝트 매니저 앤서니 스테판 하우스Anthony Stephan House는 딸을 학교에 데려다주기 위해 준비를 하고 있었다.[38] 2018년 3월 2일, 아침 7시가 되기 직전이었다. 무엇 때문인지 그는 문 쪽으로 갔다. 문턱 너머 현관에는 소포가 있었다. 그가 집어 드는 순간 소포가 폭발했고, 그는 병원에 도착한 직후 숨을 거뒀다.

처음에 경찰은 명백한 살인으로 규정했지만, 얼마 후 수사 방향은 급변했다. 하우스는 아프리카계 미국인이었으며, 노동자 계급의 흑인과 라틴계가 사는 오스틴 동쪽 지역 낡은 단층집에 살고 있었다. 경찰은 그 폭발이 마약과 관련이 있을지도 모른다고 생각했다. 아마도 마약상을 보복하려다 엉뚱한 집을 골랐을 수도 있다. 경찰은 또 다른 가능성도 고려했다. 어쩌면 직접 폭탄을 터뜨렸을지도 모른다고. 희생자에게 죄를 뒤집어씌우는 수법이었다. "하우스 씨가 실수로 폭발시켰을 가능성을 배제하지 않고 있습니다. 그렇게 되면 사고사가 되는 것이죠."[39] 치안정감 조지프 차콘Joseph Chacon은 그렇게 말했다. "지금까지 정황으로 보아, 이 주거지에서 일어난 단독 사건이 아니라고 단정할 이유가 없습니다. 테러와의 연관성은 전혀 없습니다."[40] 당시 경찰청장 대행이었던 브라이언 맨리Brian Manley는 하우스 사망 당일 기자들에게 그렇게 말했다.

하지만 이는 어이없게도 방향을 잘못 잡은 것이었다는 게 금세 밝혀졌다. 열흘 뒤 베이스 바이올리니스트로 촉망받던 고교 3학년생 드레일런 메이슨Draylen Mason이 자신의 집 문밖에서 소포를 발견했다. 안으로 가지고 들어온 소포는 주방에서 폭발하여 그는 사망하고 그의 어머니는 중상을 입었다. 그들 역시 아프리카계 미국인이었다. 그날 몇 킬로미터 떨어진 곳에서는 75세의 라틴계인 에스페란자 에레라Esperanza Herrera가 어머니 집에 놓인 소포를 드는 순간 폭발하여 중상을 입었다.

오스틴 경찰은 첫 폭탄 테러가 발생한 지 열흘이 지나서야 시민들에게 정체 모를 소포를 조심하라고 경고하기 시작했다. 연쇄폭파범은 여전히 오리무중이었다. 그제야 사람들은 폭탄 테러를 혐오범죄로 단정하기 시작했다. 희생자들이 흑인이나 라틴계라는 사실로 미루어 볼 때, 테러를 통해 그들을 쫓아내고 싶은 사람이 있는 것 같았다. 폭파범은 행동반경을 넓히다 꼬리가 잡혔다. 일주일이 채 지나지 않았을 때 오스틴의 또 다른 곳에서 20대 백인 남성 2명이 동네를 걷다 인계철선을 건드리는 순간 폭탄이 터져 중상을 입은 것이다.

그로부터 이틀 뒤 배송업체 창고 컨베이어 벨트에서 폭탄이 터졌고, 또 다른 폭탄은 폭발하기 전에 발견됐다. 경찰은 수사 속도를 높였다. 감시카메라에 한 남성의 모습이 잡혔고 차 번호판도 녹화되었다. 경찰은 그의 휴대전화 위치를 추적했다. 그들은 용의자가 보수적인 기독교 집안 출신인 마크 콘딧Mark Conditt이라는 사실을 알아냈다. 창고에서 폭발이 있었던 다음 날, 기동타격대SWAT의 포위망이 좁혀지자 그는 자신의 차에서 폭탄을 터뜨려 자폭했다.

용의주도한 작전으로 폭파범은 24시간 이내에 진압되었다. 경찰은 용의자가 전술을 바꾼 것에 적지 않은 도움을 받았을 뿐 아니라, 카스트라는 가리개가 제거되면서 신속하게 조치할 수 있었다. 경찰청장은 자살이라는 누명을 썼던 첫 번째 희생자의 가족과 아프리카계 시민들에게 사과했다. 그러나 아프리카계 주민들의 의문은 좀처럼 가시지 않았다. 그들은 매일같이 그런 의문을 던졌다. 첫 번째 폭탄으로 유색인종이 죽거나 다쳤을 때 왜 경찰은 철저히 조사하지 않는가? 왜 경찰은 또 생길지 모르는 위협을 무시했는가? 왜 당국은 10일이나 기다렸다 경고를 발령했는가? 왜 그들은 첫 번째 희생을 자살로 몰아 귀중한 시간을 흘려보냈는가?

"경찰이 얼마나 한심하면 그런 짓을 자살소동이라며 사건을 덮으려 했겠습니까?" 오스틴에 사는 가난한 주민들을 위해 일하는 파티마 만Fatima Mann은 〈워싱턴포스트Washington Post〉 기자에게 말했다. "모욕적이고 불쾌하고 지긋지긋합니다." 오스틴에서 가장 먼저 죽은 사람처럼, 희생양은 말 그대로 소모품이다. 사람들은 자신보다 아래에 있다고 여기는 사람들의 불행은, 자신의 삶과 아무 관계가 없다고 본다. 그들에게 닥친 일은 인간의 문제라기보다는 흑인의 문제였다. 흑인들이 겪는 곤경을 무시함으로써 자신도 모르는 사이에 모든 사람을 위험에 빠뜨렸던 것이다.

△

2013년 말, 서아프리카 연안 국가에서 악성 전염병이 재발했다. 기니의 어떤 마을에서 18개월 된 사내아이가 죽었다. 그의 어머니, 할머니, 여동생도 치명적인 증상을 겪은 후 곧 사망했다. 할머니의 장례식에 모였던 조문객들은 이 에볼라 바이러스를 자기 마을로 가져갔고, 이는 라이베리아, 기니, 시에라리온의 사람들을 쓰러뜨리고 환자를 치료하던 의사들까지 죽이기 시작했다. 모두가 사실상 SF소설에서나 나올 법한 정교한 독극물 대처 규약을 따라야 했고, 손끝에 살짝 베인 상처에 침투한 바이러스 때문에 고통 속에 죽어갔다. 백신도 존재하지 않아 사람들은 두려움에 떨었다.

그저 측은하게만 여길 뿐 남의 일처럼 무덤덤한 서구 세계의 태도에 서아프리카는 분노했다. 얼마나 슬픈 대륙인가. 이들 나라는 대서양을 가로지른 노예 매매 기간에 사람들을 빼앗긴 이후, 정복자에게 짓밟혀 식민지로 전락했으며 격변으로 인한 불안정으로부터 겨우 회복하던 중이었다.

원시적인 건강 관리법부터 고대 매장 의식에 이르기까지, 이들

국가의 열악한 상황이 이런 전염병을 자초한 것처럼 보였다. 바이러스는 감염자의 체액 접촉으로 확산되었고, 감염자는 격리병동에 수용되었다. 그러나 일부 마을 사람들은 얼마 남지 않은 마지막 순간에 사랑하는 사람과 떨어지지 않으려 했고, 병원으로 옮기고 싶어도 사정이 어려우니 직접 돌보기로 했다. 그들의 끈끈한 사랑은 질병을 초월할 정도로 경탄할 만했으나 그들은 또한 그 때문에 비난받았다.

이들 마을과 멀리 떨어진 곳에서는 마지막 순간의 존엄성까지 무참히 짓밟는 원색적 사진들이 신문을 도배했다. 바다와 대양이라는 완충지대 덕분에 이곳은 안전하다는 위안 때문이었을까. 밖으로 드러낼 만한 서구인들의 감정이 있다 해도 그것은 냉담한 슬픔 정도였다. 수천 명의 사람들이 죽어가는 가운데 국경없는의사회Doctors Without Borders 같은 용감한 서구인들이 그들을 돕기 위해 날아갔다. 그러나 서구 과학의 실전 무기들은 꿈쩍할 생각도 안 했다. 그 병은 아프리카의 문제였고, 그곳은 최하층 카스트들로 가득 찬 불운의 땅이었다.

그러나 이 바이러스는 인종이나 지리를 구분할 줄 몰랐다. 2014년 늦여름, 미국 구호 요원들이 이 지역에 있는 동안 바이러스에 감염되었다. 그제야 사태의 심각성을 실감한 미국은 방역 조치를 돕기 위해 구호물자와 구호 요원 3000명을 파견했다. 그리고 2014년 9월, 한 남성이 아내와 아들을 만나기 위해 라이베리아에서 브뤼셀을 거쳐 댈러스로 가는 비행기에 탑승했다. 그는 모르는 사이에 바이러스를 옮기고 있었다. 그는 미국의 첫 번째 에볼라 환자가 되었다.

에볼라 바이러스에 전혀 대비되어 있지 않던 댈러스 병원은 증상을 호소하는 그에게 항생제를 처방하고 집으로 돌려보냈다. 그는 증세가 악화되어 다시 병원으로 실려왔지만 10일을 넘기지 못하고 사망했다. 곧이어 그를 돌본 간호사 중 2명이 바이러스에 감염되었다. 보도 매체들이 행방을 추적한 결과 간호사 중 1명이 진단을 받기 전 여객기를 타고 여행을 다녀왔다는 사실이 밝혀지면서 사람들은 공황 상태에 빠졌다. 며칠 뒤 케이블 뉴스 채널들은 정규 프로그램을 중단하고 특수 치료를 받기 위해 그녀가 댈러스에서 애틀랜타로 공수되는 장면을 생방송으로 중계했다. 다른 행성의 일이었던 재앙은 이제 미국의 일이 되었다.

미국 본토에서 첫 진단이 나온 직후, 서아프리카 지역 사람들을 자원 의료봉사자들의 손에 맡긴 뒤 알아서 해결하도록 방치한 지 거의 1년이 되던 때였다. 미국 식품의약국Food and Drug Administration은 미국의 한 제약회사에게 에볼라 바이러스 백신을 서둘러 개발해달라고 요청했다. 이후 8명이 추가로 진단을 받았고 보도 매체들은 그들의 상태와 의료 조치의 경과를 밀착 취재했다.

2014년의 전염병으로 2만 8000명이 감염되었고 1만 1000명 이상이 사망했다. 사상 최대의 에볼라 피해였다. 그 바이러스는 이 행성의 상호연결성을 생생하고 무시무시한 부조浮彫로 바꿔놓았다. 에볼라에게는 카스트를 인식하는 능력이 없었다. 인간은 별수 없는 인간이며, 놀랄 만큼 효율적인 바이러스의 새로운 숙주였다. 초기만 해도 그 전염병은 인간의 위기로 보이지 않았다. 고통받는 사람들은 의료 시스템이 제대로 갖춰져 있지 않은, 다른 쪽 반구의 서아프리카 주민들이었다. 하지만 에볼라와 6년 뒤 지구촌 전체를 마비시킬 재앙은, 우리 인간이 실제로 하나의 종種으로 연결되어 있고, 모두 비슷한 존재이며, 우리가 믿고 싶은 것 이상으로 서로에게 의존하는 존재라는 사실을 상기시킨다. 에볼라는 앞으로 닥칠 일에 대한 경고의 속삭임이었다.

불안한 알파와
언더독의 쓸모

웨스트 하이랜드 테리어는 무리와 떨어진 뒤로 말을 듣지 않았다. 태어난 지 1년이 갓 넘은 웨스티는, 첫 번째 남편으로 추정되는 우두머리가 곁에 없자 아무거나 물어뜯고 으르렁거렸다. 일단 데려오긴 했지만 녀석은 익숙했던 질서가 사라진 것을 참지 못했다. 세상이 무너지지 않을까, 생존을 위협받지 않을까 두려워했다. 첫 번째 남편인 늙은 우두머리에게 잠깐 데려갔을 때에는 그의 코를 물어 자신의 불쾌감을 전달했다. 웨스티를 계속 데리고 있으려면 방법을 찾아야 했다.

개 행동학자와 상의해 보는 게 좋겠다고 생각한 나는 웨스티 전문가를 찾아갔다. 나는 그녀로부터 내 테리어를 좀 더 잘 다룰 수 있는 조언을 받을 수 있으리라 기대했다. 그리고 실제로 개들의 위계 구조와 교류 방법, 무리의 생존과 안녕을 위해 지배력을 행사하고 복종하는 법 등에 관해 몇 가지 요령을 배웠다.

늑대와 개의 사회적 위계 구조와 어휘는 우리 문화 전반을 관통한다. 우두머리 수컷alpha male, 약자underdog, 독불장군lone wolf, 무리 본능pack mentality 등은 기르던 개를 관찰하며 만든 용어이거나 이런 사회적 동물의 반려종과 우리 사이에 어떤 유사성이 있을 거라는 짐작에서 나온 용어다. 요즘의 개 전문가들은 알파 메일alpha male이라는 왜곡된 용어를 바로 잡으려 한다.

일단 진정한 알파는 외부의 침입에 두려워하지 않고 무리를 보호하지만, 무리 안에서는 좀처럼 나서지 않는다고 그녀는 내게 일러주었다. 공격적인 행동을 하거나 짖어서 명령하거나 물리적 수단을 동원해 통제하는 경우는 거의 없다. 나는 '알파'로 불리는 인간들처럼 개를 때리거나 개 목걸이를 잡아채는 짓은 절대 하지 않지만, 치치가 또 다른 슬링백을 씹을 때에는 인내심이 한계에 달해 그냥 "안 돼! 안 돼!"라고 비명만 지르지는 않았다. "거봐요. 그게 인간이에요. 우리는 개를 어린아이처럼 대하지만, 무리 지어 사는 동물인 개는 알파가 던지는 신호에 반응합니다. 인간 알파는 목소리를 높이면 절대 안 돼요. 그래봐야 개는 못 알아듣습니다." 행동학자는 대답했다. "주의를 주려고 목소리를 높이면, 개는 당신을 대장으로 보지 않습니다. 그러면 이미 진 거예요. 진정한 알파는 그런 식으로 하지 않고 또 그럴 필요도 없어요. 알파라는 사람이 그런 방식을 고집한다면, 개들은 전혀 통제되지 않는다는 신호를 낼 겁니다."

진정한 알파는 자신에게 의존하는 무리를 조용히 감독함으로써 권위를 드러낸다. 그는 어렸을 때부터 서열을 정해놓았고 연륜에 의한 신호를 통해 내면의 강인함과 지배력을 전달하고 필요할 때만 자신의 힘을 행사해 왔다. 보통 알파는 먹이를 먼저 먹을 뿐 아니라 무리가 먹이를 먹는 순서도 정해주며, 무리의 안전과 안녕을 확실하게 지켜줌으로써 신뢰를 심어준다. 몸집이 제일 크거나 빨라야 알파가 되는 것은 아니다. 알파는 선천적으로 자신감이 있으며 대개 단순히 표정이나 낮은 목소리만으로 무리 속의 개체를 지배한다. 진정한 알파는 자신에게 주어진 정당한 힘을 조용하고 확실하게 행사한다. 소리를 지르거나 악을 쓰거나 괴롭히거나 아랫사람을 공격하여 복종시키려 한다면 그는 진정한 알파가 아니다. 그것은 불안한 알파다. 그런 자는 무리로부터 충성심과 신뢰감을 얻지 못하고, 불안한 모습이나 두려운 표정이나 용기 부족을 드러냄으로써 집단 전체를 위험에 빠뜨린다.

그 행동학자는 내가 제 역할을 확실히 할 수 있도록 일련의 과제를 주었다. 그리고 내 웨스티 치치가 일단 나를 알파로 보기 시작하면, 그동안의 관계는 다시 설정되며 그렇게 달라진 관계는 영원히 이어질 것이라고 나를 안심시켰다. 첫 번째 훈련은 누가 녀석의 생명줄을 쥐고 있는지 분명히 알려주는 것이었다. 먹이를 줄 때 밥그릇을 내려놓고 그것을 잡고 있다가, 먹으려 할 때 그릇을 치워 내 권한을 알려준다. 그다음, 다시 내려놓아 먹을 수 있게 해줬다. 처음에 녀석은 처음 보는 내 행동에 동요했지만 곧 적응했다. 다음 단계는 녀석이 먹이를 먹는 내내 그릇 위에 내 손을 얹는 것이었다. 마지막 단계로 나는 그릇을 내려놓은 다음 그릇을 잡고, 치치가 먹을 때 내 손을 음식에 넣어 치치가 어떻게 나오든 내가 두려워하지 않는다는 것을 알려주었다. 이건 예상치 못한 조언이었다. "웨스티의 이빨이 얼마나 큰지 아시잖아요?" 나는 그녀가 세 번째 단계를 설명했을 때 그렇게 반발했다. "알아요. 하지만 먹이를 주는 손을 물지는 않을 겁니다." 그녀가 말했다.

마지막 단계에 나는 그릇을 내려놓고 치치가 먹을 때 두 손을 계속 그릇에 넣고 지켜보았다. 그리고 개들의 행동이 어쩌다 우리 언어로 편입되었는지 그때 알게 되었다. 그 전문가는 개를 한 마리 더 키워보라고 권했다. 웨스티는 특히 사교적인 품종이어서 동반자가 있으면 더 잘 지낸다고 했다. 웨스티를 좋아하지만 나는 활달한 테리어는 하나로 충분했기에 점잖고 순한 품종을 찾았다. 그래서 소피를 데려왔다. 하바니즈였다. 소피는 내 핸드백에 쏙 들어갈 것 같은 340그램짜리 털북숭이였다.

소피를 데리러 갈 때 치치도 같이 갔다. 거기서는 치치도 소피와 아무런 문제가 없었다. 하지만 집에 오자 달라졌다. 새로운 침입자가 집안의 체계에 어떤 영향을 미칠지 확실하지 않자, 녀석은 알파 행세를 했다. 내가 한눈팔 때마다 화장대나 진열장 밑에 숨은 소피에게 달려들었다. 먹이를 먹을 때에는 소피의 밥그릇을 밀어냈다.

어느 날 치치가 소피에게 접근하여 그릇에서 밀어냈을 때였다. 소피는 몸을 곧추세운 채 경계를 하며 다가오는 치치를 뚫어져라 쳐다보며 작은 소리로 으르렁거렸다. 소피가 소리를 낸 것은 그때가 처음이었다. 치치는 예상치 못한 반응에 흠칫했고 귀를 딱 붙였다. 자존감이 납작해진 치치는 꼬리를 다리 사이에 낀 채 자기 밥그릇으로 슬금슬금 되돌아갔다. 그날부터 대장은 소피였다.

그때부터 밥을 먼저 먹고 문도 먼저 통과하고 산책할 때 항상 한 걸음 앞서가는 녀석은 치치가 아니라 소피였다. 다 자란 뒤에도 덩치가 치치의 절반밖에 되지 않았지만, 소피는 마음만 먹으면 치치를 꼼짝 못 하게 만들었고 치치의 잘못을 바로 잡아주거나 자기 구역으로 쫓아냈다. 웨스티는 말도 안 듣고 설득도 안 되고 분위기 파악도 못 하는 알파였지만 곧 느긋한 마음으로 만족할 줄 아는 베타로 변했다. 꼬리도 살랑살랑 흔들고 명랑해지고 자유분방해졌다. 치치는 소피를 숭배하면서도 소피를 경계했다. 그렇게 둘 사이의 위계가 정착되고 각자 자신의 강점에 맞는 자리를 차지하게 되자, 집안은 질서를 되찾고 평화로워졌다.

△

우리가 알파의 행동을 잘못 알고 있는 이유는 늑대 무리를 우리에 가둬놓은 모습을 지켜보며 연구했기 때문이다. 야생에서 늑대 무리는 알파 수컷과 알파 암컷이 열 마리 정도를 이끄는 대가족 체계다. 무리는 두 우두머리를 신뢰하는데 그래야 할 이유가 있다. 모두의 생존을 위해서다.

"알파 수컷 늑대의 특징은 조용한 자신감과 조용한 자기 확신입니다." 옐로스톤 국립공원Yellowstone National Park에서 늑대의 행동을 연구하는 리처드 맥킨타이어Richard McIntyre는 생태학자 칼 사피나Carl Safina에게 말했다. "녀석은 무리에 가장 좋은 것이 무엇인지 알고 있어요. 그리고 솔선수범으로 무리를 이끌죠. 그렇게 해야 마음이 편하거든요. 그래야 무리를 진정시킬 수 있고요."[41]

이 때문에 무리의 여러 베타와 감마 늑대들은 알파의 지혜를 확실히 믿고 각자의 임무를 수행한다. 계급의 맨 아래 바닥에는 오메가 늑대가 있다. 그는 언더독이며 서열이 가장 낮다. 무리 속의 관계에서 자연스레 드러나는 성격적 특성에서 비롯된 결과다. 보통 먹이를 맨 마지막에 먹는 오메가는 구성원들의 스트레스를 배출시켜주는 일종의 궁정 광대로, 종종 괴롭힘의 대상이 되기도 한다. 그는 야생에서 맞닥뜨리는 대치 상황에서도 그 긴장을 정면으로 받아 맹수나 라이벌의 직접적인 표적이 되고, 심지어 사냥할 먹이가 없을 땐 같은 무리의 공격 대상이 되기도 한다.

오메가는 구성원을 단결시키는 일종의 접착제여서, 실제로 전쟁을 벌이지 않을 때에도 답답함을 발산할 수 있게 돕는 기능을 한다.[42] 오메가는 무리의 체계 유지에 매우 중요하기 때문에 오메가를 잃으면 무리는 기나긴 애도 기간에 들어간다고 전문가는 말한다. 더 이상 살아야 할 이유가 없는 것처럼 무리 전체는 사냥을 멈추고 비통에 잠겨 엎드려있기만 한다. 오메가를 잃으면 응집력이 약해져 집단 전체가 위험해질 수 있다. 또한 무리의 구성 방식에 따라 오메가가 쉽게 대체되지 않는 경우도 있다. 그때 하위나 중위권 구성원 중 하나가 새로운 오메가가 되어야 하는데, 당사자 입장에서는 일종의 강등이다. 어느 쪽이든 오메가가 빨리 정해지지 않으면 무리는 불안정해진다. 오메가 늑대의 자리는 개체의 외모에 의해 인위적으로 정해지는 것이 아니라, 무리 형성 과정에서 자연스럽게 드러나는 성격적 특징의 결과다.

인간은 갯과 동물에게 많은 것을 배웠다. 다만 인간들 사이에서 벌어지는 큰 비극은 CEO, 쿼터백, 코치, 영화감독, 대학 총장, 국가의 대통령 등 알파 직위에 인간을 배정할 때, 타고난 통솔력을 기반으로 정하지 않는다는 것이다. 역사적으로 지배 카스트나 지배적인 성별이나 우파라는 이유로 특정 카스트나 특정 성별이나 특정 종교나 특정 국적을 가진 사람이, 지도자 자격이나 능력을 타고났다는 전제를 기반으로 할 때 이 비극은 비롯된다.

이것은 소외된 집단 출신으로 재능이 드러나지 않거나 인정받지 못해 불안하고 적합하지 못한 알파들 밑에서 조직이 설립되는 과정을 지켜봐야 했던 이들만의 비극이 아니다. 이것은 잘못된 자리에 앉아 감당하기 벅찬 일을 하느라 쩔쩔매고 자신을 존경하지도 않는 참모들의 불평을 달래느라 고생하는 지배 카스트만의 비극도 아니다. 이것은 남성이든 여성이든 종교나 배경이나 카스트가 무엇이든, 타고난 리더로서의 능력을 갖추고 공감 능력과 용기라는 특징으로 세상을 이끌 수 있는 천부적 알파의 혜택을 받지 못한 인류 전체의 비극이다.

검은 사람들의
결백

모처럼 아들과 함께 있을 수 있게 된 아버지는 어린 아들을 식당으로 데리고 갔다. 아내와 헤어진 지 얼마 되지 않은 시기였다. 어린 소년은 먹고 싶은 메뉴를 주문했지만, 막상 음식이 나오자 주스만 마시겠다고 했다. 아버지는 어른들의 일로 아들에게 좋지 않은 영향이 미칠까 걱정이었다. 어린 아들이 빨리 안정을 되찾고 예전과 다름없는 삶을 살았으면 하는 심정이었다.

그는 모두 함께 지낼 때 늘 해왔던 것처럼 하고 싶었다. 음식을 앞에 두고 감사 기도를 올린 다음, 세상이 식탁에 올려준 것을 맛있게 즐기고 싶었다. 무엇보다 그는 어린 아들이 끼니를 잘 챙겨먹길 바랐다. 허기진 상태로 엄마에게 돌려보내고 싶지 않았다. 달콤한 주스와 과자부스러기만으로 작은 배를 채우면 분명 돌아가 먹을 것을 찾을 터였다. 그는 어렸을 때 단것을 실컷 먹었다가 입맛이 떨어졌던 때를 기억했다.

지금은 말할 수 없지만, 나중에 꼭 아들에게 해줘야 할 말이 있었다. 권위를 존중해야 한다는 것이었다. 언젠가 아들은 귀여운 아이가 아니라 다 큰 흑인 어른이 될 테고, 그래서 권위를 존중하고 규칙을 따르는 것이 곧 그의 삶이 될 예정이었다. 아이는 외동아들이었고, 세상 그 무엇과도 바꿀 수 없는 가장 소중한 존재였다. 상냥하고 순수하고 자유로운 아이였다. 세상이, 이 나라가 이 아이를 위협적인 존재로 본다고 어떻게 말해야 할까? 아이의 가슴을 아프게 할 그 이야기를, 정확히 언제 해줘야 할까?

조금씩 잘라내어 살살 넓게 펴서 주면 한 번에 맞는 것보다 고통이 덜할까? 기왕 맞을 매니까 먼저 맞게 하는 것이 나을까? 알게 될 일은 빨리 아는 게 더 안전하고 준비하기도 쉽지 않을까? 아니, 미룰 수 있는 만큼 미루며 아이로 지내는 기간을 늘려주는 것이 좋을까? 어차피 나머지 인생 동안 현실을 직시하며 적응하게 될 테니까. 사실은 그냥 기다리고 싶은 심정인지도 모른다. 무슨 일이 일어날 때까지. 누군가 운동장에서 무심코 '깜 어쩌구' 같은 말을 툭 던질 때까지, 복도에서 뛰다 선생님께 야단을 맞았는데 백인 아이들이 뛰는 건 아무런 제지가 없어 뭔가 이상하다고 생각할 때까지 말이다.

2014년 타미르 라이스^{Tamir Rice}는 12세에 클리블랜드의 한 공원에서 장난감 총을 갖고 놀다 경찰에게 총을 맞았다. 오하이오는 오픈캐리 스테이트^{open carry state}(공공장소에서 총기를 눈에 띄는 상태로 소지할 수 있는 주)였고, 미국 아이들이 다들 그렇듯 아이들이 장난감

총을 갖고 노는 것은 이곳에서도 흔한 풍경이었지만, 경찰은 타미르를 본 지 몇 초 만에 그를 저격했다. 타미르 라이스는 공교롭게도 소설 속 소년 젬^{Jem}과 같은 나이였다. 《앵무새 죽이기^{To Kill a Mockingbird}》는 아버지 애티커스 핀치^{Atticus Finch}가 아들 젬에게 공기총을 주면서 "함부로 흉내지빠귀^{mockingbird}를 죽이지 않도록 조심하라"라고 한 말 때문에 그런 제목이 붙었다. 미국에서는 사내아이들이 총을 받아 가지고 놀지만 그 때문에 죽지는 않는다. 타미르 라이스는 영문도 모른 채 죽었다.

맞은 편에 앉은 아이의 아버지는 총에 의지할 생각이 없지만, 어쨌든 그건 문제가 아니었다. 문제는 아들의 생명이었고, 그 아버지가 할 수 있는 일은 아이의 생명을 보호하는 것이었다. 하위 카스트에 있는 부모가 해야 할 일은 카스트 체제가 아이에게 진짜 모습을 드러내기 전에 정확하고도 가장 적합한 타이밍을 알아내는 것이었다. 가능한 늦게, 하지만 너무 늦지는 않게 아이가 천진한 상태로 지낼 수 있는 시간을 늘려주는 것이다.

서아프리카에서 가족을 이끌고 온 그는 어린 아들에게 슬프지만 이제 더 이상 다른 아이들처럼 펄쩍 뛰고 달리고 소리 지를 수 없다는 사실을 일러줄 방법을 찾아야 했다. 그것은 너무 위험한 일이라고 말해야 했다. 여기는 아프리카가 아니라 미국이었다. 오클랜드로 이민 온 그 아버지는 그 지역 대학의 존경받는 교수였다. 아프리카계 미국인의 역사가 그의 전공이었다. 그는 적당한 때가 오리라고 생각했다. 당장은 마음이 무거웠지만 그건 그때 가서 생각할 문제였다. 아버지는 아들을 내려다보며 아빠 말대로 먼저 채소부터 먹어야 주스를 마실 수 있다고 말했다. 어린 소년은 얼굴을 찡

그리고 고개를 저으며 울기 시작했다.

근처 테이블에 앉아 있던 한 여성이 두 사람이 주고받는 말을 유심히 듣고 있었다. 그녀는 지배 카스트 출신이었다. 그녀는 자기 자리에서 나와 아버지와 아들이 앉아 있는 테이블로 걸어갔다. 아버지는 그들을 향해 다가오는 그림자를 보았다. 여성은 아이 앞에 멈춰 서서 허리를 굽혀 어린 소년에게 말했다. "주스를 마시고 싶으면 마시렴. 네 주스니까 마셔도 괜찮다." 그 여성은 아버지에게 말을 걸지도, 눈길 한 번 주지도 않았다. 그녀는 그 자리에 서서 작은 소년만 보았다. 아버지는 어이가 없었다. 전혀 모르는 사람이 다가와 부모를 무시한 채 아이에게 부모의 면전에서 부모 말을 거역하라고 말하고 있었다.

넘지 말아야 할 선을 한참 넘은 행동이라 처리하기가 어려웠다. 도대체 그녀가 무얼 믿고 모르는 사람의 사적 대화에 끼어들어 아버지의 결정에 제동을 거는 것일까? 무슨 이유로 자신에게 그럴 자격이 있다고 생각했을까? 이곳은 휴이^{Huey}와 투팍^{Tupac}(휴이 퍼시 뉴턴$^{Huey\ Percy\ Newton}$은 흑표당을 조직한 흑인 해방운동가, 투팍 샤커$^{Tupac\ Shakur}$는 흑인들의 심정을 대변하는 음악을 만든 래퍼 − 옮긴이)의 고장이자 밝은 청색 도시 오클랜드였으며, 젠더 비순응$^{gender\ nonconformity}$(이분법적 성별 구분을 부인하는 주장)이나 미세적 공격$^{micro-aggression}$(사소한 편견이나 차별) 같은 문구를 일상에서 쉽게 들을 수 있는 곳이다. 자신에게 그럴 권리가 있다고 생각하지 않았다면 그 여성은 자리에서 일어나지 않았을 것이다. 그녀가 다른 부모들에게도 그런 행동을 했다면? 상대가 백인 아버지였다면 그를 무시하고 아이에게 다가가 하고 싶은 대로 해도 좋다고 말했을까?

그 아버지는 마치 교통경찰이 차를 세우듯 손을 들었다. "아주
머니, 자리에 가서 앉으세요." 아버지가 말했다. "내 테이블로 오지
마세요. 당신, 내가 누군지 모르잖아요." 여성은 아버지의 단호한
태도에 당황한 표정을 짓고 엉거주춤 돌아서서 자신의 자리로 돌
아갔다. 그 순간부터 아버지는 먹는 둥 마는 둥 도통 식사를 즐길
수 없었다. 그는 그 후로도 그 순간을 두고두고 떠올렸다.

미국의 상위 카스트 사람들은 하위 카스트의 부모와 자식의 정
당한 역할을 통제하고 무시해 온 유구한 역사를 가지고 있다. 그중
에서도 가장 극단적인 경우는 부모로부터 아이들을 떼어 팔아넘기
는 행위였다. 심지어 아직 젖을 떼지 못한 유아들까지도 망아지나
강아지 팔아먹듯 돈을 받고 넘겼다. "200달러짜리 아기도 있었다.
그 아이가 숨이 붙어 있을 때에는." 어떤 노예는 그렇게 말했다.[43] 이
런 모습은 250년 동안 이 나라에서 일상 같은 흔한 광경이었다. 아
이와 부모들은 인간관계의 가장 기본적인 유대감마저 거부당했다.

자녀들이 부모 곁에 남을 경우에도 카스트의 규약은 부모의 권
위를 손상시켰다. 부모가 자녀를 함부로 감싸고돌다가는 처벌을 면
치 못했다. 루이지애나주의 한 어머니는 백인 여주인이 아들에게
내린 명령을 거두어달라고 간청했다가 채찍을 맞았다.[44] 남자 노예
에게 가해지는 벌은 특히 끔찍했기에, 주인이나 노예 감독이 자신
의 아내나 아이에게 폭력을 쓸 때 끼어들었다가는 이보다 더 가혹
한 채찍형이나 고문을 받기 십상이었다.

이처럼 노예 부모들은 자신들 위에 군림하는 "무서운 인간들로
부터 피할 은신처나 안전"을 아이들에게 제공할 수 없었다고 역사
학자 케네스 M. 스탬프는 썼다.[45] 그들은 자기 몸도 보호할 수 없었

다. 상위 카스트들은 자신이 악하다고 여기지 않았겠지만, 아이들은 최하위 카스트라도 무엇이 나쁜 짓인지 알고 있었다. 스탬프는 어느 날 노예 감독이 아이들 앞에서 여자 노예를 묶어 채찍질하자 아이들이 기겁하여 감독관에게 돌을 던졌다고 했다. 어떤 아이는 감독에게 달려들어 그의 다리를 물었다. 카스트 체제는 그들을 소나 기계로 취급했지만, 아이들은 지배 카스트가 거부한 인간의 자격으로 즉각 대응했다. 흑인 부모가 자녀들을 학대로부터 보호하거나, 국가가 그들 자녀에게 가한 위해의 책임을 묻기 위한 법적·정치적 수단을 갖게 된 것은 민권운동으로 보호 장치가 마련되기 시작했던 20세기 중반부터였다. 그러나 위계 구조는 시대에 따라 표현 방식만 달랐을 뿐 그 기본 윤곽은 그대로였다.

현대의 카스트 규약은 노골적·공격적·의식적으로 적대감을 드러내는 편이 아니기에 맞서 싸우기가 더 난감하다. 그것들은 바람과 같아 누구라도 쓰러뜨릴 만큼 막강하지만, 실제로 그 작동 과정은 눈에 보이지 않는다. 이러한 위계 구조는 신분을 지나칠 정도로 의식하게 만들어, 원하면 아무 때나 개입하고 주제넘게 나설 수 있는 자격을 지배 카스트에게 준다. 그래서 그들은 적절하다고 판단되면 자기보다 아래로 보이는 사람들을 감시, 해고할 수 있다고 생각한다.

위계 구조는 문서로 정한 규정이 아니라, 거의 모든 광고나 TV 쇼, 광고판과 이사회, 뉴스룸에 이르기까지 어떤 사람이 다른 사람보다 우위에 섰다는 사실을 탑재하게 만든다. 그것은 영화의 전반부에서 첫 번째로 살해될 사람을 세분화된 등급으로 통제하는 문제다. 이것이 카스트의 보이지 않는 일상성이다.

△

미국은 어디를 가든 두세 명만 모이면 아주 평범한 대화에도 카스트가 끼어든다. 카스트는 잠깐 방심한 틈을 타 분열을 조장하고 분위기를 흐려 위계 구조 속에 있는 모든 사람에게 피해를 준다. 카스트의 위력이 드러나는 장면을 몇 가지 살펴보자.

(a)

중서부 도시 교외의 부유한 동네에 있는 지배 카스트 출신 회계사 집에 초인종이 울렸다. 회계사 가족은 최근에 이사를 왔다. 현관문의 채광 유리를 통해 한 여성이 보였다. 아프리카계 미국인 여성이었다. 그는 금방 눈치챘다. 동네 세탁소는 손님들의 세탁물을 수거해가고, 세탁한 옷을 가져다주는 서비스를 제공한다. 그래서 그는 세탁할 옷가지를 가져와 문을 열고 앞에서 기다리는 그 여성에게 건네려 했다. 그 여성은 뒤로 물러났다. "아, 나는 세탁소 사람이 아니에요. 난 옆집에 살아요. 우리 동네에 오신 걸 환영한다고 인사드리러 왔어요." 옷차림부터 세련된 그 여성은 저명한 심장병 전문의의 아내로 상류층 중에도 상류층이었지만, 옆집에 막 새로 이사와 처음 보는 사람의 눈에는 그저 하위 카스트일 뿐이었다.

(b)

시카고의 어느 대학 교수가 자전거 라이딩을 마치고 미시간 애비뉴에 있는 자신의 아파트로 막 돌아와 로비 우편함에서 우편물을 꺼냈다. 30대 아프리카계 미국인으로 얼굴이 귀족풍인 그는 사이클링 복장에 헬멧을 벗지 않은 상태였다. 엘리베이터에 들어선 그는 우편물 봉투를 뜯었다. 다른 남성이 기겁했다. "우편물을 뜯으면 어떻게 해요?" 불쑥 튀어나온 소리에 교수는 고개를 돌렸다. 백인이었다. 아침부터 웬 참견이냐고 시비를 걸 것까지는 없다고 생각했다. 솔직하게 대답했다. "아, 뭐가 들었는지 궁금해서요." 그 교수는 말했다. 그 남성은 더욱 어이없다는 표정을 지으며 범죄 현장을 지켜보는 듯한 표정으로 고개를 절레절레 저었다. 그 사람이 자신을 집배원으로 착각했다는 생각이 든 것은 엘리베이터에서 내린 다음이었다. 너무 터무니없는 상상이어서 그 순간에는 미처 생각을 못했다. 지배 카스트의 그 남성은 흑인 집배원이 뻔뻔스럽게 '실제' 거주자의 우편물을 또 다른 거주자가 지켜보는 가운데 뜯고 있다고 확신한 모양이었다.

(c)

책상 위에 놓인 전화기가 계속 울렸다. 토목 엔지니어인 그에게는 마감에 쫓기는 프로젝트가 있었다. 하지만 전화벨 소리에 집중력이 흐트러졌고 아까운 시간도 빼앗겼다. 그 엔지니어는 지배 카스트 출신이고, 그를 괴롭히고 있는 사람도 역시 지배 카스트였다. 겉으로 보기에는 카스트와 아무 상관이 없는 일 같다. 백인 도급업자가 백인 엔지니어에게 전화를 걸어 진행 중인 프로젝트에 대한 설명을 요청하는 것이니까. 그 엔지니어는 프로젝트를 총괄하는 감독이었지만, 사실 프로젝트 자체는 그의 아이디어가 아니었다. 아이디어를 낸 사람은 그 팀의 또 다른 엔지니어였다. 아이디어를 낸 엔지니어는 아프리카계 미국인이었고 공교롭게도 여성이었다. 도급업자도 그걸 잘 알고 있었다. 그래서 그 백인 엔지니어는 백인 도급업자에게 궁금한 점이 있으면 그녀에게 직접 물어보라고 일러두었다. 그러나 도급업자는 그녀도, 규약도 무시한 채 늘 지배 카스트 엔지니어에게 물었다. 백인 엔지니어는 처음엔 원활한 진행을 위해 업자의 질문에 성의껏 답해주었지만, 수시로 걸려오는 전화 때문에 자신의 프로젝트 진행까지 방해받았다. 프로젝트를 기안했던 엔지니어는 바로 옆자리였으므로 부스에서 두 사람의 전화 대화를 들을 수 있었다. 옆자리 백인 엔지니어의 전화기는 수시로 울렸지만 그녀의 전화기는 늘 조용했다. 그녀는 자신의 질문에 대신 답해주는 백인 엔지니어의 짜증 난 목소리를 그저 듣기만 했다. 그 백인 엔지니어는 더 이상 참을 수 없었다. 다시 전화벨이 울렸을 때 백인 엔지니어는 그 업자에게 분명한 어조로 말했다. "처음부터 문제가 생기면 담당 엔지니어에게 전화하라고 제가 말씀드렸죠? 그게 문제가 된다면 우리는 이 일을 다른 업자에게 맡길 수밖에 없습니다." 백인 엔지니어가 전화를 끊자, 바로 담당 엔지니어의 전화가 울렸다. 업무에서 그는 카스트 체제 때문에 쓸데없이 시간을 낭비하고 일을 방해받았다. 그는 보이지 않는 적과 예기치 못한 싸움에 휘말렸고, 동료가 할 일을 대신해야 했다. 사실 그는 누구와 싸우는지도 모른 채 싸워야 했다. 상대가 카스트였으니까.

△

카스트에 두드러진 점이 있다면 그것은 ①사람들의 외모를 근거로 사람들에게 기대하는 역할을 규제하고, ②위계가

272

제 기능을 할 수 있도록 카스트의 각 영역을 감시한다는 것이다. 그 것은 피지배 카스트의 영역을 무시하거나, 지배 카스트의 영역을 열정적으로 구축하여 위계 질서를 지키는 모습으로 나타난다.

2016년 대선 이후, 전혀 모르는 백인이 아프리카계 시민을 감 시하는 일은 미국에서 아주 흔한 풍경이 되었다. 이런 에피소드들 은 그들 자신에 대한 믿음에 영감을 주었고, 그래서 동영상이 확산되 면 뒤이어 경영진의 사과나 회사 차원의 다양성 훈련을 계획 중이 라는 발표가 뒤따랐다. 동영상에 포착된 지배 카스트 사람들은 전 혀 모르는 흑인들의 일상에 끼어들어 필라델피아에 있는 스타벅스 에서 친구를 기다리거나, 세인트루이스에 있는 자신의 콘도에 들어 가는 사람들까지 경찰에 신고했다. 지배 카스트에 속한 사람 누구 나 수상한 흑인을 대신 체포할 수 있었고, 심지어 그것이 의무였던 시절의 여운이 아직도 우리 사회에 아스라이 남아 있다.

2016년 대선으로 카스트가 화려하게 부활한 뒤, 아주 평범하고 다양한 상황에서 아주 평범한 흑인을 경찰에 신고하는 지배 카스 트 사람들의 모습이 거의 매일 화면에 포착되었다. 미국 코네티컷 뉴헤이븐에서는 한 여성이 예일 대학 기숙사의 공용지역에서 공부 하다 잠이 든 대학원생을 구내담당 경찰에 신고했다. 경찰은 그 학 생이 자신의 기숙사 방문을 열어 보여주었는데도 신분증을 요구했 다. 경찰관은 그 학생에게 말했다. "당신은 지금 예일 대학 건물에 있습니다. 당신이 여기 학생인지 확인해야겠습니다."[46]

밀워키에서 한 여성은 차 문을 열려다 열쇠고리에 문제가 생겨 쩔쩔매는 한 교도관의 모습을 보고 경찰에 신고했다.[47] 어떤 남성 은 샌프란시스코의 콘도 건물 밖에서 친구를 기다리던 소프트웨어 엔지니어를 경찰에 신고했다. 그 백인 남성이 신고할 때 그의 어린 아들은 아버지의 행동을 못마땅하게 여겨 제발 전화를 끊고 내버려두라고 옆에서 계속 졸라댔다.[48] 개를 산책시키던 한 여성은 세인트루이스에 있는 자신의 콘도에 들어가려던 어떤 남성의 앞을 가로막았다. 그녀는 그에게 그곳에 살고 있다는 증거를 대라고 요구했다. 그가 무시하고 그냥 가자 그녀는 그가 실제로 그곳에 살고 있는지 확인하기 위해 엘리베이터를 같이 타고 그의 층까지 따라갔다. 그가 찍은 영상에서 그녀는 집 문 앞까지 가는 동안 내내 그의 뒤를 추적했고, 그가 문을 열고 안으로 들어갈 때까지도 의심을 거두지 않았다.[49]

조지아에서는 한 여성이 흑인 남성을 스토킹했다. 남성은 백인 아이 둘을 데리고 있었다. 그 여성은 아이들이 괜찮은지 물어보기 위해 접근했지만 남성은 낯선 사람이 아이에게 말을 걸지 못하게 제지했다. 그 여성은 두 아이의 베이비시터인 코리 루이스Corey Lewis가 월마트에서 출발해 주유소에 들러 집에 갈 때까지 계속 그의 뒤를 쫓았다. 방과 후 프로그램을 운영하는 청소년 담당 목사 루이스는 만약을 대비해 휴대전화로 상황을 녹화했다. 아이들은 침착했고 당황한 기색이라고는 전혀 없이 뒷좌석에서 안전벨트를 하고 앉아 있었다. 동영상 속 그의 목소리는 긴장했고 믿기지 않는다는 어조였다. "그 여성이 계속 따라오고 있다. 뒷좌석에 있는 아이들이 나와 닮지 않았기 때문일 것이다."[50]

그 여성은 911에 전화를 걸어 그를 계속 따라가야 하는지 물었다. 하지 말라는 말에도 그녀는 계속 그를 따라갔다. 루이스가 집에 도착했을 때 순찰차도 뒤이어 도착했다. 경찰관이 다가왔다. "맙소

사. 대체 어떻게 된 놈의 나라야?" 카메라 프레임 밖에서 여성이 외쳤다. 경찰관은 6세 소년과 10세 소녀에게 차에서 내리라고 말했고, 루이스의 목소리도 매우 떨리고 있었다. 이제 경찰까지 나타났으니 그의 안전은 온전히 아이들의 말 한 마디에 달려 있었다. 그는 아이들에게 자신이 누구인지 경찰관에게 말하라고 했다. 루이스는 그들의 베이비시터고, 아이들에게 아무런 문제가 없다는 사실을 확인했지만, 경찰관은 혹시 몰라 저녁 식사를 위해 외출한 부모에게 전화를 걸었다. "놀라 자빠질 뻔했습니다." 아이들의 아버지 데이비드 파커David Parker는 〈뉴욕 타임스〉와의 인터뷰에서 그렇게 말했다.

나중에 기자가 두 아이 중 애디슨Addison에게 그날 그들을 따라온 그 여성에게 해줄 말이 있는지 물었다. 그녀의 아버지는 〈뉴욕 타임스〉에 딸의 대답을 전했다. "다음번에 만나면 그 아줌마에게 우리를 3개의 피부색으로 보지 말고 그냥 세 사람으로 봐달라고 말하고 싶어요. 우리가 루이스 아저씨의 입양아였을 수도 있잖아요."

△

이런 카스트의 침입은 그 누구보다도 표적이 된 사람에게 피해를 주는 것처럼 보인다. 경찰이 공개적으로 아프리카계 시민들을 공격하는 것이 현실이기에, 미국인들은 경찰에 흑인을 신고하는 행위 자체가 당사자의 생명을 좌우하는 문제로 비약할 수 있음을 대부분 알고 있다. 더 깊이 들여다보면 경솔한 신고 전화는 공공 자원을 낭비하고, 실제로 심각한 범죄에 집중해야 할 경찰의 주의를 분산시켜 우리 모두에게 피해를 입힌다.

그런 문제가 아니더라도 어떤 시민이든 혼란스러운 일을 당하면 이는 곧 사회적 혼란으로 확장되고, 일상적 인간 교류의 비극이 된다. 이들은 미국 경제의 일부이고, 그래서 그들이 일에 방해를 받으면 당장 근로자들의 업무가 뜻밖의 차질을 빚게 되어 눈에 보이지 않는 손실이 발생한다. 이러한 침입은 하위 카스트 사람들을 궤도에서 밀어내, 그렇지 않아도 치열한 경쟁사회에서 힘겨운 직장 생활을 하는 그들에게 피해를 준다. 또한 지배 카스트 동료라면 갖지 않을 부담을 추가로 떠맡게 함으로써 카스트 체제를 더욱 강화하는 역할을 한다. 몇 년 전 미시간에서 내가 당했듯이 말이다.

등 뒤에서 발소리가 들렸지만 나는 대수롭게 여기지 않았다. 공항은 사방에 발소리, 캐리어 끄는 소리였으니까. 〈뉴욕 타임스〉의 기자로 인터뷰를 위해 시카고에서 새벽 비행기로 디트로이트에 막 도착한 터였다. 중부에서 동부로 가느라 시차로 이미 한 시간을 손해 본 데다, 앞으로 8시간의 일정 때문에 머릿속이 바빴다. 첫 인터뷰가 10시 30분에 예정되어 있고 시내까지 가는 데 40분이나 걸린다면 지금이 러시아워니까 곧장 차부터 빌려야겠다고 생각했다. 인터뷰가 늦어지면 그날 저녁 시카고로 돌아가는 비행기를 놓칠 수도 있었다. 나중 일이 걱정되어 최대한 빨리 버스를 타야겠다고 생각했다. 나는 빠르게 걸었다.

셔틀 정류장 쪽으로 가는 문으로 향할 때 다시 발소리가 들렸다. 발소리는 더 가까워지고 내 쪽을 향해 더 빨리 다가왔다. 누구지? 왜 누가 나를 쫓아오는 거지? 남자 하나, 여자 하나, 둘 다 백인이었다. 코듀로이 파카 차림의 두 사람이 숨을 헐떡이며 내게 다가왔다. "이야기 좀 하죠." 그들이 보조를 맞추며 말했다. 유리문 밖으로 셔틀버스 차선이 보이고 버스들이 들어오고 있었다. 무슨 말을 하는지 귀에 금방 들어오지 않았다. "디트로이트엔 왜 오셨습니까? 무슨 일로 오신 거죠?" "일 때문에요. 볼 일이 있어요." 무슨 여행 설문조사인지는 몰라도 그들을 상대할 시간이 없었다. 그리고 웬일인지 에이비스가 시간에 맞춰 와 있었다. 셔틀버스가 보도 쪽으로 차를 댔고 사람들이 줄을 서서 탑승했다. "버스를 타야 해요." 나는 터미널 문을 나서면서 그들에게 말했다. "어디서 오셨습니까?" 그들은 내 양쪽으로 붙으면서 그렇게 물었다. "시카고에서 방금 왔어요." 나는 셔틀버스에 탑승하는 정장 차림의 사람들 뒤에 붙으며 말했다. "거기 사세요?" "그런 걸 왜 물으세요? 난 이 버스를 타야 한다니까요." "당신이 시카고에 살고 있는지 디트로이트에서 무엇을 하려는지 알아야겠습니다." 얼마 남지 않은 승객들이 버스에 모두 올랐다. 버스 문은 활짝 열려 있었다. 운전사는 나와 그들을 번갈아 보았다. 그 남자와 여자는 버스를 붙들고 승객들을 붙들고 나를 붙잡아놓고 있었다. "도대체 왜 그러시는 거죠?" "마약 단속국에서 나왔습니다. 우리는 당신이 어디에 사는지, 디트로이트에 얼마나 머물지 그리고 여기서 정확히 뭘 할 것인지 알아야겠습니다." 너무 황당해서 납득이 가지 않았다. 마약 단속국이라고? 왜 공항의 그 많은 여행객 중에 하필 나를 지목했을까? 가까운 도시로 출장 가는 사람들이 늘 그렇듯 당일치기 출장이라 짐도 없었다. 나도 다른 사람처럼 정장을 입고 가방을 어깨에 걸치고 있었다. 당시 중서부 지역을 취재할 때라 나는 주변에 지하철 타듯 비행기를 탄다고 말하곤 했다. 내게 공항은 제2의 집이나 다름없었다. 셔틀에 탑승하는 다른 비즈니스 여행객과 내가 뭐가 다른가? 왜 이 사람들은 그걸

모를까?

내가 버스 계단 앞에 서 있자 승객들은 시계를 확인하고 창문으로 나를 내려다보았다. 운전기사가 자세를 고쳐 앉았고 엔진의 진동과 브레이크에서 압축가스 빠지는 소리, 기어를 변속하는 소리가 들렸다. 운전기사는 레버에 손을 올려놓고 초조하게 우리를 내려다봤다. 나는 그들을 떼어놓기 위해 그들이 알고 싶어 하는 것을 불쑥 말했다. "난 시카고에 살아요. 오늘 온종일 여기 있을 거예요. 난 〈뉴욕 타임스〉 기자입니다. 그리고 당장 이 버스를 타야 하고요." "타게 해드리죠. 하지만 우리도 같이 타야겠습니다." 버스에 오르는데 치가 떨렸다. 승객들의 경멸스러운 눈초리를 확연히 느낄 수 있었다. 빈자리를 찾아 앉자, 근처에 앉았던 사람들이 일어나 자리를 옮겼다. 이 모든 상황이 버스에 있는 모든 사람의 출발을 지연시켰다. 그리고 이 모든 것이 한 사람 때문에, 아마도 진짜 출장 중인 사람이 아니라 중대 범죄자일지도 모르는 한 흑인 여성 때문이라고 생각하는 것 같았다.

두 요원은 내 바로 앞 좌석에 앉아 나를 이리저리 훑어보며 한시도 내게서 눈을 떼지 않았다. 트위터는 존재하지 않았고 휴대폰에 동영상 모드로 바꿔주는 카메라도 없던 시절이었다. 버스에는 온통 사업가나 백인들, 확실하게 백인 사업가들로 보이는 사람들뿐이었다. 버스에 아프리카계 미국인은 나 혼자였고 여성도 몇 명 되지 않았다. 두 요원은 여전히 내 일거수일투족을 지켜보고 있었다. 승객들은 나와 두 요원을 노려보고는 다시 나를 노려보았다. 나는 상황이 믿기지 않았고 너무 놀라 두려운 생각도 안 들었다. 거기 앉아서 두 요원뿐 아니라 버스 안의 모든 사람으로부터 자기들과 비숫하지 않다는 이유로 비난과 경멸을 고스란히 받자니, 이는 심리적 폭행이 따로 없다는 생각이 들었다. 나도 그들과 조금도 다를 바 없는 신분이었다. 나 역시 업무상 비행기를 자주 이용하고, 평일 아침 일찍 미국의 어느 대도시로 막 날아와 그들처럼 거기서 해야 할 일에 집중해야 했다. 그들이 도대체 무슨 생각을 하는지는 몰라도 나는 결백하다고 말하고 싶었다.

중산층 가정에서 자랐어도 일반적으로 피지배 카스트, 특히 아프리카계 미국인으로 태어나면 자신이 안고 가야 할 짐을 확실히 알고, 뼈저리게 인식하고, 2배로 열심히 일하는 것을 당연하게 받아들인다. 하지만 더 중요한 것은 실수의 허용 범위가 넓지 않기 때문에 아무리 노력해도 결국 제자리일 뿐이라는 사실이다. 그래서 싫어도 이중 잣대를 인정하고 살게 된다. 백인 친구들은 아무렇지도 않게 넘어가는데 나만 걸리는 일이 있다는 것을, 자라면서 체득한다. 그래서 사춘기 때 친구들이 짓궂은 장난이나 가게에서 물건을 슬쩍하거나 선생님을 욕해도, 나는 흉내도 내서는 안 된다는 것을 잘 안다. 그러고 싶었던 적도 없었지만.

나는 냉정을 되찾고 그들의 존재로 인한 혐의를 스스로 벗어야겠다고 생각했다. 그들은 내가 기자라고 생각하지 않았기 때문에 나는 내 정체를 드러내기로 했다. 나는 가방에서 펜과 공책을 꺼내 들었다. 메모하는 것까지 막지는 못하겠지. 수첩에 적는 일은 내게 일종의 부적 같은 보호 장구였다. 나는 긴급 취재를 하는 현장에 증인이 되어줄 청중을 인질로 잡고 있었다. 나는 아무 말 없이 요원들을 건너다보면서 떨리는 손으로 그들이 입고 있는 옷, 생긴 모습, 나를 바라보는 눈초리의 의미 등을 적어 내려갔다. 그들은 예상치 못한 내 반응에 몸을 돌리더니 창문 밖을 한 번 보고는 바닥을 보았다.

차를 빌리는 곳까지는 한참 걸렸다. 내가 필요한 사항을 모두 기록하는 동안 그들은 조사받는 것 같은 수모를 느낀 모양이었다. 그들이 뭔가 찔린 듯한 표정을 짓는 순간 나는 그들에게 빼앗겼던 힘을 일부 되찾았고, 나를 지켜보고 있는 사람들에게 내가 누구이고 어떤 사람인지 증명해 냈다. 그게 아니더라도 적어도 내 기분이 어땠는지는 보여주었다. 버스가 주차장으로 들어섰고 나는 심호흡을 했다. 공항에서부터 줄곧 나를 괴롭히고 뒤쫓아 온 사람들이니 이제부터 어떻게 될지 알 수 없었다. 버스가 멈추었을 때 나는 다른 승객들과 마찬가지로 자리에서 일어섰다. 요원들은 앉은 채 고개를 들었다. "좋은 하루 되세요." 그들은 그렇게 말했다. 그게 끝이었다. 그걸로 끝이 아니었다는 점만 빼고. 나는 카운터로 가 이리저리 시도한 끝에 차 열쇠를 받았다. 하지만 이후의 기억은 하나도 나지 않는다. 생각나는 것이라고는 수십 번도 더 갔었던 주차장을 빙글빙글 돌면서도 출구 표시도 찾지 못하고 고속도로를 타는 길도 못 찾아 계속 헤맸던 기억뿐이다. 그렇게 한참 운전한 뒤에야 익숙한 길이 눈에 들어왔고, 나는 고속도로로 들어섰다.

차를 몰면서 요원들을 멀리 떼어놓자 그제야 사태의 심각성이 실감 나기 시작했고, 그제야 내가 두려워했다는 사실을 인정할 수 있었다. 버스에 탔던 다른 사람은 약속 장소로 잘 가고 있을 것이고, 일정이 늦어져 화가 났는지는 모르지만 머릿속으로 회의 준비를 할 수 있을 테고, 중간에 커피를 마시며 여유를 되찾을 수도 있었을 것이다.

이것은 절도 행위였다. 복면을 쓴 카스트는 하층 계급에 속한 사람의 시간과 감정을 훔치고, 안 그래도 힘든 경쟁을 하는 데 써야 할 에너지까지 고갈시켰다. 다른 승객은 나처럼 겁먹거나 허둥대지 않고 남이 공공연하게 당하는 권리 침해를 이해했을 것이다. 이제야 똑똑히 알게 된 사실이지만 그게 더 위협적이었던 것 같다. 그 말 없는 평범함의 공포는 한동안 나를 떠나지 않았다. 흉터는 상처보다 더 오래 남았다.

우리는 겉만 보고 판단하지 말라는 말을 수도 없이 들었다. 확실히 알기 전에는 안에 무엇이 있는지 함부로 추측하지 말라고 했다. 그러나 인간은 하루에도 몇 번씩 겉모습만으로 다른 사람을 평가하고 추측한다. 우리는 생명이 없는 물체마저 절대로 판단하지 말라고 줄기차게 들어온 만큼이나, 숨 쉬는 복잡한 존재를 서둘러 평가한다.

바닥 칸을
피하라

사실 카스트 체제에 가장 커다란 위협은 하위 카스
트의 실패가 아니라 그들의 성공이었다. 그것은 예상에 없는 일, 믿
을 수 없는 일이었다. 최하위 카스트 사람들이 이룬 업적은 우리 모
두가 물려받은 각본과 어긋난다. 그들의 성공은 카스트 체제를 구
성하는 기반이자 위계 구조의 모든 사다리 칸에 있는 사람들의 정
체성과 연결되는 핵심적인 추정을 훼손한다. 소외된 사람들이 예상
했던 역할을 벗어나 이룩한 성취는 상황을 혼란스럽게 만들어 원시
적이고 때론 격렬한 반발을 불러일으킨다. 두 보이스는 남북전쟁
이후의 문제를 연구하던 중 이 같은 현상을 확인했다. "주인들은 노
예였던 자의 성공을 두려워했다. 실패를 예상했기에 더욱 그랬다."[51]
남북전쟁 이후 수십 년 뒤 전 세계는 전쟁의 소용돌이에 휘말렸

고, 4년째 접어든 참호 전투는 유럽을 수렁에 몰아넣었다. 1917년
에 미국은 유럽에 파병을 단행했다. 제1차 세계대전을 치르면서 지
원이 절실했던 프랑스군은 미군을 크게 환영했다. 하지만 프랑스군
이 참전 미군 일부를 지휘하면서 문제가 나타나기 시작했다. 프랑
스인들은 미군을 미국 카스트 체제의 등급이 아니라 군대 계급에
따라 대우했다. 그들은 흑인 병사들을 백인 병사와 똑같이 인간으
로 대했고, 함께 술을 마시며 일을 잘하면 어깨를 두드려줬다. 이런
그들의 행동은 백인 병사들을 불쾌하게 만들었다.

　미군 사령부는 프랑스군에게 흑인 병사들을 대하는 요령을 알
려주었다. 그리고 이들은 아무리 전선에서 뛰어난 전투력을 보여준
다 해도 열등한 존재이며, 따라서 그에 합당한 대우를 받는 것이 무
엇보다 중요하다는 점을 분명히 했다. 군 지휘부가 인류 역사상 가
장 끔찍한 전쟁을 치르는 와중에 외국인들에게 자국민을 비하해야
한다고 가르친 것을 보면, 그들이 카스트 규정을 얼마나 중요하게
여겼는지 짐작할 수 있다. 그것은 전쟁 못지않게 중요했다. 실제로
백인 병사들은 흑인 병사와 같은 참호에서 싸우는 일도 거부했고
흑인 상관에게 경례도 하지 않았다.

　미군은 자신들의 입장을 알려왔고 프랑스 지휘관들은 난감해했
다. 하지만 흑인 병사들과 전우애를 다져온 자국의 병사와 장교들
에게 이를 전달해야 할 의무가 있었다. "이런 자연스럽고 허물없는
관계를 미국인들은 심각하게 우려할 만한 문제로 보고 있다. 그들
은 이를 자신들의 국가 정책에 대한 모욕이라고 생각한다." 메시지
에는 그렇게 적혀 있었다.[52]

　프랑스군 사령부는 장교들에게 새로운 규약을 통고하면서 "우

리 부대에 파견된 (미국의 흑인) 병사들이 체격과 인성 면에서는 최고"라고 평가하는 모순을 드러냈다. 그래도 프랑스 사령부는 미국 카스트 체제의 규정을 전달해 보려 애쓰면서 이렇게 지시를 내렸다. "그들이 심각한 부상을 입지 않는 한, 그들을 미국 백인 장교들과 같은 수준으로 대우해서는 안 된다. 그들과 식사를 같이 하거나 악수를 해서도 안 되며, 군사적인 업무 이외의 용건으로 그들과 이야기를 나누거나 만남을 가져서도 안 된다." 더 정확히 말해 프랑스 장교들이 받은 지시 사항은 이랬다. "미국의 흑인 부대를 너무 칭찬하면 안 된다. 백인 미국인들이 있는 자리에서는 특히 그렇다. 그들의 훌륭한 특성과 기여도를 인정하는 것은 좋지만 적당한 수준에서 자제해야 한다."

전쟁이 막바지에 이르렀던 1918년 9월, 아프리카계 미국인 병사 버튼 홈즈Burton Holmes 일병은 대원들과 매복 작전 중 우박처럼 쏟아지는 독일군의 기관총 사격과 포격에 중상을 입었다. 그는 간신히 지휘소로 돌아와 소총을 교환했다. 애초에 제대로 작동되지 않은 소총을 받았기 때문이다. 지휘관들은 그를 병원으로 후송하려 했지만 그는 거부하고 다른 소총을 받아 다시 전투에 가담했다. 그는 마지막 숨을 거둘 때까지 계속해서 적을 향해 총을 쏘았다. C중대의 또 다른 아프리카계 미국인인 프레디 스타워스Freddie Stowers는 포탄이 빗발치는 적진으로 포복해 들어가 독일군 참호를 선봉에서 공격했다.[53] 그 또한 프랑스와 미국을 방어하는 최전선을 지키다 전사했다. 그들의 용맹스러운 활약을 목격한 백인 장교들은 카스트 규정을 깨고 두 병사에게 명예훈장을 추서했다. 그러나 당시 미국에서는 우생학이 한창 기승을 부리던 때였다. 정부는 훈장

수여를 거부했다. 홈즈에게는 격이 낮은 표창장으로 대치되었고, 스타워스의 이야기는 반세기 동안 거론조차 되지 않았다.

이런 조치는 최하위 카스트 사람들은 목숨을 바쳐 일해도 칭찬해 줄 수 없다는 사회 규범과 일치했다. 그렇게 하지 않으면 살아 있는 자들이 모두가 평등한 줄 알고 주제넘는 행동을 하여 상위 카스트가 시종일관 강조했던 신화를 위협할 수도 있었다. "만약 매복 작전에서 사망한 이 2명의 흑인 병사에게 모두 명예훈장에 추서되었다는 소식이 미국 언론에 실렸을 경우 (…) 얼마나 시끄러웠을지 상상해 보세요." 수십 년이 지난 뒤 이 사건을 관심을 가지고 들여다본 의사 제프 구스키Jeff Gusky 박사는 2018년 〈아미 타임스Army Times〉와의 인터뷰에서 그렇게 말했다.[54]

제2차 세계대전을 치르는 동안에도 배정받은 자리를 벗어나기 위한 최하위 카스트들의 노력은 계속되었다. 물론 그에 대한 반발 역시 멈출 줄 몰랐다. 1942년 봄 어느 날 조지아 링컨턴에서 백인 장교들은 육군 호송차의 원활한 통행을 위해 흑인 병사들에게 교통정리를 맡겼다. 그러자 마을 사람들이 당장 들고일어났다. 제복을 입은 흑인 병사들이 교차로에 서서 백인 운전자들을 세우는 장면을 본 "일부 주민들은 격분했다"라고 역사학자 제이슨 모건 워드Jason Morgan Ward는 말한다.[55]

1946년 2월에 아이작 우더드 주니어Isaac Woodard, Jr. 병장은 태평양 전쟁에 참가했다가 명예롭게 제대한 조지아 오거스타에서 버스를 타고 노스캐롤라이나로 향하고 있었다. 도중에 소변이 급했던 우더드는 버스 기사에게 볼일을 보고 싶은데 잠깐 세워줄 수 있느냐고 물었다. 운전기사는 시간이 없으니 도로 가서 앉으라고 말했다. 우더드는 운전기사에게 말했다. "나도 당신과 같은 사람입니다."[56] 우더드는 해외로 나가 국가를 위해 봉사하느라 짐 크로법과 3년 동안 떨어져 있었다. 남부 출신 작가이자 판사였던 리처드 거겔Richard Gergel의 말에 따르면, 그는 "어느 정도 자신의 주장을 당당하게 밝혔지만 대부분의 남부 백인들은 그런 태도에 익숙하지 않았고 받아들일 준비도 되어 있지도 않았"다. 운전기사는 잠시 주춤하더니 볼일 보고 빨리 돌아오라고 말했다. 그러나 다음 정류장인 사우스캐롤라이나 에이컨 외곽에서 버스 기사는 그를 경찰에 신고했다.

경찰서장은 우더드를 풍기문란 혐의로 체포했다. 버스정류장에서도, 감옥에서도 경찰서장은 그를 곤봉으로 때리고 눈을 찔러 앞을 못 보게 만들었다. 다음날 지방 판사는 경찰의 유죄를 확인했다. 그는 의사에게 보내달라고 요구했지만 당국은 그를 방치했고, 마침내 육군 병원으로 옮겨졌지만 이미 시력을 구하기에는 너무 늦었다. 그는 평생을 시각장애인으로 살았다. 전미유색인지위향상협회NAACP는 해리 S. 트루먼Harry S. Truman 대통령에게 이 사건을 직접 처리해달라고 촉구했다. 중서부 출신의 온건파였던 트루먼은 사우스캐롤라이나 당국이 미군 병사를 불구로 만들 때까지 아무 조치도 취하지 않았다는 것을 알고 격노했다. 대통령은 우더드가 구타를 당할 때 제복을 입고 있었고, 최초 폭행이 연방 재산인 버스정류장에서 일어났다는 점을 근거로 법무부에 수사를 지시했다.

그러나 연방 재판은 카스트라는 장애물에 부딪혔다. 지방 검사는 버스 기사의 증언에만 의존했고, 변호인은 공개 법정에서 시각장애인 병사를 향해 인종차별적인 조롱을 서슴지 않았다. 전원 백인으로 이루어진 배심원단이 무죄 평결을 내리자 법정에서는 환호성이 터져 나왔다. 우더드가 체포 과정에서 서장에게 "예, 서장님yes, sir"이 아니라 "예yes"라고 말한 사실이 재판 과정에서 밝혀졌다. 그것은 제복에 의해 높아진 그의 위상과 맞물려 처벌에 대한 충분한 근거가 되었다. 재판이 끝난 뒤 경찰서장은 풀려났다. 우더드는 '대이동' 때 뉴욕으로 올라갔다. "나는 우리 정부의 위선에 충격을 받았다." 이 사건을 배정받은 북부의 백인 판사는 개탄했다.[57]

자신의 분수를 지켜야 하는지, 하다못해 지키는 시늉이라도 해야 하는지 고민하다 생사가 갈리는 사람들에게 이런 사건이 던지는 메시지는 분명하다. "아무리 지위가 올라가도, 흑인이라면 튀지 않도록 조심해야 한다. 그렇지 않고 잘난 척하다가는 화를 자초할 것이다." 민족학자인 버트럼 슈리크Bertram Schrieke는 그렇게 지적했다.[58] "하층 계급에 속한 백인들의 질시와 경쟁심으로 인해, 자신의 진로 앞에 장애물이 세워진다는 사실을 그들은 경험과 사례를 통해 배운다."

△

현재의 처지를 넘어서려는 흑인들의 노력은, 남북전쟁이 끝나고 '재건기'가 중단된 이후 자행된 린치와 대량 학살에 대한 반발로 시작되었다. 그것은 다시 짐 크로법과 KKK 설립의 도화선이 되었다. 모두가 최하위 카스트의 지위를 못 박아두려는 시도였다. 1920년 대선 당일에 플로리다 오코이에서는 흑인들이 투표하려 하자, 백인 폭도들이 들고일어났다. 그들은 흑인 60여 명을 학살하고, 흑인의 집과 사업체를 불태웠으며, 흑인 남성들에게 린치를 가하고 거세시키거나 나머지 흑인들을 마을 밖으로 몰아냈다. 역사학자 폴 오티즈Paul Ortiz는 오코이 폭동을 가리켜 "현대 미국 역사상 가장 유혈이 낭자했던 선거일"이라고 지적했다.[59]

그 사건은 남부 흑인들이 흑인대이동 기간에 북쪽에 정착해 제1차 세계대전에서 목숨을 걸고 싸운 뒤 시민권을 주장하자, 10여 곳이 넘는 도시에서 흑인 학살이 이루어지던 와중에 생긴 일이었다. 이런 광란에는 공통점이 하나 있었다. 폭도들이 최하위 카스트에서 가장 성공한 사람들을 표적으로 삼았다는 점이다. 이들은 지배 카스트보다 더 잘될 수도 있는 사람들이었다. 1921년 오클라호마 털사에서 폭도들은 도시의 특정 지역을 집중 공격했다. 블랙 월 스트리트Black Wall Street라고 불리는 곳이었다. 흑인들의 은행과 보험회사와 그 밖의 사업체들이 밀집되어 있고, 번영을 상징하는 벽돌집이 주변에 많았기 때문에 그런 별명이 붙었다. 그 지역 건물들은 모두 불에 타 전소되었고, 이후 다시 복구되지 못했다.

그보다 수십 년 앞선 1890년대 초, 테네시 멤피스 외곽의 한 교차로에는 흑인이 운영하는 식료품점과 백인의 식료품점이 마주보고 있었다. 피플스그로서리People's Grocery라는 이름의 흑인 가게는 짐 크로 벽이 굳건한 상황에서도 번창하던 협동조합이었다. 소유주인 토머스 H. 모스Thomas H. Moss는 스리피스 정장에 나비넥타이를 맨 채, 짧은 머리를 옆 가르마를 타고 다녔다. 그는 우편물 배달과 식료품점 운영을 동시에 했다. 백인 가게 주인은 그가 잘되는 모습을 눈뜨고 볼 수 없었다.

어느 날 흑인과 백인 두 사내아이가 피플스그로서리 앞에서 구슬치기를 하다가 말다툼이 벌어졌다. 백인 소년의 아버지가 흑인 소년을 마구 때리기 시작했다. 그러자 흑인 가게의 점원 2명이 말리려 뛰어나왔고 사람들이 모여들면서 긴장이 고조되었다. 애초부터 마음에 들지 않았던 백인 상점 주인 윌리엄 배렛William Barrett은 피플스그로서리로 가서 싸움에 개입한 점원을 찾았다. 하지만 그 시간에 가게를 지키던 캘빈 맥도웰Calvin McDowell은 점원의 행방을 알려주지 않았다. 그 백인 상점 주인은 맥도웰의 태도가 건방지다며 권총으로 내리쳤다. 맥도웰은 배렛에게 달려들어 몸싸움을 벌이다 총을 빼앗아 발사했고, 총알은 아슬아슬하게 그를 비껴갔다. 체포된 쪽은 흑인 점원이었다. 그는 풀려났지만 그것이 빌미였다. 흑인 상점 주인 토머스 모스는 만약의 사태에 대비해 흑인 몇 명을 세워 가게를 지키게 했다.

1892년 3월 5일, 백인 남성 6명이 피플스그로서리를 습격했다. 모스와 가게를 지키던 흑인들은 침입자들을 향해 총을 발사하여 2명에게 부상을 입혔다. 침입자는 보안관과 그가 막 임명한 보안관보 5명이었다. 총격 이후, 백인들 100여 명이 나서 흑인들을 색출하기 시작했다. 주인인 모스와 맥도웰과 윌 스튜어트Will Stewart가 체포되었다. 1892년 3월 9일, 아침 이른 시각에 폭도들은 감옥을 습격하여 세 남성을 고문하고 린치를 가했다. 다음 날엔 백인 폭도들이 피플스그로서리를 약탈했다. 몇 달 뒤에 모스의 백인 경쟁자는 그 가게를 헐값에 사들였다.

모스의 친한 친구 중에 아이다 B. 웰스Ida B. Wells란 기자가 있었다. 이 사건은 린치의 공포를 온 나라에 일깨우려는 그녀의 평생 과업이 되었다. "멤피스 시내에서 그보다 더 점잖고 깔끔한 남성은 없었다. 그는 개만도 못한 수모를 받고 살해되었다. (…) 유색인종들은 그의 죽음에 동의한 멤피스의 모든 백인도 그를 쏘아 죽게 만든 사람들 못지않은 죄를 지었다고 생각한다."[60] 이 사건에서 가장 역설적인 점은, 모스가 구체적으로 드러내고 웰스가 입증하고 다른 집단이 나서서 박수를 친 바로 그 강직함이, 거센 반발을 불렀다는 것이다. "모스는 백인 경쟁자보다 사업이 더 잘되는 바람에 살해당했다." 멤피스 대학 훅스연구소Hooks Institute의 역사학자 너새니얼 C. 볼Nathaniel C. Ball은 그렇게 썼다. "맥도웰은 백인 세상에 살면서 위계 구조에서 자신의 위치를 잊은 탓에 목숨을 잃었고, 스튜어트는 운 나쁘게 우연히 그 자리에 있었다가 살해당했다."[61]

△

최하위 카스트는 상위 카스트가 요구한 조건에 맞게 끊임없이 수선하고 솔기와 주름을 다시 꿰매야 하는, 몸에 맞지 않는 양복이었다. 그들은 여전히 불편한 채로 현재의 자리를 서성이다 다시 노예 주인에게 돌아갔다. 노예 주인들은 자신의 소유물이라고 생각한 사람들이 근면함과 지성을 드러내는 것에 분개했다. 역사학자 케네스 M. 스탬프는 돈을 번 노예들은 '허세를 부리고 오만해졌으며' '좀 더 주체적 인간이 된' 기분을 느꼈다고 말한다.[62]

그들은 위험을 무릅쓰고 세상의 발전에 기여했지만, 그들의 아이디어나 혁신은 세상의 인정을 받지 못했다. 그들의 공을 인정하면 노예로 삼을 구실이 희박해지기 때문이다. 다시 말해 노예가 했지만 노예와 어울리지 않는 성과이기에, 그들이 태초부터 열등하다고 억지 부린 셈이 된다. 1721년 여름, 당시 가장 치명적인 질병인 천연두가 보스턴을 포위했을 때였다. 병에 걸린 사람은 격리되었고, 그 집에는 "이 집에 하나님의 은총이 있기를"이란 문구와 함께 붉은 깃발이 걸렸다. 서둘러 지나치라는 신호였다.[63]

청교도 목사이자 보스턴의 아마추어 과학자였던 코튼 매서Cotton Mather는 오네시머스Onesimus라는 아프리카 남자를 소유하고 있었다. 아프리카 출신의 그 노예는 고향에 그 병이 돌았을 때 독특한 조치를 취해 무사할 수 있었다고 이야기했다. 서아프리카 사람들은 감염된 사람의 체액 표본을 접종하면 감염을 피할 수 있다는 사실을 알고 있었다. 마더는 오네시머스의 설명에 흥미를 느꼈다. 그는 그의 아이디어를 연구해 그것을 '천연두 접종variolation'이라 부르기로 했다. 이것은 면역요법의 효시로, 곧 서양의 의사들, 과학자들에게 천연두 예방의 성배가 되었다고 해리엇 A. 워싱턴은 썼다.[64]

1721년 천연두가 발생했을 당시 매서는 이런 혁명적인 방법으로 감염을 예방할 수 있다고 사람들을 설득했지만, 사람들의 저항과 분노는 생각보다 컸다. 그것은 그의 말대로 '무서운 절규horrid Clamour'였다. 발상 자체가 터무니없어 보였다. 그렇게 하면 천연두가 더욱 확산될 것이라고 사람들은 생각했다. 또한 아프리카에서나 써먹던 수법이고, 아프리카 출신 노예가 제안한 방식이라 거들떠보지도 않으려 했다. 내과 의사들은 생각도 않고 아이디어를 일축했고 "오랫동안 찾고 있던 만병통치약을 아프리카인들이 생각해 냈다는 목사 패거리들의 말에 발끈했"다. 분노는 폭력으로 변해, 점화된 수류탄이 매서의 집에 던져졌다. 심각한 부상은 면했지만 나중에 매서는 아프리카의 천연두 예방책도, 뱀의 독을 해독제로 사용하는 아메리카 원주민의 방법도 아무 차이가 없다고 썼다.

하지만 실제로 이런 새로운 방법을 시도한 의사가 있었다. 잡디엘 보일스턴Zabdiel Boylston이었다. 그는 아들과 자신의 노예들에게 예방접종을 했다. 천연두는 보스턴 인구의 14퍼센트 이상을 쓸어갔지만, 보일스턴이 접종한 240명 중에 천연두로 인해 사망한 자는 오직 6명밖에 되지 않았다. 미접종자의 사망률은 7명 중 1명꼴이었다. 1750년까지 오네시머스의 방법이 기반이 된 백신 접종은 매사추세츠와 그 밖에서 표준 관행이 되었다. "분명한 것은 그가 전해준 지식이 수백 명의 생명을 구했고 결국 천연두를 퇴치했다는 점이다." 작가 에린 블레이크모어Erin Blakemore는 그렇게 썼다. "이 질병은 완전히 멸종된 유일한 전염병이다."

오네시머스는 과학에 큰 기여를 했지만 완전한 자유는 얻지 못한 것 같다. 잘 알려지지 않은 사실이지만 매서는 갈수록 그를 싫어하여, 오네시머스는 매서에게 다른 노예를 구입할 돈을 치른 다음에야 어느 정도의 자유를 살 수 있었다. 그는 최하위 카스트 남성에게 기대할 수 있는 것 이상의 대단한 일을 해냈지만, 흔히 그렇듯 자신의 주제를 벗어난 일에 대해서는 보상받지 못했다.

△

오히려 보상과 특권은 카스트 질서를 떠받드는 행위에서 나왔다. 그 행동은 눈에 띄면 띌수록 더 좋게 돌아왔다. 짐크로 체제는 유일하게 예외가 하나 있는데, 백인 아이를 믿고 맡길 수 있을 만큼 충성을 보인 흑인 가정부였다. 그들은 백인 아이를 돌보는 경우에 한해 기차나 버스에서 백인 전용 구역에 탈 수 있었다. 이런 예외 규정에는 흑인들로 하여금 백인 아이를 떠받들게 의도하려는 목적이 있었다. 그렇게 하면 피지배 카스트라는 굴종적 지위를 자연스레 확인시킬 수 있었다. 이는 지배 카스트의 허락을 받은 흑인 보모의 위상까지 높였다. 그래서 가정부들은, 기차를 타도 화물 위에 앉아가야 했던 위대한 웅변가 프레더릭 더글러스^{Frederick} ^{Douglass} 같은 사람보다 더 우월한 지위를 누릴 수 있었다. 그것은 지배 카스트의 아이들이 이동할 때 유색인의 칸에 앉는 불결함과 불쾌감을 겪지 않아도 되게 해주었다. 그리고 그것은 피지배 카스트의 모든 사람에게, 지배 카스트의 허락을 받고 주어진 역할을 지켜야만 신분을 올려준다는 사실을 상기시켰다.

그들에게는 사다리의 맨 아래 칸 이외의 다른 곳을 넘볼 자유가 허락되지 않았다. 재건 시대부터 민권운동 시대에 이르기까지 남부 여러 학교의 이사회는 흑인 학교에 들이는 돈을 백인 학교의 10분의 1 정도로만 책정해 대등한 운동장에서 경쟁할 수 있는 자원을 원천 봉쇄했다. 흑인 학생들은 수업 기간도 짧아, 지배 계급을 풍요롭게 할 분야에서 일할 시간을 더 많이 갖게 되었다.

남부에서 요직을 맡았던 호크 스미스^{Hoke Smith}는 짐 크로법 시절에 흑백 분리 정책을 시행하던 학교에서 흑인 교사를 채용 방법에 다분히 의도가 담긴 결정을 내렸다. "학교에 지원한 교사가 2명일 때 '무능한 쪽을 뽑을 것.'"⁶⁵ 흑인들이 성과를 낼 가망을 무력화하는, 매우 창의적이고 노골적인 방법으로 흑인 아이들은 자격 미달인 교사에게 배울 수밖에 없었다. 그렇게 성과주의를 의도적으로 왜곡한 그들은 가장 총명하고 가장 뛰어난 지원자들을 제외하고, 평범한 지원자들은 격상시켰다. 사실상 탁월함에 대한 처벌이었다. 이 모든 조치를 통해 그들은 최하위 카스트들 사이에 불공정한 알력을 조장했고 재능 있는 사람들의 야망을 짓밟았다. 카스트 체제는 최하위 카스트 사람들에게 비굴한 무능력자의 역할에 만족하는 것만이 살아남는 유일한 길이라고 가르쳤다. 카스트 체제는 성공을 사유화함으로써 흑인들의 실패를 기정 사실로 만들었다.

소외된 카스트는 아무리 노력해도 우월해지기는커녕 평등하게 보일 수 있는 여지조차 허락되지 않았다. 제3제국 초기에 나치는 아리아인보다 유대인이 더 돋보일 만한 위치나 환경에서 그들을 철저히 배제했다. 이런 조치는 교실까지 확대되어 베를린의 게슈타포는 "시험 준비를 할 때 아리안 학생들이 유대인 학생의 도움을 받는 것처럼 보이지 않도록 모든 조치를 취하라"라는 상부의 지시로 곤욕을 치러야 했다.[66] 이는 인간의 부분집합에서 발생하는 자연스러운 지능과 재능의 범위는 고려하지 않은 채, 지배 카스트 사람들을 모든 면에서 우월한 존재로 만들기 위한 인위적 방법이었지만, 그런 억지는 의도치 않게 환멸만 불러일으켰다.

최하위 카스트가 희생양이 되면, 문화는 그들의 비천함을 수긍하는 일을 보편 사실처럼 강조하고, 그에 어긋나는 징후를 최소화함으로써 기존의 상태를 유지한다. 미국의 뉴스 매체들은 시청자들에게 도시 빈민 구역의 범죄와 빈곤이라는 식단을 과도한 비율로 식탁에 올림으로써 아프리카계 미국인과 사회 문제에 대한 전반적인 인식을 왜곡시킨다. 아프리카계 미국인의 22퍼센트가 빈곤층이다. 5명 중 1명이 넘는 꼴이다. 그들은 미국 내 빈곤층 중 4분의

1이 넘는 27퍼센트를 차지하고 있다. 그러나 일리노이 대학의 트래비스 딕슨Travis Dixon이 주도한 2017년의 연구에 따르면 뉴스에 소개되는 가난한 사람들의 59퍼센트가 아프리카계 미국인인 것으로 밝혀졌다.[67] 미국의 빈곤층에서 백인이 차지하는 비율은 66퍼센트이지만, 뉴스에서 가난한 사람을 다룰 때 이들을 거론하는 경우는 17퍼센트에 불과하다.

이처럼 여러 세대에 걸쳐 이어진 왜곡은 우리가 흔히 알고 있는 대중적 정서를 형성한다. 예일 대학의 정치학자인 마틴 길런스Martin Gilens는 1994년 연구에서 미국인의 55퍼센트가 미국에서 가난한 사람들은 전부 흑인이라고 생각한다는 사실을 확인했다. 이처럼 대다수는 흑인을 가난의 동의어로 놓는다. 풍요를 예찬하는 나라에서 이는 부끄러운 왜곡이다. 빈곤과 마찬가지로 범죄도 취재 대상이 되면 터무니없는 비율로 수치가 왜곡된다. 형사사법 개혁운동을 주도하는 단체인 양형프로젝트Sentencing Project에 따르면 피해자가 백인이고 용의자가 흑인인 사건은 전체 범죄의 10퍼센트에 불과한데도, TV 뉴스에 보도되는 양은 42퍼센트나 된다.[68]

도움이 필요한 10대 미혼모는 거의 모든 인종에 있지만, 미국은 유독 10대 흑인들의 출산율에만 경종을 울린다. 그러니 뉴스만 봐서는 흑인 청소년의 출산율이 최근에 급감했다는 사실을 알 도리가 없다. 비영리 연구기관인 차일드트렌드Child Trends가 2019년에 발표한 자료에 따르면, 1991년에 아프리카계 미국인 10대의 출산율은 1000명당 118명에서 2017년엔 28명으로 크게 떨어졌다.[69]

이것은 분명 우리 사회에 좋은 소식이다. 아프리카계와 라틴계의 10대 출산율 반전은 근대 이후 기록된 10대 임신율 전체를 최저 수준으로 끌어내리는 데 큰 공헌을 했다. 그러나 주류 카스트는 시간의 경과에 따른 감소세의 이유를 살피기보다 1990년대의 언어인 실업과 빈곤을 들먹이며 친숙한 카스트적 수식언을 쓰며 과거로 회귀하려 한다. 그리고 언론은 당연히 이런 경향에 관심을 보이지 않는다.

이런 수치들은 중요한 사실을 암시하며, 더불어 카스트가 설정한 가정에도 맞지 않는다. "장기간에 걸친 하향 추세는 10대들이 갈수록 성관계를 유보하고, 성관계를 가질 경우에도 피임 도구를 보다 신중하게 사용하는 편이라는 사실을 반영한다."[70] 연구진의 이러한 분석은 흑인과 라틴계 10대들이 주류와 거의 비슷한 비율로 예방하고 있다는 뜻이지만, 이는 사회의 예상을 뒤집는 결과이기 때문에 대부분 무시된다.

△

지배 카스트가 위계 구조에 갖는 투자 의지는 워낙 확고해서, 그들은 예전부터 자신의 카스트가 주는 시민권의 열매를 위해 자신의 편리함을 기꺼이 보류했다. 1954년 대법원이 브라운 대 교육위원회 Brown v. Board of Education 재판에서 공립학교의 흑백 분리 교육을 불법으로 판결한 이후에도 백인이 운영하는 버지니아 프린스에드워드 카운티의 교육위원회는 백인 학생 교실에 흑인 학생들을 들어오지 못하게 막고 버티다 결국 학교 자체를 완전히 폐쇄했다. 그 때문에 1959년부터 1964년까지 이 카운티 내의 부모들은 5년 동안 공립학교가 부재한 상태에서 대안을 찾아야 했다.

그 지역 백인들은 정부 자금을 백인 학생들을 위한 사립학교로 빼돌렸지만, 흑인 부모들은 직접 낸 세금이 백인에게만 투입되는 상황을 지켜보며 살길을 스스로 찾아야 했다.

비슷한 시기에 민권법이 공공시설에서의 흑백 분리를 금지하자, 남부의 도시들은 이에 맞서 흑인들과 수영장을 함께 사용하느니 아무도 수영할 수 없게 만들겠다며 백인 전용 수영장을 폐쇄하거나 경매로 팔아넘기고 심지어는 콘크리트로 메워버렸다.[71] 그러나 세대를 거치며 집단 소득과 부의 불균형을 이용해 수단과 자원을 확보한 지배 카스트들은 사설 수영장을 짓고 커뮤니티의 힘을 빌려 자신과 자신의 아이들 외에 출입을 통제해 최하위 카스트들을 거듭 막아냈다. 이런 식으로 카스트 체제는 이 나라의 최고 권위 있는 기관의 압박에도 굴하지 않고 변신을 거듭하며 특혜자를 보호하고 차선책을 만들고 대비책을 세워 그 구조를 온전히 유지해왔다. 그래서 카스트 체제는 항상 대세가 된다.

2015년 텍사스주 맥키니에서 백인 커뮤니티가 주최한 수영장 파티에 흑인 10대들이 들어오자, 백인 주민들은 즉시 무단침입으로 간주하여 경찰에 신고했다. 전 세계 사람들의 이목을 끌었던 영상에서 보듯, 출동한 한 경찰관은 15세 소녀를 인도에서 끌어내려 땅에 얼굴을 박게 한 뒤 온 체중을 실어 찍어 눌렀다. 성인 남성이 무릎으로 비키니 차림의 작고 가벼운 몸을 누르자 아래에 깔린 소녀는 어쩔 줄 모르며 흐느꼈다. 흑인 소년들이 반사적으로 그녀를 돕기 위해 달려들자 경찰관은 그들에게 총을 겨누었고 아이들은 뒤로 물러섰다.[72]

그 어린 소녀가 경찰관과 같은 카스트 출신이었다면 그런 장면은 상상조차 하기 힘들었을 것이다. 며칠 뒤 그 경찰관은 사임했지만, 그 사건은 카스트가 지배하는 사회에서 각자의 위치가 어디인지 뼈저리게 느끼게 해주었다.[73] 카스트가 주는 '지레짐작'이 얼마나 뿌리 깊은지, 지금 이 시대에도 그 경계를 넘을 경우 어떤 벽이 얼마나 높이 세워지는지, 어떤 처벌이 얼마나 무겁게 가해지는지 확실히 보여주는 사건이었다.

꼴찌의
내부 총질

카스트는 지배 카스트 중에서도 가장 부유하고 가장 힘이 센 사람들을 가장 높은 펜트하우스에 멀찍이 따로 올려놓고, 나머지 사람들을 그들의 발아래에 차례대로 놓는다. 피지배 카스트들은 기초가 부실하고 여기저기 갈라져 다른 사람들이 거들떠보지도 않는 지하실로 밀려난다. 지하실에 있던 사람들이 위층을 넘보기 시작하면 감시 체계가 작동하고, 그렇게 되면 건물 전체가 위협받는다. 이처럼 카스트는 최하위 카스트를 물에 잠긴 지하실에 몰아넣고 그들의 경쟁 상대는 그들 자신뿐이라는 환영을 심어주며 겁을 준다. 아래쪽에 있는 사람들은 덫에 갇힌 현실을 순순히 받아들이고, 거기서나마 조금 더 나은 형편을 찾아보려 애쓴다. 하위권에서 일등이 되는 게 그들의 목표다. "낙인이 찍힌 사람들도 그들끼리 계급을 만든다. 계속 꼴찌로 살고 싶은 사람은 없다."[74]

세대를 거치면서 그들은 지배 카스트의 특징들을 닥치는 대로 흉내 내고, 자기들끼리 서열을 정하는 법을 배운다. 예로부터 카스트 체제는 컬러리즘colorism이라는 유해한 도구를 사용하여 피지배 집단의 일부에게 특권을 부여해 왔다. 소외된 미국인들 중에서도 피부색과 머릿결과 얼굴의 특징 등이 지배 카스트에 가깝다면 그만큼 서열이 올라간다. 여성의 경우는 특히 그렇다. 카스트 중심의 이상에서 멀리 떨어진 외모를 가진 사람일수록 그런 특징에 더 많은 가치를 부여한다. 이런 가치의 왜곡은 특히 미국에서 보이지 않는 위력을 발휘한다. 사실 아프리카계 미국인들의 외적 특징이 확장된 이유는 노예화된 아프리카 여성들이 수백 년 동안 지배 카스트에 있는 주인과 다른 남성의 손에 의해 강간과 성적 학대의 노리개가 되었기 때문이다.

통제와 권력에 줄을 댈 만한 별다른 통로가 없기에 사다리 맨 아래 사람들은 지배자의 눈에 들기 위해 자신의 카스트에 있는 다른 사람을 밀어 내린다. 그들은 이미 선택받은 부류가 앞서갈 때보다 같은 서열에 있는 사람이 올라갈 때 더 깊은 상처와 박탈감을 느낀다. 이미 특혜받은 집단 사람이 위로 올라가는 것은, 원래 세상이 늘 그런 식으로 굴러갔기 때문이라고 사람들은 받아들인다. 지배 카스트는 어쨌든 위쪽 운동장에 있는 사람들이었으니까. 이는 나 자신의 결함에 대한 평가라기보다 세상이 돌아가는 이치를 반영한 결과다. "같은 처지에 있는 사람이 유별나게 탁월한 성과를 올리면 화가 난다. 그렇지 않아도 열등한 처지가 더욱 열등해지는 것처럼 여겨지기 때문이다." 머토리는 그렇게 지적했다.[75] "신임을 받지 못하는 사람들에게 명예 획득이란 특히 감정적으로 격한 영향을 미치는 제로섬 게임이다. 왜냐하면 (…) 골고루 돌아갈 만큼 명예가 많지 않기 때문이다."

카스트 체제는 모든 것이 부족하다고 생각되는 세상에서 만들어진 알력과 불평등, 시기와 빗나간 경쟁심을 먹고 번창한다. 같은 자리다툼이라도 가장 가까운, 바로 위아래에 있는 사람들끼리 다툴 때 긴장감이 가장 크다. 인도는 높은 카스트끼리의 알력으로 오랜 시간 진통을 겪었다. "심지어 그들은 누가 먼저 인사를 하느냐 같은 사소한 문제로도 다투었다. 브라만과 크샤트리아가 길에서 만났을 때 누가 먼저 양보하느냐 같은 것으로 그들은 언쟁을 벌였다."[76]

위에서 그런 문제로 다툰다면 아래쪽은 말할 것도 없다. 제3제국의 강제수용소 집행자들과 남부 농장의 노예 감독들이 그랬던 것처럼, 카스트는 역사적으로 최하층 카스트들끼리의 밀고와 배신에 대해 보상해 왔다. 너무 흔한 술수여서 미국에는 이를 가리키는 말이 따로 있을 정도다. 엉클톰Uncle Tom(백인에게 굽실거리는 흑인), HNIC('흑인을 감시하는 흑인Head Negro in Charge'의 줄임말) 등이 그것이다. 최하위 카스트 사람들은 지배 카스트에 대한 증오 이상으로 카스트 체제의 끄나풀을 더욱 미워했다.

지하실을 탈출하려는 최하위 카스트 사람을 끌어내리는 경우도 있다. 아프리카계 미국인을 비롯한 전 세계의 소외 계층은 이런 현상을 '통 속의 게'라고 부른다. 노예 반란 이후, 남부 흑인 노동자들의 노조를 결성하려는 수많은 시도 역시 이런 현상에 발목을 잡혔다. 통을 빠져나가려는 사람들을 끌어내리고, 지배 카스트에게 불온한 움직임을 미리 알려주는 대가로 첩자들은 특혜를 받았다. 동족을 배신하는 행위는 그들이 벗어나려 애쓰는 그 구조를, 부지불식간에 스스로 유지시켰다.

그러나 이런 충동이 꼭 서열에 대한 시기심에서만 비롯되는 건 아니다. "이미 포위 공격을 받고 있는 집단은 단 하나라도 잃을 여유가 없다." 인도 출신의 조직관리 전문가 수딥타 사랑지Sudipta Sarangi는 그렇게 썼다.[77] "집단에서 누가 더 일을 잘해 승진할 것 같으면 한 사람이 빠져나가는 것에 대한 두려움 때문에 그를 도로 끌어내리려 한다."

△

카스트 체제에서 성공하려면 질서의 코드를 해독하고 그 지시에 반응하는 기술을 익혀야 한다. 일반적인 상황에서 누구의 삶과 의견이 가장 큰 비중을 차지하며 우선권을 갖는지 알아야 한다. 그것을 가르쳐 주는 것은 노예 시대의 형법에서 이어져 내려온 형사사법제도다. 예를 들어 미국에서 가해자의 사형 선고 여부를 가장 확실하게 예측하는 기준은 가해자의 정체가 아니라 희생자의 인종이다. 사법 정의를 외치는 브라이언 스티븐슨Bryan Stevenson은 사형 사건에 관한 한 연구를 인용하면서 그렇게 말했다.[78] "조지아의 범죄자들은 피해자가 흑인일 때보다 백인일 때 사형 선고를 받을 확률이 11배 높았다. 이런 결과는 인종과 사형제도의 관계를 다룬 연구를 진행한 모든 주에서 그대로 반복되었다."

이런 사실은 예를 들어 인간의 목숨을 소모품처럼 여기는 사람이나 신성한 것으로 여기는 사람들 모두에게 교훈 하나를 던진다.

조금이라도 잘되기 위해서는 지배 카스트의 패권을 위해 모두가 십일조를 내야 한다는 것이다. 미국의 카스트 체제에 들어가는 순간, 이민자들은 지하실에 있는 사람들과 거리를 두는 법을 배운다. 그래야 그곳으로 밀려나지 않을 테니까.

1965년에 있었던 피지배 카스트의 저항 운동은 이민자들의 문호를 개방하는 데 큰 도움을 주었다. 하지만 늘 그랬듯이 유색인종 이민자들은 카스트의 불문율을 고수해야 하는 딜레마를 마주한다. 미국에서 태어난 아프리카계 미국인을 내치거나, 애초에 이 나라에 들어올 수 있도록 싸워준 사람들과 손을 잡거나. 그들은 둘 중 하나를 선택해야 하는 고통스러운 딜레마를 겪는다.

그러나 카스트는 아프리카 지역에서 이민 온 사람들이 미국 사회에서 인정받는 방식도 뒤바꿔 놓는다. 20세기에 유럽에서 온 이민자들은 미련 없이 자신의 이름을 버리고 옛 조국의 억양과 풍습도 포기했다. 그들은 지배 카스트의 입장권을 얻기 위해 자신의 민족성을 슬그머니 감추었다. 하지만 흑인 이민자들은 자신이 최하위 카스트들과 비슷하게 생겼기 때문에, 오히려 유럽인들과 반대되는 행동을 할 때 체제로부터 보상을 받는다는 사실을 알게 된다. "백인 이민자들은 '미국인'이 되고 신분이 더 높은 집단에 동화되어 유리한 지위를 얻는 반면, 흑인 이민자들은 그들만의 문화적 특수성을 잃게 되면 사회적 지위까지 잃을 수도 있다." 사회학자 필립 카시니츠Philip Kasinitz은 그렇게 썼다.[79]

최근 아프리카에서 유입된 이민자들은 대부분 웬만한 미국인보다 더 많이 교육받고, 더 많이 여행했으며, 외국어도 유창하게 구사한다. 이 때문에 그들이 택한 고향에서 최하위 카스트로 강등되는 것을 참지 못한다. 그들은 자칫 피지배 카스트로 오인 받을까 두려워 그들끼리도 거리를 두려 애쓴다. 우리와 마찬가지로 그들은 아프리카계 미국인에게 들러붙은 부정적 선입견에 노출되어 있고, 그래서 자신이 자메이카나 그레나다나 가나 사람이라는 사실을 강조하고 또 그렇게 보이려 애쓴다. "여기 온 이후 저는 이곳이 인종차별 국가임을 늘 의식하며, 고향의 억양을 잃지 않도록 많이 노력했습니다."[80]

카스트는 기획된 싸움에 뛰어든 최하층 사람들을 분열시켜 체제를 영리하게 지속시킨다. 그래서 서로 다른 시기에 건너온 아프리카 사람들은 꼴찌를 면하기 위해 가끔 마찰을 빚었다. 카리브해와 아프리카에서 온 일부 이민자들은 아프리카계 미국인들을 경계하거나 그들의 자녀들에게 아프리카계 미국인처럼 행동하지 말라고 한다. 심지어는 그들을 집에 데려오지도 말고 그들과 결혼도 하지 말라고 경고한다.[81] 그들은 이 편견이 잘못됐음을 입증할 생각은 하지 못하고, 자신이 그런 엉터리 고정관념에 적용되지 않는 사람임을 증명하려는 함정에 빠지곤 한다. 카스트의 위아래를 막론하고, 각각의 카스트는 다른 카스트보다 자신들이 높다는 사실에 자부심을 느끼고 위안을 삼는다.[82]

새로 들어온 사람 중에는 위계 구조를 지지하는 편에 서라고 아무리 부추겨도 통하지 않는 사람들도 있었다. 에릭 홀더Eric Holder나 콜린 파월Colin Powell이나 맬컴 XMalcolm X, 셜리 치점Shirley Chisholm, 스터우클리 카마이클Stokely Carmichael 같은 카리브해 출신 이민자의 후손들은, 최하위 카스트가 겪는 어려움을 공유하며 정의를 지지했고, 더 큰 선을 위해 이런 분열에 초연했다.

△

카스트를 알면 아프리카계 미국인, 여성, 그 밖의 소외 계층 사람들이 가까스로 권위 있는 자리에 올라도 소속 집단을 거부하거나 축소하는, 논리적으로 납득되지 않는 반응을 보이는 점도 설명할 수 있다. 힘, 권위를 좀처럼 얻지 못하는 체제에 갇히면, 그들은 자신의 의지를 포기한다. 그래야 출세해 인정받고, 위계 구조에서 살아남을 수 있기 때문이다. 그들은 그들이 배신하거나 무시하는 사람들의 지위가 초라하다는 이유로, 책임에서 벗어나 있다고 생각한다.

최하위 카스트에 대한 학대는 프레디 그레이^{Freddie Gray}의 경우처럼 같은 카스트에 속한 사람들에 의해 이루어지는 경우가 많다. 그레이는 볼티모어에서 경찰에 의해 호송되던 중 목뼈가 손상되어 사망했다. 법정 증언에 따르면 경찰은 그레이에게 수갑을 채워 경찰 승합차 뒷좌석에 앉혔지만, 안전벨트를 채워주지 않았다. 승합차가 방향을 바꿀 때 그레이는 수갑을 찬 채 바닥으로 쓰러지며 여러 차례 승합차 내벽에 부딪혔다. 사건에 관련된 경찰관 3명은 운전자를 포함하여 모두 흑인이었다. 이런 정황 덕분에 사람들은 그레이의 죽음을 인종과 전혀 상관없는 문제라고 둘러댈 수 있었다. 하지만 사실 이 사건도 어떤 면에서는 카스트의 위력에 의한 희생이라 할 수 있었다. 그러나 경찰관들은 모두 증거불충분으로 혐의를 벗었다.

최근 세간의 이목을 집중시킨 사건에서 무자비한 진압으로 기소된 몇 안 되는 경찰관 중, 대부분이 유색인종이라는 사실도 이 지점과 일치한다. 오클라호마에선 일본계 미국인 경찰, 뉴욕시에선 중국계 미국인 경찰, 미니애폴리스에선 이슬람계 미국인 경찰이 기소되었다. 이처럼 같은 혐의라 해도 상위 카스트 남성들은 무사히 넘어가지만 유색인종은 종종 대가를 치른다.

이런 현상은 소외된 집단 전반에서 흔히 볼 수 있다. 에릭 가너 Eric Garner가 목이 졸려 사망했을 때에도 진압을 지휘한 경찰은 흑인 여성이었다. 여성 직원을 가장 힘들게 하는 상사가 여성인 경우도 많다. 이들은 여성에게 승진 기회가 잘 주어지지 않는 남성 위주의 위계 구조에서 남성 상사의 인정을 얻기 위한 경쟁 압박에 시달린다. 이런 사례들은 아마도 인종이나 성을 사소한 요소로 치부해서는 안 된다는 암시이기도 하다. 하지만 그보다는 카스트 체제라는 렌즈로 볼 때 완벽하게 앞뒤가 맞는, 오히려 그래야 말이 되는 이야기일지도 모른다.

카스트의 명령을 시행하는 사람에겐 피부색이나 신조나 성별이 따로 없다. 그가 꼭 지배 카스트인 것도 아니다. 사실 카스트 체제의 가장 강력한 도구는 사다리의 모든 난간을 지키는 파수꾼이고, 그 파수꾼은 차별에 대한 어떠한 비난도 단호히 부인하며 카스트 체제가 계속 유유자적하도록 돕는다.

더 짙은
남쪽으로

1933년 가을, 유럽에서 공부를 마치고 막 돌아온 한 저명한 흑인 부부가 버지니아에서 남쪽 내슈빌을 향해 가고 있었다. 그들은 두려움 반 기대 반으로 철의 장막을 지나 짐 크로법의 심장부인 미시시피로 들어섰다. 인류학자인 두 사람은 남부의 사회적 위계 구조를 연구하는, 2년 동안의 위험한 임무를 막 시작하려던 찰나였다. 자칫 실수한다면 목숨을 잃을 수도 있음을 알고 있기에, 두 사람은 항상 예의 바르게 행동해야 한다는 점을 명심했다. 일단 그곳의 사회 질서에 복종하는 법부터 배워야 할 터였다.

최종 목적지인 미시시피 내처스에서 그들 임무의 본래 의도는 비밀에 부치기로 했다. 그곳은 봉건적인 관습들을 고수하고, 두 사람과 같은 외모의 사람들이 분수를 지켜야 하는 곳이었다. 사람들은 그들의 일거수일투족을 주의 깊게 지켜볼 게 분명했다. 관습을 어겼다는 사소한 이유로 나흘에 한 번꼴로 흑인이 린치를 당하는 그곳에, 그들은 무모한 걸음을 재촉했다. 몇 주 전 흑인 남성이 내 처스 옆 카운티에서 백인 여성을 강간한 혐의로 린치를 당했다는 사실도 그들은 곧 알게 될 것이다.[83] 사실 그 사건은 그 지역 백인 도 대부분 믿지 않았다.

앨리슨 데이비스는 조각해 놓은 듯한 단호한 턱을 가진 나무랄 데 없는 전형적인 학자였고, 그의 아내 엘리자베스는 세련미의 표 본이었다. 그러나 그들이 걸어온 길은 심하게 굴곡진 장애물 코스 였다. 바로 지난해 봄, 그들은 베를린 대학에서 진행하던 연구 프로 젝트를 중단하고 히틀러가 정권을 장악한 독일을 탈출했다. 나치가 책을 불사르고 교사들을 투옥하는 것을 보며[84] 증오의 본질을 꿰뚫 어 본 두 사람은 고국에서의 경험에 자극을 받아 불의를 연구하기 로 마음먹었다.

데이비스는 하버드 대학에서 2개의 학위를 받고 해외 경험도 풍부한 젊은 인류학자였지만 미시시피에서는 그런 티를 낼 수 없 었다. 살아남기 위해서는 본래의 모습을 숨겨야 했다. 두 사람은 인 간 분열의 구조를 기록하는 일을 위해 개인을 희생하기로 했다. 그 들은 사실상 은밀히 임무를 수행하는 요원처럼 행동할 수밖에 없 었다. 내처스에서 그들은 팀의 반쪽인 벌리 가드너와 메리 가드 너Burleigh and Mary Gardner라는 하버드의 백인 인류학자 부부와 합류 하기로 했다. 사실 가드너 부부는 데이비스 부부보다 한발 먼저 미 시시피에 가 있었다. 네 사람은 그렇게 함께 카스트로 양분된 폐쇄 적이고 고립된 남쪽 마을에 침투했다. 북부에서 온 두 부부 모두 자 신들이 처할 상황을 확실히 알지 못했다. 그 마을은 카스트 체제가 깊이 뿌리를 내린 곳이어서, 그들은 그들이 연구하고 있는 바로 그 현상 때문에 거동에 제약을 받을 수밖에 없다는 것을 금방 알게 된다.

이 프로젝트는 첫 시도이자 선례가 없는 획기적인 실험이었다. 그들은 지역 사람들과 교류하는 문제를 놓고 세부적인 내용까지 미리 계획하고 정했다. 무엇보다 낯선 환경에서 네 사람이 함께 다녀도 무방할 그럴듯한 구실을 짜내야 했다. 카스트와 계급과 인종이 어떻게 기능하는지 파악하기 위해 침투했다고 말할 수는 없는 노릇이었다. 두 부부의 활동은 케임브리지에서 이 프로젝트를 감독하는 선임 교수에게 보고하기로 되어 있었다. 인류학자 W. 로이드 워너는 팀에게 닥칠지 모르는 위험을 대비해 두 커플보다 먼저 내처스로 가서 그 지역을 정찰하고 미리 준비해 두었다.

워너는 부부 팀을 두고 떠나기 전에 시장과 법 집행관들과 지역 신문의 편집자들을 만났다. 그는 마을의 공무원들에게 전형적인 남부 마을로 내처스를 선택했으며 연구원들은 자료를 수집하여 북부의 한 마을과 비교할 예정이라고 적당히 둘러댔다. 워너는 매사추세츠의 뉴베리포트에서 사회 계층화에 관한 연구를 끝낸 뒤에 연구가 필요하다고 판단하여 이 프로젝트를 기획했다. 내처스의 공무원들은 자기 마을의 역사를 백인 부부 팀이 관심을 갖고 조사한다는 말에 흔쾌히 수락했다. 그러나 아무리 연구가 목적이라고 해도 굳이 아프리카계 미국인 학자들이 따라붙어야 하는 이유는 쉽게 납득하지 못했다.

연구팀은 지역 주민에게 흑인 교회를 조사하기 위해 흑인 연구원들을 파견한 것으로 말하기로 했다. 원로들을 납득시키고 안전을 보장받으려면 그렇게 말해야 할 것 같았다. 하지만 그 프로젝트는 이들이 얼마나 사회를 선도하는지 그리고 앨리슨 데이비스의 역량이 어느 정도인지 가늠해 볼 기회도 되었다.[85] 그래서 팀의 책임자로 흑인 인류학자인 그를 선임한 것인지도 몰랐다. 이들은 카스트 체제의 뱃속에 든 또 하나의 카스트를 연구하고 있었다.

원활한 임무 수행을 위해 백인 부부는 흑인 부부가 도착하기 전에 먼저 와서 터를 닦았다. 가드너 부부는 오래된 시골 저택의 방을 빌려 연구기지로 삼았다. 조금 지나자 내처스 동네 사람들도 그들을 이웃으로 인정하기 시작했다. 그러나 데이비스 부부가 지낼 곳은 좀 더 생각해야 했다. 그 저택은 외딴곳에 있어 데이비스 부부가 이용하기엔 적합하지 않았다. 그런 시골에서 흑인들이 그런 저택에 머물면 사람들 눈에 금방 띄어 위험할 수 있었다. 그곳 아프리카계 미국인들은 대부분 소작농으로 비좁은 오두막집에서 살았기 때문에, 데이비스 부부의 집을 찾기가 쉽지 않았다. 할 수 없이 그들은 아지트를 마을로 옮기기로 했다. 그렇게 해서 데이비스 부부는 흑인 의사에게 방을 빌렸다.

두 부부는 곧 각자의 카스트를 찾아 들어갔지만 그 때문에 서로 다른 제약을 받았다. 그들은 엘리트와 하위 계급이라는 각자의 카스트 내에서 연구를 진행해야 했다. 그러나 그곳의 사회적 위계 구조는 엄격한 선을 긋고, 한 카스트 안에서도 자신과 다른 수준으로 보이는 사람과 친하게 지내면 감시하고 추방도 서슴지 않았다. 백인인 메리 가드너는 뉴딜New Deal 프로그램의 사례 연구원이라고 자신을 소개한 후 가난한 백인 주민들, 즉 지배 카스트의 하층민들을 만나고 그들의 집을 방문하는 일을 맡았다.[86]

흑인인 엘리자베스 데이비스는 그런 일을 할 수 없었다. 데이비스 부부는 가난한 흑인 주민들을 만날 생각이었지만, 당시 미시시피에는 이런 공무를 수행하는 흑인 여성이 거의 없었다. 메리 가드너가 가난한 백인들을 조사한다고 했을 때 연방정부는 안심했지만, 미시시피의 가난한 흑인들까지 챙길 수는 없었다. 그래서 앨리슨 데이비스는 세인트 클레어 드레이크St. Clair Drake를 연구원으로 채용하기로 했다. 그는 수십 년 뒤에 시카고에서 20세기 중반을 대표하는 학자로 이름을 날린다. 북부 태생의 드레이크는 남부에서 몇 달 또는 몇 년을 보내야 한다는 사실이 내키지 않았다. 불과 몇 년 전에도 스카츠보로 보이스Scottsboro Boys로 알려진 젊은 흑인 남성 9명이 이웃의 앨라배마에서 2명의 백인 여성을 성폭행한 혐의로 수감된 곳이었다. 나중에 백인 여성이 법정에서 피해 사실을 조작했다고 시인하기는 했지만. 데이비스는 그에게 임무의 비상한 목적을 알려주며 설득했다. "시스템의 작동 원리를 모르고는 시스템을 깨뜨릴 수 없습니다."

드레이크는 결국 합류했고 소작인이나 하녀들과 함께 시간을 보냈다. 데이비스 부부는 내처스에서는 이미 중상류층 흑인으로 통했기 때문에 그런 사람들과 어울리면 핑계 댈 말이 없었다. 그들은 모두 자신들이 받아들이기로 한 역할에 갇혔고, 배정받은 일이라면 무엇이든 해야 했다. 그렇지 않으면 연구 활동에서 그들의 입지가 위태로워질 수밖에 없었다.

그들의 생명은 그들이 연구하려는 규칙에 대한 복종과 그들이 속한 카스트에 보이는 충성에 달려 있었다. 백인 여성인 메리 가드너는 얼마 안 가 맨션 투어에 초대받아 후프 스커트를 입고 주최자 역할을 맡는 위치까지 갔다.[87] 그런 상황에서 백인 부부가 데이비스 부부와 너무 가까운 사이로 보이는 것은 위험했다. 공개된 장소에서 데이비스 부부는 가드너 부부를 깍듯하게 대했다. 같은 프로젝트를 맡은 친구나 동료라는 기색을 드러내서는 절대 안 되었다. 그래서 두 여성은 좀처럼 함께 있지 않았고 서로 잘 아는 사이라는 것도 숨겼다. 카스트 체제는 서로 다른 카스트의 여성들에게 그런 종류의 동지애를 허용하지 않았다. "그들의 만남은 시내 중심가에 있는 식료품 체인점에서 우연히 마주치는 정도로 한정되었다. 그곳에서 그들은 정중하고 절제된 인사만 주고받았다." 데이비스의 전기 작가였던 데이비드 A. 배럴David A. Varel은 그렇게 썼다.[88]

시간이 가면서 백인 연구원들은 아프리카계 미국인들 앞에 놓인 장벽을 직접 볼 수 있었다. 어디를 가도 데이비스 부부들에게는 음식이나 화장실이 쉽게 보장되지 않았다. 팀이 함께 있어도 마찬가지였다. 그래서 어디를 가든 무엇을 하든 카스트를 따져 미리 생각하고 만약의 경우를 대비해 두어야 했다. 데이비스가 화장실 사용을 허락받아도 화장실 열쇠는 백인인 가드너가 달라고 해야 하는 경우도 몇 번 있었다. 그들은 카스트의 본분을 지켜야 했다. 프로젝트 자체가 혁명적인 개념이었다. 교육을 받은 흑인 남성이 처음부터 백인 남성과 이런 식으로 일을 한다는 것 자체가 기발한 발상이었고, 마을 사람들도 본 적이 없었던 광경이었다.[89]

"앨리슨이 벌리의 부하직원인 것으로 설명했고 또 사람들도 대체로 그렇게 알고 있었다. 그것이 백인과 흑인 사이에서 유일하게 허용되는 관계였다." 배럴은 그렇게 썼다.[90] 만나서 연구 결과를 토론할 때에도 치밀한 작전이 필요했다. 함부로 상대방의 집을 찾아갔다가는 의혹을 사거나 이웃에 불쾌감을 줄 수 있었다. 백인이 흑인을 방문하는 것은 카스트 체제의 관행이 아니었기에, 가드너가 데이비스를 찾아갈 수도 없었다. 반면에 하급 카스트가 상류 카스트의 편의를 위해 찾아가는 것은 가능했고 실제로도 자주 있는 일이었다. 그러나 팀의 리더인 데이비스가 동료의 집 뒷문으로 들락거리는 것은 체면이나 품위를 생각해도 받아들이기 어려웠을 것이다. 배럴은 이에 대해 다음과 같이 적었다. "앨리슨이 벌리의 부하직원이라고 말하는 것으로는 충분하지 않았다. 그들은 각자 자신의 카스트 역할에 따라 엄격하게 행동해야 했다."

그래서 그들은 만나는 방법을 아예 규약으로 만들었다. 한쪽이 다른 쪽에 전화를 걸어 사람들 눈에 잘 띄지 않는 곳으로 약속을 잡는다. 데이비스가 약속된 장소에 간다. 가드너가 데이비스를 차에 태워 시골 이면도로로 가서 진행 상황을 검토하되 너무 눈에 띄지 않게 조심한다. 이마저도 카스트 체제에 어긋나는 행위라는 사실을 알고 있었지만, 연구를 위해서는 그렇게 할 수밖에 없었다. "만날 때마다 경찰서장과 보안관에게 미리 알렸다"는 사실을 가드너는 나중에 알게 되었다. "보안관과 경찰서장은 개입하지 않았지만 그런 만남은 아주 중대한 위반사항이어서 보안관은 두 사람을 감시해야겠다고 생각했다."

감시는 당국이 언제라도 그들의 프로젝트를 중단시키거나 그 이상의 심각한 조치를 취할 수 있다는 의미였다. 배럴은 보안관은 언제라도 그들이 기록한 자료를 압수할 수 있어서, 연구의 진짜 의도가 드러나면 그동안 수집한 자료가 다 파기될 수 있었다고 썼다. 그런 사태에 대비하여 그들은 케임브리지에 있는 워너에게 수시로

313

우편물을 보냈다. 하지만 앨리슨은 그것조차도 신중을 기해야 했다. 교육을 받은 흑인이 자주 우편물을 보내는 것을 중년의 중산층 백인 우체부는 수상하게 여겼을 것이라고 배럴은 썼다. "흑백 합동 연구는 프로젝트 자체가 매우 민감하고 아슬아슬할 정도로 위험천만한 일이었다." 워너는 말했다.[91]

△

미국이 제2차 세계대전에 참전할 준비를 서두르던 1941년에 데이비스와 가드너 팀이 내놓은 결과물은 그때까지 미국에서 나온 카스트 체제에 대한 연구 중 가장 포괄적인 것이었다. 이 연구는《딥 사우스》라는 제목으로 출간되었다. 이 책은 미국의 두 주요 카스트인 백인과 흑인의 사회 계층을 분석했다.

데이비스 부부와 가드너 부부는 카스트가 그들이 연구 대상으로 삼은 짐 크로 지방의 "기본 분할법"으로, "카스트 체제와 경제 제도가 서로를 강화하는" 경제적 상호 의존성 위에 세워진 체계라고 결론 내렸다.[92] 그들은 두 개의 카스트 안에 존재하는 등급, 각 카스트 내에 존재하는 단층, 카스트를 분리하기 위해 동원된 사회적 통제 장치, 20세기 중반에 접어들면서 미국의 플랜테이션 위에 세워진 권력 구조와 노예 상태 등을 상세히 기록으로 남겼다. 그들은 위계 구조를 유지하는 데 필요한 엄정한 행동 규범을 연대순으로 기록했다. 연구팀은 하위 카스트에 테러를 가하기 위한 회동이나, 농장주들이 채찍질 놀이를 할 때 몸을 숨겨야 하는 소작농들의 일상이나, 데이비스 부부가 다른 아프리카계 미국인들에 대해 기록하는 데 따르는 위험 등을 설명했다.

연구 결과를 발표하기까지는 8년이 걸렸다. 그때도 그들은 양쪽 카스트의 반발과 불이익에 맞서야 했고, 공개 시기를 두고도 여러 압력을 받았다. 그들은 대공황이 한창일 때 일을 시작했기 때문에, 위험해 보이는 프로젝트에 자금을 지원하려는 단체가 없어 여러 차례 고비를 맞기도 했다. 경기 악화, 더딘 연구, 부족한 인적 자원, 카스트로 인한 굴욕 등에 시달리던 데이비스 부부는 다른 궁리를 해야 했다. 그래서 맡은 일이 뉴올리언스의 흑인 교육기관인 딜러드 대학에서 학생들을 가르치는 일이었다. 그 학교도 재정난에 시달리고 있었다. 앨리슨 데이비스는 카스트 연구라는 중차대한 과업을 마치기 위해 분투하는 한편, 매 학기 5개 강좌를 맡는 이중 부담을 안고 있었다.

게다가 보이지 않는 경쟁도 시작되었다. 불경기로 인해 농촌과 남부의 빈곤에 관심이 쏠리면서 미시시피 삼각주는 국가 안의 또 다른 봉건국가를 조사하려는 젊은 사회과학자들로 북적였다. 특히 예일 대학 출신 인류학자 2명이 맘에 걸렸다. 인종이 서로 다른 데이비스와 가드너 팀은 카스트를 지켜가며 생활하느라 시간이 많이 걸렸지만, 두 인류학자는 둘 다 백인이고 같은 지역에서 별개의 연구를 진행했으며 미시시피에서의 연구 기간도 더 짧았기에 데이비스와 가드너의 팀보다 결과를 먼저 발표할 수 있었다.

예일 대학의 존 달라드는 인디애놀라에서 5개월을 보냈다. 호텐스 파우더메이커Hortense Powdermaker 역시 예일 대학에 재직하며 1932~33년에 같은 곳에서 9개월을 보냈고 1934년에도 3개월을 머물렀다. 1937년에 출간된 달라드의《남부 어떤 마을의 카스트와 계급*Caste and Class in a Southern Town*》은 그의 대표작 3편 중 첫 번째 저작으로, 학계로부터 새로운 분야를 개척한 연구서라는 호평을 받았다. 이처럼 달라드는 데이비스 부부와 가드너 부부가 방대한 자료를 분석하는 동안 이 분야의 선구자로 각광을 받았다. 하지만 달라드는 남부 카스트 내 백인으로서 연구의 한계를 시인했다. 아프리카계 미국인에 대한 접근을 제한하는 카스트의 금기 때문이었다. 어떤 마을에서 백인 주민들에게 흑인 여성의 집을 방문할 계획이라고 말했다가 마을에서 쫓겨났다고 그는 털어놓았다.[93]

호텐스 파우더메이커의《해방 이후, 딥 사우스의 문화 연구*After Freedom: A Cultural Study in the Deep South*》는 1939년에 출간되었다. 달라드와 파우더메이커의 책들은 모두 호평을 받았고 남부 카스트 학문 분야를 주도한 연구서로 평가받았다. 2004년에도 잡지 〈아메리칸 앤스로폴로지스트*American Anthropologist*〉는 이 두 권의 책을 "전범이라 할 만한," "획기적인 연구"라고 표현하면서 데이비스와 가드너의 책을 각주에 넣었다.[94]《딥 사우스》는 1941년에 출간되었지만 지배 카스트 출신 학자들이 쓴 초기 작품들에 가려져 오랫동안 진가를 인정받지 못했다. 데이비스와 가드너 프로젝트는 그들이 연구했던 피지배 카스트의 운명을 맞는 것 같았다.

△

데이비스도 가드너도 인도의 카스트 체제와 미국 카스트 체제가 동일하다고는 주장하지 않았다. 그러나 미국에서 카스트가 받는 비판은 미시시피에서 기록한 카스트 관계의 패턴을

답습하고 있었다. 그들은 체제에서 살아남는 데 필요한 행동과 편견에 길들여진 아프리카계 미국인 근로자들이, 지배 카스트에게는 존경심을 드러내면서도 같은 처지의 피지배 카스트는 무시하거나 대놓고 비판하는 경향이 있다는 사실을 확인했다. 20세기 초중반의 아프리카계 미국인 사회과학자들은 카스트 체제하에 살고 있던 그 순간에도, 그들의 어려움에 카스트 개념을 적용하지 않겠다고 했다. 그들은 끝이 보이지 않는 카스트의 벽 뒤에 갇혀 있으면서도, 이 제도가 정말로 영원히 폐쇄될 수 있다는 사실은 믿으려 하지 않았다. 그들의 입지가 변할 수 없는 것으로 보였다면, 그 너머로 올라갈 수 있다는 희망도 없을지 몰랐다.

그들은 카스트라는 광야 깊숙이 들어가 있었다. 아직 브라운 대교육위원회 사건이 있기 전이었고, 몽고메리 버스 승차 거부 운동이나 1963년 3월 워싱턴 대행진과 1960년대의 민권법 법제화로 그들의 삶에 드리워진 카스트의 규약을 공식적으로 금지하기 전이었다. 20세기 중반에는 누구도 피지배 카스트의 일원이 대법원 판사석에 앉거나, 국무장관이 되거나, 대통령으로 백악관 집무실에 앉으리라고는 꿈도 꾸지 못했다.

최하위 카스트는 아직 굴레를 벗어나지 못했고, 카스트 체제의 평계인 집단 열등성이란 가정의 오류를 입증하지도 못했고, 노력하기만 하면 누구 못지않게 메트로폴리탄에서 베르디를 부르고 우주 궤도를 돌며 노벨상을 수상할 수 있다는 것을 보여주지 못했다. 카스트 체제가 일말의 여지도 허용하지 않았기에, 상상도 할 수 없는 일이었다. 따라서 수천 년을 이어오며 고착되어 온 인도의 카스트 체제를 환기했다가, 가까스로 얻은 혜택을 성급하게 발로 차버리지 않을까 하는, 이해할 법한 두려움도 분명 있었을 것이다.

데이비스가 잡았을지도 모르는 성공도 그 자체로는 카스트 체제에 대한 도전이었다. 그리고 그는 이런 연구를 할 기회를 얻은, 몇 안 되는 아프리카계 미국인들 중 하나로 협소한 길을 걸었다. 다른 사람이 엄두도 못 냈던 용기로 모험을 마다하지 않았으며, 그 때문에 지배 카스트의 연구자들보다 더 많은 비판을 받았다.《딥 사우스》전에 먼저 연구 결과를 발표한 백인 학자들은 주류에서 더 쉽게 인정받았고, 지위 때문에 더 많은 권위를 획득했다.

데이비스와 가드너는 몰입도와 전문성에도 불구하고 더 치밀한 검증을 받아야 했고, 책을 내기까지 더 많은 장애물을 넘어야 했다. 출간은 지연되었다. 흑인 사회학자 찰스 존슨Charles Johnson이 이들의 원고에 장황한 문제 제기를 한 것도 원인이었다. 데이비스는 수석 연구원인 탓에 비판의 표적이 되기 쉬웠다. 특히 그를 비판하는 데 앞장섰던 사람들은 성공을 원한다면 위계에 충실하라는 압력을 받고, 지배 카스트 학자들에게 문제를 제기하기 꺼렸던 피지배 카스트의 동료들이었다. 데이비스의 연구에 대한 저항은, 그가 폭로하기 위해 자신의 일생을 바친, 바로 그 이론을 본의 아니게 입증한 셈이 되고 말았다.

세기 중반에 카스트 개념이 미국에 적용되면서 논란은 더욱 확산되었다. 당대를 대표하는 사회학자였던 올리버 크롬웰 콕스Oliver Cromwell Cox는 1948년에 발표한 대표작《카스트와 계급과 인종, 사회적 역학의 연구Caste, Class and Race: A Study in Social Dynamics》에서 이들을 작정하고 비판했다. 그는 100쪽에 걸쳐 인도 카스트에 대한 자신의 학식을 늘어놓은 다음, 나머지 부분은 두 나라 위계질서의 차이점을 분석하는 데 할애했다. 그가 반박의 근거로 삼은 것은 인도의 카스트 체제는 안정적이며 의심할 여지가 없다고 인정받고 있고, 심지어 최하위 카스트도 신들이 정해준 운명으로 받아들였다는 점에서 유일한 체제라는 논리였다. 미국의 흑인들이 노예제 시대나 그 이후에 자신의 처지에 불복해 평등을 요구했다는 사실은, 콕스가 보기에 카스트를 이 나라에 적용할 수 없음을 보여주는 반증이었다. "예를 들어 흑인과 백인의 관계가 카스트가 말하는 관계라면 니그로들은 백인들이 점유하고 있는 상위의 사회적 지위를 열망하지 않았을 것이다."

"인도의 카스트 체제 내에 있는 장벽은 결코 도전받는 법이 없다." 이러한 황당한 말로 콕스는 자신의 비뚤어진 시각을 드러냈다. 그가 보기에 인도의 카스트 체제는 "사회적 지위와 상관없이 한 사람의 카스트는 그에게 신성한 것이며 한 카스트는 다른 카스트를 지배하지 않는" 것이었다.[95] 명석한 학자였지만 콕스는 달리트들을 지배한 카스트가 그들에게 가한 불의를 외면했고 자유로워지려는 인간의 기본적인 의지도 무시했다.[96] 그리고 그가 그런 글을 쓰고 있던 그 순간에도 카스트 체제에 맞섰던 달리트들의 불같은 저항과 지도력을 그는 간과했다.

콕스가 비판하기 전에 데이비스 부부와 가드너 부부가 밝혀낸 사실들은 미국의 인종 문제를 다룬 시도 중 가장 야심찬 작품을 통해 한층 확고해졌다. 1944년에 출간된 기념비적인 《아메리칸 딜레마 American Dilemma》였다. 이는 데이비스와 동시대 연구진들의 성과를 토대로 스웨덴의 사회경제학자 군나르 뮈르달이 집필해 내놓은 역작이었다. 인종 문제를 분석한 이 책에서 뮈르달은 미국 내 여러 집단의 관계를 카스트 체제로 설명하면서, 카스트라는 용어를 수시로 언급한다. "카스트 체제는 그 자체의 타성과 그것을 지탱하는 우월한 카스트의 관심에 의해 유지된다." 뮈르달은 그렇게 썼다.

△

데이비스는 시카고 대학에서 인류학 박사 학위를 받고 학부 교수로 재직하여 백인 명문 대학에서 사상 최초로 흑인 종신 교수가 되었다. 하지만 그는 또 한 번 수모를 겪는다. 동료 교수들은 그에게 지도할 권한을 주어야 할지 공개 토론을 벌였고, 한동안 교직원 식당을 이용하지 못하게 했다.

20세기 전반에 미국 남부를 다룬 주요 학자들 가운데 데이비스와 그의 아내는 피지배 카스트라는 암울한 그림자 속에서 일했던 몇 안 되는 현장 연구원이었다. 그들의 업적은 세인트 클레어 드레이크, 스토클리 카마이클, 마틴 루터 킹 주니어 같은 사람들에게 영감을 주었다. 앨리슨 데이비스는 역사에 파묻히다시피 한 인물이 되고 말았지만 우리 사회의 분열의 인프라를 이해하려는 학자들과 연구원들에게 우상과도 같다. 그는 카스트 체제를 타파하겠다는 일념으로 카스트 체제의 실상을 파악하는 데 남다른 헌신을 했다. 그는 목숨이 달린 문제처럼 자신의 일에 도전했다.

메이저리거의
아킬레스건

총알처럼 홈 플레이트를 향해 날아간 직구는 한때 시속 166킬로미터를 찍을 정도로 빨랐다. 스포츠 기자 로버트 스미스Robert Smith는 이를 "포수의 글러브를 찢을 정도"였다고 표현했다.[97] 리로이 새첼 페이지LeRoy Satchel Paige는 마운드에 오른 가장 위대한 투수 중 하나였다. 하지만 20세기 초 짐 크로의 횡포가 극에 달했을 때 성년이 된 그는 기량을 발휘할 기회를 전혀 갖지 못했다. 그리고 야구계는 분명 경기와 페넌트레이스와, 어쩌면 모든 구단과 야구 판 전체를 바꿀 수 있는 인재를 포기했다.

볼이 너무 강하고 빨라 "포수들은 미트에 비프스테이크로 쿠션을 대야 했다. 그래야 경기가 끝난 뒤에 손바닥에 불이 나지 않으니까." 그의 전기 작가인 래리 타이Larry Tye는 내셔널퍼블릭라디오National

Public Radio와의 인터뷰에서 그렇게 말했다.[98] 그는 자신감도 유별나서 첫 9명 타자를 전부 삼진아웃시킬 테니 누구든 돈을 걸어보라며, 외야수는 그냥 덕아웃에 앉아 있어도 된다고 큰소리를 쳤다.[99]

페이지가 메이저리거로 영입되기 전 시범경기에서 그와 타석에서 맞붙었던 양키스의 스타 중견수 조 디마지오Joe DiMaggio는 그를 가리켜 지금까지 상대한 투수 중 최고라고 치켜세웠다. 전성기 때의 새첼 페이지는 전국에서, 아니 야구 역사상 최고로 빠른 투수였을 것이라고 《야구의 개척자들Pioneers of Baseball》에서 스미스는 말했다.[100] 하지만 그는 그런 강속구를 제대로 활용할 기회를 얻지 못했다.

카스트의 일그러진 렌즈는 판단력을 흐리고, 세상 유일한 인재를 얻을 기회를 아무렇지 않게 차버리고, 열등해 보이는 집단에 속한 사람들의 재능을 허무하게 썩혔다. 하위 카스트를 멀찌감치 떼어놓은 채, 재능 있는 사람들은 모두 특혜받은 집단에만 있다는 허구를 만들고, 지지하게 부추겼다.

페이지의 공은 스피드가 빠를 뿐만 아니라 면도날처럼 정확해서 팀 동료들이 불붙은 담배를 입에 물고 있으면 직구를 던져 떨어뜨리는 연습도 했다. "우리가 아는 한 선수를 맞춘 적은 없었다."[101] 타이는 NPR과의 인터뷰에서 그렇게 말했다. "그는 담배를 차례로 떨어뜨렸다. 놀라운 믿음이었다."

반세기가 넘도록 미국의 스포츠는 흑백이 엄격하게 분리되어 있어 아무리 기량이 뛰어나도 두 카스트가 경기장에서 만나는 일은 거의 없었다. 페이지가 야구를 시작한 것은 1920년대 후반이었기에 그의 경력은 대부분 흑인으로만 구성된 팀에서 쌓은 것이었다. 흑인 선수들은 모든 면에서 재능이 있었지만 백인만으로 이루어진 메이저리그에 비해서는 자원과 시설이 형편없었다. 이처럼 평가절하되었던 니그로 리그^{Negro Leagues}는 제대로 기록되지도 않고 언론도 잘 다루지 않았기 때문에, 그와 그의 동료들의 재능이 어느 정도였는지는 정확히 알 도리가 없다.

페이지의 실력이 탁월했다는 것은 잘 알려진 사실이지만, 그것은 그가 타고났기 때문만은 아니었다. 그는 오래, 열심히 뛰었다. 그런 직업의식 때문에 그는 전국을 순회하며 경기를 했고, 니그로 리그에서 투수로 활동하며 돈만 주면 팀을 가리지 않고 뛰었다. 그는 시즌 중에만 뛴 것이 아니라 1년 내내 거의 매일 공을 던졌다. 메이저리그처럼 '구원 투수' 같은 사치스러운 수식어는 기대할 수 없었다. 그는 자신이 던지는 구질에 배트 다저^{bat dodger}, 미드나잇 크롤러^{midnight crawler}, 망설임 투구^{hesitation pitch} 같은 이름을 붙였다. 망설임 투구는 왼발로 투수판을 밟은 뒤 멈칫하여 헛스윙을 유도하는 투구법이었다.

그는 야구 역사상 가장 위대한 투수 중 하나였지만 카스트 때문에 한때는 마이너리그에서 백인 선수들의 타격 연습 볼을 던져주는 역할만 하기도 했다. 1946년 메이저리그가 드디어 아프리카계 미국인들에게 문호를 개방하고 재키 로빈슨^{Jackie Robinson}이 브루클린 다저스^{Brooklyn Dodgers}와 계약할 당시, 새첼 페이지는 이미 40세가 되어 있었다. 다들 현역으로 뛰기에는 너무 늙었다고 했다.

그러나 2년 뒤 아메리칸리그 역사상 보기 드물 정도로 치열한 페넌트레이스를 벌이던 클리블랜드 인디언스^{Cleveland Indians}는 그를 영입하면 정상을 노릴 수도 있을 것 같다고 생각했다. 그렇게 해서 구단주 빌 비크Bill Veeck는 1948년 시즌 중반에 페이지를 자유 계약선수FA로 영입했다.[102]

페이지는 전성기를 훌쩍 넘긴 나이에 마침내 메이저 대회에 섰다. 동료 선수의 아버지뻘인 42세에 메이저리그에 데뷔한 그는 야구 역사상 가장 나이가 많은 신인 선수가 되었다. 빅리그에서 처음 공을 던지던 날, 팬들은 그를 보기 위해 코미스키파크Comiskey Park로 몰려들었다. 그 경기에서 그는 시카고 화이트삭스Chicago White Sox를 상대로 완봉승을 거두는 등, 클리블랜드의 플레이오프 진출을 도왔고 구단주의 바람대로 결국 월드시리즈에 진출하는 데 크게 기여했다.

그해 페이지는 월드시리즈에서 공을 던진 최초의 아프리카계 미국인 투수가 되었지만, 나이와 챔피언 시즌의 정치 구도 탓에 그의 역할은 구원 투수로 한정되었다. 보스턴 브레이브스Boston Braves에 뒤진 상태에서 인디언스 유니폼을 입고 등판한 그는 3분의 2이닝을 던지는 동안 안타를 허용하지 않았다. 클리블랜드 인디언스는 그해 월드시리즈에서 우승했다.[103]

그는 이후 메이저리그에서 몇 시즌을 더 던졌지만 이미 전성기는 지난 상태였고, 좀 더 공정한 세계에서 마땅히 누렸어야 했던 경력은 진즉에 빼앗긴 터였다. 그가 허락받지 못했던 부분을 메워줄 사람은 아무도 없었다.

최하위였던 캔자스시티 애슬레틱스Kansas City Athletics는 관중 수가 급감하자 1965년 가을에 그에게 한 번 더 러브콜을 보냈고 그는 59세의 나이에 다시 마운드에 올랐다. 웬만한 단장보다 많은 나이였다. 쇼맨십이 대단했던 페이지를 끌어들여 홍보 스턴트로 활용하면 경기장을 채울 수 있으리라 생각한 구단주의 판단 덕분이었다.

과연 팬들은 모습을 드러냈다. 극적인 광경을 보기 위해 몰려든 팬들은 스탠드를 가득 메웠다. 홍보가 아니라 경기를 위해 마운드에 오른 야구 사상 최고령 투수는 이날 레드삭스를 상대로 3이닝 무실점 투구를 했다. 페이지는 팀이 이기고 있는 상태에서 마운드를 내려왔지만 그가 덕아웃으로 돌아온 뒤 애슬레틱스는 역전을 허용해 결국 그날 경기를 내주었다. 하지만 그는 잠깐이나마 팀을 구했고 관중들로부터 환호를 받았다. 사실 그들은 대부분 그의 마지막 투구를 보기 위해 경기장을 찾은 사람들이었다.

나중에 기자들은 그에게 환갑의 나이에 손자뻘 되는 타자들에게 공을 던진 기분이 어떤지 물었다. "선수로 복귀한 게 대수로운 일은 아닙니다. 딱히 할 일도 없었으니까. 이제 사람들은 내가 더 많은 일을 했어야 했다는 사실을 깨달았을 겁니다. 나는 전성기 때 빅리그에서 뛸 자격이 있었습니다."[104] 그는 답했다.

새첼 페이지는 부당함과 부조리가 극성일 때 카스트 체제에 기회를 갈취당했다. 그러나 카스트의 불합리에 손해를 본 것은 페이지뿐만이 아니었다. "비평가들은 페이지의 전설에서 사실상 패한 것은 미국 야구였다는 사실을 인정한다." 스포츠 기자 마크 크램Mark Kram은 메이저리그가 전성기 때 페이지를 품었다면 어느 팀이라도 더 좋은 성적을 거두었을 것이며, 하위 팀이 정규 시즌에 우승했을 수도 있고, 포스트 시즌에 올라간 팀도 분위기를 장악했을지 모른다고 덧붙였다.[105]

카스트의 주술에 걸려 메이저 구단들도 사회와 마찬가지로 스스로 발전할 기회와 영광과 그로 인한 이윤을 거리낌 없이 내팽개쳤다. 그 기회와 영광과 이윤이 피지배 카스트의 손에서 나오는 것들이라면 말이다.

5장

보호가 만든 위험

Overprotective

방임의 깃발들

벽에 투사된 흑백 필름은 베를린의 한 박물관 어두운 상영관에서 끊임없이 반복 상영된다.[1] 그 필름은 시간을 되돌려 관객을 1940년 7월 6일 토요일 오후 3시로 밀어 넣고, 던져 넣고, 팽개친다. 장면 설명은 없다. 그래서 관객은 그 진부하고 화려한 구경거리에 담긴 공포를 몸으로 고스란히 받아들일 수밖에 없다.

　독일군이 파리를 점령한 뒤 히틀러는 베를린으로 돌아오는 중이다. 카메라는 그가 안할트역에 도착하는 모습을 포착하고, 꽃을 흩뿌린 슈트라세(길)에서 신제국 궁전Reich Chancellery까지 이어지는 행진을 따라간다. 히틀러의 자동차 행렬이 바람처럼 스쳐 지나갈 때 사람들은 색종이를 뿌리지만 너무 빽빽하게 밀집된 탓에 군중들 스스로가 바람에 날리는 색종이 다발처럼 보인다. 군인들은 웃고 우는 여성들을 밀쳐내야 한다. 한참 후에 비틀즈Beatles 공연장에서 경찰이 그랬던 것처럼. 군중들의 아우성은 아무리 봐도 인간의 것 같지 않다. 물러났다 다시 해안을 강타하며 부서지는 파도 소리 같다. 멀리서 교회 종소리가 아득하게 울린다. 사람들은 손에 쥔 나치 깃발을 새가 날갯짓하듯 흔들어댄다.

　줌인하는 카메라를 통해 '하일 히틀러'를 외치는 개개인의 모습을 확인할 수 있다. 여자들의 하이 톤 '하일' 사이로 남자들의 '하일'이 굵게 깔린다. 거리 표지판 위로 들려 올라온 한 소년

은 손을 흔들며 '하일'을 외친다. 부모의 어깨 위에 걸터앉은 어
린 소녀의 입 모양도 '하일'을 외친다. 군인들은 군중에게 밀리
지 않으려 뒤꿈치로 땅을 찍어 누르듯 버틴다. 긴 군화가 여자
들의 구두를 필사적으로 막고 있지만, 여자들은 까무러칠 듯한
표정으로 계속 밀려든다. 군복 바지와 스타킹을 신은 종아리 사
이에 가벼운 실랑이가 벌어지고, 팬들을 밀어내려 해도 소용이
없자 군인들은 허탈한 웃음을 짓고 만다.

장면이 바뀌고 카메라는 발코니로 향한다. 주체할 수 없는
군중의 환호가 쏠리는 곳을 비추자 저 멀리 그의 모습이 보인
다. 환호하는 100만 개의 점들을 배경으로 히틀러의 실루엣이
어른거린다. 그는 팔을 앞으로 뻣뻣이 내밀고 동상처럼 서 있
다. 발코니에 몸을 기댄 그의 표정에는 득의의 미소가 떠오른
다. 그 영상을 보는 관객들은 그러고 보니 악이 미소 짓는 모습
을 본 적이 없었다는 생각을 잠깐 스치듯 한다. 그는 물결치며
환호하는 자신의 권력 기반을 내려다보며 고개를 끄덕인다.
"좋군." 그의 표정이 그렇게 말하고 있다.

발코니에서, 퍼레이드가 이어지는 길에서, 빼곡하게 들어찬
광장에서, 간신히 욱여넣은 듯한 독일 국민은 하나같이 꿈을 꾸
듯 환희에 찬 표정이다. 깃발만 100만이다. 길 양편 위쪽에 1층
높이로 길게 걸린 나치 문양이 몇 미터 간격으로 수 킬로미터
줄지어 펄럭인다. 그 아래로 달려가는 자동차 행렬은 몇 분 전
에 끝났다. 진정한 신자들의 예배 의식은 해변의 자갈 같기도

하고 벌집 속 벌처럼 보이기도 한다.

필름은 아무 해설 없이 반복 재생되었다. 하긴 해설은 필요 없었다. 나는 넋을 잃은 듯 불쾌감과 역겨움을 누르며 앉아 있었지만 쉽게 자리를 뜰 수 없었다. 아마 더 오래 머물렀다면 그걸 이해했을지도 모르겠다. 그 순간 관객은 악을 수용하겠다는 의지의 힘을 정면으로 마주하게 된다. 대중의 지지가 없었다면 나치는 권력을 장악하지도, 그런 일을 저지르지도 못했을 것이다. 나는 고개를 돌릴 수 없었다. 그 인간 융단 속에서 빛을 발하는 얼굴들, 엄청난 수의 그들이 모두 우리가 생각하는 악일 수는 없었다. 그들은 남편이고 아내이고 어머니, 아버지, 아이들, 삼촌, 조카들이다. 이런 그들이 모두 눈부시게 화창한 날 색종이를 뿌리는 퍼레이드에 모여 우리가 두려워한 존재를 찬양하고 있다.

독일 사람들은 자신들이 찬양하는 일이 대학살이라는 것을 알고 있었을까? 그렇다. 알고 있었다. 알려진 대로 앞서 상영했던 뉴스 영상에는 공습 폭격 장면이 담겨 있었다. 그들은 프랑스군이 격퇴되었다는 소식을 알았다. 수정의 밤Kristallnacht이 일어난 지 2년이 지났다. 그들은 유대인 친구와 이웃들이 체포되고, 공개적으로 모욕당하고, 어디론가 끌려간 뒤 보이지 않는다는 것을 알고 있었다. 군중은 웃고 즐거워했다. 유럽의 유대인들에게, 린치를 당하던 아프리카계 미국인들에게, 자신의 터전이 유린당하고 동족이 살해되는 모습을 지켜보던 아메리카 원주민들에게, 미천한 나머지 그림자조차 건드리지 말라고 천대받던 달리트에게 일어난 모든 일은 당해 마땅하다는 말에 사람들이 설득됐기 때문에 일어났다. 그 일이 수백 년 전이든 최근이든, 사람들은 신이 그들을 자신보다 아래에 있는 존재로 정했기 때문에 당연하게 여겼다. 그날 베를린에 모인 사람들은 좋은 사람도 나쁜 사람도 아니었다. 그들은 그저 '당신들은 선택받은 국민이고, 그래서 중요하게 대우받는다'는 정체성을 심는 정치선전을 믿어버린, 불안한 인간이었다.

우리가 그 자리에 있었다면 어땠을까? 불가피해 보이는 엄청난 시류에, 실제로 맞설 사람이 우리 중 몇 명이나 될까? 악이 자행될 때 그 악의 실체를 있는 그대로 볼 수 있는 사람이 얼마나 될까? 우리 자신보다 더 큰 존재의 일부가 되었다는 자부심을 갖게 한, 그래서 덜컥 믿게 되는 카리스마 넘치는 선동가를 마주했을 때, 누가 감히 용기를 내어 다수와 맞서겠는가?

아마 모두 자신 있게 말할 것이다. 나는 그런 행사에 참석하지 않았을 것이라고. 나는 그런 린치에 가담하지 않았을 것이라고. 나는 여기서 우리와 같은 인간이 불에 탈 때 환호는커녕 지지하지도 않았을 것이라고 말이다. 하지만 독일에서, 인도에서, 미국 남부에서 앞서 태어난 수많은 사람이 평생 매일 그렇게 살았다. 이러한 냉혹한 단절은 하루아침에 일어난 일이 아니다. 세대에 걸쳐 쌓아온 불안과 분노의 결과였다.

'하일 히틀러'를 외치고, 고문당하는 인간을 보고 비웃었던 목격자와 참가자 중 일부는 여전히 살아남아 손자들을 품에 안을 것이다. 베를린에서 군중을 훑던 그 카메라는 아이들에게 렌즈를 고정한다. 금발머리에 핀을 꽂은 어린 소녀는 아빠의 어깨 위에서 '하일 히틀러'를 외쳤다. 그 소녀는 이제 80세쯤 되었을 것이고, 그 순간은 그녀가 가진 가장 오래된 기억 중 하나일 것이다.

독일은 불편한 진실을 증언한다. 적당한 조건만 주어지면 악은 우리가 생각하는 것보다 더 많은 사람의 마음속에서 쉽게 활개 칠 수 있다는 사실을 말이다. 독재자들이 권력을 잡기 전에 뿌리를 뽑아 그들이 득세하지 못하도록 미리 조치하자고? 말은 쉽다. 광신자들이 죽어 사라질 때까지 기다리자고 체념할 수도 있다. 독재자에게 지지를 보내고 투표로 권좌에 오르게 만드는 일보다 더 어려운 것은 불안을 다독이고, 허황된 꿈을 심어줄 존재를 찾는 사람들의 마음속 어둠을 들여다보는 일이다. 세계 어느 곳 할 것 없이 이는 매우 어려운 일이다. 위험한 공동의 의지, 인간 면역체계의 약점, 이어지는 세대까지 독소를 감염시킬 수 있는 용이성에 초점을 맞추기는 더욱 어렵다. 그것은 적이나 위협이 한 개인이 아니라 바로 우리이기 때문이다. 그것이 우리 모두의 인간성 안에 숨어 있기 때문이다.

허황된
자아도취에 빠지다

특정 카스트에서 태어난 것이 개인의 잘못일 리 없지만 카스트 체제는 지배 카스트를 태양처럼 가운데 두고 그것을 중심으로 다른 모든 카스트를 돌게 만든다. 지배 카스트가 정상이고, 지성과 아름다움의 기준인 것처럼 규정해 놓았다. 다른 모든 카스트는 지배 카스트를 기준으로 그들의 특징이 그것과 얼마나 가까운지에 따라 서열이 정해진다.

지배 카스트 주변은 시리얼 광고부터 시트콤에 이르기까지 모든 면에서 자격을 갖춘, 근면하고 우월한 존재라는 이미지로 채워진다. 지배 집단이 모든 구조의 중심이라는 생각을 인정하지 않는 사람은 드물다. 자기 방식에서 벗어나 자기보다 아래라고 생각되는 사람들의 관점에서 세상을 경험하거나, 심지어 그들을 다양한 각도에서 바라보고 생각하는 사람은 굉장히 보기 드물다. 카스트 체제에 그런 자들은 필요 없다.

사회는 자기준거self-reference라는 들창을 만들어 놓고 지배 카스트 편에 서서, 부지불식간에 그들 스스로가 자아도취에 빠져 "하층 계급에 배정된 사람들로부터 고립되어야 한다"라고 강조한다. 사회는 자아도취적인 가족 시스템의 구조, 즉 경쟁 조역들의 상호 영향을 그대로 복제한다. 그 조역들은 가장 아끼는 자식인 이른바 모범적 소수민족, 잃어버린 자식인 원주민과 희생양인 최하층 카스트다.

지배 카스트를 중앙에 배치하는 방식은 하위 카스트에게도 통한다. 사다리에서 가장 높은 칸과 가장 낮은 칸은 너무 멀어 이동 자체가 불가능해 보인다. 따라서 더 높은 곳을 열망하는 중간 계층은 엉거주춤 서 있다가 커다란 불안과 불확실성 앞에 무릎을 꿇는다. 체제 속에서는 모두가 지배 카스트에 근접하기를 선망하도록 훈련받는다. 이란 이민자는 적당한 순간에 친척이 어렸을 때 금발이었다는 말을 일부러 꺼낸다. 카리브해 이민 2세들은 그들이 아프리카계 미국인이 아니라 자메이카인이라는 사실을 분명히 밝힌다. 멕시코 이민자는 할아버지가 멕시코에서는 금발과 푸른 눈 때문에 "미국인 같이 생겼다"는 말을 자주 듣는다고 자랑한다. 그러면 아프리카계 미국인이 나서서 미국 사람은 머리와 눈동자 색깔이 다 제각각이라고 한마디 한다.

모든 것이 인간을 가늠하는 척도가 된다는 사실에 익숙해진 사람들은 어떤 안도감에 의지한다. 살면서 어려움을 겪더라도 적어도 맨 밑바닥 신세는 아니라는 안도감이다. 최하층 사람들이 그 자리에 계속 머무르는 한, 내 정체성과 미래는 안전하다는 것이다.

"아무리 신세가 초라해도 백인들은 여전히 우월한 혈통과 유전자를 물려받았다고 믿어도 된다. 어떤 일이 일어나더라도 그들은 결코 '흑인'이 되지는 않는다." 사회학자 앤드루 해커는 말한다. "미국에서 백인들은 흑인들을 피지배 카스트 자리에 계속 두면 위안을 삼을 수 있다는 사실을 깨달았다. 그들 때문에 괴롭고 문제도 많지만, 그래도 스트레스 많은 이 세상에서 흑인은 백인들에게 어느 정도 위안을 주는 존재다."[2]

△

나르시시즘은 우리에게 아주 익숙한 개념이다. 개인의 나르시시즘은 자신의 자격을 과장하고 다른 사람을 무시하는 복잡한 심상으로, 공허한 불안감을 먹고 자란다. 그러나 이런 개념을 국가와 부족과 하위 집단의 행동에 적용하는 학자들도 있다. 프로이트는 그리스 신화의 나르시스를 정신 질환에 연결한 최초의 정신분석학자다. 강江의 신에게서 태어난 나르시스는 물에 비친 자신의 모습과 사랑에 빠져, 자신의 애정을 '일축하는' 상대가 바로 자신이라는 사실을 깨닫지 못한 채 절망하다 죽었다. "나르시스는 자신이 자신의 반영과 사랑에 빠졌다는 것을 짐작도 못 했다. 그는 환영의 포로가 되었다."[3]

자신들의 타고난 통치권을 믿고 살아온 집단도 마찬가지다. "자신의 지위에 대한 이 같은 과대평가와 다른 사람에 대한 증오의 본질은 나르시시즘이다."[4] 심리학자이자 사회이론자인 에리히 프롬Erich Fromm은 이에 덧붙인다. "그는 아무것도 아니다. 하지만 자신을 국가와 동일시하거나 자신의 나르시시즘을 국가에 양도할 수 있다면 그는 대단한 존재다."[5] 자신이 속한 집단의 지배력에 깊숙이 발을 담근 사람은 '세상을 다 가진 것 같은' 감정에 빠져 자아도취 상태로 지낸다고 프롬은 설명한다.[6] "사고력과 판단력이 심각하게 왜곡된다. (…) 그와 그의 판단력은 과대평가되고 그밖의 것들은 모두 과소평가된다." 하지만 그 밑에는 자신이 구축한 이상에 부응할 수 없다는 두려움이 깔려 있을지 모른다.

국가와 집단은 그들의 원초적 환상을 유지하기 위해 정복하고, 식민지를 만들고, 노예를 부리고, 사람을 죽인다. 역사가 증명하는 사실이다. 그들은 환상에 투자해 얻은 이윤의 일부를 우월감의 정도에 따라 그들 밑에 있다고 생각하는 사람들의 열등감에 떼어준다. "집단의 생존은 그 구성원들이 집단의 중요성을 자신의 삶보다 더 위대하게 여기고, 더 나아가 다른 집단과 비교했을 때 자신의 집단이 더 정의롭고 심지어 우월하다고 믿는다는 사실에 달려 있다."[7]

따라서 자신의 집단이 위협을 받을 때 그들은 자존감의 원천이 되는 집단의 생존을 위해 기꺼이 자신과 자신의 이상을 희생한다. "집단 나르시시즘은 파시즘으로 이어진다. 집단 나르시시즘의 극단적 형태는 곧 악성 나르시시즘을 의미하는 것으로, 이는 광신적인 파시스트 정치, 즉 극단적 인종주의를 낳는다." 사회이론가 타카미치 사쿠라이Takamichi Sakurai는 그렇게 썼다.[8] 민권운동이 절정에 달했던 1964년에 프롬은 현대 국가 중 두 나라가 이런 종류의 집단 나르시시즘에 사로잡혔다고 지적했는데, 바로 히틀러의 독일과 미국 남부였다. 프롬은 그의 연구와 개인 경험을 통해 집단 나르시시즘의 위험성을 잘 알고 있었다. 독일계 유대인이었던 프롬은 나치 독일이 정권을 잡자 스위스로 피신했다가 1934년에 미국으로 건너갔다. 그는 나치가 집권하기에 앞서 평범한 독일인들의 두려움과 불안감에 호소하는 그들의 수법을 직접 목격했다. "흑인에 대한 가난한 백인의 판단, 유대인에 대한 나치의 판단을 살펴보면 그 왜곡을 쉽게 알 수 있다. 작은 지푸라기 같은 진실을 모아보지만, 그렇게 만들어진 전체는 거짓과 조작일 뿐이다. 정치적 행동이 자아도취적 자기 미화를 기반으로 할 때, 그로 인한 객관성 결여는 종종 끔찍한 결과를 초래한다." 이 두 사례에서 프롬은 노동계급이 "열등한 존재로 지목된 집단보다 우월하다는 부풀려진 이미지"를 품은 가장 허약한 집단임을 알았다고 썼다. 이 집단에 속한 사람은 '가난하고 교양은 없지만 세상에서 가장 존경받는 집단에 속해 있으므로 자기 자신을 대단하게' 여긴다. '나는 백인이다' 또는 '나는 아리안이다'라고 그들은 생각한다.⁹

자아도취적 열정에 사로잡힌 집단은 "그들의 정체성을 확인시켜줄 지도자를 찾는다." 프롬은 그렇게 썼다. "그때 지도자는 본인이 나르시시즘을 투영한 집단으로부터 찬미를 받는다." 올바른 지도자라면 논리보다 공생을 도모할 것이다. 하지만 취약한 집단은 자아도취적인 지도자에서 자신의 모습을 봤다고 믿으며 지도자와 하나가 되고, 그의 운과 운명을 자신의 것처럼 여긴다. "지도자가 위대하면 추종자도 위대해진다. (…) 자신의 위대함을 확신하고 의심도 하지 않는 지도자의 나르시시즘은 정확히 그에게 복종하는 사람들의 나르시시즘까지 손에 넣는다." 프롬은 그렇게 썼다.

△

카스트에서의 행동은 위계 안에서 지정받은 위치에 따른 반응이다. 여성이 아닌 남성, 가난한 자가 아닌 부자, 흑인이 아닌 백인, 달리트가 아닌 브라만 등. 문화가 우리 모두에게 건네준 대본에 따르면 지배 카스트는 하위 카스트로부터 어떤 지시나 제안도 받을 수 없다. 지배 카스트는 대체로 옳고, 더 잘 알고, 더 유능하다고 대본에 아예 명시되어 있다. 하위 카스트들이 배정받은 위치보다 위로 올라갈 경우, 특히 지배 카스트보다 높이 올라갈 경우 사람들은 불쾌함과 부당함을 느끼고 하위 카스트를 다시 제자리로 불러와 평형을 회복한다고 느끼게끔 규정해 왔다.

지배 카스트는 하위 카스트와 비교하는 행위 자체에 거부감을 느낀다. 심지어 공통점을 찾거나, 인간으로서 겪는 기본적인 경험을 공유하는 것조차도 인정하지 않는다. 그렇게 되면 지배 카스트의 품위가 떨어질 뿐 아니라 아래쪽에 있는 사람과 평등 문제를 생각할 수밖에 없기 때문이다. 비교하려면 상대의 인간성을 따져봐야 하는데, 이는 내적 갈등이 필연적이다. 불의를 마주하더라도, 그 대상을 자신과 같은 인간으로 보지 않는 사회에서는 불의로 여기지 않기 때문이다.

몇 년 전 직장 동료가 최근 건강이 나빠진 장인 걱정을 털어놓은 적이 있었다. 다른 주에 사는 장인은 예전처럼 총명하지도 않고 큰 병에 걸린 건 아니지만 최근에 기력이 많이 떨어져 힘들어하시는 것 같다는 얘기였다. 먼 곳이지만 아무래도 아내가 찾아가 직접 확인해 요양원이라도 알아봐야 할 것 같다고 했다. 아내에게도 그에게도 큰 부담인 것 같았다.

사실 내 귀에는 누구나 할 법한 탄식처럼 들렸다. 그가 마주하고 있는 실존적 혼란은 나 역시 짐작할 만했다. 나도 예전에 그에게 어머니를 보살피는 일이 힘들다고 얘기한 적이 있었으니까. 어머니는 몇 해 전부터 거동이 불편한 상태였다. 당시 내가 그런 걱정을 얘기하자 그는 그런 일을 겪지 못한 사람들이 흔히 갖는 다소 무심한 표정으로 내 얘기를 흘려듣는 듯했다. 누구에게나 닥칠 일이겠지만 그건 그때 생각하자는 심정이었을 것이다.

나는 그의 가족 일을 진심으로 걱정해 주었다. "알아, 그 심정 이해해. 알겠지만 나도 바쁜 취재 중에 어머니를 보살피고 요양원을 알아봐야 했었거든." 그에게 말했다. 그는 그런 내 말에 당황한 것 같았다. 무슨 기린과 캥거루를 똑같이 취급하느냐는 투로, 자기와 공통점을 찾는 내 시도가 어이없다는 표정이었다. 내 말을 그는 모욕으로 받아들였고 깊숙이 입력되어 있던 예의 그 편견이 고개를 들었다. "우리 장인을 자네 어머니와 비교할 수는 없지." 그는 터무니없는 소리 말라며 고개를 돌렸다.

△

지배 카스트 사람들은 당연히 자신이 늘 먼저다. 그것이 카스트의 보이지 않는 규칙이다. 예로부터 그들이 하는 일은 최하위 카스트 사람들을 바로잡고, 지시하고, 단속하고, 징벌하는 것이다. 그들은 자신보다 아래에 있는 사람들이 자신의 자리를 넘보거나 분수 넘게 행동하는 것을 경계한다. 나는 미국 카스트 체제에서 이를 수시로 겪고 목격했다. 인도인들과 보내는 시간이 길어지면서 내게 카스트 체제의 규칙들은 더욱 명징해졌다. 인도에서 나는 미국에서처럼 뚜렷한 신체적 단서가 없어도 지배 카스트와 달리트를 금방 구분하는 법을 배웠다. 인도인들은 전혀 다른 문화에서 온 내가 그들의 신분을 그렇게 빨리 알아내는 게 신기한 모양이었다. 나는 인도어도, 자티도 전혀 몰랐기 때문에 누구에게 출신을 묻거나, 지위를 짐작하게 해주는 이름에서 힌트를 얻을 처지도 아니었다.

하지만 힌트는 많았다. 우선 상류층 사람들은 표정이 밝고 용모가 세련된 편이다. 반드시 그렇지는 않지만 대체로 그렇다. 둘째로 상류층은 주로 영국식 어법을 구사한다. 물론 그것이 꼭 위계 구조를 드러내는 것은 아니다. 교육 수준과 계층에 따라 영국식 어법을 구사할 수도 있으니까. 좀 더 뚜렷하고 일관성 있는 특징은 태도와 행실이다. 그것이 카스트라는 보편적 대본과 더 잘 어울린다. 어떤 집단이 교류하는 모습을 볼 때 내 레이더가 더 효율적으로 작동한 것은 우연이 아니었다. 카스트는 어떤 면에서 공연과도 같다. 나는 한 집단에서 사람들의 카스트 지위를 감지할 수 있었지만 그게 꼭 개인인 것만은 아니다. 달리트의 지도자 암베드카르는 말한 적이 있다. "카스트란 없다. 카스트들만 있을 뿐이다."[10]

인도인들이 섞여 있을 때 상위 카스트 사람들은 항상 높고 권위 있는 자리를 차지하고, 솔직하게 행동하고, 기꺼이 책임을 맡고, 하위 카스트들의 문제를 지적하고, 그들 얘기를 자주 입에 올렸다. 미국과 크게 다를 바 없었다. 또한 상위 카스트들이 지식과 지성이 뛰어나기에 사회적으로 앞장서야 한다는 의무감, 그들이 중심이 되어야 한다는 기대, 옳아야 한다는 압박과 역사적·문화적·공간적으로 하위 카스트들 고유의 열등함을 상기해야 한다는 요구를 받는 것도 미국과 판박이였다.

패널이나 세미나에서 토론을 이끌고 말을 제일 많이 하는 사람들도 그들이었다. 그들은 좀 더 격식을 갖춰 말하고, 지시를 내리며 고개를 꼿꼿이 세웠다. 반면에 달리트는 자신에게 관심이 쏠리지 않도록 훈련받은 것처럼 바깥쪽, 눈에 잘 띄지 않는 곳에 자리를 잡았고 웬만해선 질문도 하지 않았다. 자신들의 문제를 다루는 자리라고 해도 상위 카스트의 영역이나 대화에 감히 끼어들지 않으려는 것처럼 행동했고 실제로도 그랬다.

심지어 학술발표회 같은 엘리트들의 모임에서도 상위 카스트가 잘못된 점을 지적하면 달리트는 그들의 훈계를 듣고, 순종적인 투로 답하며 수시로 고개를 숙이거나 끄덕였다. 공개 토론회에서 사람들이 피지배 카스트 출신 학자들에게 무시하는 말투를 쓰는 것을 볼 때엔 나까지 당혹스러웠다. 인도에서 내게 관심을 가진 사람, 소파에 앉아 즉석에서 사적인 대화를 나눴던 사람은 대부분 달리트였다. 그들은 내 얘기를 듣고 싶어 했다. 그들의 태도에서 나는 처지가 비슷하고 말이 잘 통할 것 같은 사람과 친해지고 싶어 하는 속내를 읽을 수 있었다. "제임스 볼드윈과 토니 모리슨^{Toni Morrison}을 읽었습니다. 그들이 우리가 겪었던 일을 말하고 있기 때문이죠." 어떤 달리트 학자는 내게 그렇게 말했다. "그들은 우리가 어려울 때 힘을 주었습니다."

델리에서 열린 회의에서 휴식을 취할 때였다. 달리트 학자와 생각을 주고받고 있었는데 상류층으로 보이는 여성이 다짜고짜 우리 대화에 끼어들어 달리트 여성 학자에게 자신의 프레젠테이션에 더 포함할 내용은 없는지 물었다. 그 상류층 여성은 남의 대화를 중단시켰다는 것에 대해 미안한 내색조차 없었다. 당연히 그럴 자격이 있다는 투였다. 그녀는 그 달리트 여성과 대화 중이던 나를 아예 무시했고, 우리의 대화는 급한 얘기가 아니라는 듯 말을 잘랐다. 그녀는 거드름을 피우며 달리트 학자에게 훈수를 두고, 달리트 학자의 연구에 시비를 걸었다. 생면부지의 사람 앞에서 그녀를 혹평했다. 나 역시 용무가 있어 그곳에 온 사람인데, 처음 보는 여성이 나타나 대화를 방해하고 있었다.

그녀의 행동을 보고 있자니 피지배 카스트가 더 잘할 수밖에 없는 문제에서도 지배 카스트의 말을 더 중요하게 여기는 미국 카스트 체제가 떠올랐다. 오랫동안 아프리카계 미국인들은 배심원석에 앉거나 백인에 관한 증언을 할 수 없었다. 최근까지도 인종차별 관련 소송에서는 지배 카스트의 증언이 더 위력을 발휘했다. 미국식 사회 정의 차원으로 비유하면 상위 카스트 여성의 질책은 남성들이 여성에게, 백인이 흑인에게 가르치려 드는 일종의 브라만식 훈계였다. 그것은 실제로 전문성과 권위를 가진 당사자에게 엉뚱한 사람이 카스트만 믿고 훈계하는 꼴이었다.

상류층 여성이 돌아가고 나서도 우리는 중단되었던 얘기를 다시 이어가기가 어려웠다. 우리의 교감을 그녀가 싹둑 끊어놓았기 때문이었다. 나는 달리트 여인에게 방금 우리 대화에 불쑥 끼어든 그 여성을 아느냐고 물었다. 너무나 익숙한 태도였기 때문이다. "아뇨. 보시다시피 늘 이래요. 자기가 상위 카스트이고 나보다 위라는 것을 알려주고 싶었던 모양이죠."

△

미국의 지배 카스트는 의식하지 못하겠지만, 그들도 종종 인도 사람들만큼이나 동료 미국인의 출신을 궁금해한다. 위계 구조에서 자신의 입지를 찾으려 할 때에는 탐문 방식에 좀 더 기교가 들어간다. 인도처럼 카스트가 생사의 문제는 아닐지 모르지만 그건 부인할 수 없는 사실이다. 그들은 상대방의 인종이 애매하면 의문이 풀릴 때까지 질문을 멈추지 않는다. 서유럽 출신이 이탈리아계 미국인이라도 만나면 그들의 뿌리를 캐야 직성이 풀린다. 이탈리아 북부냐 남부냐, 시골이냐 도시냐 등등. 정말로 관심이 있어서일 수도 있고 한 번 가봤거나 가고 싶어 묻는 말일 수도 있지만, 그보다는 관계에서 자신의 지위를 확인하고 싶어서일 확률이 더 크다. 아일랜드와 체코의 피가 섞인 사람은 누구를 만났을 때 체코인 할머니보다는 아일랜드인 할아버지를 강조한다. 어떤 백인들은 자신을 혼혈이나 '하인즈 57(57종의 다양한 브랜드를 생산한다는 의미로 다양성을 상징한다-옮긴이)'로 소개하기도 한다. 그렇게 답하면 유럽 북서부 이외의 혈통을 슬그머니 덮을 수 있다.

단순한 가정으로 가치를 결정하는, 해묵은 우생학적 위계 구조는 여전히 수면 아래에 몸을 숨기고 있다. 폴란드에서 이민 온 조부모를 가진 한 여성은 자신보다 더 위에 있는 듯한 아일랜드계 미국인에게 자신은 오스트리아 출신이라고 말한다(20세기 들어 바뀐 국경을 상기시키면 그녀의 말도 정당화될 수 있다). 그러나 그 여성도 아프리카계 미국인 앞에서는 폴란드 출신임을 '인정'할지 모른다. 굳이 혈통을 강조하지 않아도 상대적 지위를 서로가 잘 알 테니까. 얼마

전 보스턴과 시카고와 클리블랜드에서 투표권역으로 유럽 남부와 동부 출신의 '백인 종족'을 언급한 적이 있다. 그들은 '중산층 아일랜드인'과 '판자촌에 사는 아일랜드인'을 구별했다.[11] 몇 년 전 북동부에서 열린 회의에서, 아프리카계 미국인들과 함께 있던 캐서린이라는 젊은 백인 조수에게 이름의 철자를 물은 적이 있었다. 'Kathryn'일 수도 있고 'Catherine,' 'Katherine,' 'Katharine'일 수도 있었다. 그녀는 허리를 곧추세우고 당당하게 '철자'를 말했다. 묻는 말에 대답하는 말투라기보다는 오히려 자신은 앵글로색슨이라는 점을 강조하려는 아주 묘한 시도처럼 들렸다. 그녀를 보며 생각했다. 정말 앵글로색슨이라면 정확히 철자가 어떻게 될까?

백인 여성 셋이 식사를 하면서 이야기를 나누고 있었다. 대화가 어느새 카스트 쪽으로 빠지고 있었다. 아일랜드 혈통의 한 여성이 20세기 전반에 독일에서 건너온 사람 이야기를 꺼냈다. 그러자 두 번째 여성이 얼른 그 말을 받아 자기 가족도 오래전에 독일에서 왔다고 강조했다. 세 번째 여성은 특이한 성을 가진 사람 얘기를 했다. 그러자 다른 두 사람이 즉시 그의 출신을 물었다. "독일인이야?" "아니, 덴마크 사람이야." 그녀가 대답했다. 대화는 다른 지인으로 넘어갔다. "그 사람 아내가 스페인 사람 아니야?" 한 여성이 물었다. "남미 어딘가에서 왔대." 또 다른 사람이 받았다. "콜롬비아나 베네수엘라 같은 곳 말이야." 대화는 세 번째 여성의 친척 중에 딸기색 머리카락이 있다는 얘기로 바뀌었다. 독일계 미국인 여성은 그들이 아일랜드인일 거라고 말했다. "아냐." 세 번째 여성이 말했다. "우린 북유럽Nordic 쪽이야." 아일랜드계 미국인과 독일계 미국인은 입을 다물었다. 잠시 어색한 침묵이 흘렀다. 그 방에 있는 사람들은 북유럽이라는 단어에서 묘한 위력을 느끼고 있었다. 그 단어는 나라를 가리키는 말이 아니라 20세기 초 우생학에서 비롯된 용어라는 점에서 특별했다. 아무도 그녀의 가족이 어느 나라에서 왔는지 묻지 않았다. 아니, 언제 왔느냐고도 묻지 않았다. 북유럽이라면 그런 건 문제가 되지 않으니까.

'북유럽'은 현재 알려진 유럽의 '인종' 스펙트럼에서 혈통stock이란 말이 나오기 몇십 년 전에 나온 호칭이었다. 미국에서 북유럽과 앵글로색슨은 언제나 최고 대우를 받았다. 북유럽은 1924년의 이민법 입안자들이 탐을 냈던 혈통이었다. 북유럽인은 북유럽제일주의Nordicism라는 굳건한 이데올로기를 만들어 내고 퍼뜨렸다. 그것은 북유럽인이 모든 아리아인 중에서 가장 우월하다는 선언이었다. 북유럽은 우생학 열풍 이후 거의 1세기 만에 미국의 45대 대통령이 다시 집착을 드러낸 지역이었다.[12] 그는 멕시코인, 이슬람교도, 아이티인 대신 북유럽 사람들이 미국으로 이민 오기를 바랐다.

북유럽이란 말 때문에 대화는 잠시 중단되었다. 북유럽은 오랫동안 서열 1위를 지켜왔다. 수십 년이 흘렀음에도 그 단어는 여전히 그 방에 있는 모든 사람을 압도했다.

346

검은 머리의
소녀

독일 사람들의 일상에서 유대인이 거의 보이지 않던 시절이 있었다. 그들은 대부분 납치되거나 땅에 묻혔다. 그들의 부재는 남은 아리아인들에게 허전함과 동시에 편집증을 남겼다. 희생양이 사라지자 사람들은 따지고 구별할 사람이 없게 되었다. 그들은 좀 더 우월해지기 위해 동족들을 유심히 살폈다. 순수성에 대한 집착이 모두를 긴장시키던 그때 북부 하노버 근처의 한 마을에서 누군가가 어린 소녀에게 지나가듯 던진 말이 화근이 되었다. 소녀의 외모와 혈통에 대한 의혹이었는데, 그것은 곧 그녀의 가치에 대한 의혹이었다.

신경질적인 감시 분위기가 사회 전체에 짙게 드리웠던 시절이었다. 자신과 조금이라도 다르면 사냥감으로 삼는 과잉 인식이 팽

배했다. 사람들은 그 소녀의 머리카락이 독일인에 비해 더 검기 때문에 남쪽 이베리아인에 가깝다고 생각했다. 물론 총통의 머리도 검은색이었기에 지도자와 같다고 위안 삼을 수도 있었다. 하지만 총통의 머리카락은 뻣뻣한 직모였기에 이 점에서도 하노버 근처에 사는 곱슬머리의 소녀는 아리안의 통례를 벗어나고 있었다.

사람들은 독일 가족의 일원인 이 소녀가 중동에서 온 것처럼 보이는 게 이상하다고 생각했다. 얼마 안 되는 지식을 동원해 페르시아 출신 같다고 말하는 사람도 있었다. 마을 사람들이 실제로 페르시아인들을 봤는지는 중요하지 않았다. 그렇게 생각하는 사람들이 생긴다는 것이 중요했다. 혹시 그 아이 가족에 페르시아 쪽 피가 섞이지 않았을까? 조금 으스스해서, 그래서 노골적으로 드러내지는 않았지만 혹시 유대인의 피가 흐르는 것은 아닐까?

사람들은 틈만 나면 소녀의 머리가 아리안 소녀들처럼 등 뒤로 흘러내리는 금발이 아니라 치렁치렁한 머릿결이라고 지적했다. 사람들은 소녀의 피부까지 들먹이기 시작했다. 황금색이나 올리브색에 가까운 대부분의 독일인과 달리 소녀의 피부가 약간 검다고 했다. 상아색이나 대리석같이 매끄러운 가족들과도 그녀는 조금 달라 보였다. 어디 잠복해 있던 특성이 드러난 것은 아닐까?

구별할 만한 특징이 많지 않을 때엔 이런 사소한 차이도 중대한 의미를 가진다. 나치 치하에서 이런 구별은 한가한 잡담 이상의 결과를 가져왔다. 아리아인의 이상에 부합하지 못하는 경우 시민마저 생존에 위협을 느끼던 시절에는 이런 지적도 위험했다. 사람들의 입방아, 아니 손가락질에 그 독일 소녀는 당황했다. 그래서 그녀는 줄자를 들고 거울 앞에 서서 눈과 이마와 코의 넓이와 길이를 측정하여 우생학의 관점에서 사람들이 말하는 아리안의 기준에 부합하는지 확인해 봤다. 그녀는 머리카락과 피부 외에 안심이 될 만한 얼굴의 특징을 측정하여 직접 사진을 찍었다.

아리안 표준에서 조금 벗어난 듯 보인다는 단순한 말 한마디는 바람직하지 못한, 어쩌면 위험할 수 있는 조사까지 불러일으켰다. 실제로 독일인들은 아리아인의 신분이 의심받을 경우를 대비하여 '인종 여권'을 소지해야 한다는 것을 알고 있었다.[13] 성직자와 수녀들도 조상이 유대인임이 발각되면 체포되는 세상이었으니까.

소녀의 가족은 걱정되는 마음으로 가계도를 꼼꼼히 살폈다. 혈통학자들이 제철 만난 듯 제3제국에서 맹활약하던 시절이었다. 독일인들은 추궁당할 경우를 대비해 가족이 가진 경전과 교회 기록, 관공서를 샅샅이 뒤졌다. 그래서 그들은 고발당하기 전에 최소한 3대를 거슬러 올라가 아리아인이 아닌 피가 혈관에 섞였는지, 늘 흠모했던 선조의 존재에 수치가 될 만한 침입의 흔적이 혹시 있지 않은지 직접 알아보았다.

소녀의 가족은 다행히 깨끗했고, 선량한 독일인 지위를 유지할 수 있었다. 검은 머리의 소녀는 그렇게 전쟁에서 살아남았다. 그녀는 결혼하여 자녀를 낳고 손주들을 보았지만 자신의 사춘기를 긴장시켰던 제국이나 전쟁 얘기는 좀처럼 입에 담지 않았다. 수십 년 뒤 손녀가 그녀의 사진을 발견했다. 얼굴에 줄자를 댄, 지배 카스트의 편집증을 보여주는 유물이었다. 특권을 가진 사람들조차 완벽이라는 전제의 그늘에서는 움츠러든 채 두려움에 떨었다.

스톡홀름
생존법

　　수백 년 동안 주변부 사람들은 권력의 중심을 연구하고, 그들의 보이지 않는 암호와 영역을 배우며 프로토콜과 특이성을 명심하는 데 열을 올렸다. 자신의 꿈과 소망도 중요하지만 앞서 그런 정보들을 배워야 생존할 수 있었다. 그들은 관찰자의 입장에서 지배 카스트의 요구와 기질을 조심스레 살폈다. 그들은 권력을 가진 사람들이 서로 잘 지내는지, 누가 총애를 받고 특권을 잃는지 열심히 해독했다. 여성들이 남성들의 눈치를 보듯, 아이가 부모에게서 불화의 징후를 살피듯, 그들은 지배 카스트의 기색을 살폈다. 아래에서 위쪽으로 헤치고 올라가려면 눈치가 빨라야 한다. 사회학자 패트리샤 힐 콜린스Patricia Hill Collins는 이에 대해 다음과 같이 썼다. "지혜 없는 지식이라도 권력자에겐 문제가 없다. 하지만 아래 사람들에게 지혜는 생존을 위한 필수 요소다."[14]

하층 카스트들은 어떻게든 지배 카스트의 기대에 부응해야 한다. 그러려면 무대에서 자신의 역할을 잘 수행해야 한다. 완전한 굴종까지는 아니더라도, 세월에 걸쳐 내려온 대본을 충실하게 이행해야 큰 탈이 없다. 그들이 내 사생활에 멋대로 끼어들어도 사과를 기대할 게 아니라, 너그럽게 생각하면서 그들에게 봉사하고 그들에게 즐거움과 위안을 주는 임무를 수락해야 한다.

"첫 번째 도덕적 의무는 체념과 수용이다." 사회 인류학자 에드먼드 리치Edmund Leach는 최하위 카스트에 대한 인도 사람들의 기대에 대해 썼다. "개인은 자신의 타고난 역에 맞은 임무를 완수할 때 개인적 가치를 인정받는다. (…) 그 가치에 대한 보상은 다음 생에 주어질 것이다."[15] 피지배 카스트에 대한 오래된 규범은 그들로 하여금 세상을 지배 카스트의 눈으로 보게 만들었다. 당장 대가가 주어지지 않아도 자비심의 폭을 넓히라고 강요했다. 이러한 지배와 종속은 스톡홀름 증후군Stockholm Syndrome을 떠올리게 한다.

스톡홀름 증후군에 대한 보편적 정의나 진단은 없지만, 설명하자면 자신을 악의적으로 이용하거나 볼모로 잡는 사람에게 유대감을 갖는 현상이라고 말할 수 있다. 1973년 스웨덴 스톡홀름에서 일어난 은행 강도 사건에서 유래된 이름으로, 볼모들은 6일간 자신을 포로로 잡아둔 범인들의 처지와 심정을 이해하고 그들에게 동조했다. 스톡홀름 증후군은 자신을 지배하는 권력자에게 협조하고 비위를 맞추기 위해 그들의 기대에 부응하는 법을 배워야 하는 생존 메커니즘으로 보인다.

△

    2019년 가을 댈러스 법원은 카스트의 상호적 역할과 힘의 불균형을 보여주는 무대가 되었다. 백인 경찰관이 자기 집에서 아이스크림을 먹으며 TV를 시청하던 흑인 남성을 살해한 혐의로 유죄 평결을 받았다. 유례를 찾기 힘든 사건이었다. 그 여성 경찰은 남의 아파트를 자기 아파트인 줄 알고 들어갔다가 그를 침입자로 착각하여 사살했다고 주장했다. 최고 90년까지 선고가 가능한 범죄였다. 검찰은 28년을 구형했다. 그러나 이 전직 경찰은 5년 뒤에 가석방 자격이 주어지는 10년 형을 선고받았다.

    살해된 남성의 동생은 형을 죽인 지배 카스트 여성에게 용서를 베풀었고 그녀를 껴안았다. 그 장면은 전 세계에 방영되었다. 지배 카스트 여성이 뉘우치며 흐느끼자 법정 경찰인 아프리카계 미국인 여성도 그녀에게 다가가 무고한 남성을 죽인 여성의 금발 머리를 쓰다듬었다. 비슷한 상황에서 반대로 백인 여성이 목숨을 잃었다면 살인죄가 10년 형으로 끝났을까? 백인이 검은 피부의 흉악범을 껴안고 그의 머리를 쓰다듬는 일은 상상하기 어려웠을 것이다.

    이 장면을 지켜본 지배 카스트들은 법정 경찰의 행동에서 위로를 받았다. 그들은 그녀의 행동을 모성애적인 동정으로 보았다. 반면에 피지배 카스트에 속한 사람들은 지배 카스트를 무조건 숭배하는 천박한 물신주의라 여겼다. 지배 카스트이니까 그런 위로와 자비가 허락됐을 뿐, 아프리카계 미국인이 가해자였다면 기대도 할 수 없는 아량이었다. 범죄율 증가로 교도소만 늘어나는 시대에 사회는 하층 카스트들을 더욱 거칠게 대한다. 그 경찰은 같은 경찰이라고 그녀에게 감정이입을 한 것일까? 아니면 일부의 주장처럼 피고의 몸을 수색한 것일까? 그렇다면 왜 그녀는 장갑을 끼거나 죄수를 똑바로 세우지 않고 머리카락만 쓰다듬었을까? 그 법정 경찰은 피고에 공감해 반사적으로 수백 년에 걸쳐 피지배 카스트가 맡은 역할, 즉 지배 카스트를 보호해야 하는 역할을 수행한 것일까?

판사 또한 피지배 카스트 출신의 여성이었다. 그녀는 판사석에서 내려와 방금 자신이 유죄 판결을 내린 살인자에게 다가가 성경을 건넸다. 그런 다음 그녀는 지배 카스트의 그 여성을 가슴 가까이 끌어안고 함께 기도했다. 누구의 기억에서도 찾아볼 수 없는 장면이었다. 판사나 법정 경찰이 방금 유죄 판결을 받은 중죄인을 껴안고 위로하는 모습은 무척 낯설었다. 그 판사의 포옹은 수백 년 동안 흑인 가정부가 자신이 돌보는 백인 아이가 슬퍼할 때 그 눈물을 닦아주던 모습과 그다지 멀지 않아 보였다. 저널리스트 애슐리 리즈Ashley Reese는 이를 보고 다음과 같이 썼다. "살인 혐의를 받는 사람이 흑인이었다면 그런 동정심은 상상하기 어렵다."[16]

실제로 비슷한 시기에 플로리다에서는 21세의 흑인 남성이 배심원으로 지명되었다가 배심 당일에 늦게 나타난 죄로 징역 10일을 선고받았다.[17] 지배 카스트 출신의 남성 판사는 일말의 동정심도 보여주지 않았다. 판사는 자비를 베풀기는커녕 그 젊은 배심원을 호되게 꾸짖고 단 한 번의 잘못에 가능한 법의 전권을 행사했다. 판사는 심지어 디안드레 서머빌Deandre Somerville이라는 이 젊은이를 책망하면서 배심원단의 구성을 핑계로 댔다. 그가 유일한 아프리카계 미국인이기 때문에 재판에서 꼭 필요했다는 설명이었다. 실제로 서머빌은 백인 배심원들과 다른 기준을 가지고 있으리라 여겨져 선발된 사람이었다. 어쩌다 자신과 닮은 사람이 많지 않은 제도의 부적합성을, 혼자 맞서는 셈이었다. 그는 전과가 없었지만, 한창인 나이에 힘없는 사람에게 권한을 주었을 때 기대하는 일방적인 공감력 때문에 전과자가 되었다. "상처받은 사람들이 고귀함을 입증하는 모습을 보고 싶어 하는, 그 비뚤어진 욕구가 이런 기대를 더욱 부추기는 것 같다."[18] 시인 하니프 압두라키브Hanif Abdurraqib는 〈퍼시픽 스탠다드Pacific Standard〉에 그렇게 썼다. "그런 정치적 고통을 겪어야 인격이 갖춰지고, 권력이 아닌 정의가 승리한다는 신화를 믿을 수 있기 때문이다."

△

2014년 11월은 퍼거슨 사태 이후로 경찰의 만행을 규탄하는 시위가 한창 달아오르던 때였다. 오리건주 포틀랜드에서 열린 집회에 침울한 표정의 한 흑인 소년이 시위 군중 앞에 '프리 허그!FREE HUGS!'라는 팻말을 들고 나타났다. 경찰관들의 지시에 따른 행동이었다. 그 사진을 처음 봤을 때부터 이해할 수 없는 구석이 있었다. 우선 소년의 얼굴이 그랬다. 크기는 분명 아이 얼굴이지만 표정은 다 큰 어른이었다. 괴로움으로 일그러진 얼굴에서 흘러내린 눈물로 뺨이 번들거리는 모습은 상황과 너무 맞지 않았다. 아이는 언제 어느 시대의 소품인지 모를 중절모를 쓰고 있었다. 그에게선 어린아이의 천진한 표정도, 낯선 사람을 포용해 주는 사람의 다정함도 찾아볼 수 없었다.

한 백인 경찰관이 표지판을 보고 다가와 소년을 껴안았다. 그 사진은 모든 TV 방송에서 방영되었고 사방으로 퍼져나갔다. 지배 카스트 사람들은 이런 약자의 동정과 아량의 제스처에 위로를 받았다. 누군가를 안아주고 싶어 하는 흑인 아이가 있다. 그가 안아주려는 사람들은 몇 달 전 무장하지 않은 젊은 흑인 남성을 사살해 온갖 비난을 받던 집단이었다. 그들은 마치 필사적으로 붙드는 듯 경관을 껴안고 오래 놓아주지 않는 소년의 모습에 감동했다.[19]

그 사진이 보여준 심란함은 피지배 카스트에 속한 사람이 아닌 사람에게 행동을 적용했을 때 더욱 도드라졌다. 보통 어머니들이라면 자신의 아들에게 경찰이나 낯선 사람들을 껴안아 주라고 다그치지는 못할 것이며, 시킨다고 그렇게 하는 아이도 별로 없을 것이다. 소년의 얼굴은 불편한 정도가 아니라 실제보다 훨씬 더 나이가 많은 누군가의 절망감을 드러내고 있었다.

그 순간엔 보이지 않았던 비극이 세상에 드러난 것은 몇 년 뒤였다. 미네소타에 사는 두 백인 여성이 디본테 하트Devonte Hart라는 소년과 흑인 아이 5명을 텍사스에서 입양했다. 그들은 그 대가로 정부로부터 매달 2000달러가 넘는 돈을 받았다. 10년 동안 두 여성은 아이들을 집에 가두거나 외딴곳에 격리한 채 음식도 제대로 주지 않았다.[20]

이들은 SNS의 관심을 끌기 위해 아이들에게 강제로 춤을 추고 노래를 부르게 한 다음 그 모습을 영상에 담았다. 카메라가 꺼지면 그들은 벨트와 주먹으로 아이들을 때렸다. 여자아이 주머니에서 1페니짜리 동전 하나가 나왔다고 아이의 머리에 차가운 물을 부었다. 아이들이 이웃이나 선생님에게 도움을 청하거나 음식을 구걸하면, 두 여성은 카스트 체제를 이용했다. 그들은 사람들에게 아이들이 음식을 달라고 해도 절대로 주지 말라고 말하고, 아이들이 '푸드 카드' 놀이를 하는 중이라고 둘러댔다. 그들은 아이들이 거짓말을 하고 있으며, 생모가 중독된 상태에서 임신한 '드럭 베이비drug babies'라고 사람들에게 말했다.

학대 신고를 받은 당국도 여러 차례 조사를 벌였지만 아이들을 보호하지는 못했던 것 같다. 심지어 2010년에 1명은 여자아이를 폭행한 혐의를 인정했지만 당국은 양육권을 계속 허락했다. 이후 이웃들이 수상히 여겨 관심을 갖고 개입하려 할 때마다 두 사람은 주거지를 옮기고 아이들을 학교에서 빼냈다. 그렇게 여러 곳을 옮겨 다닌 그들은 서로 협조가 잘 이루어지지 않는 사회 복지 기관과 카스트의 특권 덕분에 아이들의 구조 요청을 무력화시킬 수 있었다. 그것은 아이들을 키울 능력이 충분하다고 주장하거나, 신고가 들어가도 무죄라고 주장하면 믿어주는, 그들 카스트만의 특권이었다.

2014년 11월 그날, 경찰관을 껴안고 있는 디본테의 사진을 SNS에 올린 두 사람은 전 세계로부터 찬사를 받았다. 사람들은 보고 싶은 것을 보았을 뿐 굶주림 때문에 몸집이 8세 정도밖에 안 되는 12세 소년의 고통은 보지 않았다. 어떤 면에서 그 포옹은 구조 요청이었다. 사람들은 흑인의 아량이 담긴 사진으로 봤지만 그들이 실제로 보고 있었던 것은 학대받는 볼모였다. 그들을 수상히 여긴 사회복지사들의 포위망이 좁혀지자 두 여성은 아이들을 SUV 차량에 태우고 고속도로를 달리다 북 캘리포니아의 절벽에서 추락해 아이들과 함께 사망했다.[21] 소년의 얼굴에 나타난 고통의 깊이를 볼 수 없었던 무지, 아이들을 헌신짝 취급하며 학대하도록 허용한 사회의 편견, 피상적인 용서의 제스처로 자기 종족의 상처를 치유하려는 공동의 욕망. 이 모든 것이 이 비극을 낳는 데 기여했고 지금도 여전히 우리를 괴롭히고 있다. 우리는 모두 끔찍한 결말로 끝난 범죄의 목격자였다.

△

　　수년 전 2015년에 찰스턴의 한 교회에서 흑인 교구민 9명이 학살당했을 때에도 유족들은 자신들의 사랑하는 가족을 살해하고도 뉘우치지 않는 백인 살인범에게 즉시 용서를 베풀었다. 그것은 세상을 포로로 잡은 확고한 신앙에서 비롯된 행위였지만, 한편으로 피지배 카스트는 그런 고통을 감수하고 가해자를 용서해야 한다는 사회의 기대와도 일맥상통했다. 지배 카스트에게 흑인의 용서는 인생의 트라우마 극복 측면에서 효과는 2배여야 하지만 가치는 절반밖에 안 되는 정신 유형이 되었다. 수필가이자 작가인 록산 게이Roxane Gay는 대학살 이후 이에 대해 다음과 같이 썼다. "백인들은 용서의 내러티브를 받아들인다.[22] 그렇게 그들은 세상이 실제보다 더 공정한 곳이라 꾸며내고, 인종차별은 현재 우리가 지울 수 없는, 고통스러운 과거의 흔적에 불과한 것으로 위장할 수 있다."

　　용서라는 행위는 지배자가 피지배자와 일방적으로 맺은 계약에 감춰진 조항 같다. "우리 흑인들은 용서한다. 살아야 하니까."[23] 게이는 그렇게 썼다. "인종차별이나 인종차별에 대한 백인들의 침묵이 계속 자행되는 한 우리는 몇 번이고 용서해야 한다. 우리는 노예제, 흑백 분리법, 짐 크로법, 린치 행위, 모든 영역에서의 불평등, 대량 감금, 유권자 권리 박탈, 대중문화에서의 부적절한 표현, 보이지 않는 차별 등을 용서해야 했다. 우리는 용서하고, 용서하고, 또 용서하지만 우리를 침해하는 사람들은 계속 우리를 침해한다."

평범하게 살아가는 흑인들을 툭하면 신고하는 새로운 사례들이 거의 매주 일어나던 2018년이었다. 브루클린의 한 중년 백인 여성이 9세 소년을 경찰에 신고했다. 동네 마트의 금전등록기 앞에 서 있는 자신을 소년이 지나가면서 성추행했다는 얘기였다. 소년은 그녀를 건드리지도 않았다며 울기 시작했다. 소년을 구해준 것은 그 가게의 CCTV였다. 그 영상에서 소년은 사람들이 붐비는 가운데 그 여성 옆을 지나갔지만 그녀를 건드린 것은 소년의 가방이었다.[24]

그 여성은 부끄러워하며 자신의 행위를 사과했다. 나중에 사람들은 소년에게 그 아주머니를 용서했느냐고 물었다. 그 소년은 아직 카스트의 규칙을 다 배우지도 않았고, 이를 잠재의식에 전부 입력시킬 만큼 오래 산 것도 아니었다. 그는 아직 카스트를 어기면 어떻게 되는지도 잘 모르는 순진무구한 아이였다. "저는 그분을 용서하지 않았어요. 그분은 도움을 좀 받아야 할 것 같아요." 소년이 말했다. 그 어린 소년은 그렇게 어린 시절에 대한 엑스레이 사진을 받았다. 하지만 그는 옳고 그름이 뒤바뀐 그 사진을 이해하지 못했고 그래서 특권을 양보할 생각이 없었다. 그 특권은 끄집어내서는 안 되는 것이었지만 피해자의 재량에 따라 누리고 싶으면 누릴 수 있는 특권이었다. 게이는 "백인들이 정신적 충격을 받은 지역 사회에 용서를 요구할 때, 그들이 진정으로 원하는 것은 사면"이라고 썼다. "용서한다고 해서 인종차별에 의한 죄가 무마되지는 않겠지만, 그래도 그들은 우리 모두를 감염시키는 인종차별에서 사면받으려 한다."[25]

△

카스트 체제 안에서 숨 쉬듯 살다 보면 카스트 패
권주의가 던지는 메시지에 젖을 수밖에 없다. 피지배 카스트들은
최상위 계급에 자리한 사람들을 존경하고 숭배하고 두려워하고 사
랑하고 탐내고 욕망하도록 훈련받는다. 인도에서는 아무리 카스트
를 떠나려 애써도 카스트가 놓아주지 않는다고 말한다. 인도에서
미국으로 이주하는 사람들은 대부분 그들의 모국에서 유능하고 유
복했던 사람들이다. 미국으로 갈 수 있는 자원을 가진 달리트는 거
의 없다. 통계에 따르면 미국에 사는 인도계 혈통 중에 달리트 출신
은 2퍼센트도 채 안 된다. 바다를 건너려는 사람들의 경우 카스트
는 종종 그들과 함께 이주한다.[26]

그래서 인도 출신의 한 재기 넘치는 달리트는, 미국 동부 해안
의 한 명문 대학의 박사로서 21세기 초 미국에서 흔히들 하는 말로
"그의 몸무게를 한 발에서 다른 발로 천천히 이동"시켰다. 빨리 고
국의 흔적을 벗지 못해서인지 그의 상위 카스트 동포들의 성이 언
급될 때마다 동요하고 흠칫 놀랐다. 미국인들에게는 별 의미가 없
겠지만 인도에서 그런 이름은 높은 지위와 특권을 의미했다. 미국
으로 이주한 인도 사람들에게서 흔히 볼 수 있는 굽타Gupta나 메
타Mehta나 무커지Mukherjee 같은 이름은, 그의 고국에서 만인으로부
터 존경받는 이름이다.

"이 이름들을 가진 사람들은 말이죠, 인도에서 나는 그들의 얼
굴을 똑바로 쳐다보지도 못해요. 그들의 눈도 똑바로 볼 수 없고요.
어떻게 말해야 할지 모르겠네요. 그 사람들은 우리의 주인이었습니

다. 내 할아버지는 그들의 할아버지의 일꾼이었죠. 난 그들의 집 근처에는 얼씬도 못 했을 겁니다. 인도에서 그들은 내게 말도 걸지 않았어요. 여기 미국에서도 그들과 대화를 나누는 건 상상할 수도 없죠. 그들은 나와는 전혀 다른 카스트거든요." 그는 다시 말을 더 듬었다. "무심코 그 선을 넘을까 두려운, 트라우마가 있어요. 여기 온 지 3년이 되어가네요. 하지만 아직 그들과 얘기할 자신은 없습니다."

위계 구조의 밑바닥에서 열등감의 메시지가 속삭임과 광고판으로 다가온다. 그것은 신분을 파고든다. 하긴 표지판이 없어도, 위계 구조를 유지하기 위해 휘두르는 폭력만 보더라도 그 자리를 벗어나기 어렵다. "위험하다는 느낌이죠." 달리트 학자는 상위 카스트 사람들을 생각하면서 그렇게 말했다. "내게 그들은 위험이에요. 나는 그들에게서 위험을 느낍니다." 카스트는 모든 사람을 꼼짝 못 하게 만든다. 카스트는 지배자들을 특권이라는 환상에 가두어 놓고, 피지배 카스트는 연옥에 가두어 놓는다. 카스트는 그들이 누구이며 누구여야 하는지를 다른 사람이 규정한 연옥이다. 그 달리트 박사는 그의 가족 중에서 여권을 소지한, 인도 밖으로 발을 내디뎠던 유일한 사람이었다. 다른 사람들은 여권이 없었고 필요하다고 생각하지도 않았다. "그들이 갈 데가 어디 있겠습니까?" 카스트 체제는 인간의 기본인 상상력의 필요성과 용도마저 빼앗았다.

가족 중 처음으로 틀을 깨고 나온 그는 고향 사람들의 꿈의 무게와 더 큰 사회가 갖는 실패의 예상과 오명까지 한 몸에 짊어지고 있다. "내가 실수를 한다면 그것은 '우리'가 실수하는 겁니다. 내가 무너지면 우리 공동체가 무너집니다. 지금 나는 아주 아슬아슬한 길을 걷고 있는 거죠." 고향에서 그가 상점에 들어가면 사람들은 미국의 가게에 들어온 흑인을 보듯 그를 지켜보며 무얼 훔치지 않는지 경계하고 감시한다. 그는 그런 예상이 몸에 배어 있어 살아남기 위해 적응해야 했다. "나는 절대로 물건의 품질을 묻지 않습니다. 가격을 묻죠. 품질을 물어보면 그들은 이렇게 말할 겁니다. '살 능력도 없으면서 왜 내 아까운 시간을 낭비하는 거야?' 내가 찾는 물건을 좀 보자고 말하면 그들은 대꾸합니다. '꺼져. 경찰을 부를 거야.' 그래서 나는 달리트가 아닌 친구들과 함께 다시 갑니다. 그들은 그들끼리의 언어로 말하고 나 대신 그 물건을 확인하죠."

캠퍼스 근처에서 저녁 식사를 한 후 고급 호텔 로비에 서서 가죽을 덧댄 자신의 운동화를 보여준 것도 그런 이유에서다. 그는 허리를 굽혀 발가락이 닿지 않는 운동화 앞부분을 눌렀다. "이 신발은 내가 샀지만 내 사이즈가 아닙니다. 점원을 귀찮게 하고 싶지 않아서 그냥 샀어요. 다른 사이즈를 달라고 할 자신이 없었거든요. 그가 건네준 대로 계산했습니다." 카스트가 있는 곳이라면 그는 모욕당하지 않는 나름의 규약을 만들었다. "어떤 가게에 가서 30분 동안 머물면 뭐라도 사야 합니다. 그렇게 거절하지 못해서 구입한 물건들이 지금 많아요."

카스트 규정을 위반한 달리트들은 잔인하게 폭행당했다. 그들은 공공도로를 이용할 수 없었다. 일종의 오염 행위로 여겨져, 험한 꼴을 당하지 않으려면 그렇게 할 수밖에 없다. "우리에게는 그게 존엄성입니다. 내가 어딜 가면 그들은 말하겠죠. 살 형편도 안 되면서 내 시간을 낭비하지 말라. 그래서 난 식당에 가도 웨이터의 시간을 빼앗지 않으려 조심합니다. 그랬다가는 무슨 봉변을 당할지 몰라요. 그런데 그들은 우리더러 적대적이라고 말합니다. 하지만 우리에게 그것은 존엄의 문제입니다. 우리의 존엄성이 공격을 받는 거죠." 그가 이야기했다. 언젠가 가게에 백인 미국 여성 2명과 동행했다가 그들의 행동에 놀란 적이 있었다. "그들은 가게 주인의 시간을 빼앗고도 아무것도 사지 않았습니다. 나로서는 상상도 할 수 없는 일이죠." 그의 내면 깊은 곳에는 두려움이 있다. 나는 그에게 물었다. "거절을 당할 것 같아서 두려운 건가요? 아니면 거절당하는 것 자체가 두려운 건가요?" "거절당하는 것이 싫으니까 거절을 두려워하게 된 거겠죠." "그럴 때에는 어떻게 해야 기분이 나아질까요?" 나는 그에게 물었다. "그냥 괜찮다고 생각하면 그만이에요." 그는 말했다.

위계의 경계에 선
돌격대

　19세기 남북전쟁 이전, 남부에서 증기선을 타면 저녁 식사 때 카스트의 의례를 엿볼 수 있었다. 첫 번째 종이 울리면 백인 승객들이 선장과 함께 식사를 한다. 그들의 식사가 다 끝나면 두 번째 종이 울린다. 기술자, 도선사, 하인 등 백인 승무원들의 차례다. 계급이나 신분에 상관없이 백인들이 전부 식사를 마치면 세 번째 종이 울린다. 그때는 노예든 자유인이든 흑인 선원들이 식사를 할 수 있었다. 문제는 승객 가운데 흑인 자유인이 있을 경우였다. 자유 흑인들은 요금을 냈으므로 겉으로는 백인 승객들과 다를 바 없는 사람이었다. 그러나 아무리 중산층이어도 그들은 부인할 수 없는 최하위 카스트였다. 흑인과 백인이 같은 시간에 같은 공간에 앉거나 서 있는 것은 금기였다. 심지어 같은 식기를 사용할 수도 없었다. 그래서 흑인 승객은 백인 동료들, 아마도 그들 카스트에선 낮은 계급일 백인 선원과도 식사할 수 없었다.

하지만 문제는 그게 다가 아니었다. 자유 흑인들은 그 자체로 체제에 대한 모욕이었으며, 경계를 건드리는 아슬아슬한 존재였다. 지배 카스트와 동등하게 돌아다니고, 엘리트들을 위해 따로 마련한 공간을 이용할 재력이 있고, 자유를 얻어 마음대로 다닐 수 있는 능력을 확보한 사람들이었다. 그들의 존재만으로도 사람들은 카스트 신앙 체계에 의문을 던졌다. 대등한 능력을 가진 사람들이었다면 왜 노예로 지냈겠는가? 목화를 따거나 바닥 청소가 아닌 일을 할 만큼 똑똑했다면 왜 그들은 목화를 따고 바닥을 청소했겠는가? 아무리 생각해도 심사가 뒤틀렸다. 다른 사람들이 식사를 마치고 각자의 위치로 돌아가고 나면, 흑인 승객 중에도 몇몇 여성들은 식기 보관실 탁자에서 선 채로 식사를 시작할 수 있었다.[27]

미국에서 카스트 체제가 시작된 이래 최하위 카스트였다가 용케 자신의 지위를 넘어선 사람들은 위계 구조의 최전선에 있는 돌격대였다. 예상 밖의 지위에 올라선 사람들은 오랫동안 벼르던 싸움에서 빼앗긴 관심과 정당성을 되찾기 위해 수색에 나선 보병으로 기대를 받았다.

△

대중 운송 수단과 레크리에이션 공간은 카스트들이 힘겨루기를 벌이기 좋은 무대였다. 역사적으로 분리되었던 집단이 제한된 시간과 목적을 가진 채 제한된 공간으로 함께 모여들기 때문이었다. 그런 공간은 성문법과 불문율로, 무언의 그러나 잘 알고 있는 교전 수칙으로 카스트의 상호 작용을 테스트하는 시험관이 되었다.

2015년 흑인 여성 북클럽 회원들이 기차로 나파밸리 와인 투어를 하고 있었다. 나들이가 다 그렇듯 그들은 웃으며 수다를 떨었고, 다른 승객들도 덩달아 시끄러워졌다. 그러나 객차 매니저의 눈에는 흑인들밖에 보이지 않았다. 그는 북클럽 회원들에게 말했다. "당신들이 웃을 때마다 다른 승객들이 얼굴을 찌푸리잖아요." 매니저는 그렇게 말했다. 곧 기차가 멈추었고 흑인 여성들은 강제로 기차에서 쫓겨나 경찰에 인계되었다. 그들 중에는 나이가 지긋한 사람도 있었다. "우릴 무슨 범죄자처럼 취급하더군요." 그들은 나중에 그렇게 말했다.[28]

2018년 펜실베이니아의 한 골프장 책임자는 흑인 여성 회원들에게 그만 나가달라며 경찰에 신고했다. 그들의 이동 속도가 느리다고 백인 골퍼들이 불평했기 때문이었다. 여성 회원들은 이미 스스로 경기 규칙을 잘 알고, 경험도 많은 골퍼라고 설명하며 뒤에 오는 그룹과 앞서가는 그룹의 속도에 맞춰 움직였다고 주장했다. 뒤에 오는 남성들이 쉬느라 티업 준비를 하지 않았다는 점도 지적했다. 현장에 도착한 경찰은 혐의를 인정하기 어렵다고 판단했지만 여성들은 이러한 실랑이 자체가 불쾌했고 더 이상 굴욕을 당하기 싫어 자리를 떠났다.[29]

나는 직업상 흑인 또는 여성이 하나도 없는 환경에서 시간을 보내는 경우가 많다. 여객기 안이 주로 그렇다. 어떤 승무원은 내 마일리지를 보더니 "우리보다 비행시간이 더 많군요"라고 말한 적도 있다. 비행기를 자주 타다 보니 일등석이나 비즈니스 석에 앉을 일이 많은데 그럴 땐 본의 아니게 살아 있는 실험 대상이 되곤 한다. 내 경우는 사실 웬만한 사람들이 여행하다 겪는 최악의 상황과는 거리가 멀다. 그러나 간혹 '버젓이 살아 있는 카스트의 위력'이라 말할 수밖에 없을 정도로, 예상치 못한 봉변을 당하기도 한다.

덴버에서 출발하는 비행기에 탑승했을 때였다. 앞쪽 객실로 가는 사람들과 함께 먼저 탑승하게 되었다. 30대 초반, 짧은 금발 머리의 탑승구 선임승무원이 보였다. 그의 뒤에는 머리를 올린 갈색 머리의 차석승무원이 서 있었다. 나는 건초염이 심하게 도져 팔뚝에 부목을 댄 상태였기에 내 휴대용 가방을 부탁하려 선임승무원을 쳐다보았다. "선생님. 제 손목에 문제가 있어서 그러는데 제 가방 좀 부탁드릴 수 있을까요?" 그는 내 뒤에 서 있는 남성들을 보고 있었다. 언뜻 보기에도 일등석 승객이 분명한 차림의 남성들이었다. 움직이는 사람이 전혀 없었는데도 그는 내가 탑승을 지연시킨다는 듯 빨리 지나가라고 손짓했다. 그는 비행기 처음 타본 사람이냐는 표정으로 나를 보며 말했다. "뒤쪽으로 가시면 승무원이 2명 있습니다. 거기로 가면 그들이 도와줄 겁니다."

퉁명스럽게 지시를 하던 그는 당장에라도 나를 줄에서 끌어낼 기세였다. 사업 출장 중인 다른 승객들 사이에서, 한눈에 봐도 그와는 상관없는 사람이 불쑥 끼어들어 자격도 없는 특별 대우를 요구하니 가소롭다는 말투였다. 나를 빨리 솎아내려는 게 틀림없었다. 왜 자격도 없는 사람이 자격을 갖춘 승객들의 공간을 부당하게 차지하고 있느냐는 투였다. 나로서는 그런 퇴행적 추측을 할 것 같지 않아 보이는 세대의 남성으로부터 잠깐 사이에 푸대접을 받은 것이라 더욱 충격이었다. 어쩌다 보니 분위기가 대치 국면이 되고 말았다. 그래서 나는 그가 보기에 감히 내 주제에 할 수 없을 것이라 생각한 말을 했다. "난 일등석입니다."

그게 일을 더 꼬이게 만든 것 같았다. 그는 사람들의 시선을 의식해서인지 자신의 편견에 사로잡혀 꿈쩍도 하지 않았다. 나는 다른 사람들보다 먼저 탑승했고, 내가 도움을 청하고 있는 가방 위에 달려 있는 꼬리표는 그의 항공사 단골 승객 중에서도 최고 수준이라는 사실을 알리는 정보가 들어 있었지만 그는 그 모든 사실을 깡그리 무시했다. 그가 그런 결론을 내린 근거는 오직 하나, 바로 내 외모였다. 그는 남들이 보는 데서 섣부른 추측을 했다가 저지른 무례를 무마하려 했다. 그는 자신의 지위를 유지할 방법을 찾아야 했다. 회사 위계 구조에서 자기 아래에 있는 승무원도 지금 이 장면을 다 봤는데, 어쩌겠는가? "글쎄요, 여기에 놔두시면 방법을 찾아보겠습니다." 그는 내 가방이 마치 콘트라베이스라도 되는 듯 한숨을 내쉬었다. 보다 못한 여승무원이 나서서 자신의 상관을 감싸주고 상황을 바로잡으려 했다. "저기요." 그녀가 말했다. "제가 도와드리겠습니다. 좌석이 몇 번이시죠?" 그녀는 나를 좌석까지 안내해 주고 선반에 가방을 올리는 것을 도와주었다. 나는 고맙다고 했다.

나머지 시간은 내내 불편했다. 게다가 그는 그 객실의 유일한 승무원이어서 그가 통로를 지나칠 때마다 나는 저절로 긴장이 되었다. 그 아슬아슬한 분위기를 서로가 느낄 정도였다. 그는 이미 망신을 당했고 그래서인지 착륙할 때까지 퉁명스러운 적대감으로 나를 징계했다.

△

오리건주 포틀랜드에서 이스트코스트로 가는 심야 비행기였다. 막 탑승한 나는 승무원과 함께 내 가방을 머리 위 짐칸에 넣기 위해 공간을 찾고 있었다. 승무원과 내가 어떤 가방을 옆으로 눕히거나 옆으로 옮기려고 할 때마다 누군가 말했다. "안 돼요. 그거 건드리지 말아요. 내 가방이에요." 내 뒤 통로 쪽 좌석에 앉은 그 남성은 짐칸에 휴대용 가방을 2개나 넣었기 때문에 허용된 것보다 더 많은 공간을 차지하고 있었다. 나는 빨리 앉고 싶었고 서로의 의지력을 시험하는 불편한 상황도 끝내고 싶었다. 나는 그에게 가방을 내 좌석 밑에 넣으면 어떻겠느냐고 제안했다. 그러면 그의 앞에 공간도 비우고 가방도 자리를 잡고 서로 편하게 여행할 수 있지 않느냐고 말했다. "그렇게 해도 저는 괜찮거든요." 나는 그와 승무원에게 말했다. 그는 끙, 하고 한숨을 쉬었다. "난 내가 놓고 싶은 곳에 놓을 거요. 내가 왜 남의 자리 밑에 내 가방을 놓습니까?" 그러면서 그는 승무원으로부터 가방을 받아 자기 좌석 밑으로 넣었다. 그러더니 창가에 앉은 옆자리 남성에게 불평을 늘어놓기 시작했다. 같은 지배 카스트 출신 남성으로 바로 내 뒷좌석이었다. "아무나 일등석에 앉게 하면 이런 일이 생긴다니까." 그 가방의 주인은 주변 사람들이 다 듣도록 큰 소리로 옆에 앉은 남성에게 말했다. "돈 내고 타는 고객 대하는 법 좀 알아야 해요. 일등석 표를 샀는데 대접이 이런 식이라니, 원." 두 남성은 서로를 위로하며 가는 내내 공통의 명분을 찾아내 함께 분개했다.

야간 비행이었고 연속된 강의로 녹초가 됐기에 나는 잠을 자야 했다. 의자를 뒤로 젖혔다. 아, 내가 왜 그랬을까? 가방을 옮긴 남성과 죽이 맞아 투덜거리던 내 뒷좌석 창가 자리의 남성이 악을 썼다. "무슨 짓이에요? 지금 일하는 중이잖아요! 근데 이게 뭐예요? 기껏 노트북 꺼내놨더니 당신이 그걸 내 쪽으로 밀어붙였잖아!" 그는 내 좌석 등받이를 세게 치고는 접이식 테이블을 쾅 닫더니 내 뒤를 계속 거칠게 밀어댔다. "제 좌석 뒤쪽은 제가 어떻게 할 수 있는 게 아니잖아요." 나는 뒤를 돌아보며 그에게 말했다. "그냥 좀 쉬려는 것 뿐이에요." 나는 내 옆자리 백인 남성을 쳐다봤다. 그는 이 모든 것을 보았고 내 뒷사람이 내 자리를 밀칠 때의 진동도 느꼈을 것이다. 그는 눈길 한 번 주지 않았다. 난 완전히 혼자였다.

내 뒤에 앉은 두 남성은 일등석을 아무에게나 내준다는 주제를 계속 붙들고 놓지 않았다. 분위기가 살벌해서 도통 잠을 잘 수가 없었다. 나는 승무원에게 가서 방법이 없는지 물어봤다. "제가 너무 피곤해서 잠을 좀 자고 싶거든요." 나는 그녀에게 말했다. "제 뒤에 있는 남성이 제 자리를 계속 밀어대서 쉴 수가 없어요. 어떻게 좀 해주실 수 있나요? 가서 규정을 설명해 주시고 상황을 제대로 좀 잡아주실래요?" "솔직히 그게 무슨 도움이 될지 잘 모르겠네요. 그냥 여기 계시는 게 어떨까요?" "난 쉬어야 한다니까요. 서서 잘 수는 없잖아요? 내가 내 자리에서 편히 쉬지도 못하나요?" "무슨 말씀인지 알겠습니다. 하지만 뭐라 말씀드려야 할지 모르겠네요." 그녀는 쩔쩔 맸다. "여기 계시던가 아니면 자리로 돌아가시든가 정하셔야겠네요." 나는 자리로 돌아와 의자를 곧추 세운 채 이 나라를 끝에서 끝까지 가로질렀다. 카스트 체제가 내 분수를 일깨워주었다.

△

　　아이다호폴스에서 비행기를 타기 위해 새벽 5시 전부터 깨어 있었다. 원래 예정된 비행기는 취소되었고 연착한 두 번째 비행기를 탄 뒤, 겨우 여정의 마지막 비행기에 올랐다. 밤 10시 30분이 되어야 도착할 것 같았다. 내 좌석은 일등석 창가 쪽이었는데, 그 칸에 아프리카계 미국인은 나 혼자였다. 수석승무원은 체구가 작고 쾌활한 성격에 일처리가 능숙했다. "무얼 드시겠어요, 고객님?" 그는 남성 승객들에게 다정하게 물었다. "그쪽은요?" 내게 다가온 그는 바쁜지 짤막하게 물었다.

　　비행기가 멈추기 무섭게 사람들은 머리 위 짐칸에 뒤섞여 있던 가방들을 급히 꺼내며 통로로 몰려들었다. 나는 30대로 보이는 짧은 머리의 남성 뒤에 서 있었다. 그는 옆자리 여성에게 가방 내리는 것을 도와드려도 되냐고 물었다. 그는 그녀의 가방을 꺼내 건넸고 그녀는 그에게 감사하다고 말했다.

　　그다음 그는 자기 가방을 꺼내려 손을 뻗었다. 내 위쪽 뒤의 짐칸이었다. 그는 어떤 말도, 몸짓도 하지 않고 내 뒤로 손을 뻗더니 내 위쪽으로 몸을 기울였다. 등을 뒤쪽으로 거꾸로 기울이는 데다 내 뒤의 승객이 벽처럼 버티고 있는 바람에 그의 상체에 눌려 몸을 옴짝달싹할 수 없었다. 어이가 없었지만 어쩔 수 없이 몸을 뒤로 젖혀야 했다. 그는 무겁고 땀 냄새 나는 몸을 계속 눌러댔고, 이젠 발까지 움직이며 두꺼운 팔로 내 얼굴과 목을 밀어 짐칸에서 가방을 빼내려 했다. 그가 온 체중을 실어 몸 전체를 내 쪽으로 밀어붙인 탓에 그의 등 근육이 내 가슴을 짓눌렀고 그의 엉덩이가 내 골반을 밀어 다른 승객들이 빤히 보는 앞에서 내 몸을 멋대로 뭉개고 있었다. 제지하거나 말리는 사람은 아무도 없었다. "이봐요, 더 이상 물러설 데가 없단 말이에요!" 나는 도움을 청할 겸 모두가 들을 수 있도록 큰소리로 그에게 말했다.

그는 아무 말도 하지 않았다. 마치 내가 그 자리에 없다는 듯, 투명인간 취급하며 물리 법칙이나 사적 영역에 관한 건 아예 모른다는 투였다. 나는 숨을 쉬기 답답해 그의 어깨뼈를 밀어 겨우 머리를 떼어냈다. 지상 요원들은 무얼 하는지 좀처럼 승강구가 열리지 않았다. 나는 낯선 사람이 막무가내로 밀어대는 공포를 누가 알아주긴 하는지 궁금해 주위를 둘러보았다. 우리 둘의 몸싸움 아닌 몸싸움을, 몇 센티미터 떨어진 곳에 젊은 여성 둘이 보고 있었다. 나는 이 남성의 난폭한 거동으로 인해 받은 충격과 스트레스를 표정에 담아 그들을 바라보았다. 공감해 줄 사람이 필요했다. 그들 역시 이런 일에 여성이 어떤 공포를 느끼는 지 알아줄 것 같았다. 하지만 그들은 허공만 바라볼 뿐, 내겐 눈길도 주지 않았다. 통로에는 사람들이 꽉 차 있었지만 나는 혼자였다. 이들 중 이 일에 나섰다고 해서 직장에서 쫓겨나거나 승진을 못 하거나 돈을 잃거나 특권을 빼앗기지는 않았을 것이다. 아마 앞으로도 그 승객들을 다시 볼 확률은 거의 없을 것이고, 다가와 개입한다고 해서 손해를 볼 일도 없었을 것이다. 하지만 그날 그들은 자신과 전혀 이해관계가 없는 일에 원칙보다는 카스트를, 공감보다는 종족을 선택했다.

마침내 승강구가 열렸다. 승객들이 줄지어 나갔다. 그 남성은 그제야 내 몸에서 등을 뗐다. 아프리카계 승무원이 처음부터 계속 우리를 지켜보았고 또 그럴 때 나서야 하는 것이 당연히 그의 할 일이었지만 그는 나를 도와주러 오지도, 한마디 거들지도 않았다. 내가 문 쪽으로 다가갔을 때 그는 나를 멋쩍고 창피한 표정으로 쳐다보았다. "정말 죄송합니다." "고맙습니다. 알아요." 나는 고개를 저으며 말했다.

그 남성에게 무슨 힘이 있었겠는가. 위험한 행동을 하고 싶지 않았을 것이다. 상위 카스트의 남성이 하위 카스트 여성에게 무례를 범한 상황에서, 그 역시 하위 카스트였다. 그 남성의 지위와 힘과 영향력이 어느 정도인지 그 승무원이 어찌 알겠는가? 위험을 무릅써가며 모르는 사람 편을 들었다가 낭패를 당하면? 그 남성은 빤히 보고 있지만 못 본 척하는 목격자들 앞에서 나를 괴롭혔다. 그 선임승무원은 자기가 끼어들어봤자 득 될 게 없다고 생각했을 것이다. 카스트 체제에서는 모든 사람이 제자리를 지켜야 일이 순조롭게 풀린다. 그 승무원은 그렇게 했다.

치가 떨리고 소름이 끼쳤다. 비행기에서 내려 터미널로 나가자 사람들 앞에서 나를 납작하게 눌러 괴롭혔던 남성이 몇 걸음 앞에서 활보하고 있었다. 그도 자기가 한 짓을 잘 알고 있었다. 그는 고개를 꼿꼿이 세우고 나를 돌아보더니 "미안했어요"라고 내뱉고는 계속 갈 길을 갔다. 그 정도로 넘어갈 수 있다고 생각하는 태도였다. 대수로운 일도 아니지 않은가? 아무도 나서서 나를 두둔하지 않았고 일말의 동정심도 보여주지 않았으니까. 그럴 만한 이유도 얼마든지 찾을 수 있다. 몇몇에게는 늦은 시간이 핑계가 될 수 있었을 것이다. 어쩌면 공교롭게도 남의 일에 참견하기 싫어하는 사람들만 그 자리에 있었는지도 모른다. 또 내가 섰던 자리가 한두 사람 앞이나 뒤였다면 결과는 달라졌을 것이다. 그러나 하나는 확실한 것 같다. 만약 아프리카계 미국인 남성이 백인 여성을 그처럼 몸으로 눌렀다면 똑같이 모른 척하지는 않았을 거라고. 누구라도 나서 이렇게 말했을 것이다. "내가 가방을 꺼내줄 테니 그 여성분에게서 떨어지세요." 미국 역사에서 흑인은 그 남성이 그날 밤 내게 했던 것보다 훨씬 가벼운 무례를 백인 여성에게 범했다가 목숨을 잃었다.

왜 항공사에 항의하지 않았냐고, 왜 그 자리에서 그를 나무라지 않았냐고 말하는 사람도 있을 것이다. 이는 상황을 헛짚은 질문이다. 그 일은 항공사의 잘못이 아니다. 그런 짓을 한 남성은 내 항의를 못 들은 척했다. 그 일은 멀쩡한 사람들이 그가 그렇게 행동하도록 입 다물고 내버려두었기 때문에 일어났다. 나는 그 남성이 내 앞에서 활보하면서 미안하다고 했을 때 역겨워 대답할 수 없었다. 나는 다른 통로로 넘어가 그가 내 시야에서 없어질 때까지 계속 걸었다.

△

이런 기습은 단순히 개인의 수모나 운수 더러운 날 정도로 그치지 않는다. 관습과 맞설 때, 진정한 자신의 모습을 드러낼 때, 이치에 맞는 대우를 받지 못했을 때 싸우다 보면 인간들의 협정이 위태로워지며 카스트와 관련된 모든 사람의 행복을 망가뜨린다. 뻔뻔함이 지나치면 폭력으로 이어지는데, 이는 한계에 도달했을 때 드러나는 카스트의 특징이다. 2013년 애틀랜타로 가는 비행기 안에서 급하강으로 고도가 바뀌어 한 아프리카계 아기가 울음을 터뜨리자, 백인 여성이 아기의 뺨을 때렸다. 그 아기가 백인이었다면 그런 폭행은 일어날 수 없었을 것이다.

2017년 시카고에서는 항공사가 베트남계 미국인 승객을 여객기에서 강제로 끌어내렸다. 남성은 그 과정에서 머리에 부상을 입고 치아도 몇 개 부러졌다. 초과 예약이 문제였다. 항공사는 좌석이 모자라자, 좌석을 포기하는 대가로 보상을 제시했지만 아무도 응하지 않았다. 항공사는 컴퓨터로 무작위 추첨을 진행해 승객 4명을 강제로 내리도록 했다.

처음 3명은 아무 문제없이 비행기에서 내렸지만, 내과의사인 데이비드 다오David Dao라는 베트남계 미국인 남성은 환자 때문에 급히 가야 한다며 퇴거를 거부했다. 그는 요금을 지불했으니 자리를 양보할 생각이 없다고 말했다. 항공사는 결국 공항경찰을 불렀고 그는 아연실색한 승객들이 보는 데서 다리를 들려 끌려 나갔다. 승객들이 촬영한 동영상은 순식간에 온 세상에 알려져 미국과 아시아 전역에서 공분을 일으켰다. 다오는 그런 처우를 받은 원인 중 하나가 자신의 출신지라고 확신한다며, 아마 백인 의사였다면 그런 일은 일어나지 않았을 거라고 했다.[30] 베트남에 있을 때보다 더 무서웠다고도 했다. 3년이 지났지만 당시의 그 영상을 보면 "그저 눈물밖에 나오지 않았다"라고 그는 ABC뉴스 기자에게 말했다.[31]

만병의 원인은
불평등

        나이지리아의 한 젊은이는 대학 진학을 위해 17세에 미국으로 이주했다. 그의 아버지는 등록금을 지불했고, 1학기가 끝났을 때 그 젊은이는 환불을 받기 위해 서무과로 갔다. "영어를 아주 잘하네요." 직원이 그렇게 말을 건넸다. 그 나이지리아 청년은 그 점원에게 면박을 주었다. "당연히 잘하죠. 웬만한 미국인들보다 내가 영어를 더 잘할걸요. 나는 다른 나라 말도 잘합니다. 그러니 그런 소리는 다시 하지 마세요." 사람들은 그를 일단 흑인으로 보았다. 그로서는 익숙하지 않은 정체성이었다. 고향에서 피부색은 아무런 의미도 없었다. 하지만 이제 그것은 아주 중요한 의미를 갖는 것 같았다. 아프리카계 미국인들은 어디에서나 신상 평가와 멸시를 받았다. 처음에는 별 관심을 두지 않았지만, 미국에서 지내는 시간이 길어지자 이민자들이 흔히 그렇듯 그는 고향의 억양을 버렸다. 점차 미국에 동화될수록 이민자나 나이지리아인이 아니라 카스트 속의 흑인이 되어 갔다. 자신과 닮은 사람들을 못마땅하게 여기는, 그런 흑인이었다.

여성들은 그가 다가가면 지갑을 움켜쥐었고, 엘리베이터에서는 몸을 움츠렸으며, 길을 건널 때에는 그를 피해 멀리 돌아갔다. 가게에 들어가면 범법자 쳐다보듯 눈들이 그의 뒤를 따라다녔고, 관공서에 가면 다른 사람들보다 더 꼬치꼬치 강도 높게 따져 물었다. 어느 날 차를 몰다 백인 여성의 차 근처를 지나가자, 그 운전자가 차 문을 얼른 잠갔다. 오기가 생긴 그는 자신도 그녀만큼 안전을 걱정한다는 것을 보여주려 그녀 앞에서 같이 자신의 차 문을 잠갔다.

그는 어느 날 자신이 승진 명단에서 누락되었다는 것을 알게 되었다. 그는 연공서열도 높고 경험도 많았지만 해고당했다. 피지배 카스트 사람들이 그런 일을 당하면 대부분 인종 문제일 거라고 생각한다. 그도 그 문제가 아닐까 생각했다. 아프리카계 미국인들은 열심히 일하지 않고 교육도 제대로 받지 못할 거라 사람들은 흔히 말하곤 했다. 나이지리아보다 미국에서 지낸 기간이 더 긴 지금은, 그도 그들의 그런 말을 무시하기 쉽지 않았다.

한 번은 주차 공간이 있어 차를 대는데 옆에 차를 세워둔 나이든 백인 여성과 눈이 마주쳤다. 그녀는 움찔했다. "지겨워." 그는 함께 차에 타고 있던 동승자에게 그렇게 말했다. "그러거나 말거나." 하지만 실제로는 신경이 쓰였다. 현대 의학은 오랫동안 백인 미국인에 비해 아프리카계 미국인들의 질병 발생률이 더 높은 것을 유전의 탓으로 돌리려 했다. 하지만 사하라 이남 지역 아프리카인들은 고혈압·당뇨·심장질환의 발병률이 높지 않은데, 미국에선 유독 아프리카계 미국인의 발병률이 가장 높았다. 지금 미국에 사는 이 남성도 마찬가지였다. "우리 아버지는 90세까지 사셨어요. 돌아가시는 순간까지도 고혈압 같은 건 없었어요. 그런데 얼마 전에 의사를 찾아갔더니 내 혈압이 높고 당뇨 초기 증세가 있다고 하더군요. 나는 지금 54세입니다. 성인으로서 대부분의 시간을 이 나라에서 흑인으로 보낸 탓에 나이지리아에서 아무 문제없었던 우리 아버지보다 40년이나 이른 나이에 이런 질병이 생긴 겁니다."

△

카스트로 인한 불화가 사람들을 죽이고 있다. 사회적 불평등이 사람들을 죽이고 있다. '태어날 때부터 우리와 본질적으로 다르다'고 교육 받아온 사람들과 같이 살아가는 그 방법 자체가, 사람들을 죽이고 있다. 표적이 된 사람들만 죽이는 것이 아니다. 편견 자체가 치명적일 수 있다는 연구 결과도 있다. 신경과학자들은 이런 종류의 감정을 품으면 혈압과 코르티솔 수치가 올라간다는 사실을 발견했다. 다른 인종과 다정한 사회적 교류를 주고받을 때에도 그런 현상이 나타난다고 신경심리학자인 엘리자베스 페이지-굴드Elizabeth Page-Gould는 썼다.[32] 편견은 그 자체가 치명적이다. 이런 신체적 반응은 뇌졸중·당뇨병·심장마비·조기 사망의 위험성을 높인다. 자동반사적인 선입견, 즉 특정 집단에 대해 무의식적으로 부정적 편견을 적용하는 강도를 측정했을 때, 높은 수치가 나온 백인 미국인을 대상으로 연구한 결과를 살펴보면 알 수 있다.

가령 취업 면접을 볼 때 면접관이 아프리카계 미국인일 경우, 라틴계 사람들과 사교 관계를 맺는 경우 등 안전한 환경에서도 사람들은 그들을 위협적인 존재라고 인식했다.

상대방을 위협적인 존재로 인식하면 당장 몸에서 경보 체계가 발동한다. 그런 공포심은 싸울 때, 자동차가 가까이 다가올 때 보이는 자동 생리 반응을 야기한다. 심장으로 들어가는 혈류량이 줄고, 코르티솔을 분비할 때처럼 근육 내 글루코스의 농도가 과도하게 높아진다. 코르티솔은 위험한 순간엔 유용하지만 기본적으로는 신체에 해를 입히는 호르몬이다. 일단 혈류량이 줄어들고 순환계와 소화계가 수축되며 코르티솔로 인해 근육 손상이 반복되면 심장과 면역체계가 손상되어 제명에 못 살 수도 있다.

잠깐의 노출만으로도 신체의 반응은 금방 활성화된다. 연구진은 빛바랜 졸업앨범 사진 속에 담긴 흑인만 봐도 뇌 편도체가 위협을 인지해 1000분의 30초라는, 눈 깜짝할 사이에 경계태세를 갖추는 백인이 있다는 사실을 밝혀냈다. 그러나 무의식적으로 느끼는 위협을 의식적으로 무시하면, 편도체는 억제 모드로 활동을 전환한다. 백인들에게 흑인을 한 개인으로 생각하도록 유도하고 그들의 개성을 상상하게 하면 위협의 수위는 떨어진다.

심리학자인 수전 피스크Susan Fiske는 이 같은 결과가 최악의 자극을 무시하면 편견을 줄이는 것이 가능하다는 사실을 보여준다고 썼다.[33] 그러나 좀 더 의미 있는 개선을 원한다면 사전에 생각해 두어야 한다. 즉 여러 세대에 걸쳐 전해지는 무의식적인 편견을 인식할 수 있어야 한다. 아울러 서로 다른 사람들이 성공하기 위해서는, 협력이 필요한 공동의 목표를 가지고 같은 팀에서 동등한 존재로 함께 일할 기회를 마련해야 한다. 미국 사회에서 그런 기회를 찾을 만한 분야는 거의 없다.

그래서 미국인은 자신도 모르는 사이에 위험에 처한다. 자신과 다르다고 생각하는 직장 동료·이웃·하청업자 같이 평범한 사람과의 일상에서 사람들은 숨겨놓은 편견이 야기한 위협 신호로 인해 건강을 해치고, 때 이른 병에 걸린다.

△

카스트 체제를 또 다른 측면에서 접근한 과학자들은 두 요소의 연관관계를 조사했다. 이는 건강과 장수의 핵심 지표인 텔로미어telomere와 불평등·차별에 대한 노출이었다. 그들은 우선 아프리카계 미국인들의 텔로미어 길이를 중점적으로 조사했다.

텔로미어는 염색체 끝에 있는, 이중나선형 DNA가 반복되는 염기서열이다. 세포의 분열 빈도가 높을수록 텔로미어의 길이는 점점 짧아져 결국에는 세포가 소멸되는 과정을 밟는다. 공중보건학자 알린 지로니머스Arline Geronimus는 1992년에 발표한 선구적인 연구에서 이를 풍화weathering라고 명명했다. 텔로미어는 조기 노화 외에 차별·실직이나, 비만 같은 만성적 스트레스 요인에 노출됨으로써 겪는 조기발병을 가늠하는 척도다.[34]

처음에 이 연구는 아프리카계 미국인들의 빠른 텔로미어 노화에 초점을 맞췄다. 그러나 연구 범위가 확대되면서 이런 세포 손상의 원인이 인종과 민족성이 아니라 사회적 불평등과 어려운 생활 조건이라는 사실이 밝혀졌다. 예를 들어 가난한 백인의 텔로미어는

379

부유한 백인보다 짧다. 부유한 백인은 삶의 난관을 이겨내는 데 도움이 되는 자원이 있기에, 텔로미어가 금방 짧아지지 않는다.

하위 카스트는 그 반대였다. 사회적·경제적 지위와 그에 따른 특권은 부유한 아프리카계 미국인들의 건강에 별다른 보호막이 되지 못한다. 실제로 그들은 자신의 야망으로 인해 건강상의 벌칙을 받는다. 중산층 아프리카계 미국인은 소득이 낮은 사람들보다 고혈압과 스트레스에 시달릴 가능성이 높은 것으로 드러났다.[35] 교육적·물질적 이점이 있어도, 어쩌면 그런 이점 때문에 그들은 그들에게 찍힌 낙인과 편견에 시달리며, 높은 스트레스성 차별에 노출된다.

그런 점에서 또 다른 소외 집단인 멕시코인도 크게 다를 바 없다. 가난한 멕시코 이민자들은 부유한 멕시코계 미국인들보다 텔로미어가 더 긴 것으로 조사되었다. 가난한 사람의 세포가 더 건강하고 젊다는 얘기다. 가난한 멕시코인은 이 나라에 들어온 지 얼마 안되었고, 네트워크로 연결될 가능성이 높다. 주류에서 고립되어 있고 언어 장벽도 있다. 따라서 일상에서 카스트 체제를 마주할 때 부유한 멕시코인이 겪는 차별에서 본의 아니게 격리된다. 멕시코 출신이라도 미국에서 태어났거나 미국에서 오래 산 사람들은 편견과 낙인 같은 해로움에 노출되기 더 쉽다.

소외 집단은 체제에서 배정받은 역할을 벗어나면 그에 대한 대가를 치른다. 일상에서 매우 심한 차별에 노출될 수록 동맥이 점차 좁아질 수 있다고 사회과학자인 데이비드 R. 윌리엄스는 밝혔다.[36] "차별의 정도가 높을수록 심각한 염증을 유발한다. 염증은 심장병의 전조다." 차별 받는 사람들에게는 건강하지 못한 지방층이 형성된다. '내장지방'으로 알려진 이 지방층은 피부 바로 아래에 형성되는 피하지방과는 달리 주요 장기들을 둘러싼다. 당뇨병과 심혈관질환의 위험을 높여 조기 사망을 유발하는 것이 바로 이것이다. 이들은 일상적 차별을 겪는 모든 인종에서 나타난다. "흑인 여성이 백인 여성보다 더 심한 차별을 겪는다. 하지만 백인 여성이 받는 차별도 결과는 똑같다. 차별을 받으면 내장지방이 더 많이 쌓이는데, 그 점에서는 아프리카계 미국인 여성이나 백인 여성이나 다를 바 없다. 심하게 차별받는 백인도 건강이 나쁘다. 이는 인간 상호 작용의 본질에 대해 시사하는 바가 크다."

알다시피 교육을 많이 받지 못한 중년 백인 미국인의 기대수명은 조금씩 줄어드는 추세다. 그러나 사회적 낙인의 영향을 직접 받는 최하위 카스트의 유색인들은 여전히 교육수준이 같은 백인에 비해 전반적으로 기대수명이 낮다. 25세의 평범한 백인 미국인은 평범한 아프리카계 미국인보다 5년 더 오래 살 가능성이 높다.[37] 고등학교를 중퇴한 백인은 교육을 더 많이 받은 백인들에 비해 기대수명이 낮지만 고등학교를 중퇴한 흑인보다는 3년 더 산다. 백인 대졸자는 흑인 대졸자보다 4년 더 오래 산다.

따라서 교육을 많이 받았어도 유색인종들은 예상하지 못했던 분야에서 경쟁하게 되고, 그 결과 기대수명이 낮아진다. 소외된 집단에 속한 사람은 야심이 클수록 진화생물학자 조지프 엘 그레이브스Joseph L. Graves가 말하는 "사회 지배의 부적합 원칙out-of-place principle of social dominance"의 위험성이 커진다.[38] 그레이브스는 부유한 아프리카계 미국인이 백인과 대등한 대우를 받지 못할 때 백인과 거의 같은 고혈압 발병률을 보인다는 사실을 알아냈다. 피지배 카스트의 경우 카스트 체제와 실랑이를 벌일수록 자신의 목숨을 단축시킨다. 윌리엄스는 이에 대해 다음과 같이 설명한다. "흑인들은 소위 검은 세금을 지불한다. 건강을 해친다는 말이다. 세금의 격차는 고등학교 중퇴자보다 대학 교육을 받은 사람에게서 더 크게 나타난다. 우리는 늘 조심해야 하는 부담을 갖고 지낸다. 그러니까 표정이나 외모나 옷차림에 신경을 많이 쓴다는 말이다."

윌리엄스에게는 중산층 흑인 사업가인 친구가 있었는데 그는 백인 이웃처럼 아무 생각 없이 입고 신는 운동복, 운동화 차림으로 집을 나서는 법이 없었다. 그는 그럴 형편이 안 된다. 그는 집을 나설 때마다 신경을 많이 써야 하고 아주 간단한 용무라도 시간을 두고 미리 생각하고 행동해야 한다. "아내가 1갤런짜리 우유가 필요하다고 하면 재킷과 넥타이를 갖춰 입은 다음 슈퍼마켓으로 간다. 흑인이고 젊은 남성이기 때문에 그렇게 입지 않으면 범죄자로 의심받기 쉽다. 우리는 그걸 참아야 한다. 이런 것들이 우리의 삶에 악영향을 끼친다."

지배 카스트는 태어나 살면서 기울어진 운동장에서 자신이 유리한 쪽에 있다는 사실을 직감으로 안다. 정치학자 앤드류 해커는 뉴욕의 퀸즈 칼리지의 백인 학생들에게 가정을 전제로 한 질문을 던졌다. 그는 그들에게 얼마의 돈을 받으면 앞으로 50년을 흑인으로 살 용의가 있느냐고 물었다. 학생들은 곰곰이 생각한 다음 수치를 얘기했다. 대부분은 5000만 달러가 필요할 것이라고 말했다. 흑인이 되려면 매년 100만 달러가 있어야 한다는 말이었다. 남들이 자신을 흑인으로 인식할 때 직면하게 될 차별과 위험으로부터 스스로를 보호하려면, 그 정도 돈이 필요하다고 그들은 생각했다.[39]

6장

값진 것을
허루루 쓰는 나라

Undervalued

바뀐 대본의
주인공

미국의 카스트 대본이 크게 바뀐 적이 있었다. 이 나라의 가장 높은 직위에 아프리카계 미국인이 선출된 사건이었다. 이런 사회질서의 붕괴에는 결과가 따른다는 사실을 우리는 역사를 통해 알고 있다. 그리고 실제로 그랬다. 이제부터 말하려는 내용은 버락 오바마가 대통령이 된 사실에 대한 분석이 아니라 그가 그 자리에 올랐을 때 보인 카스트의 반응과 오바마의 행보를 가로막았던 도전에 대한 이야기다.

첫째로 200년 넘도록 지속되어온 전통과 생득권을 깨기 위해서는 가히 초신성에 비유할 만한 인물이 필요했다는 지적부터 해야 할 것 같다. 그는 하버드 대학을 나온 변호사이자 링컨의 고향이 배출한 미국 상원의원이었다. 그의 전문분야는 다름 아닌 미국 헌법이었다. 그의 카리스마와 웅변술은 대통령 집무실에 입성한 역대 그 어떤 인물에도 뒤지지 않는, 오히려 그들을 능가한다고도 볼 수 있는 수준이었다. 그의 예사롭지 않은 성장 과정은 그로 하여금 인종 간의 분열을 화해시키는 문제에 관심을 갖게 만들었다. 잘 알려진 사실이지만 그는 이 나라를 푸른 주도 붉은 주도 아닌 오직 미국으로만 보았다. 그의 아내 역시 남편 못지않은 영향력을 가진 하버드 대학 출신의 변호사였다. 거기에 어린 두 딸까지 더하면 그들은 카메라 잘 받는, 전형적인 아메리칸드림 가족이다. 무엇보다 그는 주도면밀하고 흠잡을 데 없는 선거전, 사실상 하나의 운동이라 할 만한 캠페인을 벌였다. 그러나 몽상가가 아닌 이상, 미국인이 맹세코 있을 수 없는 일이라고 여겼던 일이 하나 있었다. 바로 흑인이 백악관에 입성하는 일이었다.

둘째, 애리조나 출신으로 인기는 높지만 나이가 많은 전쟁 영웅인 상대 후보는 갈수록 보수화되는 정당에서 비교적 현명하고 온건한 편에 속하는 공화당원이었다. 그는 다소 활력이 떨어지는 선거 운동에서 몇 가지 오판을 했다. 그중에서도 가장 치명적인 것은 어디로 튈지 모르는 전 알래스카 주지사를 러닝메이트로 선택한 점이었다. 그녀는 실언을 반복했고 뜬금없고 종잡을 수 없는 허위 사실을 자주 내뱉었다.

선거를 앞둔 몇 달 사이에 한 세대에 한 번 있을까 말까한 금융 재앙이 덮쳤다. 안 그래도 당시 집권당이던 공화당 정부는 재정 실책으로 나라를 파탄 직전까지 몰아넣고 있었다. 우리 눈앞에서 월가의 기업들은 맥없이 주저앉았고, 시민들 재산의 주요 원천인 주택은 가치가 폭락해 유권자들을 수면 아래로 밀어 넣었다. 선거 몇 주 전인 2008년 10월, 미국 수백만 세대의 우편함에 배달된 봉투는 뜻하지 않게 민주당에게 유리한 전단이 되었다. 401K 분기별 명세서였다. 그 퇴직연금 명세서는 공화당 대통령이 집권한 지난해 그들의 저축이 40퍼센트 손실을 보았다는 사실을 가감 없이 보여주었다. 그해 11월, 주택을 소유한 약 1200만 명의 사람들은 지금 우리가 대침체Great Recession [1]라고 부르는 사태에 휘말려, 자신의 주택 가치보다 더 많은 주택융자금을 빚으로 떠안았다. 대공황 이후 최악의 경기침체였다.

아프리카계 미국인 후보에게 기회를 주어야 할지 결정을 내리지 못하고 있던 지배 카스트는 이런 대규모 재앙이 언제 끝날지 전혀 가늠하지 못했다. 희망은 오바마의 만트라mantra였다. 그리고 무엇보다 그것이 절실히 필요했던 시기였다. 투표권을 하나의 사명처럼 간직하고 있던 시민들의 기록적인 물결이 그를 찍기 위해 쏟아져 나왔고, 그를 신임하는 적지 않은 지배 카스트 유권자들까지 합세해 오바마의 등을 백악관으로 떠밀어 넣었다. 세계도 기쁨을 감추지 않았고, 노르웨이의 한 위원회는 그가 취임한 지 몇 달도 되지 않아 그에게 노벨평화상을 수여했다. "오바마만큼 세계의 관심을 집중시키고 사람들에게 더 나은 미래가 있다는 희망을 심어준 인물은 극히 드물다." 노벨위원회의 선정 이유였다.

△

사실 흑인 대통령 집무실은 상상도 하기 힘든 일이었다. 그의 개인적 재능은 둘째치더라도 카스트의 관점에서 볼 때 그만의 특이한 태생 배경은 카스트 체제도 인정할 만했다. 케냐에서 온 이민자와 캔자스에서 온 백인 여성의 아들로 하와이에서 자란 그는, 일반적인 흑인과는 달리 노예제·짐 크로법·아프리카계 미국인의 힘겨운 역사의 무게에서 자유로웠다. 그의 스토리는 지배 카스트에게 불편을 촉발시키지 않았다. 하지만 그의 가계도를 계속 들춰보면 정착지에서 사기를 당한 소작인, 금융 지원을 거부당해 동네에서 쫓겨난 조상과 마주한다. 이들에게 이런 불의는 까마득한 옛날의 역사가 아니라 그와 그의 조부모가 겪은 실제 삶이었다.

오히려 오바마의 성장 배경으로 인해 지배 카스트는 미국 역사의 불미스러운 구석들을 생각하지 않아도 되었다. 그들은 그를 호기심과 놀라움으로 바라보았고, 심지어 마음만 먹으면 그를 집단의 일부라고 주장할 수 있었다. 어쩌면 그의 어머니와 외할머니에게 연대 의식을 느꼈을지도 모른다. 두 여성 모두 지배 카스트 출신이었지만 그들 손자와 아들이 이 정도 지위까지 올라갈 줄은 짐작하지 못했을 것이다. 그러나 그의 러닝메이트가 될 델라웨어주 상원의원의 발언은 집권 다수당의 의원들이 듣기에도 좀 거북했다. "의견이 분명하고 똑똑하고 전과도 없고 잘생긴 최초의 주류 사회 아프리카계 미국인이 드디어 나왔다. 동화책에서나 나올 법한 얘기다." 조 바이든Joe Biden은 그렇게 말했다.[2]

선거가 끝난 뒤 양당의 백인은 인종차별이 과거지사라고 안심하면서 지난 세대에 이 나라가 이루어 낸 발전을 칭송했다. "이제 우린 흑인 대통령도 있어. 놀랍지?" 그들은 그렇게 말하곤 했다. 그러나 사실 지배 카스트의 대다수는 그런 발전에 지분을 주장할 입장이 아니었다. 백인 유권자들 대다수는 대선 경쟁에서 오바마를 지지하지 않았다. 오바마는 스타성을 가지고 있었고 아이와 연금수령자를 자기편으로 만들 줄 알았지만, 그가 아무리 세련되고 영감을 주며 말을 잘하며 회유를 잘해도 지배 카스트의 유권자들이 그에게 매혹되어 승리한 것은 아니었다. 최근까지 대통령직에 도전한 다른 민주당 후보와 마찬가지로, 그는 그렇게 백인 유권자가 많은데도 불구하고 승리한 것이었다.

사람들은 새로운 탈인종을 선언했지만, 대다수의 백인은 미국 최초의 흑인 대통령에게 투표하지 않았다.[3] 2008년 대선에서 오바마에게 표를 던진 백인은 43퍼센트 정도로 추정된다. 따라서 백인 유권자 5명 중 3명 정도가 그의 첫 번째 선거에서 그를 지지하지 않았고, 2012년에 백인 지지율은 더 떨어져 39퍼센트밖에 되지 않았다. 과거 남부 연합 소속이었던 미시시피에서 오바마를 지지한 사람은 백인 유권자 10명 중 1명꼴이었다. 재임기간 중에도 그는, 그가 집무실에 앉아 있는 것을 마뜩찮게 여기거나 분통을 터뜨리는 사람들과 싸우는 데에 대부분의 시간을 보냈다.

2008년 선거에 남북전쟁의 그림자가 드리운 듯했다. 그것은 미국 정치에서 카스트가 지니는, 지칠 줄 모르는 역할을 가늠하는 척도였다. 뚜껑을 열고 보니 오바마는 1860년에 에이브러햄 링컨이 승리했던 주를 모두 가져간 것으로 나왔다. 그 당시 선거는 거의 전적으로 백인 유권자에 의한 선거였지만, 평등주의 정서와 노예제와 공화국의 미래를 놓고 벌인 대리전 양상을 띠었다. "인종으로 인한 남북전쟁의 문화적 분열은 150년이 지난 지금에도 이처럼 여전히 미국의 정치문화에 영향을 미치는 것으로 보인다." 시턴홀 대학의 정치학 교수 패트릭 피셔Patrick Fisher는 그렇게 평가했다.[4]

린든 B. 존슨Lyndon B. Johnson은 1964년에 민권법에 서명한 후, 민주당이 아프리카계 미국인의 시민권을 지지한 이상 100년 정도는 남부에서 이기기 어려울 것이라고 예측했다. 틀리지 않았지만 영향을 과소평가한 발언이었다. 민주당은 남부에서만 패한 것이 아니었고 기간도 100년으로 그치지 않았다. 그때부터 백인들은 대체로 공화당 쪽으로 우경화되었다. 국가의 정책이 평등을 강조했기 때문이었다.

1964년의 예언 이후 50년이 넘도록 민주당 대통령 후보가 백인 유권자 표의 과반을 획득한 적은 한 번도 없었다. 백인 유권자의 과반수를 얻어 대통령에 당선된 민주당 후보는 린든 B. 존슨이 마지막이었다.[5] 이후 백인 유권자의 표를 가장 많이 얻은 민주당 후보는 1976년에 48퍼센트를 얻은 남부 출신 지미 카터Jimmy Carter였다. 존슨과 시민권 시대 이후 대통령 집무실을 차지한 3명의 민주당 후보는 카터, 오바마, 빌 클린턴이었다.

백인들은 민주당에 등을 돌린 후 숫자로 대선에서 우세한 위치를 차지하는 데 익숙했기 때문에, 2008년의 선거 결과는 단순히 존 매케인John McCain의 패배가 아니라 그동안 역사를 지배했던 다수의 패배로 보였다. 백인 유권자의 행동을 분석하는 듀크 대학의 정치학자 애슐리 자디나Ashley Jardina는 이를 가리켜 "백인 지배의 절대성에 대한 도전"이라고 논평했다. 2042년이면 백인이 다수인 시절도 끝날 것이라고 예측한 인구통계 결과와 맞물려, 오바마의 승리는 시사하는 바가 굉장히 컸다. 미국의 운명, 자기 자신, 아이들의 미래까지 좌우하는 지배 카스트의 힘이 생각보다 많이 쇠약해졌음을, 세계에서 차지하는 지배 카스드의 주도적인 지위도 언젠가 약해질지 모른다는 사실을 알리는 신호였다. "오바마의 당선이 갖는 상징적 의미는, 백인들의 지위가 크게 손상되었다는 것이다."[6]

이 나라에 속한 어느 누구도 이 문제를 생각해 본 적이 없었다. 그것은 항상 1등이었던 사람들이 그동안 차지했던 자리를 이제 내줘야 할 수도 있다는 것을 의미했다. "인종 카스트 체제를 탈취할 수 있는 흑인들의 능력"을 사람들은 "어떻게든 막아야 할 악몽의 발현"으로 생각한다고 에머리 대학의 정치학자 앤드라 길레스피Andra Gillespie는 썼다.[7] 아무리 훗날의 일이라고 해도 공포와 상실감은 많은 백인으로 하여금 그들 집단의 공통성과 애착과 결속력을 전면으로 부각시켰다고 자디나는 말한다. 그것은 단결만이 위계구조에서 그들의 자리를 지킬 수 있다는 의식이었다.

기존 질서가 위협을 받자 카스트 체제는 즉각 행동을 개시했다. "무엇보다 중요한 과제는 오바마 대통령을 단임 대통령으로 끝내는 것이다." 켄터키주 공화당 상원 원내대표 미치 매코널Mitch McConnell은 2010년에 실시된 중간선거 전날 그렇게 말했다.[8]

△

야당은 그의 연임을 막지 못했지만 사실상 그가 제시한 정책을 사사건건 방해했다. 대통령이 목표를 이루려면 행정명령에 기댈 수밖에 없었다. 취임한 지 9개월도 안 되었을 때 대통령은 숙원 사업인 의료보험 개혁을 위해 상하원 합동회의에서 연설했다. 평소 같았으면 위엄과 격식을 갖춰 차분하게 진행되었어야 할 연설 도중에 야유가 터져 나왔다. "거짓말이야!" 사우스캐롤라이나 출신의 공화당 하원의원 조 윌슨Joe Wilson이 갑자기 고함을 지른 것이었다. 질서를 어지럽힌 행위로 하원은 윌슨에 대해 규탄결의안을 채택했고, 2008년 오바마에게 패한 공화당의 존 매케인까지 나서 "어디라도 그런 행위가 어울리는 곳은 없다"라고 비난했다.[9]

2012년 초 에어포스 원Air Force One이 애리조나의 한 제조 공장을 시찰하기 위해 피닉스 바로 외곽에 착륙했다. 연임에 도전하는 대통령이 선거 연도가 시작되었을 때 들르는 통상적인 목적지였다. 대통령을 맞이하는 활주로에는 애리조나의 공화당 주지사 잰 브루어Jan Brewer가 나와 있었다. 하지만 격식 있던 만남의 자리는 순식간에 긴장 국면으로 바뀌었다. 바람이 활주로를 흔드는 가운데 체구가 작은 금발의 주지사는 대통령에게 봉투를 하나 건네더니, 금방 굳은 표정으로 대통령에게 따지듯 대들었다. 그녀는 마치 벌 받는 아이를 꾸짖는 교장 선생님처럼 대통령에게 코를 바짝 대고 손가락질을 했다. 입은 반쯤 고함을 치는 것 같았다.[10] 사진에 포착된 장면에서 대통령은 약간 당황한 듯 보이기는 했지만 평소의 침착한 표정으로 감정을 자제하는 것 같았다. 대통령의 얼굴에 손가락을 찌를 듯 들이댄 그녀의 표정은 마치 "하나 더 있어요…"라고 말하는 듯 보였다. 다른 나라였다면, 아니 미국이라도 이전 대통령이 이런 일을 겪었다면 국가 원수를 위협하는 불경스럽고 공격적인 행위로 간주되었을 것이다.

이 사진은 오바마가 재임 중 겪어야 했던 반감과 분노를 보여주는 결정적 이미지 중 하나였다. 그동안 두 사람이 걸어온 경력의 차이는, 이 모습을 놓고 보면 아무 의미가 없었다. 대통령은 콜롬비아대, 하버드 대학 로스쿨 출신으로 주 의회 상원의원에서 미국 상원

의원을 거쳐 대통령 집무실로 가는 정해진 코스를 밟은 반면, 얼굴을 향해 삿대질할 정도로 무모한 용기를 가진 여성은 2년제 방사선사 자격증을 획득하고 애리조나 주무장관으로 있다가 우연히 주지사 직책을 승계한 인물이었다.[11] 주지사인 그녀는 50명 중 한 사람이지만, 미국 대통령은 이 나라의 최고직책이자 세계에서 가장 막강한 권력을 가진 사람이었다.

그러나 브루어 주지사는 지배 카스트 출신이었고 그녀의 생득적 지위는 애초에 대통령보다 높은 것으로 여겨졌기에, 그녀는 아랑곳하지 않고 피지배 카스트 출신의 남성에게 가르치겠다는 듯한 제스처를 자제하지 않았다. 실랑이는 그녀가 쓴 책의 한 구절이 발단이었던 것으로 추측된다. 책에서 그녀는 얼마 전에 두 사람이 가졌던 만남을 묘사하면서 대통령이 잘못 생각하고 있다고 설명했다. "그가 나를 가르치려 들었다. 어른에게 훈계 받는 느낌이었다."[12] 브루어는 당시에 느낀 불만을 그렇게 표현했다. 국경 안전 문제로 두 사람이 견해 차이를 보였음을 생각하면, 그녀가 그에게 건넨 봉투는 멕시코와 맞대고 있는 애리조나 국경을 똑똑히 보라는 경고장이었다.

이후 브루어 주지사는 누구라도 알 수 있는 사실을 부인했다. "나는 적대적이지 않았다. 나는 아주 정중하게 대하려 애썼다." 그녀는 기자들에게 그렇게 말하며, 심지어 불안감까지 느꼈다고 했다. "그의 태도에서 약간의 위협을 느꼈다." 그러나 비밀경호국의 정예요원들이 처음부터 끝까지 지켜본 두 사람의 대화 장면은 여러 카메라에 포착되었다. 상대방의 얼굴을 향해 손가락을 흔들어댄 사람은 대통령이 아니라 그녀였다. 이 만남으로 주지사는 순식간에 세간의 주목을 받았다. 당시 보도에 따르면 그녀는 이런 유명세를 이용해 자신의 정치 활동을 위한 위원회 기금을 모금했고, 그 돈을 자신의 정치 기반을 다지는 데 썼다고 한다. 그녀는 잠재 기부자들에게 그날 자신이 전한 진짜 메시지는 이 말이었다고 말했다. "당신, 1년밖에 안 남았어."[13]

△

피지배 카스트 출신의 국가 수장이 등장하자마자 모든 장치가 작동하기 시작했다.[14] 그를 뒤에서 비방하는 우파 신당이 생겨났다. "나라를 되찾겠다"는 다짐의 티파티Tea Party(보스턴 차 사건에서 착상한 운동이며 오바마 정부의 세금 인상정책에 반대하는 보수파들의 움직임으로, TEA는 '세금은 낼 만큼 냈다Taxed Enough Already'의 준말-옮긴이)였다. 이와 별도로 버서birthers(오바마의 출생지에 의혹을 제기하는 음모론자들-옮긴이)로 알려진 회의론자들은 오바마의 시민권을 문제 삼으면서 출생증명서 원본을 제시하라고 떼를 썼다. 그를 반대하는 자들은 그를 "푸드 스탬프 대통령food stamp president(오바마 정부 때 식품 보조권 수령자가 가장 많아졌다는 비아냥-옮긴이)"이라고 불렀고, 대통령과 영부인을 유인원과인 시미언simians으로 묘사했다. 반정부 집회에서 사람들은 총기를 치켜들고 표지판을 들었다. "오바마에게 죽음을Death to Obama."

오바마가 당선되자 공화당은 질세라 선거법을 바꿔 투표를 더 어렵게 만들었다. 대법원이 투표권법Voting Rights Act의 일부 조항을 위헌으로 판결하면서 그들의 기세는 더욱 거세졌다. 그것은 소수자의 투표에 제동을 걸었던 전력이 있는 주들의 요구를 인정함으로써 연방정부의 선거 감독 권한을 무력화시킨 판결이었다. 정의를위한브레넌센터Brennan Center for Justice에 따르면 2014년부터 2016년까지 많은 주가 유권자 명부에서 1600만 명 정도를 삭제했다. 이런 움직임은 오바마 행정부 마지막 해에 더욱 속도를 냈다.[15] 이들은 새로 투표자 신원 확인법voter ID laws을 도입하여 필요한 신분증을 얻기가 힘들도록 장벽을 만들었다. 이런 조치들은 소외된 사람들과 이민자들의 투표 참여율을 꾸준히 떨어뜨렸다. 이들은 대체로 민주당에 투표할 가능성이 높은 부류였다. 어떤 매체는 최근에 소수자 투표율이 증가했지만 이들 주는 제한적 투표법을 시행할 가능성이 훨씬 더 높다고 지적했다고 칼럼니스트 조너선 체이트Jonathan Chait는 썼다.[16]

탈인종시대라는 화목한 분위기가 조성될 거란 희망 섞인 예측과 달리, 남부빈곤법률센터Southern Poverty Law Center에 따르면 2000년부터 오바마의 임기 시작이었던 2010년까지 미국의 혐오단체 수는 602개에서 1000개 이상으로 급증했다.[17] 2012년 한 연구에 따르면 아프리카계 미국인에 대한 반감, 인종과 관련된 선입견은 일부의 희망과 달리 오바마의 첫 임기 동안 오히려 악화되었다. 노골적으로 흑인에 반감을 갖는 미국인의 비율은 2008년 48퍼센트에서 2012년 51퍼센트로 완만한 상승세를 보였지만, 은근히 편견을 갖는 비율은 49퍼센트에서 56퍼센트로 뚜렷하게 높아졌다.[18] 아이비리그 출신으로 학구적이고 건전한 흑인 가족이 백악관에 들어왔지만, 아니 어쩌면 바로 그런 이유 때문에 현재 아프리카계 미국인을 폭력적이고 무책임하며 게으른 족속으로 보는 백인

응답자의 비율이 더 높아졌다고 이 연구는 밝혔다.

전례 없는 사회적 위계 구조의 역전으로 분노가 고조되고 있었기에, 아프리카계 미국인에 대한 공격이 오히려 악화된다고 해도 놀랍지는 않은 시점이었다. 집권 2기인 2015년에 경찰이 무장하지 않은 아프리카계 미국인을 사살한 비율은 백인보다 5배 많았다.[19] 경찰에 의한 사살이 흑인 청년과 소년의 주요 사망원인이 된 것은 하나의 추세로, 흑인 청년·소년 1000명 중 1명꼴로 이런 일이 발생했다.[20]

앞서 오바마는 인종 갈등 해소를 위한 상징적 조치를 취한 바 있다. 헨리 루이스 게이츠 주니어Henry Louis Gates, Jr.와 게이츠를 체포한 경찰관과 가진 '맥주 회동'이 그것이었다. 하버드 대학 교수인 게이츠가 학교 근처에 있는 자신의 집에 들어가려다 열쇠가 없어 문을 밀었고, 이를 수상히 여긴 주민의 신고를 받고 출동한 경찰이 그를 체포한 사건 때문이었다. 교수에게 수갑을 채운 경찰의 행동을 두고 멍청한 짓이었다고 말한 대통령 때문에 세상이 시끄러워지자 마련한 회동이었다. 당시 17세였던 트레이본 마틴Trayvon Martin이 살해되었을 때 오바마는 자신에게 아들이 있었다면 트레이번처럼 됐을지도 모른다고 말했다. 그러자 카스트가 다시 고개를 들었고 몇 가지 호의적인 제스처에도 불구하고 그의 지지율은 떨어졌다. 야당은 오바마가 야심차게 추진한 정책들과 그가 임명하려는 인사들을 거세게 반대했고, 정부의 기능을 수차례 마비시켰으며, 메릭 갈런드Merrick Garland 대법관 지명자에 대해서는 인준 절차마저 거부했다. 카스트는 대통령의 손에도 수갑을 채웠다. 피지배 카스트가 연극의 배역을 어떻게 재편했든, 카스트 체제는 모두에게 각자의 분수를 일깨우면서 늘 해왔던 것을 계속할 태세였다.

자가당착이지만, 백인들은 그 사실을 알면서도 카스트 체제가 최초의 흑인 대통령과 피지배 카스트를 견제할 것이라 무의식적으로 믿고 있었던 것 같다. 대통령 집무실을 흑인이 차지하고 있는 현실에 크게 분노한 사람도 없지 않았지만, 자디나는 "미국의 백인들 대부분은 오바마가 자신보다 흑인을 더 감싸고도는 것을 크게 신경 쓰지 않았다고 했다.[21] 그래서인지 오바마는 자신이 할 수 있는 한도 내에서 인종중립적인 목표를 향해 한발 더 나아갔다. 그렇게 그는 국가의 의료체계를 재편하고, 기후변화·청정에너지·동성 결혼·형량 개혁·경찰 과잉진압에 대한 수사 등 다른 정부가 소홀했던 문제를 주도적으로 해결하는 한편 국가를 불황에서 끌어낼 수 있었다.

그러나 분수에 맞지 않아 보이는 사람의 업적은 더 많은 분노만 유발하는 법. 오바마의 존재로 인해 빛을 잃었다고 생각한 사람들의 불만은 서서히 동요하기 시작했다. "우주에서는 어떤 격변도 두렵다. 그것이 사람의 현실 감각에 큰 타격을 주기 때문이다."[22] 오바마의 재임과 그의 높은 지지율은, "변화하는 국가에 대한 불안의 내면적 기류를 가렸다"라고 자디나는 지적했다. "그것은 다문화주의에 대해 고조된 거부감과, 이민에 대해 날로 높아지는 반발을 숨겼다."[23]

2012년 11월 첫 흑인 대통령이 연임에 성공한 다음날, 보수 성향의 라디오 토크쇼 진행자 러시 림보Rush Limbaugh는 청취자들을 향해 장탄식을 했다. "나는 어젯밤 잠자리에 들면서 우리가 수적으로 열세라고 생각했습니다. 나는 어젯밤 잠자리에 들면서 결국 나라를 잃었다고 생각했습니다. 달리 또 어떻게 생각하겠습니까?"[24]
같은 날 남부 플로리다에서 결과에 망연자실한 64세 남성은 자신
이 취할 수 있는 가장 극단적인 행동을 저질렀다. 경찰에 따르면 키
웨스트에서 태닝 살롱을 운영하던 헨리 해밀턴Henry Hamilton은 선
거가 가까워지자 친구들에게 "버락이 재선되면, 나는 세상에 없을
것"이라고 말했고 그 약속을 실천했다.[25] 그의 시신은 개표 결과가
알려진 지 하루 반 만에 그의 아파트에서 발견되었다. 주방에는 약
국에서 받은 약병이 빈 채로 뒹굴고 있었다. 그 옆에는 자신을 소생
시키지 말라는 내용과 함께 재선된 대통령을 저주하는 손편지가
놓여 있었다.

브래들리 효과와
이중 잣대

2015년이 저무는 날, 워싱턴에서 영향력 있는 정계 인사들이 새해맞이 모임을 가졌다. 아직 시작도 안 했지만 의미심장할 수밖에 없는 선거 시즌의 전야였다. 나는 워싱턴 정가에 가까이 가기만 하면 평소 페이스가 떨어지는 느낌을 받곤 했다. 그래서인지 수년 동안 알고 지내면서도 한동안 뜸했던 그웬 아이필Gwen Ifill에게 눈이 갔다. 〈뉴욕 타임스〉에 같이 있던 시절, 나는 그녀의 주 무대였던 권력의 전당보다 평범한 사람들의 일상에 초점을 맞춘 서술 작가였지만 그래도 그녀의 정치적 식견에는 직관적으로 공감했었다. 나는 곧장 그녀에게 다가갔다. "그래서 어떻게 될 것 같아요?" 나는 그렇게 말문을 열었다.

2016년의 전반기가 곧 시작되려 할 때였기에 그웬은 내 질문의 의미를 정확히 알아들었다. 나는 내 의견을 먼저 드러내고 싶지 않았다. 그웬은 PBS 〈뉴스 아워NewsHour〉의 인기 있는 공동 진행자였다. 그녀는 남다른 혜안으로 그 자리를 오래 지켰던 워싱턴의 현인이었다. 나는 다른 수많은 사람이 그렇듯 그녀의 명석함과 날카로운 직감에 감탄했고, 상어가 득실거리는 워싱턴이라는 바다를 집 안마당처럼 헤집고 다니는 그녀의 기개에 경탄했다. 나 같으면 한나절도 버틸 수 없는 정치 생태계가 그녀에겐 체질처럼 자연스러워보였다. 꼭 물어보고 싶어 꺼낸 말이지만 그녀처럼 워싱턴의 기성체제가 뼛속까지 밴 사람이 보기엔 너무 밑도 끝도 없는 질문처럼 들릴지 모른다는 생각이 들었다.

몇 가지 이유에서 작게 말해야 할 것 같았다. 사방에서 샴페인이 터지고 타종으로 시작될 2016년을 환영하는 파티였다. 그곳에 모인 사람은 현 정부의 인사들과 아마도 민주당 선두주자의 캠프에 속한 사람들일 것이다. 보나 마나 그들은 그 선두주자를 지지하고 곧 물러날 정부가 추진한 미래지향적 관점을 계속 이어나가기를 기대하고 있을 것이다. 그래서 나는 몸을 숙이고 목소리를 낮추었다. "사람들이 경계를 안 하는 것 같아요. 그가 이길 것 같은데 말이에요." 그의 이름은 말하지 않았다. 말할 필요도 없었다. 아직 때가 일러 예비선거도 시작되지 않았다. 그러나 유명인사인 그 억만장자가 지난 6월 맨해튼에 있는 본인 소유의 타워 에스컬레이터에서 출마를 선언했을 때부터 이미 분위기는 뜨거워지고 있었다. 그는 멕시코인들이 범죄와 마약과 강간으로 국경을 넘는다고 비난하면서, 기필코 장벽을 세우고야 말겠다고 공언했다. 언론은 그를 대수롭게 여기지 않기에 나는 그웬의 생각이 궁금했다. "그렇고말고.

당연하지. 무조건 그가 이겨." 그녀는 그렇게 대답했다. 모로 봐도 내 정치적 감각은 내세울 게 없었지만, 카스트 체제의 생리만큼은 알고 있기에 말을 계속했다. "이게 다 2042년 때문인 것 같아요." 나는 그렇게 말했다. "맞아." 그녀는 단호한 표정으로 그렇게 말했다. 확신에 찬 그녀의 반응은 나의 본능을 확인시켜주었지만 그래서 마음은 더욱 심란했다. 정확한 레이더를 가진 그녀가 그렇게 생각한다면 실제로 그럴 가능성이 높기 때문이었다. 우리는 사람들이 그런 걸 깨닫든 말든 그것이 이미 정해진 일인 양, 평소 상상도 할 수 없는 사실을 받아들이는 사람들만의 눈길을 주고받았다. 그것은 그 사람 하나로 그치는 문제가 아니었고 그 전에도 늘 그 사람만의 문제가 아니었지만, 이제 남은 일이라고는 그저 지켜보는 것뿐이었다.

그웬은 결국 그녀의 예언이 실현되는 것을 본 다음, 선거가 끝난 다음 주에 애석하게도 세상을 떠났다. 그녀의 차분한 분석이 분명 도움이 되었을 시기였기에, 그녀의 죽음은 국가적으로 더욱 큰 손실이었다. 앞날을 내다보았던 그날의 대화는 그녀와 나눈 마지막 말이었지만 그 의미는 몇 년이 지난 지금 더욱 뚜렷하게 다가온다.

△

2016년 여름에 접어드니 어디를 가나 온통 선거 얘기뿐이었다. 헤드라인이 하나 둘 뜰 때마다, 한때 권위를 자랑했던 규범이 하나둘씩 깨져나갔다. 경선 과정에서 중요한 토론을 망쳐버린 대선 후보, 여성의 성기를 잡은 것을 자랑삼아 떠벌리는 모습이 동영상에 잡힌 대선 후보, 장애인 기자를 흉내 내며 조롱하고 중학생처럼 팔과 손을 흔들고 얼굴을 홱 들이대는 대선 후보, 이슬람교도였던 미국의 전쟁 영웅을 잃고 슬픔에 빠진 부모를 조롱하는 대선 후보…. 그는 포로로 잡혔었다는 이유로 미국의 전쟁 영웅 존 매케인을 비하했다. 눈앞에서 만들어지는 새 어록을 추가하기도 전에 새로운 속보가 발표되었다. "정말로 그가 승리할 가망이 있다고 생각하는 건 아니죠?" 선거 몇 달 전에 우연히 파리에 있을 때 어떤 프랑스 지식인이 내게 그렇게 물었다. "아뇨. 이길 수 있어요. 그는 후보가 될 겁니다. 이기고도 남아요." 나는 그녀에게 그렇게 말했다. "미국은 결코 그렇게 하지 않을 걸요." 그녀는 무시하듯 그렇게 말했다.

카스트가 미국의 모든 것을 설명하지는 않지만, 카스트가 없이는 미국의 어느 한 부분도 완전히 이해할 수 없다. 많은 정치 분석가와 좌파 관측통은 트럼프의 승리 가능성을 염두에 두지 않다가 뒤통수를 맞았다. 그것은 그들이 미국 생활과 정치의 꾸준한 변수였던 '카스트'라는, 신뢰할 만한 일관성을 고려하지 못했기 때문이다.

진보 쪽에서는 백인 노동자 계층이 우파의 과두 정치를 지지함으로써 이익과 반대되는 쪽에 표를 던져왔다고 평가했지만, 그것은 국민의 매개 기능과 카스트 지향성의 원리를 얕잡아본 주장이었다. 사실 유권자들은 대부분 자신이 처한 상황을 살핀 다음, 당장의 단기적 이해관계보다는 지배 카스트의 신분을 유지해 장기적 생존을 보장받겠다는 더 큰 목표를 바라보고 있었다. 그들은 건강보험 혜택을 잃는 한이 있어도, 백악관이 불안정하고 정부가 셧다운되더라도, 멀리 떨어진 나라들로부터 외부 위협이 있더라도, 그들이 가장 소중하게 여기는 것을 행동으로 지키겠다는 각오를 다지고 있었다. 그것은 그동안 미국을 지배해 온 카스트의 일원으로서 익숙한 혜택을 보존하겠다는 의지였다.

트럼프가 경제보다 더 깊은 곳에 잠복해 있던 불안과 불만에 호소력을 집중했다는 분석도 나왔다. "백인 유권자들이 도널드 트럼프를 선호하는 현상은 (…) 자신의 고용 안정성과는 뚜렷한 연관 고리가 보이지 않지만 소수민족이 백인의 일자리를 빼앗는다는 우려와는 매우 밀접한 연관성이 있다."[26] 지배 카스트 내부에서는 트럼프가 출마를 선언하기 훨씬 전부터 동요가 포착되고 있었다고 정치학자 존 사이즈John Sides와 마이클 테슬러Michael Tesler와 린 배브렉Lynn Vavreck은 분석한다. "오바마 대통령 재임 중 민심 이반은 가속화되었다. 인종차별적 견해가 더 유력한 용의자로 보이는 것도 그 때문이다." 사실 오바마 대통령 재임 기간에 인종차별적 태도만큼 강력하고 일관성 있게 백인의 충성도 변화를 예측한 요소는 없었다고 그들은 설명했다. 학자들은 이런 종류의 과도한 집단적 경계심을 소위 '인종화된 경제racialized economics', 즉 자격이 없는 집단들이 앞에 나서는 탓에 자신들이 뒤처진다는 생각이라고 말한다. 자신의 삶이 불안해지고, 국가의 인구학적 구조가 바뀌는 과정에서 사람들은 자기가 예상한 이점은 무엇이든 지켜내야 하며, 미국 카스트 체제에서 가장 큰 비중을 차지하는 불변의 특성을 강화하겠다고 생각했다.

듀크 대학의 애슐리 자디나는 백인의 인종차별적 태도를 편견으로만 규정할 수 없다고 말한다.[27] "백인들도 대부분 인종적 정체성을 의식하고 있으며 그들 집단의 이익을 보호하고 그 지위를 유지해야 할 동기를 갖고 있다. (…) 백인성은 현재 미국 정치에서 뚜렷하게 드러나는 핵심 요소다. 백인들의 인종적 연대는 수많은 백인들의 세계관에 영향을 미치고 그들의 정치적 태도와 행동을 결정한다." 백인 유권자들은 대부분 "자신의 집단이 정상의 지위를 확실하게 유지하는 인종 질서"를 거듭 주장한다.[28] 그렇게 2016년 선거는 금이 간 거울이 되었다. 그것은 한 세대가 지나도록 그 발단을 찾을 필요가 없었던 나라가, 어쩌면 이제 처음으로 꺼내들고 자신의 모습을 있는 그대로 보게 된 거울이었다. 바야흐로 수십 년 동안 길러왔던 힘이 절정에 달한 것이다.

카스트의 맥락에서 볼 때 양대 정당은 그들에게 가장 많은 관심을 보이며 그들과 가장 인연이 깊은 카스트로부터 혜택을 받는 동시에 부담도 느낀다. 민주당은 때로 냉대받는 소수민족에 따라붙는 오명과 이중 잣대의 적용을 받는 반면, 공화당은 지배 카스트에 따른 특권과 그 허용 범위로 인해 백인의 대리인으로 여겨지는 부담을 안고 있었다. 버락 오바마나 힐러리 클린턴이나 그 이전의 존 케리John Kerry나 앨 고어Al Gore 같은 민주당 후보들이 철저한 조사와 방해를 받는 건 그런 이유도 일부 작용했다. 안심할 수는 없지만 강력한 지배 카스트의 정당으로 간주되는 공화당 후보들에 대한 백인들의 지지가 그만큼 강해진 것이다.

클린턴 전 국무장관은 상대방 후보가 연단에서 스토커처럼 쫓아다니며 "고약한 여자"라고 불렀음에도 불구하고 대선 토론에서 이겼다는 평가를 받았다. 그녀는 품위를 잃지 않았고 경직되긴 했어도 세련된 매너에다 국내외 정세를 훤히 꿰뚫고 있는 후보라는 인상을 주었다. 그러나 여론조사에서 그녀는 대통령 후보로 형편없다는 평가를 받는 사람과의 격차를 오차 범위 이상 벌리지 못했다. 2016년 선거에는 많은 요인이 작용했다. 그래도 클린턴이 선거인단 수에서 진 것은 충격적인 사건으로, 카스트 없이는 설명하기 어렵다. 또 아프리카계 미국인 후보들에게 유리했던 여론조사와는 달리, 막상 선거 당일 엉뚱한 결과가 나오는 일도 자주 있었다. 카스트의 관점에서 보자면 클린턴은 일종의 브래들리 효과Bradley Effect에 당한 것인지도 모른다. 즉 사람들이 지지 후보를 밝힐 때에는 상식적인 대답을 해놓고도, 정작 기표소에서 다른 선택을 한 탓에 여론조사에서 수치가 부풀려졌다는 분석이다. 1982년에 캘리포니아 주지사에 출마했다가 패한 톰 브래들리Tom Bradley 로스앤젤레스 시장의 경우가 그랬다. 클린턴이 오차범위를 넘지 못했다는 것은 선거 당일의 결과가 쉽지 않다는 전조였다.

카스트는 백인 노동자 계급 유권자들이 식탁에서 화제 삼는 이슈에서 좋은 반응을 얻어야 한다고 생각하는 민주당의 간절한 소망에 대해서도 따가운 일침을 가한다. 좌파는 계속해서 왜? 라고 묻는다. 왜 이 사람들은 자신의 이익에 반하는 투표를 하는가? 사태를 제대로 보지 못하면서 확신만큼은 대단한 것이 이런 질문을 하는 좌파들의 특징이다. 그들은 그 사람들이 사실 그들의 이익에 투표하는 것이라는 사실을 보지 못했다. 항상 그랬지만 그들의 관심사는 카스트 체제의 유지였다. 어떤 사람들은 단기간의 불편함을 감수하고, 건강보험을 포기하고, 물과 공기가 오염되어도 어쩔 수 없다고 생각했고, 심지어 그들이 알고 있던 위계 구조에 대한 관심을 지켜내기 위해 목숨까지 버렸다.

△

　　카스트 체제에 갇히면 거기서 살아남기 위해 무엇이든 한다. 중간 어딘가, 그러니까 최정상보다는 낮고 밑바닥보다는 높은 어정쩡한 자리에 있는 사람은 밑바닥과 거리를 두고 자신보다 아래에 있는 사람들 앞에 철벽을 세워 자신의 위치를 지키려 한다. 그러면서 그들은 카스트 계급에서 순위가 높은 유전적 특성을 강조할 것이다.

　　기표소에 들어간 사람들은 반사적으로 그리고 무의식적으로 자신의 위치와 요구와 바람을 평가한다. 근로 계층, 중산층, 부유층, 빈곤층, 백인, 흑인, 남성, 여성, 아시아인, 라틴계 등 자신의 정체성도 평가한다. 그들은 종종 그들과 같은 처지의 사람들과 보조를 맞추지 않고, 힘과 특권을 가진 사람들 중 자신과 같은 특성을 가진 이와 손을 잡는다. 이해관계가 겹치는 사람들은 종종 기득권에 어울리는 개인적 특성에 이끌린다. 실존적 이유와 열망에 따라 선택하는 사람은 굉장히 많다. 그들은 투표를 거부하지도, 투표에 초연하지도 않으며 투표의 힘을 믿는 편이다. 그들은 누가 그들에게 가장 좋은 지위를 부여하는지, 누가 그들이 가진 중요한 특징의 권익을 보호하는지 안다고 믿는다.

　　하나의 전환점이 된 2016년 선거에서, 백인들은 의식을 했든 하지 않았든 카스트 체제 안에서 가장 확실한 보상을 직접 약속한 후보에게 투표했다. 그들은 위계 구조에서 그들에게 가장 많은 권력과 지위를 부여하는 자신의 면모를 지지하고 따랐다. 〈뉴욕 타임스〉가 2만 4537명의 응답자를 대상으로 실시한 출구조사에서 백인 유권자의 58퍼센트는 공화당 도널드 트럼프를 찍었고, 37퍼센트만이 민주당의 힐러리 클린턴을 지지했다고 밝혔다. 그녀는 총 투표수에서 트럼프보다 300만 표를 더 얻었지만, 1980년 로널드 레이건Ronald Reagan과 맞붙어 재선에 실패한 지미 카터Jimmy Carter를 제외하고는 백인의 표를 가장 적게 얻은 민주당 후보가 되었다. "정당들이 갈수록 인종에 의해 구분되고 있다. 정책을 들여다보지 않고 인종이라는 정체성만으로도 얼마든지 정당의 정체성을 예측할 수 있다." 정치학자 릴리아나 메이슨Lilliana Mason은 그렇게 지적했다.

2016년 백인 여성들이 보인 행동만큼 백인의 연대 의식을 가늠하는 데 더 정확한 잣대도 찾기 힘들다. 그들 중 과반인 53퍼센트는 여성들이 공통으로 바라는 요구를 무시하고 같은 백인 여성이라는 특징이 아닌 그들의 권력적 특성에 표를 던졌다. 그들은 정치적 경험이 많은 여성과 함께 여성 자신의 역사를 만드는 일보다 트럼프가 호소한 그들의 백인주의를 택했다.[29]

"자신들의 지위를 걱정하는 백인들이 트럼프를 백악관으로 들여보냈다. 그가 가장 중요하게 생각하는 정치적 목표는 노골적으로 인종적 위계 구조를 보호하고 그 경계를 강화하는 것이다."[30] 자디나는 이들이 발밑에 깔아놓았던 융단을 누가 치우고 있다고 생각한다고 말했다. 그들은 인종 덕분에 누려온 혜택과 집단의 이익과 인종적 위계 구조의 최고 지위가 모두 위험에 처한 거라 생각한다고 덧붙였다.

사실 카스트는 거의 사용되지 않는 용어이지만, 그에 담긴 힘과 잠재적 인식도 분명 작용하는 것 같다. 차이가 있다면 각 당의 기반에 대한 그들의 반응 방식 정도뿐이다. 공화당이 백인 복음주의라는 그들의 기반을 떠받드는 모습은, 민주당이 그들의 기반인 아프리카계 미국인에게 종종 드러내는 무관심에 비해 무척 대조적이다. 아프리카계 미국인은 여러 이유로 사회 최하층 계급의 억압된 지위 때문에 진정한 가치를 인정받지 못한다. 공화당 지지자들은 실존적 위협을 타개하기 위해 단합해야 한다는 압박을 받는 데다, 유권자 전체로 볼 때 부와 영향력이라는 카스트의 이점을 보유하고 있다. 따라서 GOP^{Grande Old Party}(공화당)는 마음만 먹으면 언제든 민주당을 반대하는 지지자들의 분노에 불을 붙일 수 있다는 유리함이 있다. 이에 비해 민주당 지지자들은 유권자의 다수를 보유하고 있지만 분포가 산만하다. 민주당 지지자들은 당이 당연하게 여기는 기반에 대해서 미온적이고, 투표율이 저조하면 애석하게도 카스트는 외면한 채 투표장에 나오지 않은 사람들을 비난한다. 그들은 유권자에 대한 탄압은 고려하지 않고 공화당에 비해 지지자들의 충성도가 떨어진다고 한탄한다. 민주당은 그들을 반대하는 완고한 보수 유권자인 엘리트 여성 유권자를 끌어들이기 위해 쓸데없이 에너지를 낭비하면서, 품에 이미 들어와 있는 다수의 유권자는 당연한 존재로 여긴다.

전체로 보면 소수이지만 백인 우월주의자들은 양당의 가장 충실한 유권자들이다. 하지만 그들과 공화당원의 관계는 아프리카계 미국인과 민주당의 관계와 같다. 그러나 민주당이 가장 의지할 수 있는 아프리카계 미국인의 최우선 관심사인 적당한 가격의 주택, 깨끗한 물, 경찰의 만행 방지, 인종에 따른 부의 격차 타파 그리고 차별에 대해 국가가 승인한 배상(이는 미국에서 차별받는 다른 집단도 마찬가지다) 등은 여전히 뒷전이거나 심지어 건드리기 어려운 문제로 치부되어 왔다. 이런 문제들을 해결할 수 없다고 생각한다면 같은 미국 시민으로서 그들의 눈을 뜨게 하고, 평등의 중요성을 강조하는 것이 피지배 카스트를 대변하며 그들에게 의지하는 정당의 의무일 것이다.

한편 낙태를 금지시키고, 이민을 제한하고, 총기소지법을 유지하고, 정부의 권한을 축소하고, 최근에는 과학을 우습게 여기고, 기후 변화를 부정하는 등 백인 우월주의자들이 최우선으로 여겼던 이슈들은 공화당이 신봉하는 단골 메뉴가 되었다. "미국의 백인 복음주의자들이 다른 기독교인이나 다른 종교 신도, 비종교인과 확실하게 구분되는 조건은 신학이 아니라 정치다."[31] 퍼시픽루터란 대학 종교학과 부교수인 세스 다울런드Seth Dowland는 그렇게 쓰고 있다. "20세기를 거치며 복음주의 연합evangelical coalition은 신학과 백인성과 보수정치와 하나로 엉켰다. (…) 21세기 초에 복음주의자를 자처하는 행위는 총기 소지와 합법적 낙태 폐지와 낮은 세율 등에 대한 서약을 의미한다."

다울런드는 개인적인 신앙과 관계없이 백인 우월주의를 자처하는 이들이 백인 개신교 국가를 지키기 위해 트럼프 주변으로 모였다고 썼다. "그들은 불법 이민자들과 이슬람교도들과의 전쟁을 수행하는 충성스런 보병임을 스스로 입증했다. 동성애자 권리가 승리하고 합법적인 낙태가 계속되고 버락 오바마가 당선된 사건은, 싸우지 않으면 그들이 한때 알고 있던 미국을 되찾을 수 없다는 메시지를 그들에게 던져주었다."

△

　2016년 선거는 미국의 카스트 위계를 파악할 수
있는 중요한 청사진이었다. 백인 남성들 중에 트럼프에게 투표한
사람은 62퍼센트였다. 백인 여성은 53퍼센트가 트럼프를 찍었다.
라틴계 남성은 32퍼센트, 라틴계 여성은 25퍼센트가 트럼프에게
표를 던졌다. 아프리카계 미국인 중 트럼프 지지자는 남성이 13퍼
센트, 여성은 4퍼센트였다. 백인 유권자들과 달리 다른 모든 유권
자 집단은 2016년 선거에서 민주당을 지지했다. 민주당은 어땠을
까. 백인 남성 중에 민주당을 지지한 사람은 31퍼센트였고 백인 여
성은 43퍼센트였다. 라틴계 남성은 63퍼센트, 라틴계 여성은 69퍼
센트였다. 아프리카계 미국인은 남성의 82퍼센트, 여성의 94퍼센
트가 민주당 백인 여성 후보를 지지했다. CNN은 아시아계의 표심
을 성별로 구분해 분석하지는 않았지만 클린턴 65퍼센트, 트럼프
27퍼센트라는 압도적인 표차로 민주당에게 표를 던졌다.

　트럼프는 연령과 교육 수준에 관계없이 모든 백인 유권자들의
고른 지지를 등에 업고 클린턴과 맞붙었지만, 대학 학위가 없는 백
인들에게 얻은 비율(트럼프 66퍼센트, 클린턴 29퍼센트)이 대학 졸업
자들에게 얻은 비율(트럼프 48퍼센트, 클린턴 45퍼센트)보다 높았다.
경제 불안이 2016년 결과의 근본 원인이었다는 일반적 추정과 달
리 트럼프는 소득 수준과 관계없이 거의 모든 유권자 층에서 클린
턴을 눌렀다. 예외가 있다면 경제적으로 가장 불안한, 연간 수입이
5만 달러가 안 되는 사람들의 표심을 얻는 데에만 실패했을 뿐이
다. 이는 일반적으로 소외된 유권자들, 특히 민주당 지지 성향이 높

은 아프리카계 미국인 유권자들의 상당수가 저소득 유권자이기 때문이다.

인종에 따른 패턴이 뚜렷하게 드러났던 2016년 선거는 지배 카스트들이 단합한 결과처럼 보였다. 법률학자 로버트 L. 차이[Robert L. Tsai] 교수는 백인은 여전히 정치적 다수를 차지하고 있으며 이 나라의 부를 대부분 소유하고 있지만, 앞으로 언젠가 소수인종과 소수민족이 백인 시민을 발아래 꿇릴 것이라는 계산으로 터무니없는 공포를 조장하는 것이 가능하다고 분석했다.[32]

△

체감한 피해 의식은 2016년에 자디나를 통해 적당한 표현을 찾았다. "불만에 가득 찬 이들 백인은 아직 발굴되지 않은 유정이다. 그들의 분노는 일촉즉발 상태여서, 정치인들이 아무리 어두운 길이라도 마다하지 않겠다는 각오로 살짝 건드리기만 하면 언제라도 폭발할 준비가 되어 있다."[33] 2016년에 드러난 파열음은 특이한 선거·후보라는 특징을 넘어 백인을 투표하게 만든 동력이 경제 불안이라는 분석을 간단히 무력화했다. "집단이 위협받고 있다는 의식이 경제 침체보다 훨씬 더 강력한 상대다." 정치학자 다이애나 머츠[Diana Mutz]는 투표 결과가 구체적 사건이나 불운이 아니라 심리적 마음가짐이기 때문이라고 썼다.[34]

45대 대통령은 취임하자마자 조금도 거리낌 없이 자신의 지지 기반의 욕망에 정확히 초점을 맞추었다. 〈뉴욕 타임스〉 백악관 특파원 피터 베이커[Peter Baker]는 다음과 같이 적었다. "개인의 악감정이든 정치적 계산이든 철학적인 견해 차이이든 아니면 전 대통령이 나라를 망가뜨렸다는 확신에서든 상관없이 트럼프 대통령은 국가의 하드드라이브에 오바마 대통령의 이름이 적혀 있다면 바로 삭제할 것이라는 점을 분명히 했다."[35] 정치학자 머츠는 지위에 대한 위협을 민감하게 받아들이는 사람들은 그들에게 혜택을 준 위계 구조를 보호하고, 지배권과 복지를 되찾기 위해 그들이 할 수 있는 모든 것을 할 것이라고 썼다.[36]

선거 결과만으로도 그의 지지자들은 기분이 좋아졌다. 선거 이틀 뒤 애틀랜타를 출발하여 시카고로 가는 비행기 안에서 머리가 벗겨지기 시작한 중년 백인 남성 2명이 돋보기를 쓴 채 일등석에 앉아 있었다. 결과를 아는 그들은 눈치로 같은 쪽일 가능성이 높다고 생각한 듯했다. 사실을 확인하는 데는 오래 걸리지 않았다. "지난 8년은," 한 사람이 그렇게 운을 뗐다. "악몽이었어요. 이제 끝나서 너무 좋아요." "단순한 선거 이상의 의미가 있죠." 다른 사람이 받아쳤다. "이런 멋진 이벤트는 쉽게 볼 수 없죠. 결과를 보느라 밤을 꼬박 샜어요." "맞아요. 그날 밤 잠자리에 들 때에는 아침에 일어나 속상해 울 줄 알았어요. 그리고 아침에 일어났는데, 그보다 신나는 뉴스가 없더군요." "아직 정의가 살아 있다는 증거죠. 그 여성을 택한 건 악수 중에 악수였다고요." 한쪽이 그렇게 말했다. "지금 대통령도 악수였죠." 다른 쪽이 화답했다. "지가 이제 와서 어쩌겠습니까? 멋진 날이에요!" "그래요. 드디어 세상이 바로 잡혔어요. 아무렴요."

도치된 피해자,
도취한 가해자

버지니아주 샬러츠빌의 한 마을 광장 중앙에는 태어났을 때부터 인간을 평생 볼모로 잡아놓는 권리를 놓고 벌인 전쟁을 지휘한 남부 연합의 장군 로버트 E. 리Robert E. Lee가, 정확히 말해 로버트 E. 리 장군의 청동상이 화강암 대좌에 2층 높이로 우뚝 서 있었다.[37] 2017년 늦여름, 옛 노예 소유주들의 영웅을 기리는 그 동상은 얇은 검은색 방수포로 덮여 있었다. 크레인에 탄 두 사람이 동상의 길이와 폭을 따라 장군의 머리부터 그가 타고 있는 말까지 다 덮는 데는 한 시간이 족히 걸렸다.

장막으로 덮기는 했지만 관계자들은 조각상 처리가 쉽지 않아 고심하고 있었다. 이 기념상은 불과 몇 주 전 백인 우월주의자들의 집회가 참사 현장으로 변하면서 세계의 이목을 집중시켰다. 동상을

413

철거하려는 계획에 불만은 품은 사람들이 모여 벌인 항의 시위였다. 마치 남북전쟁과 나치즘의 광풍이 다시 살아나 합세한 것 같았다. 나치는 그 집회에 참석한 젊은이들의 아버지와 할아버지들이 맞서 싸웠던 상대였다. 일반 미국인들은 몰라도 남부 연합의 상속자와 나치의 후예들은 그들과 그들의 역사에 공통점이 많다는 사실을 잘 알고 있었다.

2017년 8월의 그날, 집결한 사람들 머리 위로 남부 연합 깃발과 스와스티카가 군중들의 머리 위로 드문드문 보였다. 대부분 남성이었던 이들은 면도하듯 머리를 밀었다. 이들은 전날 밤 버지니아 대학 캠퍼스를 함께 행진하고 나치식 경례를 하며 "지크 하일Sieg Heil", "백인의 목숨도 중요하다White lives matter," "유대인은 우리 자리를 빼앗지 못한다" 같은 구호를 외쳤다. 횃불로 그날 밤공기를 달구었던 그들은 그 옛날 히틀러에 충성을 서약하는 행렬에서 횃불을 든 사람들이 만든 '빛의 강'을 재현했다. 다음날 집회에 신 남부 연합neo-Confederates과 신 나치당neo-Nazis이 무장한 채 도착하자 보다 못한 반대쪽 시위대도 평화의 상징을 치켜들고 행동에 나섰다. 그때 한 백인 우월주의자가 반대 시위대 군중을 차로 들이받아 헤더 하이어를 살해하고 수십 명을 다치게 했다.

시 당국에서는 사람들이 볼 수 없게 동상에 방수포를 덮으려 했으나, 그때마다 누군가가 와서 덮개를 치우고 항의의 표시로 장군의 초상을 살포하곤 했다. 시 당국도 질세라 다시 크레인을 보내 방수포를 씌웠다. 사건 직후 내가 방문했던 날엔 시 당국이 우세한 상황이었다. 철거반이 도착할 때까지 동상을 보호하기 위해 덮은 장막이, 마치 천을 뒤집어 쓴 거대한 장식장처럼 들쭉날쭉한 검은 사다리꼴로 솟아 있었다. 거대한 쓰레기 봉지처럼 생긴 가리개를 살펴보니 장군의 정수리와 말의 코, 반대쪽 꼬리의 윤곽이 보였다. 방수포는 시야를 차단하기 위한 단기적 방편이었지만, 공원 한가운데에 우뚝 솟은 거대한 사다리꼴이 자아내는 효과로 장군은 다시 세상으로부터 각별한 관심을 받았고, 덩달아 남부 연합의 다른 여러 기념물도 많은 관심을 받았다. 이를 보기 위해 관광객들까지 찾아왔다.

"저기 있는 게 리 장군이 맞을 거야." 한 남성이 자세히 보기 위해 길을 건너며 그렇게 말했다. 관광객들은 덮개로 가려진 장군 앞에서 사진을 찍기 위해 차례를 기다렸다. 그다음 그들은 동상 맞은편 헤더 하이어가 살해된 거리를 순례했다. 거기부터 한 블록은 그녀를 기리는 기념비가 되었고, 시들어가는 장미와 해바라기 더미와 포장도로와 벽돌담에 쓰인 가슴 아픈 메시지는 인류에게 바치는 탄원서가 되었다.

우리가 증인이다
절대 잊지 않으리
우리가 외면하는 순간, 싸움을 멈추는 순간, 편협함이 이긴다
증오가 발붙일 자리는 더 이상 없다
모든 인간은 평등하게 태어났으니

미국 전역에 흩어져 있는 남부 연합 기념물은 1700개가 넘는다.[38] 그들만의 헌법과 지도자들이 새로운 국가를 선언하며 탈퇴한 공화국에 바친 기념물이다. "우리는 이제 기반을 마련했다."[39] 남부

연합 부통령 알렉산더 스티븐스^{Alexander Stephens}는 이에 덧붙여 말했다. "흑인이 백인과 동등하지 않다는 위대한 진실이 그 초석이다. 우월한 인종에 종속되는 것, 그것이 노예의 자연스럽고 정상적인 조건이다. 우리 새 정부는 이런 위대한 물리적, 철학적, 도덕적 진실의 토대 위에 세워진 세계 최초의 정부다. 우리 백인들은 고귀하든 비천하든 부자든 가난하든 법의 눈으로 볼 때 모두 평등하다. 니그로는 그렇지 않다. 종속이 그의 본분이다. 애초부터 가나안의 저주를 받은 그는 우리 체제에서 그가 차지하는 조건에 부합한다."

남부 연합은 1865년 4월에 전쟁에서 졌지만 이후 수십 년 동안 무엇보다 중요한 평화를 쟁취한다. 남부 연합은 '잃어버린 대의^{Lost Cause}'라는 희미한 초상으로 대중에게 망상을 심어줄 수 있었다. 20세기 초 영향력과 인기 면에서 가장 먼저 꼽는 영화 〈국가의 탄생^{Birth of a Nation}〉과 〈바람과 함께 사라지다〉는 세계에 남북전쟁을 남부 연합 판으로 보여주었다.[40] 거기서 그들은 퇴락한 최하층 카스트들을 오직 짐승 같은 악당이나 유치한 익살에 어울리는 존재로 그려냈다.

1865년 수정헌법 제13조는 노예제를 폐지했지만, 유죄 판결을 받은 사람은 제외한다는 예외 조항을 둠으로써 범죄자를 노예로 만드는 허점을 남겼다. 그렇지 않아도 지배 카스트가 마음대로 통제할 수 있는 체계에서 이 조항은 말도 안 되는 이유를 빌미로 이들을 억류할 동기를 부여했다. 10년간의 '재건기'가 끝나고 아프리카계 미국인들이 막 주류 사회로의 진입을 모색하던 시점에 북부는 남부에 대한 감독을 그만두고 점령군을 철수시켰다. 결국 그들은 한때 반군이었던 자들에게 권력을 도로 넘겨주었고, 노예 신세를 겨우 벗어난 사람들의 운명은 패전의 울분을 터뜨릴 곳을 찾던 백인 우월주의자로 구성된 민병대의 손에 다시 맡겨졌다. 연방정부는 노예가 아니라 노예 소유주에게 배상금을 지불했다.

옛 남부 연합은 노예제를 이제 겨우 노예 신분에서 벗어난 사람들을 린치와 나이트 라이더night riders(복면을 쓰고 폭력을 자행하는 무리들-옮긴이)와 KKK의 울타리 속으로 몰아넣었다. 그것은 의도된 공포였다. 그들은 아프리카계 미국인들의 새로운 희망을 외면한 채, 노예 소유를 합법이라고 선언한 남부 연합을 기리는 동상과 기념비를 세웠다. 그것은 최하층 카스트를 향한 노골적인 경고였다. 상징물들은 유례를 찾기 힘든 대대적인 심리 공세였다. 여전히 매질과 가정 파괴로 인한 트라우마에서 벗어나지 못하던 사람들과 그 후손들은 그들을 가축처럼 부리기 위해 전쟁터로 갔던 사람들을 기리는 기념비에 둘러싸여 살아야 했다. 질 것이 빤한 재판을 받으러 들어가는 노예제의 생존자들은, 그들을 내려다보는 남부 연합 병사들의 기념상 앞을 지나며 몸서리를 쳤다. 그들은 자신들을 괴롭혔던 장군들의 이름을 딴 길을 지나고, KKK 단원들의 이름을 딴 학교 앞을 통과해야 했다.

20세기에 들어서도 남부 연합의 후예들은 조지아 스톤마운틴에 리 장군과 스톤월 잭슨Stonewall Jackson 장군과 제퍼슨 데이비스Jefferson Davis 남부 연합 대통령의 화강암 기념상을 러시모어 산의 기념상보다 더 크게 새겼다. 남부 연합은 전쟁에서 패했지만, 그 어디에서도 패배의 흔적은 찾을 수 없었다. 사실 옛 남부 연합이 권력을 되찾았다는 사실은 보복과 시련이 닥칠 것이라는 예고였다.

샬러츠빌에서 집회가 열릴 당시엔 전국에 약 230기에 달하는 로버트 E. 리의 기념상이 흩어져 있었다. 이외에도 현재 앨라배마 모바일의 로버트 E. 리 스트리트, 미시시피 투펄로의 로버트 E. 리 드라이브, 사우스캐롤라이나 찰스턴에 있는 로버트 E. 리 블러바드, 조지아 브런즈윅의 제너럴 로버트 E. 리 로드, 애리조나 주 힐러벤드에 있는 로버트 E. 리 레인 등 미국 전역엔 수십 개의 기념 도로와 기념 명판과 흉상과 학교들이 널려 있다. 학생들은 플로리다 잭슨빌과 텍사스 타일러에 있는 로버트 E. 리 고등학교나 루이지애나 먼로에 있는 리 중학교에서 공부한다. 앨라배마, 아칸소, 플로리다, 켄터키, 미시시피, 노스캐롤라이나, 사우스캐롤라이나, 텍사스 등 연방 8개 주에는 로버트 E. 리의 이름을 딴 카운티도 있다. 미시시피와 앨라배마에서 1월 셋째 월요일은 로버트 E. 리의 날이다.

로버트 E. 리는 명문가 출신으로 웨스트포인트 사관학교를 졸업했다. 그는 실용적이고 교활한 군사 전략가였다. 당시 버지니아 농장에서 노예를 부렸던 그는, 노예제가 노예보다 노예 소유주에게 더 큰 부담이 되는 필요악이라고 생각했다. "도덕적·사회적·육체적으로 흑인들은 아프리카에 있을 때보다 이곳에서 훨씬 더 잘 산다."[41] 그는 그렇게 썼다. "그들이 겪는 고통스러운 규율은 하나의 인종으로서 그들을 가르치기 위해 필요한 수단이다. 우리로서는 그런 규율이 그들을 더 괜찮은 존재로 만들 준비가 되길, 또 실제로 그렇게 되길 바랄 뿐이다. 그들의 예속이 언제까지 갈지는 현명하고 자비로운 신만이 아실 것이다."

다른 노예 소유주와 마찬가지로 그는 그가 말한 고통스러운 규율을 십분 활용했다. 1859년 그의 농장에서 노예 3명이 북쪽으로 달아났다가 펜실베이니아주 경계 근처에서 붙잡혔다. 웨슬리 노리스Wesley Norris라는 노예와 그의 여동생과 사촌이었다. 노예들이 다시 붙잡혀 오자 리는 그들에게 말했다. "절대로 잊지 못할 교훈을 가르쳐 줄 것이다."[42] 리 장군은 노예 감독에게 그들의 옷을 허리까지 벗긴 다음 기둥에 묶고 채찍으로 두 남자 노예는 50대를, 여자 노예는 20대를 때리게 했다. 감독이 제대로 집행하지 않자 리 장군은 카운티 치안관을 불러 제대로 때리라고 시켰고 치안관은 분부대로 했다. "우리 맨살을 찢어놓는 것만으로는 만족하지 않았다" 노리스는 그렇게 회상했다. "리 장군은 노예 감독에게 우리 등을 소금물로 씻기라고 말했고, 그는 그렇게 했다." 노예제가 존속했던 246년 동안 이런 체벌은 흔한 관행이었다. 만약 이런 끔찍한 행위가 다른 나라, 다른 시대에 사람들에게 가해졌다면 국제적 관례를 위반한 반인륜적 범죄라고 지탄받았을 것이다. 그러나 수백 년 동안 수백만 명의 아프리카계 미국인들에게 잔혹행위를 가한 지배 카스트의 노예 소유주와 노예 감독관들은 처벌을 면했을 뿐만 아니라 오히려 사회의 대들보로 추앙받았다.

리 장군은 자신이 노리스 가족에게 한 일, 그가 떼어놓은 가족, 부모와 떼어놓은 자식, 아내로부터 떼어놓은 남편에 관해 한 번도 해명을 요구받은 적이 없다. 이 땅에서 다른 어떤 참사보다 더 많은 사상자를 낸 남부 분리 전쟁을 지휘했지만, 별다른 처벌을 받지 않았다. 민주당 소속 테네시 주지사 출신으로 링컨 암살 이후 링컨을 승계하여 대통령직에 오른, 노예 소유주였던 앤드루 존슨Andrew Johnson은 지역적 편견으로 인한 긴장을 해소한다는 명분으로 대부분의 남부 연합에 사면령을 내렸다. 리는 더 이상 투표권이 없었지만 감옥도 가지 않고 비난도 받지 않았다. 그는 정부가 탐낸 농장을

포기했고, 정부는 그 자리를 알링턴 국립묘지로 개조했다.[43]

전쟁이 끝난 후 북부의 백인들은 임금 없는 노동으로 국가를 부강하게 만들어준 흑인보다 연방을 배신한 옛 남부 연합에 더 큰 연대의식과 동질성을 느꼈다. 그들은 목숨을 걸고 싸웠던 적이 바로 남부 연합이었다는 사실을 잊었다. 북부가 화해 차원에서 옛 남부 연합을 포옹하는 현실을 보며 노예 폐지론자인 프레더릭 더글러스는 미국인들을 향해 "지난 전쟁에는 어떤 감정으로도 잊을 수 없게 만드는 옳은 면과 그른 면이 있다"는 점을 강조하면서 덧붙였다.[44] "옳은 것과 그른 것, 충성과 반역을 혼동하는 것은 우리가 할 일이 아니다."

리는 후에 버지니아에 있는 워싱턴 칼리지Washington College의 학장이 된다. 이 대학은 나중에 그를 기리는 의미에서 명칭을 워싱턴앤드리 대학Washington and Lee University으로 변경한다. 이로써 그는 사회적 지위와 명예를 유산으로 받았고, 원하기만 하면 권한을 가지고 당대의 이슈에 개입할 수 있는 기반을 확보했다. 그의 명성은 1870년에 그가 사망한 뒤로 더욱 높아졌다. 이 나라가 인종 분리 정책을 받아들여 백인 동네에 흑인의 출입을 금지시키고 경계 구역을 설정하는 등 남과 북이 여러 가지 제약을 내세우면서, 리는 국가적 영웅이 되었다. 그의 유해는 워싱턴앤드리 대학 캠퍼스 내에 있는 그의 이름을 딴 교회당에 안치되었다. 그가 영면한 이곳에는 최근까지도 남부 연합의 깃발들이 세워져 있었다. 그를 기리는 기념물들은 남부를 일찌감치 벗어나, 브롱크스와 브루클린에도 세워졌고, 롱비치와 샌디에이고에는 그의 이름을 딴 초등학교가 있으며, 미국 우정국은 그의 기념우표를 발행했다. 보통 기념비를 세우는 것은 전쟁에서 이긴 쪽이다. 외부인이 보면 누가 이기고 누가 졌는지 헷갈릴 것이다.

△

2017년 4월 24일 새벽 2시 특수기동대^{SWAT}가 뉴올리언스 시내 교차로의 위험한 작전 구역에 저격병들을 배치했다. 경찰견이 주변을 순찰하고, 목표 지역에서는 마스크와 방탄조끼를 입은 남자들이 어둠 속에서 위험한 임무를 수행했다. 화염방사기까지 동원된 살해 위협 때문에 이런 일에 목숨을 걸 수는 없다며 업자들이 거부해 시도조차 못했던 작전이었다. 이번에 투입된 사람들은 뉴올리언스에 있는 네 개의 남부 연합 기념물 중 첫 번째 기념물을 철거하는 임무를 맡았다.

남북전쟁이 일어나기 전에 조상이 루이지애나에 터를 잡은 뒤로 5대째인 미치 랜드루^{Mitch Landrieu} 시장이 2015년에 남부 연합의 동상을 더 이상 놔둘 수 없다고 선언한 이후 긴장이 고조되고 있었다. 그해 6월, 미국 사우스캐롤라이나 찰스턴에서는 남부 연합의 '잃어버린 대의'에 고취된 청년이 이매뉴얼아프리칸감리교회^{Emanuel African Methodist Episcopal Church}에 침입하여 성경공부를 끝내고 기도하던 흑인 9명을 사살했다. 주 의회와 니키 헤일리^{Nikki Haley} 주지사는 국제 사회의 압력에 못 이겨 주 의사당에서 남부 연합 깃발을 떼어내 주 박물관 내 남부 연합 유물실에 두기로 합의했다.[45] 사우스캐롤라이나는 남북전쟁을 앞두고 연방에서 탈퇴한 최초의 주였기에, 이는 의지만 있다면 따를 수 있는 선례가 되었다.

랜드루는 사우스캐롤라이나의 용기에 감동한 데다 친구이자 재즈 트럼펫 주자인 윈튼 마살리스Wynton Marsalis의 영향으로 남부 연합 깃발 아래 공포에 떨던 노예 후손들의 사정에 더욱 관심을 가졌다.[46] 문제된 기념물에는 제퍼슨 데이비스 남부 연합 대통령과 리 장군의 기념물이 각각 1개씩 포함되어 있었다. 리는 뉴올리언스와 직접적인 인연이 없었지만, 재건기가 끝나고 짐 크로 정권이 세력을 잡으면서 시에서 동상을 세운 것이었다. 당시 이 도시는 자체 재산을 제거할 권한이 있었기에, 랜드루 시장은 도시만큼이나 진보적인 시의회의 투표와 공청회를 거쳐 이 문제를 간단히 처리할 수 있을 거라 생각했다.[47] 랜드루의 지지자들은 나라를 좀먹는 백인 우월주의의 끈질긴 성격을 상기시켰다. 영향력 있는 한 시민은 익명을 조건으로 내세워 기념비 철거 비용으로 17만 달러를 기부하겠다고 약속했다. 시 당국은 대중의 의견을 물었다. 청문회에서 한 남부 연합 지지자는 청중에게 욕을 하고 가운데 손가락을 치켜세웠다가 경찰의 호위를 받아 퇴장했다. 퇴역한 해병대 중령 리처드 웨스트모어랜드Richard Westmoreland는 반대 지지자들을 비난하고 나섰다. 그는 일어서서 에르빈 롬멜Erwin Rommel은 위대한 장군이지만 독일에 롬멜의 동상은 없다는 점을 강조했다. "그들은 부끄러움을 압니다. 그런데 왜 우리는 그렇지 못한 겁니까?"[48]

하지만 시간이 갈수록 상황은 더 나빠졌다. 시 당국은 동상들을 철거할 업체를 찾지 못해 애를 먹었다. 시의 요청을 받은 업체 직원들은 직장·SNS에서 협박을 받았다. 뉴올리언스의 어떤 건설회사도 기념물을 건드리려 하지 않았다.[49] 배턴루즈에서 한 업자가 나섰지만 그의 차가 화염병으로 공격을 당하자 그도 포기했다. 남부 연합의 동조자들은 입장을 분명히 밝혔다. "어떤 기업이든 겁 없이 나섰다가는 대가를 치를 것이다."[50] 옛 연합에 충성하는 자들은 기념동상에서 밤새 촛불 시위를 벌이고, 시청의 배전반을 가로막고, 수용자들을 위협했다. 철거 비용을 기부하겠다던 후원자도 자신의 정체가 알려지면 마을에서 쫓겨날 것이라며 약속을 철회했다.[51]

철거 문제는 뉴올리언스 전체를 분열시키고 있었다. "시민 단체에서 수년간 봉직했던 사람들도 그만두었다."[52] 랜드루는 회의장에 들어갔을 때 냉랭하고 음산한 기운을 강하게 느꼈다고 말했다. 시장과 이웃해 살며 친구로 여겼던 사람들은 그를 보자 시선을 피했다. "반대파의 성난 민심"을 그는 예상하지 못했다. 하지만 시는 마침내 가상의 전쟁 구역에서 위험한 임무를 맡겠다는 건설회사를 찾아냈다.[53] 동상을 없애기 위해 기꺼이 목숨을 건 유일한 건설사 인부들이 아프리카계 미국인이라는 사실은 숙명일지도 몰랐다. 작전의 위험성을 이유로 이 회사는 가장 큰 기념물 3기에 대한 철거 비용을 당초의 4배로 청구했고, 경찰의 지원이 있어야만 작업에 착수하겠다고 말했다. 동상들을 없애려면 시로서도 달리 선택의 여지가 없었다.

시장은 우선 화이트 리그White League라고 불리는 백인 우월주의 조직의 기념비부터 없애기로 했다. 그중 백인들의 애착이 가장 적어보이는 기념물인 것 같았기 때문이었다. 그렇지만 시 당국으로서는 이 일을 운에 맡길 수는 없었다. 그날 밤 인부들은 신분과 피부색을 감추기 위해 긴 소매와 마스크를 착용했다. 트럭과 크레인에 적힌 회사 이름은 판지로 가리고 차량 번호판도 숨겼다. 그러나 남부 연합 세력은 크레인 한 대의 연료탱크에 모래를 퍼부었다. 인부들이 오벨리스크를 해체한 뒤 수거 작업을 진행할 당시에는 드론이 그들의 작업 장면을 무단으로 촬영했다. 반대파들은 군중 속에 섞여 고화질 카메라로 작업자들의 신분을 알아내려 했다. 마침내 오벨리스크가 몇 조각으로 해체되어 창고로 옮겨졌다.

다음 달, 마을 중심부 18미터 높이의 대리석 지주 위에 팔짱을 낀 채 서 있던 로버트 E. 리의 청동 기념물이 4개의 동상 중 마지막으로 철거되었다. 백주 대낮에 크레인에 매달린 그의 모습에 이번에는 군중들이 환호했다.[54] 랜드루 시장은 이날 이런 일을 해야 하는 이유를 상기시키는 연설을 했다. "이 기념물들은 이미 폐기된 가공의 남부 연합을 찬양하고 있습니다. 이 기념물들은 죽음을 모른 척하고 노예 상태를 외면하며 실제로 그것이 상징하는 공포를 무시합니다."[55] 그것들은 단순한 조형물이 아니었다. 그는 나중에 다음과 같이 썼다. "그것들은 정치적 무기로 쓰기 위해 만든 것들이었다. 진실을 감추기 위한 시도였지만 진실은 남부 연합이 역사뿐 아니라 인류애에서도 잘못된 편에 섰다는 점이다."[56]

뉴올리언스가 로버트 E. 리를 석주石柱에서 끌어내리던 날, 앨라배마 주 의회는 케이 아이비Kay Ivey 앨라배마 주지사에게 법안을 보냈다. 민권 재편 이후의 구 남부 연합 대부분이 그랬던 것처럼 이제 앨라배마는 공화당의 수중에 들어가 있었다. 하지만 그들이 지금 지키려고 싸우는 기념물은 사실 남북전쟁 당시 링컨의 당이었던 공화당이 맞서 싸웠던 대의를 상징하는 것들이었다.[57] 그날 앨라배마 주지사에게 보낸 새로운 법안은 20년 넘게 자리를 지키던 기념비를 철거하는 것이 불법이라고 규정했다. 사실상 아무도 앨라배마 주의 남부 연합 조각상에 손끝 하나 댈 수 없다는 뜻이었다.

△

영국 장교 출신으로 나치 독일을 연구하는 역사가 나이젤 던클리 Nigel Dunkley는 바다 멀리 제3제국의 옛 수도에 남아 있는 베를린 장벽의 굴곡을 따라 차를 몰았다. 그는 옛 바이마르 공화국의 신고전주의 건물들을 손으로 가리켰다. 한때 나치가 사용했다가 독일 통일 이후 다시 사용하고 있는 건물들이었다. 우리는 제2차 세계대전 당시 연합군의 폭격을 면한 브란덴부르크 문에 가까이 갔다가 시내 중심부에 있는 넓게 트인 공간에 도달했다. 오피스 타워와 정부 청사들은 거기서 더 이상 나가지 못하고 축구장 3개 크기의 땅을 모더니즘 스톤헨지에게 양보했다. 한때 냉전의 장벽을 넘는 자들을 잡기 위해 파놓은 '죽음의 띠 death strip'가 둘러졌던 자리였다. 다양한 높이로 깎은 2,711개의 콘크리트 관들이 간격을 두고 대형을 갖춰 서 있어, 직육면체 사이를 걸으며 그 의미를 생각할 수 있게 해놓았다. 물결치는 비석들은 파도처럼 중앙을 향해 달려간다. 한복판에 땅이 푹 꺼진 실내에 도달하면 대기는 정적에 휩싸여 방문객은 비석의 그림자 속에서 갇혀 육중한 돌의 크기에 고립된다. 이 조형물은 홀로코스트 기간에 숨진 '유럽에서 학살된 유대인 기념관 Memorial to the Murdered Jews of Europe'이다. 표지판도 없고 문도 울타리도 600만의 명단도 없다. 사열 중인 비석들은 정체성을 빼앗긴 강제수용소 포로들처럼 익명으로 서 있다. 2005년에 세워진 이 기념물은 낮이나 밤이나 이곳을 찾는 사람들에게 침묵으로 증언한다.

뉴욕 건축가 피터 아이젠맨 Peter Eisenman은 2711이라는 숫자의 의미나 조형물 설치와 관련된 여러 가지 비하인드 스토리를 설명하지 않기로 했다. "사람들이 현재 속에 있다는 느낌과 한 번도 못해봤던 경험을 갖기를 원했다." 아이젠맨은 기념물이 공개된 해에 인터뷰에서 그렇게 말했다. "뭔가 다르고 약간 불안한 경험 말이다."[58] 비석은 낙서나 풍화로 훼손되는 것을 막기 위해 표면에 특수 도료가 칠해져 있다. 도료를 제공한 회사는 한때 강제수용소에 납품하는 시안화 가스를 생산했었다. 속죄의 방법이라 인정할 수도, 그 정도밖에 할 것이 없느냐고 반문할 수도 있다. 어쨌든 이 조형물들은 히틀러 치하의 희생자들을 추모하는 일련의 기념물 중 꽤나 인상적인 편에 속한다. "나치에 희생된 사람이 누구냐에 따라 추모하는 기념비도 제각각입니다." 던클리는 그렇게 말했다. "죽은 동성애자들을 위한 기념비도 있죠. 독일연방의회 의사당 바로 밖에는 집시 희생자를 추모하는 공원도 있습니다. 소수 집단을 기리는 기념물은 상대적으로 적습니다. 그리고 걸림돌 비석도 있고요." 걸림돌 비석은 손바닥 크기의 자그마한 황동 정사각형에 홀로코스트 희생자들의 이름이 새겨진 채 도시 곳곳에 흩어져 있다. 슈톨퍼슈타인Stolperstein이라 불리는 이 기념물은 유럽의 여러 도시에 7만 개이상 설치되었다. 슈톨퍼슈타인은 피해자들이 납치되기 전에 마지막으로 살았던 집이나 아파트 앞 도로에 박혀 있다.

걸림돌은 사람들의 발걸음을 세운 다음 눈을 가늘게 뜬 채 비명을 읽게 하고, 사람들이 지나갔을 출입문과 식료품과 아기를 안고 올라갔을 계단을 처다보게 만든다. 불가해한 수백만 명의 추상적인 삶이 아니라 실제 사람들이 일상에서 걸었을 거리를 다시 돌아보게 하는 장치다. 걸림돌은 잠깐이지만 한 개인과 유대감을 갖게 해

426

주는 지극히 인간적인 묘비다. 걸림돌에 새겨진 이름을 읽기 위해 몸을 숙이면, 자연스레 절을 하며 조의를 표하게 된다.

△

　　나이젤 던클리는 베를린의 미테에 있는 국가수상부 근처에서 속도를 늦추더니 그의 낡은 볼보를 빌헬름슈트라세 앞 주차장에 댔다. 콘크리트 사무실과 아파트가 몇 채 들어선 아스팔트 광장 가장자리에 마련된 주차장으로, 다른 주차장들처럼 가드레일을 낮게 둘러놓았다. "저기 흰색 미니밴 옆에 주차된 파란 폭스바겐 보이시죠?" 그가 나를 보며 말했다. 차창을 통해 인도에 놓인 재활용 수거함 너머로 아스팔트 주차장을 지나 흰색 선으로 주차 구역을 나눈 곳에 세워진 폭스바겐이 보였다. 차는 가지들이 낮고 어지럽게 뻗은 매자나무 덤불 앞에 주차되어 있었다. "폭스바겐 바로 아래에 히틀러의 벙커가 있었습니다." 나이젤이 그렇게 말했다. 히틀러의 은신처는 지하 9미터 깊이에 지어졌고, 안전한 장소가 필요할 경우를 대비해 2미터 두께의 철근 콘크리트로 보강했다. 히틀러는 적군의 포격을 피해 그의 생애 마지막 몇 주를 여기서 숨어 지냈다.[59] 그곳에서 그는 무솔리니가 처형되고 국방군이 모든 전선에서 패퇴했다는 소식을 들었다. 측근이 보는 가운데 그는 알약으로 된 청산가리를 깨문 다음 권총을 머리에 대고 쐈다. 히틀러의 시신은 아무런 예식 없이 벙커 밖 부지로 옮겨져 불에 태워졌다.

　　인간을 노예로 삼을 권리를 대대손손 지키기 위해 미국을 상대로 유혈전쟁을 벌인 남자들은 패전 이후에도 안락한 생활을 계속

했다. 남부 연합의 제퍼슨 데이비스 대통령은 미시시피의 한 농장에서 회고록을 썼다. 이 농장 부지에는 지금 그의 도서관이 들어섰다. 로버트 E. 리는 존경받는 대학 학장이 되었다. 두 사람의 장례는 모두 군 의장대에 의해 국장으로 치러졌고 곳곳에 동상과 기념물이 세워졌다. 유대인으로 미국 남부에서 자랐고 지금은 베를린에 살고 있는 한 미국인 작가는 과거 독일의 나치 기념비에 대한 질문을 자주 받는다. "굳이 답을 하자면 아무것도 없다."[60] 수잔 니먼Susan Neiman은 그렇게 썼다. "독일에는 나치 군대를 기념하는 기념물이 없다. 많은 할아버지가 그들을 위해 싸우거나 그들에게 미혹되기는 했지만."

수십 년의 침묵과 자기성찰 끝에, 독일은 나치에게 저항한 사람들과 희생자를 위한 기념비를 세우기로 했다. 그들은 나라 전체가 광기에 빠려 들어갔던 이야기를 보존하기 위해 다양한 박물관을 지었다. 그들은 15명의 사내들이 유럽에서 유대인들의 씨를 말리기 위한 최종 해결책Endlösung der Judenfrage을 구체적으로 논의한 반제의 악명 높은 별장을 박물관으로 개조하여 그 운명적인 결정의 결과를 연구하고 있다. 독일은 게슈타포 본부를 공포의 토포그래피Topographie des Terrors(공포의 지형도-옮긴이)라고 불리는 박물관으로 개조해 제3제국의 설립 과정을 심층분석해 보여주고 있다. 이런 잔학 행위를 총지휘한 원흉을 심판하는 의미로 독일은 총통의 매장지를 아스팔트로 덮어버리기로 결정했다.[61] 그보다 더 확실한 보행자들의 결의는 없을 것이다.

△

독일에서 스와스티카를 드러내면 3년 이하의 징역 형을 받는다.[62] 미국에서는 반군의 깃발이 미시시피 주의 공식 깃발에 버젓이 들어가 있다.[63] 조지아와 그 밖의 남부 연합 주에서는 고속도로를 따라 남북으로 달리는 픽업트럭의 꽁무니에서 펄럭이는 깃발을 심심치 않게 볼 수 있다. 샬러츠빌 집회가 열릴 무렵 버지니아의 한 주간州間 고속도로에서는 침대 시트 크기의 남부 연합 깃발이 바람에 펄럭였다.

독일에는 사형제도가 없다. "제2차 세계대전 당시 벌어졌던 일 이후로 우리는 사람을 죽일 권한을 박탈당했습니다." 어떤 독일 여성은 내게 그렇게 말했다. 미국에서는 린치가 가장 많이 자행된 기록을 보유한 주들, 그중에서도 특히 옛 남부 연방 주들은 현재 모두 사형 제도를 유지하고 있다.[64]

독일에는 나치와 관련 있었다고 당당히 인정하거나, 나치의 명분을 공개적으로 옹호하는 사람이 거의 없다. 독일의 우익 정당인 독일을위한대안Alternative für Deutschland 소속 의원들조차 과거의 그 부분을 찬양하는 투의 말은 못한다고 니면은 썼다.[65] 전선에서 잃은 가족을 사적으로 애도하는 독일인들은, 공개적인 자리에서는 그들이 무엇을 위해 죽었는지 함께 기려야 한다고 생각한다.[66] 미국의 경우 남북전쟁이 다시 터지면 연방군으로 싸우겠다는 사람보다 남부 연합 편에서 싸우겠다고 나서는 사람이 더 많기 때문에, 연방에서는 때로 전쟁을 재연하는 행사에서 병사들을 징병하는 데 애를 먹는다.

스스로 목숨을 끊지 않은 나치들 중 일부는 나중에 적발되어 재판정에 섰다. 그들 과반수는 반인륜적 범죄로 연합군에 의해 교수형에 처해졌다. 노예제 기간 중에 수백만 명을 포획하여 볼모로 삼아 서서히 죽인 미국 지배 카스트들은 아무런 책임도 지지 않고 재판도 받지 않았다. 독일은 홀로코스트 생존자들에게 즉시 합당한 배상금을 지불했고, 지금도 하고 있다. 미국의 경우 배상 받은 쪽은 생명과 임금을 탈취당한 사람들이 아니라 노예를 소유한 자들이었다. 노예제가 공식적으로 종식된 이후 지금까지 최하위 카스트를 겁박한 사람들, 수많은 사람이 구경하는 가운데 사람을 고문하고 살해한 사람들, 그러한 린치를 거들거나 외면한 사람들은 20세기에 들어와서도 활개를 치고 다녔다. 그뿐 아니라 남부의 주지사나 상원 의원이나 보안관이나 사업가나 시장 등 지도자로 변신했다.

△

11월 어느 흐린 오후였다. 유모차를 앞세운 부부들, 맵시 있게 차려입고 커다란 쇼핑백을 든 여성들, 울과 트위드로 짠 옷을 입은 통근자들이 네온사인이 휘황한 베를린 5번가 쿠르퓌르슈텐담에서 지하철을 타고 비텐베르그플라츠역으로 향하고 있다. 이들은 역의 정문으로 모여든다. 그들 오른쪽에는 표지판이 서 있다. 통근자든 쇼핑객이든 점원이든 데이트 중인 커플이든 배낭을 멘 학생이든 관광객이든 그 표지판을 보지 않고 지나칠 수는 없다. "Orte des Schreckens, die wir niemals vergessen dürfen." 독일어를 옮기면 '결코 잊어서는 안 될 공포의 장소'라는 뜻이다. 그 아래로 아우슈비츠, 트레블링카, 부헨발트, 다하우, 작센하우젠 베르겐-벨젠 외 6곳의 강제수용소 소재지가 적혀 있다.

수천 명의 유대인이 죽음의 수용소로 끌려가기 전, 이 문을 통과하여 열차에 올라 사랑하는 베를린을 마지막으로 보았다. 이런 사실, 이런 역사는 베를린 시민의 일상의 의식 속에서 형성된다. 그것은 유대인이든 이교도이든, 주민이든 방문객이든, 누구도 쉽게 잊고 그냥 넘어갈 수 있다고 생각하는 대상이 아니다. 그들은 그것을 피해 달아나지 않는다. 그것은 그들의 정체성의 일부가 되었다. 그것이 지금까지 그들이었던 것의 일부이니까. 그들은 그것을 자신들의 정체성으로 융합한다. 실제로 그것이 바로 그들이니까.

그 역사는 모든 교과과정에 의무적으로 편입되는 항목으로, 여기엔 초등학생이라 해도 예외를 두지 않는다. 독일 시민이라면 누구도 이를 외면할 수 없다. 이처럼 역사를 강조하는 정책에 모두 동의한다는 말은 아니다. 하지만 잊지 말아야 한다는 점에 대해서는 논쟁의 여지가 없는 것 같다.

독일 연방의회 의원을 지낸 어떤 사람이 나이젤 던클리와 대화하던 중 브란덴부르크 문 근처에 설치한 유대인들을 기리는 거대한 석물에 불편한 심기를 토로한 적이 있다. 시내 한복판에 공동묘지가 들어섰다며 투덜댄 사람도 있다고 했다. "잔디와 나무를 심고 기념비도 적절히 배치하여 멋진 공원을 만들면 좀 좋아요? 지나갈 때마다 이 들쑥날쑥 난장판 석물을 보면 벌을 받는 느낌이에요." 전 의원은 그렇게 말했다. "정말 벌이라고 생각하면 벌인 거죠." 던클리는 그에게 그렇게 말했다. 독일 학생들을 데리고 제3제국의 역사를 둘러보고 나면 던클리는 꼭 그들에게 소감을 묻곤 한다. "독일인들이 저지른 일에 대해 같은 독일인으로서 죄책감을 느끼는가?" 그들은 팀을 나눠 열띤 토론을 벌인 뒤 각자의 생각을 정리해 다시 모인다. "우리는 독일인입니다. 이런 짓을 저지른 것도 독일인들이고요." 다른 사람이 했던 말을 그대로 반복하는 학생도 있다. "독일인만 그랬던 건 아니지만, 죄책감을 느껴야 할 사람은 나이 든 독일인들입니다. 우리는 여기 없었어요. 우리는 그런 짓을 하지 않았습니다. 하지만 우리도 책임을 인정하고 받아들여야 한다고 생각합니다. 우리 뒤를 이을 후손들을 위해서라도 우리는 진리의 수호자가 되어야 합니다."

투표용지 위의
민주주의

       남북전쟁 종식 150주년이 얼마 남지 않았지만 혼란은 가중되었다. 2015년이 되어서도 스태튼아일랜드에서 로스앤젤레스까지 무장하지 않은 시민들을 공격하는 경찰의 모습을 담은 영상들이 여과되지 않은 채 줄줄이 쏟아졌다. 수천 명을 헤아리는 시위대는 러시아워에 맨해튼의 FDR 드라이브와 시카고의 레이크쇼어 드라이브를 봉쇄한 뒤 총격에 희생된 사람들과 마찬가지로 땅에 누웠다. 트위터나 케이블 뉴스에서도, 메이시 백화점Macy's의 화장품 코너나 그랜드센트럴 터미널에서도 타일 바닥에 대자로 누운 회사원들과 대학생들의 모습을 볼 수 있었다. 그들은 '흑인들의 목숨도 소중하다'는 서글픈 구호를 또렷하게 외치며 죽은 사람처럼 바닥에 누웠다.

2015년 6월, 최초의 흑인 대통령은 찰스턴 교회 참사로 사망한 목사의 장례식에서 추도사를 했다. 침울하고 굳은 표정으로 대통령은 노예선 선장이 속죄하는 뜻으로 만든 '놀라운 은총^{Amazing Grace}'의 후렴을 통해 이 나라를 성지로 이끌어 대속의 희망을 심어주려 했다. 그리고 얼마 후 콜롬비아 의사당에 54년 동안 걸려있던 남부 연합 깃발이 마침내 내려졌다. 동시에 하퍼 리^{Harper Lee}의 두 번째 소설 《파수꾼^{Go Set a Watchman}》이 발표되었고, 미국인에게 가장 사랑받는 소설 속의 영웅 애티커스 핀치^{Atticus Finch}가 실제로 두 번 다시 나오기 힘든 굳은 의지의 사나이였음을 사람들은 알게 되었다.

이 나라의 정체를 숨겼던 가면이 벗겨지는 것 같았다. 거기에 마음이 흔들린 나는 지금이야말로 진실의 순간이라는 생각이 들어 칼럼을 쓰기로 했다. 나는 친구 타일러 브랜치^{Taylor Branch}에게 연락했다. 민권운동의 역사를 기록한 존경받는 역사가의 탁견을 듣고 싶어서였다. 그는 마틴 루터 킹 주니어가 13년 동안 사회 정의를 외치며 벌인 캠페인을 통해 미국의 민권운동을 재해석하고 있었다. 그는 당시 국가가 1950년대로 다시 내팽개쳐진 것 같다고 믿었는데, 그래도 그는 역설적으로 거기에서 희망을 보았다고 했다. 그곳이 어떤 돌파구의 시작이 될 수 있기 때문이라고 했다. "이것을 어떻게든 떨쳐버리고픈 사람들 사이에, 어떤 위기감이 고조되고 있어." 그는 내게 그렇게 말했고, 나는 그해 7월 〈뉴욕 타임스〉에 쓴 칼럼에 그 말을 끼워 넣었다. 3년 뒤 우리는 커피를 앞에 놓고 못다 한 얘기를 했다. 특이한 대통령의 영향력과 혐오의 동심원은 무슬림에서 시작해, 멕시코 이민으로, 다시 비백인의 이민과 유대인까지 차례차례 확산되어 나가는 것 같았다. 2018년 11월이었다. 한 달 전에는 예배를 드리던 유대인 11명이 피츠버그 트리오브라이프 유대교 회당에서 기도하던 중 총기난사로 사망했다. "별의별 일이 다 일어나는데 지금 우리가 어디에 있다고 생각하세요?" 나는 그에게 물었다. "아직도 1950년대라고 생각하세요? 제가 보기엔 1880년대 같은데요." "글쎄, 너무 황량해. 그땐 흑인의 표는 완전히 외면당했고 정치 활동에서도 완전히 배제되었지. 린치도 공개적으로 이루어졌고. 지금이야 그런 일이 일어나지 않지만. 하지만 1880년대는 오랜 억압의 시작이었어." 무슨 말인지 알 것 같았다. 나는 그가 틀렸기를 간절히 바란다고 말했다. 그 시기, 그러니까 대략 재건기가 끝났을 때부터 제2차 세계대전이 시작될 때까지 수십 년을 가리켜 흑인 역사가 레이포드 로건^{Rayford Logan}은 '최저점^{Nadir}'이라고 칭했다. 흑인 역사가들은 대체로 트레이번 마틴 등 비무장 흑인들을 향한 총격부터 시작하여 투표권을 지키려는 움직임에 대한 반발이 맞물리는 요즘을 제2의 최저점으로 보고 있다. "반발의 21세기 버전을 보는 것 같아요. 하지만 그 도구는 이전과 다를 겁니다." 내가 말했다.

조부 조항^{grandfather clauses}(할아버지가 투표권이 있는 경우에만 투표권을 주는 조항-옮긴이)이 세기와 함께 사라졌다는 것은 우리 두 사람 모두 잘 알고 있었다.⁶⁷ 하지만 지금, 여러 주에서는 한 번 선거를 놓쳤다는 이유로 수만 명의 유권자를 몰아내면서 막판에 민주당 성향의 선거구 투표소를 폐쇄하는 일을 벌이고 있다. 그들은 투표를 하려면 주에서 발행한 신분증을 내놓으라고 요구했지만 유권자 명단과 철자가 일치하지 않거나 아포스트로피 하나만 빠져도 신분증으로 인정하지 않았다.⁶⁸ 2010년 이후 이런 규제들을 통과시킨 주가 24개나 된다.

이후 비무장 아프리카계 미국인을 향한 경찰의 총격 사건이 있었고, 이를 담은 동영상이 널리 공개되었지만 대부분 기소되지 않고 넘어갔다. "린치의 목적은 흑인들에게 분수를 지키라는 것이었잖아요. 50년대에도 80년대에도 사람들이 재판 없이 살해되었죠. 그런데 이제는 당국의 총격으로 사람이 죽네요." 내가 말했다. "자네 말대로라면 지금 우린 바이마르 공화국의 말기에 있는 셈이군!" 타일러가 대답했다. "그런 생각을 하면 슬프죠." "트럼프가 그 동안 잠자고 있던 문제를 수면 위로 끌어냈어. 이제 물 밖으로 나왔으니 부인할 수 없을 거야. 그러면 깨뜨리기가 더 쉽지." "남아프리카공화국을 보는 것 같아요." "인종차별은 거기가 훨씬 심하지." 그가 말했다. "제 말은 인구통계학과 그들의 인구통계의 역동성이 그렇다는 말입니다." "맞아." 그는 2042년의 예측을 말했다. "사람들이 발끈했지. 그리고 자기 나라에서 자기가 소수가 되는 것을 두고 보지 않을 거라고 말했어." "이제는 국경에 군대가 주둔합니다. 흑인이나 갈색 피부나 유대인들에게 총을 쏘고요." 타일러는 고개를 끄덕였다. 그는 그 말의 의미를 곰곰이 생각하는 것 같았다. "진짜 문제는, 민주주의와 백인성을 두고 선택해야 할 경우에 후자를 택할 사람이 얼마나 많을까 하는 점이야." 그는 마침내 그렇게 말했다. 우리는 결론을 보류했고, 섣부른 추측을 하지 않기로 했다.

헛되이 쓴
품위 유지비

리언 레더먼^{Leon Lederman}은 자연의 입자를 이해하는 데 획기적 기여를 한 공로로 1988년에 노벨상을 받은 미국의 물리학자였다. 수십 년 후 그는 기억상실증으로 치료를 받아야 했다. 2015년 그는 계속 불어나는 의료비를 충당하기 위해 큰 결심을 하고 노벨상 메달을 76만 5000달러에 경매했다. 그가 2018년 요양병원에서 사망했을 때, 그의 노벨상은 다른 사람의 손에 있었다. 다른 선진국에 비해 미국의 풍경은 빈약한 사회적 혜택의 실상을 그대로 드러낸다. 이는 우리가 우리의 카스트 체제 때문에 지불하는 대가다. 역사와 위계 구조가 우리와 다른 곳에서는, 국가 체제가 모든 시민의 요구를 배려해도 내가 손해를 본다고는 생각하지 않는다.

서유럽 국가나 호주처럼, 모든 시민을 자신과 같은 존재로 보면 사람들은 서로에게 갖는 공동의 책임 의식을 더욱 적극적으로 드러낼 것이다. 모든 시민이 일상에서 동등한 지분을 갖고 있다고 생각하면 사회는 더 관대해진다. 노후의 의료비 때문에 노벨상을 팔지 않아도 되는, 잘사는 나라들이 지구상엔 있다. 그런 나라에서는 사랑하는 사람이 나이가 들어도 건강 문제로 가족들이 빈털터리가 되지 않고, 아이들의 학업성취도도 미국을 능가하며, 마약 중독자들은 감옥이 아니라 치료소로 간다. 아마도 인간의 성공을 가늠하는 대표적인 척도인 행복과 장수도 그곳에서는 더 완전하게 존재할 것이다. 그들은 그들이 공유하는 공통성의 의미를 소중히 여기니까.

2019년 말 널리 유포된 동영상에서 영국 시민들은, 의료보험으로 충당되는 일상적 의료 시술을 미국에서 받으면 어느 정도 비용이 들 것으로 생각하느냐는 질문을 받는다. 그들은 그 비용을 어이없을 정도로 낮게 평가한다. 그래서 실제 비용을 들은 사람은 깜짝 놀라 비명을 지르고 어리둥절해한다. 아주 기본적이고 꼭 필요한 치료를, 그 비용을 지불해야 받을 수 있다는 사실을 믿으려 하지 않는다. "1만 달러라고요? 아기를 낳는 데 1만 달러가 든다고요? 미쳤어!"[69] 한 여성이 미국의 평균 출산 비용을 듣고 기겁한다. 어떤 남성은 구급차에 실려 병원으로 가는 데 얼마가 필요할 것 같으냐는 질문을 받고 반문한다. "그런 일에 돈을 내야 하나요? 왜요?"

미국과 비슷한 수준의 선진국들은 적은 비용으로 보험 혜택을 받거나 무료로 치료를 받는다. 작가 조너선 체이트는 선진국들 중에서도 모든 시민에게 혜택을 주는 문제에서 미국이 유별스러울 정도로 무관심하다는 사실에 주목했다. 그는 이런 사나운 인심을 노예제에서 비롯된 위계 구조에서 찾았다. 그는 다른 부유한 나라에서는 보수주의자들도 대다수의 미국인들보다 동정심이 더 많다고 지적했다. "미국만큼 가난한 사람들에 대한 원조가 인색한 선진국은 찾기 힘들다. 어느 나라도 보수 정당이 보편적 건강보험이라는 원칙을 놓고 논쟁하지 않는다. 보수주의자들은 미국의 독특한 반국가주의를 종교의 산물로, 영국식 자유의 전통이나 차세茶稅를 납부한 경험의 산물로 오랫동안 예찬해 왔다. 하지만 무엇보다 중요한 요인은 노예제다."[70]

카스트 체제는 경쟁과 불신을 조장하고 공감 능력을 저하시킨다. 그 결과 미국은 그 대단한 부와 혁신에도 불구하고 세계 주요 선진국들 중 삶의 질을 따지는 주요 지표에서 크게 뒤진다. 세계보건기구WHO에 따르면 미국은 다른 어느 나라보다 무차별 총격사건이 많이 발생한다.[71] 선진국 중 총기로 인한 사망률이 가장 높은 나라에 속한다. 1인당 총기 보유수도 다른 어떤 나라보다 더 많다. 전 세계에서 민간인이 보유한 총기 중 거의 절반을 미국인이 소유하고 있다. 미국의 수감률은 10만 명당 655명으로 세계 최고이며, 러시아나 중국보다 높다. 재소자도 220만 명으로 역시 세계 최고다. 미국은 도표에서 다른 나라들과 같은 지면에 표시하기 힘들 정도로 수감률이 높다. 만약 미국의 재소자들로 하나의 도시를 만든다면, 미국에서 5번째로 큰 도시가 될 것이다.

미국 여성들은 다른 부유한 나라의 여성들보다 임신과 출산 중에 사망할 가능성이 더 높다. 커먼웰스펀드Commonwealth Fund에 따르면 미국에서 생아 출산live birth(살아 있는 아기를 낳는 것－옮긴이) 중에 사망한 산모의 비율은 10만 명당 14명꼴로, 스웨덴보다 3배

가까이 높다.[72] 이는 유별나게 높은 아프리카계 미국인과 아메리카 원주민 여성까지 반영된 결과다. 미국의 기대수명은 영국, 캐나다, 독일, 호주, 일본, 스웨덴, 프랑스, 네덜란드, 스위스, 덴마크 등 11개국 중에 가장 낮다. 2019년 분석에 따르면 이들 나라의 평균은 82.3세이고, 가장 긴 일본의 기대수명은 84.2세인데 반해 미국의 기대수명은 78.6세다.[73] 미국의 유아사망률은 가장 부유한 국가들 중 가장 높아 생아 출산한 아기 1000명당 5.8명이 사망한다. 부유한 국가들의 평균은 3.6명이고, 일본과 핀란드는 1000명당 약 2명 정도다.[74]

미국 학생들은 수학과 읽기에서 선진국 중 거의 최하위 수준에 가깝다.[75] 15세 미국 청소년들의 수학 성적은 다른 선진국에 비해 크게 뒤떨어지는데, 라트비아와 슬로바키아 공화국보다도 낮다. 2016년에 미국에서 대통령 후보로 여성이 처음 출마했을 때 이미 인도, 독일, 호주, 영국 외에 아이슬란드, 노르웨이, 부룬디, 슬로베니아 등 규모가 작은 나라를 포함해 60여 개 국가가 여성을 국가원수로 두고 있었다. 갤럽Gallup을 비롯한 여러 기관의 컨소시엄이 매년 발표하는 자료에 따르면, 지역을 불문하고 시민들에게 가장 중요해 보이는 행복도를 따졌을 때 미국은 18위였다.[76] 2012년 이후로 미국은 7계단 하락했는데, 이는 미국 사람들의 불만이 줄어들지 않는다는 사실을 반증한다.

△

2020년 겨울, 그해는 인류 역사상 가장 완벽한 통

찰의 가능성을 볼 수 있었던 해였다. 보이지 않는 생명체가 동반구에서 깨어나 바다를 건너 퍼지기 시작한 것이다. 지구 최강대국은 방호복을 착용한 먼 나라의 작업자들이 사람 눈에 보이지 않는 것을 검사하고 있을 때, 자신들은 상관없는 일이며 미국의 예외주의가 다른 나라들이 겪는 슬픔을 피할 수 있게 해주리라고 착각했다. 그러나 바이러스는 이들 해안에 상륙했고, 인체의 허약한 면역체계를 파고들 듯 이 나라 카스트 체제의 닳아빠진 기반과 조각난 연대의식과 불평등의 틈새로 스며들었다.

얼마 안 가 미국은 세계에서 가장 큰 코로나 바이러스 발병국이라는 오명을 썼다. 기본 장비와 측정 키트를 달라고 다그치던 주지사들은 인공호흡기를 경매로 구입하는 처지가 되었다. "늘 그랬듯이 미국인들은 혼자 감당해야 한다."[77] 〈디 애틀랜틱*The Atlantic*〉의 헤드라인이었다. 바이러스는 위계의 각 계층과 모든 인간의 취약성을 여지없이 드러냈다. 바이러스는 누구나 감염될 수 있지만, 아시아계 미국인들은 단지 바이러스의 공격을 처음 받은 사람들과 닮았다는 이유만으로 희생양이 되었다.

위기가 계속되면서 사망률이 높아진 것은 아프리카계 미국인들과 라틴계 미국인들이었다. 소외된 사람들의 스트레스까지 맞물려 이전부터 있었던 조건들이 병의 확산을 부채질했다. 바이러스에 1차로 감염될 위험이 가장 큰 사람들은 위계 구조의 바닥에 있는 노동자들이었다. 식료품점 점원, 버스 운전기사, 포장 택배원, 위생 관리원 등 대중과의 접촉이 많은 저임금 직종 종사자들은 팬데믹의 영향권에 직접 닿아 있었다. 그들은 최하층 빈민으로, 의료보험이나 병가를 보장받을 확률이 적지만 다른 사람들이 안전하게 지낼 수 있도록 사회의 나머지 부분을 지탱해 주는 직종이다.

사망자 수가 세계 최고를 기록하자 미국에게 리더십을 기대하는 사람들은 아직 검증 받아본 적이 없는 그들 사회의 생태계가 얼마나 허약했는지 인정해야 했다. 〈가디언〉은 다음과 같이 썼다. "공정하고 부담 없는 의료보험 시스템의 부재, 부족한 의약품을 놓고 벌이는 치열한 경쟁, 전체와 균형이 맞지 않는 소수민족의 사망자 수, 혼란스러운 사회적 거리 두기 규칙, 중앙정부의 중재 능력 결여 등. 이는 지구에서 가장 강력하고 영향력 있는 나라가 아니라 후진국이나 개발도상국을 연상시키는 모습이다."[78]

팬데믹과 이 나라의 변덕스럽고 자기중심적인 대응력 부족은 미국 하버드 대학 교수인 스티븐 월트Stephen Walt의 표현대로 "미국 역사상 유례가 없는 인물의 실패"를 드러냈다. 팬데믹으로 인해 국가는 보고 싶지 않았지만 봐야 할 것에 눈을 뜨게 되었고, 인류는 자연의 법칙 때문에 더욱 뚜렷이 드러난 국가의 무기력을 찬찬이 따져보게 되었다. "이는 자신의 인간성을 찾고 있는 문명이다." 미국의 카스트 학자인 게리 마이클 타르타코프Gary Michael Tartakov는 이 나라를 그렇게 평가했다. "미국은 다른 사람의 인간성을 말살하여 자신의 문명을 건설했다. 이제 자신의 인간성을 찾아야 할 때다."[79]

지배 카스트의 백래시

우리 둘은 저녁 식사를 하기 위해 앉았다. 미국 어느 대도시, 유행의 첨단을 달리는 구역에 자리 잡은 우아하고 세련된 식당이었다. 가족을 통해 알게 된 그 친구는 나와 그리 친한 편은 아니지만, 그에 대해 잘 알고 있었다. 예술에 대한 안목이 높고 마음이 따뜻하며, 여행을 많이 다니는 자유로운 영혼의 사람이었다. 그녀는 지배 카스트 출신이고 주로 자신과 비슷한 사람들이 모여 사는 동네에서 자랐다. 우린 못 보고 지내는 동안 멀리서 짐작으로만 알던 근황 등 밀린 이야기를 주고받았다. 그 사이에 웨이터가 몇 명 지나갔지만 아무도 주문을 받으러 오지 않았다.

조금 늦게 어떤 웨이터가 우리 앞에 섰다. 금발이었는데 말투가 무뚝뚝하고 무척 사무적이었다. 나는 생선을, 그녀는 파스타를 주문했고 둘 다 음료수와 애피타이저 한두 가지를 더 주문했다. 마실 것을 기다리는 동안 그녀와 같은 지배 카스트 출신의 한 커플이 우리 옆 테이블에 앉았다. 아까 그 웨이터가 황급히 그들에게 달려갔다. 과장된 몸짓으로 친절을 표시한 그는 그날의 메뉴를 자세히 설명하면서 그들에게 가벼운 농담도 건넸다. 잠시 후 그는 빵 바구니를 그들의 테이블로 가져갔다. 우리가 물만 홀짝이며 식사를 기다리는 동안 그 웨이터는 그들에게 음료수를 가져다주었다. 친구는 슬슬 인내심을 잃기 시작했고 결국 참다못해 몸을 돌려 웨이터를 찾았다. 익숙지 않은 이런 푸대접에 당황한 것 같았다. 음료수와 빵을 들고 나타난 웨이터는 우리 옆자리 손님에게 음식이 입에 맞는지 묻더니 그것을 다른 테이블로 가지고 갔다. 그녀는 애써 화를 억누르며 웨이터를 손짓으로 불렀다. "우리 음료수가 아직 안 나왔어요. 음료수 좀 갖다 주실래요? 빵도 같이요." 그녀는 그렇게 말하며 옆자리 커플을 건너보았다. 그들이 빵을 올리브유에 찍고 있을 때 그녀는 부글부글 끓는 심사를 달래며 우리의 빈 테이블을 멀거니 바라봤다.

웨이터는 고개를 까딱하고는 알았다고 말했지만 주방으로 돌아가는 길에 다른 테이블 몇 군데에 멈춰 서서 확인하는 등 또 꾸물댔다. 잠시 후 그가 쟁반에 음식을 얹고 다시 나타났지만 그것도 옆 테이블의 커플을 위한 전채요리였다. 그 친구는 다시 그를 손짓으로 불렀다. "우리 음료는요? 그리고 빵은 어떻게 된 거예요?" "아, 알겠습니다." 그가 돌아보며 그렇게 말했다. 이제 그녀는 대화에 거의 집중하지 못했다. 옆자리 사람들은 전채요리 품평 중이었고 빵도 거의 다 먹어가고 있었다. 그들의 테이블은 한가득이었지만 우리 테이블은 여전히 비어 있었다. 그녀는 옆자리 커플을 계속 흘끔거렸지만 그들은 식사 삼매경에 빠져 우리 쪽은 쳐다보지도 않았다.

웨이터는 그 뒤로도 우리 테이블을 몇 차례 더 지나쳤고 결국 음료수를 가져왔지만 빵은 빠져 있었다. 인내심이 한계에 가까워졌다고 느낄 때쯤 그가 우리 식사를 들고 나타났다. 옆 테이블은 디저트를 먹고 있었다. 말하는 내용으로 보아 맛이 괜찮은 것 같았다. 그녀는 접시를 내려다본 다음 포크로 파스타 몇 가닥을 먹더니 포크를 탁 내려놓았다. "파스타가 식었어. 맛도 별로고. 자기 생선은 어때?" "괜찮아. 솔직히 맛은 좀 그래. 내 것도 식었어." "웨이터를 불러야겠어." 그녀의 얼굴은 이미 벌겋게 상기되어 있었다. 그녀는 자리에서 들썩이며 사방을 둘러 웨이터를 찾았다. 고개를 절레절레 흔들면서도 분을 가라앉히려 안간힘을 쓰고 있었다. "이봐요, 나 좀 잠깐 봐요." 웨이터가 지나갈 때 그녀가 불러 세웠다. "나도 다 알아. 이건 인종차별이야!" 그녀가 버럭 소리를 질렀다. 식당 전체가 다 들을 수 있을 만큼 큰소리였다.

"당신 인종차별 하는 거지? 여기 인종차별 하는 식당이지? 우리가 줄곧 여기 앉아 있는 동안 당신은 다른 테이블에는 친절한 척 온갖 아양을 다 떨면서, 이분이 아프리카계 미국인이라는 이유로 우리는 내내 무시했어." 나는 이목을 끌고 싶지 않았지만, 이미 다른 테이블에 있던 사람들의 시선은 모두 나를 향하고 있었다. 이런 법석은 달갑지 않았다. 무시당할 때마다 이렇게 반응한다면 나는 거의 매일 누군가를 꾸짖어야 한다. 하지만 그녀는 이제 시작일 뿐이었다. "당신 이름 뭐야? 당신 매니저 이름이 뭐야? 이 식당 아예 문 닫게 만들어버리겠어." 그녀는 파스타 그릇을 테이블 복판으로 밀었다. "다 식은 파스타를 갖다주고 말이야. 먹을 수가 없다고. 생선도 식었어. 이런 음식에

445

돈을 낼 순 없어. 절대로 안 낼 거야. 이놈의 식당 오지 말라고 사방에 얘기할 거야. 아주 거지같아." 한바탕 법석을 떨자 매니저가 달려왔다. 몸집이 작은 아프리카계 여성이었다. 새로운 반인종차별주의자, 반카스트주의자인 상위 카스트 여성의 등등한 기세에 잔뜩 겁먹은 매니저는 익숙지 않은 굴욕에 분통을 터뜨리는 그녀에게 연신 사과했지만 그 친구는 사과를 받지 않았다.

그녀는 식당을 박차듯 나갔고 나도 그녀 뒤를 따라 나갔다. 진정하기까지는 시간이 좀 걸렸다. 한편으론 그녀에게 이렇게 말하고 싶었다. '이런 일을 거의 매일 겪는다고 생각해 봐. 언제 어떤 식으로 터질지도 모르면서 말이야. 그러면 금방 생각이 달라질걸. 무시당하고 푸대접을 받을 때마다 화를 낼 수는 없어. 꼭 필요할 때에는 나도 할 말을 하지만 그래도 웬만하면 감정을 폭발시키지 않고 하루를 버텨낼 방법을 찾는 편이 좋아.' 한편으론 나는 그녀처럼 벌컥 화를 낼 수 없다는 사실에 부아가 났다. 그녀처럼 레스토랑에서 감정을 폭발시킬 수 있는 것은 상위 카스트만의 특권이었다. 그녀가 40년 넘는 세월을 살면서 피지배 카스트로 태어난 사람이 일상적으로 겪을 수 있는 일을 겪지 못하고, 그런 대접이 너무 낯설고 너무 비위에 거슬려 분통을 터뜨리는 것을 보자니, 그들과 다른 대접을 대접받고 있는 현실이 새삼 가슴에 와 닿았다.

하지만 한편으로는 아프리카계 미국인들이나 그 밖의 소외

446

된 사람들을 인정하지 않고 피하고 얕보고 욕보이는 지배 카스트가, 방금 그녀가 겪었던 일을 경험해 봤으면 하는 마음도 있었다. 그녀는 몇 분 만에 급진주의자가 되었다. 그녀는 그녀가 지배 카스트의 다른 사람들과 함께였다면 그런 대접을 받을 일은 없다는 사실을 너무 잘 알았다. 그녀는 직접 겪어보고서야 깨닫게 되었다. 그리고 한편으로는, 아마도 그런 생각이 가장 컸지만 그녀가 나를 위해, 그녀 자신을 위해 그리고 매일 이런 분통터지는 일을 참고 지내는 모든 사람을 위해 정의로운 분노를 드러내는 모습을 보니 기분이 썩 괜찮기도 했다. 그런 그녀의 감정을 다른 사람들도 한 번씩 느껴보고 깨달을 수 있다면 세상은 조금 더 나아지지 않을까 하는 생각도 들었다.

인류 보편의
감정

2016년 12월, 선거 끝나고 한 달 뒤

입에서 술 냄새, 담배 냄새가 났다. 그는 미국을 다시 위대하게 만들자는 집회에 모인 사람들이 썼던 모자를 쓰고 있었다. 그들은 한 달 전 선거에서 승리를 맛보았다. 그의 배가 벨트 버클 밖으로 삐져나와 있었다. 세월은 그의 얼굴에 주름을 새겼고 짧은 수염이 턱과 뺨을 덮고 있었다. 그는 가래 끓는 소리로 기침을 했다. 지하실에 물이 고여 설비회사에 전화했더니 나온 사람이었다. 그는 현관 문턱에서 멈칫했다. 나 같은 사람이 문을 열어줄 줄 몰랐던 것 같았다. 이곳은 백인들이 많이 사는 동네였다. 조깅하는 사람들, 자전거 타는 사람들, 고개를 꼿꼿이 세우고 유모차를 끄는 엄마들, 뒤로 묶은 머리를 찰랑거리며 강아지 산책을 시키는 사람들 대부분이 백인이었다. 조경사나 가사 도우미들은 골목길로 다녔다. 나는 그런 반응에 익숙했다.

"주인아주머니 안 계세요?" 전단지를 돌리거나 설문하는 사람들은 당사자를 코앞에 두고 그렇게 묻곤 했다. 그런 식으로 나오면 그들 비위를 맞춰주고 싶은 생각이 사라진다. 내키면 바로 잡아줄 수 있지만, 그러면 좀 멋쩍을 것이다. 아니면 그냥 곤란하지 않게 넘어갈 수도 있다. "아뇨. 안 계세요." 그렇게 말하면 절대로 다그치지도 의심하지도 않는다. "언제쯤 오실지 아세요?" "아뇨. 난 몰라요. 누구라고 전할까요?" 그러면 그들은 명함이나 전단지를 건넬 것이다. 나는 그걸 흘끗 본 다음 그들을 보내겠지. 배관공은 자기가 집을 맞게 찾아왔는지 확인한 다음 의외라는 표정으로 들어왔다. "지하실은 어디죠?" 그가 물었다.

나는 이런 사람들의 도움을 받아야 할 처지였다. 나는 과부에 어머니도 없었다. 인생에서 가장 중요한 두 사람을 2년 사이에 잃었다. 집에 문제가 생기면 설비업자에게 의존할 수밖에 없었다. 그 사람들은 이 동네에 나 같은 사람이 산다는 사실을 언짢게 생각할지도 모른다. 그러니 나를 도와줄 수도 있고 그렇지 않을 수도 있으며, 심지어 일을 거절할지도 몰랐다. 선거가 끝난 뒤로 분위기도 바뀐 터였다. 그는 나를 따라 지하실로 내려왔다. 문제가 있는 곳을 살펴볼 수 있도록 널린 상자들을 치우는 동안 그는 우두커니 서 있었다. 어머니의 휠체어를 옆으로 옮겼다. 램프의 갓과 돌아가신 아버지의 기술서적과 낡은 양동이를 옮기는 동안 그 배관공은 지켜볼 뿐 거들 생각도 하지 않았다. 내가 양수기가 놓인 쪽으로 물을 쓸어내는데도 그는 젖은 바닥을 구경만 했다.

나는 그에게 물이 10센티미터 정도 찼었고 에어컨 기사가 양수기로 물을 거의 다 빼주었다고 말했다. 전에는 이런 적이 없었다는 말도 덧붙였다. "지하실에는 들어올 일이 거의 없거든요. 가물었기 때문에 지하실에 물이 차리라는 생각은 하지 않았어요. 일이 있어도 남편이 내려오곤 했죠." 보일러의 필터와 퓨즈 박스를 확인하는 사람은 남편이었다. 작업장으로 쓴 그곳에 문제가 생기면 늘 남편이 손을 봤다. 그가 남겨둔 그대로였다. 남편이 작년에 세상을 떴다고 나는 배관공에게 말했다. 배관공은 어깨를 으쓱하더니 저런, 하고 말했을 뿐 그게 다였다. 우두커니 서 있는 그의 옆에서 물을 쓸어내면서 지난 일을 생각했다. 휴일에는 가능하면 서글픈 생각은 하지 않으려했다. 뒤따라 세상을 떠나는 것도 하나의 선택일 수 있겠지만 아직은 그럴 수 없었다. 그래서 생각해 냈다. 부에노스아이레스로 가자! 처음 가는 곳에선 내 곁을 떠난 사람과 함께하고 느꼈던 순간들이 떠오르지 않을 것이다. 그렇게 떠날 준비를 하고 있을 때, 에어컨 기사가 오더니 정기점검이라며 지하실을 확인하다 물이 찬 모습을 발견한 것이다. 중앙아메리카에서 온 이민자인 그 사람은 자기 일도 아닌데 물 빼는 일을 도와주었다.

△

배관공은 상자들을 살피고 주변을 돌아다니다 램프의 갓과 화환을 건드려 젖은 바닥에 떨어뜨렸지만 다시 주워 올릴 생각은 하지 않았다. 나는 계속 물을 쓸었다. 그는 더 이상 할 일이 없는 것 같았다. 오히려 아무것도 하지 않고 있었다. 그는 싱크대를 가리켰다. "물이 저기서 나오네요." 그는 그곳을 바라보며 말했다. "하지만 싱크대가 넘친 적은 한 번도 없어요. 뭔가 다른 데 문제가 있을 거예요." 내가 말했다. "물이 나온 지 얼마나 됐는데요?" "지난주 비가 온 다음부터일 거예요. 여기 어딘가 배수구가 있을 거예요. 거기가 막혔나 봐요." 내가 무거운 상자를 들어 올리는데도 그는 손 하나 꿈쩍하지 않았다. "찾았어요?" 그냥 그렇게 묻기만 했다. 상자들을 치울 만큼 치웠고 이쯤에 있을 것이라 생각했는데 배수구는 여전히 보이지 않았다. 분명 거기가 잘못됐을 것 같은데 그는 조금도 관심을 보이지 않았다. "양수기에 문제가 있는 건 아닐까요?" 내가 묻자 그는 양수기 쪽으로 갔다. "양수기에는 이상이 없어요." 그가 말했다. 그때 양수기 안에 팝콘 상자가 떠 있는 것이 보였다. "저것 때문에 양수기가 작동하지 않은 건 아닐까요?" "아뇨. 하지만 청소는 좀 해야겠네요." 그런데 왜 안 하는 거지? 그럼 여기 뭐 하러 왔단 말인가?

대신 그는 새 양수기를 설치할 견적서를 쓰겠다고 했다. 고장이 아니라면서 새 양수기를 사라고? 물이 차는 이유를 몰라 부른 사람이었고 그래서 그가 왔다. 하지만 물을 쓸어내고 상자를 옮기고 하수구를 찾고 있는 사람은 나였다. 그는 에어컨 기사만큼도 일을 하지 않았다. 슬슬 부아가 나기 시작했다. 그가 한 것이라고는 그저 우두커니 서서 물을 쓸어내는 내 모습을 지켜본 것이 전부였다. 나처럼 생긴 여성들이 수백 년 동안 해왔던 게 그런 일이었지만, 그래도 그렇게 손 하나 까딱 안 하다니. 아무것도 해결하지 않은 사람이 이제 와서 아무것도 하지 않은 것에 대한 대가를 지불하라고 청구

할 태세였다. 그가 아무것도 도와주지 않았기 때문에 나도 끌려 다닐 생각은 없었다. 그때 갑자기 무슨 생각이 들었다. 마지막 수단을 써보기로 했다. "지난주에 어머니가 돌아가셨어요." 내가 말했다. "댁의 어머니는 살아계세요?" 그가 젖은 바닥을 내려다보았다. "아뇨. 안 계세요." 그럴 것 같았다. 그 얘기를 꺼낸 것도 그래서였다. "1991년에 돌아가셨어요. 52세셨죠." "저런, 너무 일찍 가셨네요." "오래 못 사셨어요. 아버지는 살아계시는데 말이에요. 72세시거든요. 여기서 가까운 양로원에 계세요. 여동생이 근처에 살거든요." "아버님이 복이 많으시군요." 내가 말했다. "심술이 말도 못해요."

웬일이지? 아버지란 존재가 어떻기에 나 같이 생긴 사람에게 속사정을 털어놓을까? 하지만 코앞에 해결해야 할 일이 있었다. "좋으니 싫으니 해도 돌아가시면 그리울 거예요." 내가 계속했다. "댁의 어머님은 어땠어요? 연세가 어떻게 되셨죠?" "댁의 어머님보다는 아주 오래 사셨어요. 그러니 속상해할 수도 없죠. 하지만 오래 아프셨어요. 그래서 많이 힘들었어요." "난 80대 고모가 계신데 여전히 담배를 피우고 맥주를 내놓으라고 성화예요. 무조건 아버지 편이고요." 그는 그렇게 말하며 피식 웃었다. 나는 웃으며 좋은 쪽으로 보려했다. "친가 쪽은 오래 사시는군요." 내가 말했다. "그래요. 그런 것 같아요."

그는 한결 밝아진 표정으로 양수기 쪽으로 걸어가 몸을 굽히더니 손을 찔러 넣었다. 몇 분 뒤 끙끙거리던 그가 몸을 일으켰다. "됐어요. 양수기는 해결됐어요." 그는 배수구가 있을 만한 곳으로 몸을 돌렸다. "이 커피 테이블 아래쯤에 있을 것 같아요. 그쪽을 잡으세요. 같이 옮긴 다음 찾아봅시다." 우리는 함께 테이블을 옮겼다. 정

말 거기에 배수구가 있었다. "배수구는 막히지 않았네요. 여기 문제
는 아니에요. 트럭에 가서 손전등 좀 가져올게요." 돌아온 그는 바
닥을 따라 손전등을 비췄고 지하실 곳곳을 살폈다. 박스가 쌓여있
는 싱크대, 세탁기, 건조기와 작업대도 지나 밑바닥을 따라가며 구
석구석 샅샅이 살폈다. "찾았어요!" 그가 신이 난 목소리로 소리쳤
다. 나는 그에게 달려갔다. "뭐가 문제였죠?" "온수기네요. 온수기가
고장이에요." 그는 온수기 꼭대기에 손전등을 비췄다. 부식된 파이
프와 틈새에서 증기가 올라오고 있었다. 고장 난 온수기에서 물이
새어나와 지하실 바닥에 고이고 있었다. 고이는 물이 왜 그렇게 맑
았는지, 수도요금이 왜 그렇게 많이 나오는지 알 것 같았다. 안도의
한숨을 쉬며 내가 물러섰다. "빗물이 아닐 줄 알았어요." "온수기를
바꾸셔야겠네요. 이건 더 이상 못 쓰겠어요." 몇 분 전에는 이렇게
쉽게 찾을 줄 몰랐다. "우리 어머니가 당신 어머니께 말씀 드린 게
틀림없어요. 당신 아드님 불러 내 딸 좀 도와주게 말해달라고 말이
에요. '우리 딸은 당신 아드님 도움이 필요해요.'"

우린 마주 보며 싱긋 웃었다. 그는 온수기로 들어가는 물을 잠
갔다. 당분간 뜨거운 물은 쓸 수 없게 됐지만 물이 더 이상 고이지
않는다는 게 더 중요했다. 그는 히터 교체비용에 대한 견적서를 건
넸고 출장비로 69달러를 청구했다. 그 정도는 할 거라고 생각했다.
우리는 서로 인사를 건넸고 그는 떠났다. 전화벨이 울렸다. 버니 피
셔Bunny Fisher였다. 나는 전작에서 그녀의 부친 로버트 퍼싱 포스터
박사Dr. Robert Pershing Foster에 대해 쓴 적이 있다. 내 안부를 확인하
려는 전화였다. 지난 몇 년간 자주 연락하는 사이였고 최근 내가 상
을 당한 뒤로는 더 자주 전화를 주었다. 나는 그녀에게 어머니 얘기

453

를 꺼내 배관공과 만든 작은 기적을 얘기해 주었다.

바로 그때 초인종이 울려 통화를 급히 끊었다. 그 배관공이었다. 갑자기 생각이 나서 차를 돌렸다고 말했다. 가스를 잠가야 한다고 했다. 그렇지 않으면 빈 탱크가 가열되어 문제가 커진다고 했다. 그는 앞장서서 지하실로 내려갔다. 아까보다 명랑했고 말도 많아졌다. 잠깐 사이에 가족 같은 사이가 되었다. "이만하길 다행이군요. 꼭대기에서 물이 터졌다면 모든 게 엉망이 되었을 겁니다. 그럴 때 섣불리 손을 잘못 대면 화상을 입을 수도 있거든요. 그런 경우를 여러 번 봤어요." 그는 일을 마무리하고 지하 계단을 다시 올라가다 오래된 폴라로이드 사진들을 언뜻 보았다. 젖은 상자에서 건져내 말리려고 옆에 두었던 것이었다. 그는 계단 중간에서 걸음을 멈추었다. "아, 아끼는 사진들이군요. 남는 건 추억밖에 없죠." 그는 씩씩한 걸음으로 나가더니 힘차게 시동을 걸었다.

지병으로부터의 완치

고개를 들어 밤하늘에 떠 있는 행성과 별을 본다. 소금이나 모래 알갱이만 한 빛을 보면 우리가 얼마나 작은 존재인지, 지금 우리의 걱정거리들이 얼마나 하찮은지, 우리가 이 행성에서 머무는 시간이 얼마나 짧은지 떠올리곤 한다. 우리 자신보다 더 큰 무언가의 일부가 되기를 바라고, 우리의 의미를 더욱 확대시키고, 어떻게든 지금 이 세상에서 먼지 이상의 중요한 존재가 되었으면 하고 생각하게 된다. 호모 사피엔스 중에 가장 오래 살았다는 자들도 인류 역사 전체를 놓고 따지면 찰나 같은 시간을 보내고 갈 뿐이다. 안 그래도 짧은 삶인데 무얼 하겠다고 다른 사람을 못살게 굴고 다른 이의 생명을, 다른 이의 잠재력을 빼앗을까?

인류는 잘못된 카스트 때문에 불가해한 손실을 너무 많이 겪었다. 나치의 손에 살해된 1100만 명의 사람들, 인간을 노예로 삼을 권리를 두고 벌인 내전으로 죽은 75만 명의 미국인들, 인도와 미국 남부의 농장에서 천천히 죽어가며 재능을 썩힌 수백만 명의 군상들. 그들이 가지고 있던 창의성이나 명민함은 영원히 사라졌다. 그들이 꿈을 실현할 권리, 어떻게든 살아갈 권리를 허락받았다면 하나의 종으로서 우리는 어디쯤 가고 있었을까? 그들로 인해 수혜를 받았다고 추정되는 자들이 스스로 갇혀 있던 환상에서 벗어나 그들 자신의 에너지를 분열보다 인류애를 실천에 쓰거나 암과 굶주림을 해결하거나 기후변화의 실존적 위협을 막는 데 썼다면, 이 행성은 지금 어디를 돌고 있을까?

△

1932년 12월, 나치가 조국 독일을 장악하자 그때까지 살았던 인간 중에서 가장 똑똑한 남성이 아내와 짐 30개와 함께 증기선에 올라 미국으로 향했다. 물리학자이자 노벨상 수상자인 알버트 아인슈타인은 때맞춰 나치를 탈출했다. 아인슈타인이 떠난 다음 달 히틀러는 총리에 임명되었다. 카스트를 피해 달아난 아인슈타인은 자신이 또 다른 카스트 체제로 들어왔다는 사실을 깨닫고 놀랐다. 방법이 다르고 희생양이 다를 뿐, 뿌리 깊은 증오심은 그가 방금 탈출한 곳과 다를 것이 없었다. "흑인들에 대한 처우는 최악의 질병이다."[1] 1946년에 그는 그렇게 썼다. "성숙한 나이가 되면 누구나 이 나라의 문제가 새삼 부당하다고 느끼는 정도가 아니라, '모든 사람은 평등하게 창조되었다'는 미국 건국의 조상들의 원칙이 가소로워진다. 합리적인 인간이 그런 편견에 그렇게 질기도록 집착한다는 사실이 믿어지지 않는다."

그와 그의 아내 엘사Elsa가 정착한 곳은 뉴저지 프린스턴이었다. 그는 그곳 대학에서 강의를 하며 흑인 주민들이 마주하던 탄압을 직접 목격했다. 그들은 도시에서 가장 열악한 지역에 살았고, 영화관에서 따로 앉았고, 하인 노릇을 하며 그의 친구 폴 로브슨Paul Robeson의 말대로 "술 취한 부자들에게 굽실거렸"다.[2] 그가 종신 교수가 되기 몇 년 전 피지배 카스트 출신의 저명한 오페라 가수인 콘트랄토 마리안 앤더슨Marian Anderson이 프린스턴의 맥카터 극장McCarter Theatre을 가득 메운 청중 앞에서 공연했다. 언론은 "격조 높은 목소리를 완벽하게 구사하는 비르투오소"라며 극찬했다. 그러나 그날 프린스턴의 호텔은 그녀에게 하룻밤 묵을 방조차 내주지 않았다. 그 소식을 전해들은 아인슈타인은 앤더슨을 자신의 집에 초대했다. 이후로 그녀는 프린스턴의 호텔들이 아프리카계 미국인 손님을 받기 시작한 뒤로도 이곳에 올 때마다 아인슈타인의 집에 머물곤 했다.[3] 아인슈타인이 죽을 때까지 그들은 친구로 지냈다.

"나 자신이 유대인이기 때문에 차별의 희생자가 된 흑인들의 심정을 이해하고 공감하는 것 같다."[4] 그는 어떤 친구에게 그렇게 말했다. 다른 사람에게 인정을 받으려면 최하위 카스트를 멸시해야 한다고 압박하는 미국인들의 태도가 그는 몹시 못마땅했다. 그는 머리가 비상하다는 사람들 중 하나였지만, 열등하다고 들었던 사람들보다 자신이 우월하다는 생각은 하지 않았다. "미국인이 되어갈수록 이런 상황이 더 괴롭다. 밖으로 목소리를 높여야만 이런 착잡한 느낌을 겨우 떨칠 수 있다." 아인슈타인은 그렇게 썼다.

그리고 그는 정말 그렇게 했다. 그는 린치를 끝내기 위한 위원회의 공동의장을 맡았다. 그는 전미 유색인지위향상회^{NAACP}에 가입했다. 그는 민권운동가들을 대표하여 목소리를 높였고 그들의 대의를 위해 자신의 명성을 빌려주었다. 그에게 들어오는 수많은 명예학위를 대부분 거절했지만 1946년에 링컨 대학의 제의만큼은 예외였다. 펜실베이니아의 유서 깊은 흑인 대학인 링컨 대학에서 그는 졸업식 연설을 하고 명예학위를 받았다. 그 일을 계기로 그는 링컨 대학의 물리학도들에게 상대성 이론을 가르쳤고 흑인 교수들의 자녀들과도 어울렸다.[5] 그중에는 그 대학 총장의 아들, 줄리언 본드$^{Julian Bond}$도 있었다. 줄리안은 나중에 민권운동 지도자가 된다. 아인슈타인은 졸업식에서 다음과 같이 말했다. "인종 분리는 유색인종의 질병이 아니라 백인의 질병입니다. 나는 그 문제에 대해 입을 다물 생각이 없습니다."[6] 그는 바닥으로 내몰린 사람들을 열렬히 지지했다. "그는 인종차별을 증오한다. 유대인인 그는 그것이 무엇인지 알고 있다." 두 보이스는 그렇게 썼다.[7]

△

카스트가 포악한 이유는 우리가 바꿀 수 없는 것으로 사람을 판단해서다. 표피의 화학 물질, 얼굴의 특징, 성별과 조상이 우리 몸에 남겨놓은 표식 등 우리 내면의 정체성과 아무런 관련이 없는 피상적인 차이들로 카스트는 우리를 판단한다. 400년 역사를 가진 미국의 카스트 체제는 하나의 법률이나 막강한 권력을 가진 한 사람의 힘으로 해체하기 어렵다. 법이 있어도 그것을 유지하려는 집단적 의지가 없으면 1965년의 투표권법^{Voting Rights Act}에서 보듯 아무런 힘도 쓰지 못한다는 것을 민권시대 이후 계속 보아 왔다.

카스트 체제는 사라지지 않는다. 물론 크든 작든 우리 각자가 카스트를 허용하는 탓도 있다. 일상 속에서 우리는 사람들의 신체 특징에 의미를 부여하고 이를 근거로 지위를 올리거나 떨어뜨리거나 받아들이거나 배제한다. 자연스러운 위계 구조라는 거짓을 믿는 사람이 많아지면 그것은 진리가 되거나, 진리인 것처럼 보인다. 하지만 미몽에서 깨어나면 선택을 할 수 있다. 지배 카스트에서 태어나도 지배하지 않기를 선택할 수 있다. 피지배 카스트에서 태어나도 사람들이 덮어씌운 상자를 부수고 나올 수 있다. 우리는 소외된 사람들을 비하하거나, 허황된 왕좌에 오르도록 태어난 사람들을 숭배하지 않고, 한 개인의 성품을 소중히 여기는 능력을 예리하게 다듬을 수 있다.

이 책은 수천 년 묵은 문제를 모두 해결해 보려는 의도로 쓴 것이 아니다. 이 책은 그것의 발단과 그 역사와 결과와 우리의 일상 속에 스며든 그것의 존재에 불을 비추고, 그것을 해결할 수 있다는 희망을 드러내기 위한 시도다. 주택 검사관은 검사만 할 뿐, 자신이 검사한 건물을 수리하지 않는다. 우리가 물려받은 불화를 바로잡는 일은 이 집의 주인들, 즉 우리 각자의 몫이다. 사실 하위 카스트는 위계 구조에 많은 부담을 느끼지만 체제를 만든 당사자가 아니기에 그들 혼자서는 카스트의 문제를 바로잡을 수 없다. 문제 해결이 어려운 것은 카스트의 불평등을 해결하기에 좋은 위치인 지배 카스트들이 대부분 그것을 원하지 않기 때문이다.

카스트는 질병이다. 어느 누구도 면역성을 획득하기가 힘들다. 마치 알코올 중독이 이 나라의 DNA에 배어버린 것처럼, 이미 체질화되었기에 완치를 선언할 가망이 없다. 그것은 암과 같아서 신체 정치학의 면역체계가 허약해져야만 차도를 볼 수 있다. 따라서 선거에서 누가 우위를 점하든 국가는 여전히 카스트 체제가 만들어내는 분열과, 하위 카스트의 열망과, 그에 대한 지배 카스트의 두려움과 분노로 몸살을 앓을 것이다. 세계에서 가장 강력한 국가가 이런 심각한 불평과 불만을 안고 있으면서도 반성하지 않는다는 현실은, 인류와 지구에도 위험하다. 애초에 불균형을 초래한 구조에 오랫동안 손을 대지 않았기 때문에, 선거 한 번으로 이 문제를 해결할 수도 없다.

예전과 달리 지금 미국은 정체성의 위기를 맞고 있다. 이 나라는 지금 인구통계학의 역전을 향해 가고 있다. 힘을 가진 백인들은 20년 안에 비유럽 출신에게 수적으로 밀릴 것으로 예상된다. 이것은 위계 구조 안에 있는 사람들에게 알려지지 않은 영역으로, 미국인들에게 익숙한 인종 분포라기보다 남아프리카공화국에 더 가까운 분포다. 예상된 공포가 이미 수면 위로 올라온 것처럼 보이지만, 인구통계학의 변화는 상상하는 만큼 지배 카스트에게 실질적인 영향을 주지 않을지도 모른다. 2016년 한 조사에 따르면 부의 불균형이 현재와 같은 속도로 지속될 경우, 흑인 가족이 지금 백인 가족이 갖고 있는 부를 축적하려면 228년이, 라틴계 가족은 거기서 84년이 더 걸릴 것이라고 한다.[8]

남아프리카공화국뿐만 아니라 미국도 마찬가지다. 그동안 내내 경제적·사회적·정치적 지배권을 쥐고 흔들던 사람들이, 앞으로 그것을 계속 유지하기 힘들 것이라고 추측할 이유는 없다. 이것은 건국 이래 미국에서 카스트의 지배를 가능하게 한 무형의 틀인, '다수결'이라는 소중한 이상의 시금석이다. 지배 카스트가 물려받은 이점은, 백인의 지배를 보장했다. 게리맨더링에 의한 선거구부터 유권자 탄압, 사법부의 우경화, 지배 카스트에게 유리한 선거인단에 이르기까지 통치의 거의 모든 측면에서 지배 카스트의 이해관계는 백인들의 지배를 보장했다. 과반수를 차지하는 부류가 그동안 내내 지켜온 그 자리가 아니더라도, 미국이 다수결 원칙에 대한 믿음을 고수할까? 이것은 미국이 불평등을 더욱 심화시킬지, 아니면 우리 스스로 천명한 예외적 국가로서 세계를 선도하기로 작정할지 선택할 기회다.

우리가 카스트 체제로 인해 치러야 할 대가를 깨닫고 인정하지 못하면, 위계는 그 구조를 온전하게 유지하기 위해 과거에 그랬던 것처럼 그 형태를 또다시 바꿀 가능성이 높다. 예를 들어 아시아계나 라틴계 중에 가장 피부가 밝은 사람들, 부모 중 한쪽이 백인인 혼혈 등 경계에 있는 사람들에게 명예 백인 지위를 부여하는 쪽으로 확장해 지배 카스트의 서열을 늘리려 할 것이다.

카스트 체제는 바닥에 있는 사람과 중간에 있는 사람들을 나누고, 백인과 가장 가까운 사람들을 골라내고, 피부색이 가장 짙은 미국인들을 더욱 고립시켜 그들을 사다리 맨 아래에 더욱 확실하게 가둘 수 있다. 이는 시대정신의 위기이자 미국 정신의 패배로 귀결될 것이다. 미국이 중독 위기를 겪을 때 그랬던 것처럼, 상류의 독소는 결국 하류로 흘러가기 때문이다. 사회가 불우한 이웃의 요구를 충족시킬 때, 그 혜택은 모든 사람에게 돌아간다. 민권운동 기간에 발생한 피지배 카스트의 희생은, 인종과 관계없이 미국의 모든 여성에게 골고루 그 혜택이 돌아갔다. 이들은 지금 직업 차별로부터 법적 보호를 받는다. 1960년대 이전까지만 해도 꿈꾸지 못했던 일이다.

생득권, 법의 보호를 받는 평등권, 투표권, 성별·인종·출신을 근거로 차별하지 못하도록 막는 법 등 지금 우리 시대의 미국인이 누리면서 동시에 공격받고 있는 진보는 대부분 이 나라의 피지배 카스트가 정의를 위해 싸운 투쟁의 부산물이며 그것은 결국 그들 자신뿐 아니라 다른 사람들에게도 도움이 되었다.

△

독일의 역사를 들여다보면 미국에서 과연 카스트가 종식될 수 있을지 상상해 볼 수 있다. 나치의 12년 통치는 카스트 체제를 만들 수도 있지만 해체도 가능하다는 사실을 보여주었다. 하지만 미국이 다른 나라와 공유하고 있는 부분들을 보지 못한다면 큰 실수를 범할지도 모른다. 정치학자 한나 아렌트Hannah Arendt가 '악의 평범성the banality of evil'이라고 지적한 그 부분은 인간 프로그래밍이 갖는 공통의 취약성이다. 인간성 말살의 문화를 연구해 온 철학자 데이비드 리빙스턴 스미스는 제3제국을 기이한 탈선으로 치부하기는 아주 쉽다고 말한다.[9] "사람들은 독일인들이 유별나게 잔인하고 피에 굶주린 이들이라고(이었다고) 생각하고 싶어 한다. 아주 위험하고 잘못된 진단이다. 나치라는 현상에서 가장 심란한 점은 그들이 미친 사람이나 괴물이었다는 사실이 아니라 평범한 인간이었다는 사실이다."

어떤 불의를 봤을 때 우리는 독재자 한 사람만 비난하고픈 충동을 느낀다. 하지만 사실 그것이 가능했던 이유는 평범한 사람들이 카스트라는 메커니즘을 용인했기 때문이다. 아니, 좀 더 일반적으로 말해 그런 메커니즘이 기능하는 것에 대해 아무도 행동하지 않았기 때문이다. 평범한 사람들은 최근에 벌어진 경찰의 살인 행위를 접하고도 어깨를 한 번 으쓱하고 말거나, 식탁에 같이 앉은 소외된 사람들에 대한 멸시를 웃어넘기고, 가까운 친척일지도 모르는 사람을 난처하게 만들까 봐 아무 말도 하지 못한다. 이들은 자녀가 다니는 학교를 위해 재산세를 더 낼 의향은 있지만 아이들을 교육하기 위해 필요한 세금은 선뜻 내려 하지 않는다. 또한 그들은 카스트의 특권을 잃을까 두려워 모임에서 유색인, 여성 등 소외된 입장의 사람들에게 발언권을 주지 않고 그들이 낸 아이디어도 무시한다(나중에는 채택할지도 모르지만). 이런 사람들 때문에 모두가 단단히 움켜쥐고 있는 시스템은 대체로 온전하게 유지된다. "카스트는 벽돌로 세운 벽이나 철조망 같은 물리적 실체가 아니다. 카스트는 개념이다. 그것은 정신 상태다." 달리트의 지도자 빔라오 암베드카르는 말했다.[10]

아무도 카스트의 촉수를 벗어날 수 없다. 특정 집단에 비해 본질적으로 더 똑똑하고 더 유능하고 더 가치 있는 집단이 있다는 메시지로부터 자유로울 수 없다. 이런 프로그램은 우리 모두의 잠재의식 속에 깊이 자리 잡고 있다. 지위가 높든 낮든 누가 개입하여 프로그램을 다시 짜지 않는 이상 우리는 건네받은 대본대로 연기할 수밖에 없다. 그러나 아인슈타인의 경우에서 보듯, 우리가 숨 쉬는 대기에 만연한 카스트의 독소에, 면역력을 갖춘 듯한 사람들이 있다. 이들은 사람들이 피해가지 못하는 한계를 어떻게든 넘어선다. 노예제를 끝내기 위해 개인적인 파멸을 무릅쓴 노예제 폐지론자들부터 짐 크로를 종식시키기 위해 목숨을 바친 백인 민권운동가들, 이를 불법화한 정치 지도자들까지. 희귀종에 속하는 이러한 사람들은 인간의 영혼을 표명함으로써, 우리를 옥죄고 있는 위계구조의 지배에서 벗어날 수 있음을 보여준다.

이들은 확고한 용기와 신념, 여유로운 안정감, 인습을 깨뜨리려는 의지를 갖춘 사람들이다. 이들은 타자의 승인을 받지 않고 자아를 확립했으며, 깊고 꾸준히 공감하며 감정이입을 할 줄 아는 사람들이다. 많은 사람이 그들을 닮고 싶어 하지만, 실제로 닮는 경우는 많지 않다. 그러다 어느 순간 진실을 깨우치게 되면 더 많은 사람이 그들처럼 될지도 모른다.

△

미국인들은 이 나라가 천명한 이상과 배치되는 카스트 체제로 인해 값비싼 대가를 치르고 있다. 투표권법이 제정되던 1965년 이전의 미국은 민주주의 국가도, 능력주의meritocracy 국가도 아니었다. 미국 인구의 대부분은 생활 곳곳에서 벌어지는 경쟁에서 배척당했다. 우연히 남성으로 태어나고 어쩌다 유럽 혈통을 가진 사람들끼리만 경쟁을 벌였을 뿐이다. 미국은 오랫동안 피부색과 성별과 국적을 가진 사람들의 재능을 차단해 왔다.

능력주의를 정말로 믿는 사람이라면 오랜 세월 특정 집단을 배제하거나 자격이나 기회조차 주지 않는 카스트 체제에 더는 머물고 싶지 않을 것이다. 인류 전체가 참여하지 않은 경기라면 어떤 승리도 적법성을 가질 수 없다. 마치 핀란드와 캐나다가 출전하지 않았던 해에 미국이 아이스하키에서 금메달을 딴 것처럼, 그런 승리는 별표를 붙여 따로 취급한다. 인류 전체를 완전히 포용하면 인간이 기울이는 모든 노력의 기준이 더욱 올라간다.

시대는 카스트가 우리에게 청구한 금액에 대해 공인된 회계처리를 요구한다. 그것이 곧 진실과화해위원회Truth and Reconciliation Commission다. 이런 절차를 통해 비록 뒤틀린 역사라 해도 우리는 그 전모를 알 수 있다. 카스트에 관한 편견과 인종을 기반으로 한 적대 감정을 계속 고집하게 되면 지배 카스트의 대다수는 말 그대로 언어도단을 일삼을 것이다. 엄연히 존재하는 사실을 인정하지 않고서는 어떤 문제도 해결할 수 없다. 그런 문제를 입에 올리기 싫어하는 사람들이 있는 것도 그 때문이다. 분명히 해결할 수 있는 문제인데도 말이다.

아인슈타인은 전국도시연맹National Urban League에서 행한 연설에서 다음과 같이 말했다. "과거의 부당함, 폭력, 경제적 차별을 사람들이 알 수 있도록 모든 노력을 기울여야 합니다. '그 얘기는 꺼내지 말자'는 금기부터 깨야 합니다. 관습에 따라 유색인종의 상당수를 실질적인 시민권에서 배제하는 행위는, 국가 헌법을 면전에서 모욕하는 일임을 거듭 지적해야 합니다."[11] 우리 시대의 도전은 단순히 흑과 백으로 사회를 구성하는 것이 아니라 인간으로서 우리가 허용할 수 있는 것 이상의 힘을 가진 카스트 체제를 겹겹이 꿰뚫어 보는 일이다. 서구 세계에서 가장 특권을 누린다는 인간들도 살다 보면 비참하게 냉대받는 카스트로 전락한다. 그들도 언젠가는 인간 순환계의 마지막 카스트에 들게 될 날이 있을 것이다. 노령자 이야기다. 그들은 죽음을 멀리하기 위해 젊음을 숭배하는 서구 문화에서 가장 천대받는 축에 속한다. 카스트 체제에 자비란 없다.

△

태어날 때 우연히 얻은 것이 체제에서 가장 가치 있는 것과 일치한다면 어떻겠는가? 그런 복권에 당첨된 사람들은 마찬가지로 타고난 특성 때문에 모욕을 견뎌야 하는 사람에게 공감하는 능력을 갖춰야 한다. 이 능력에는 과격할 정도의 공감이 필요하다. 이는 단순한 공감이 아니라, 과격한 공감이다. 이때 공감은 동정이 아니다. 동정은 누군가를 보며 슬픔을 느끼는 것으로, 주로 상실의 슬픔인 경우가 많다. 공감은 연민이 아니다. 연민은 위에서 내려다보며 다른 사람의 불행을 멀리 떨어져 슬퍼하는 것이다. 공감은 다른 사람의 입장에 서서 그 느낌을 상상해 보는 것이다. 물론 이것이 시작일 수는 있지만, 이 또한 하나의 역할극에 지나지 않는다. 공감만으로는 뒤틀린 세상의 문제를 해결할 수 없다.

반면 과격한 공감이란 자기 자신을 가르치고 겸손한 마음으로 귀를 기울여 타인이 겪는 일을 그들의 관점에서 이해하는 행위다. 그것은 우리가 느끼는 대로 상상하는 것이 아니다. 과격한 공감은 한 번도 겪어본 적 없고 아마 앞으로도 겪을 것 같지 않은 상황을 가정하고, 그럴 때 어떻게 하겠다고 생각하는 문제가 아니다. 그것은 마음을 열고 다른 사람의 고통을 그들이 인식하는 만큼 깊게 느낄 때 나오는 동질적 유대감이다.

공감이 경험을 대신할 수는 없다. 다리가 부러지거나 총상을 입은 사람에게 우리는 아픈지 안 아픈지 묻지 않는다. 카스트 복권에 당첨된 사람들도 카스트의 횡포에 시달려 온 사람에게 무엇이 불쾌하고 아프며 치욕스러운지를 물어서는 안 된다. 특권을 가진 사람은 다른 사람이 부당한 대우를 받는 것을 볼 때 나서서 행동해야 할 도덕적 의무가 있다. 지배 카스트에 있는 사람이라면 적어도 그들의 고통이 더 악화되지 않도록 해야 한다.

앞에 있는 사람의 인간성을 진실한 마음으로 보고, 그들과 유대감을 가져야 한다. 코스프레이든 〈스타 트렉Star Trek〉이든 부모를 잃은 슬픔이든 서로에게 들어가는 문을 열어줄 공통의 열쇠를 찾을 수 있다면 그 안에 있는 사람들을 보는 방식도 달라지기 시작할 것이다. 그렇게 되면 우리가 채택한 방식들도 달라질지 모른다. 한 사람이 카스트를 뛰어넘어 유대감을 가질 때마다 카스트의 허리도 조금씩 부서져 나갈 것이다. 나비 한 마리의 날갯짓에 대기가 바뀌어, 대양을 가로지르는 허리케인이 생겨나듯 말이다.

현재의 난맥상을 볼 때 인종차별주의자나 성차별주의자가 되지 않는 정도의 처방으로는 문제를 해결하기에 충분하지 않다. 우리 시대는 친 아프리카계, 친 여성, 친 라틴계, 친 아시아계, 친 원주민, 친 인류를 요구한다. 관용만으론 부족하다. 우리는 여름에 모기를 견디고, 덜컹거리는 엔진을 참고, 겨울에는 횡단보도에 쌓여 진창이 된 눈을 참는다. 일일이 대응하기보다는 사라지길 바라며 참는다. 참는 건 자랑할 일이 못 된다. 교리는 이웃을 너 자신처럼 사랑하라고 말하지, 참으라고 말하지 않는다.

△

　　눈이 밝아지고 정신을 차린 순간, 우리는 수태受胎의 시점에 충돌한 유전자 결합을 기준으로 세상이 우리에게 자리를 정해주었다는 사실을 깨달았다. 우리에게 맡겨진 역할을 받아들일지 아니면 그에 도전할지는 우리 각자가 결정할 문제다. 신념과 꿈, 사랑하고 그 사랑을 표현하는 방법, 우리가 실제로 통제할 수 있는 것 등 우리 내면의 것들이 우리에게 결정권이 없는 겉모습보다 더 중요하다고 판단해 세상에 알리는 일 역시 우리 각자의 몫이다. 외모가 아니라 우리가 가진 것으로 무엇을 할지, 우리가 받은 재능으로 무엇을 만들지, 우리의 행성을 어떻게 대할지에 따라 우리의 정체성이 결정된다는 사실을 받아들이는 것도 각자의 몫이다.

　　시대나 장소를 막론하고 인류는 서로 다른 점보다 비슷한 점이 더 많았다. 지금이나 아주 오래전이나 왜 사람들이 이런 일이 생길 때 이렇게 행동하느냐고 묻는 것은 좋은 질문이 아니다. 그보다는 어떤 상황과 마주했을 때 '인간은 어떻게 하느냐'고 물어야 한다. 태어날 환경을 선택해 태어난 사람은 없다. 특권을 얻었든 낙인이 찍혔든 그것은 우리와 상관이 없는 일이었다. 우리가 전적으로 관여해야 하는 것은 신이 주신 재능이다. 노력해야 할 것은 오늘 이후로 우리 안의 다른 이들을 대하는 방법이다.

　　우리처럼 생긴 사람들이 수백 년 전에 했던 일에 대해 우리는 개인적으로 책임이 없다. 하지만 오늘날 우리와 함께 사는 사람들에게 도움을 주거나 못된 짓을 할지는 우리가 책임질 문제다. 다른 사람을 괴롭히고 해를 끼치고 상처 주게 만든 모든 판단에 대해서는 우리 각자가 책임을 져야 한다. 우리처럼 생긴 사람들이 저지르거나, 우리처럼 생긴 사람들에게 일어났던 일들이 모여 지금 우리가 사는 세상의 발판이 되었다는 사실을 인정하는 것. 이는 우리 책임이다. 우리 이전에 일어난 일로 인해 우리가 아무런 노력을 하지 않고도 유리한 입장에 선 것과, 아무런 잘못 없이 부담을 갖게 됐다는 사실과, 그로 인해 우리와 다르게 생긴 사람들이 이익을 얻지 못한다는 사실을 인정하는 것도 우리가 책임질 일이다.

우리는 우리의 무지에 책임을 져야 하며, 시간을 가지고 마음을 열고 각성한 뒤 우리의 지혜에 책임을 져야 한다. 우리는 우리 시대와 공간에서 우리가 한 행위나 악행에 책임을 져야 하며, 그에 따라 다음 세대의 판단을 기다려야 한다.

△

카스트가 없는 세상에서는 우리 부족, 우리 가족, 운이 좋은 우리 공동체의 빗나간 힘자랑 대신 모두가 모든 인류를 경이로운 눈으로 바라볼 것이다. 에티오피아 육상 선수의 아름다운 유연성, 지구를 살리는 일에 동참하기로 결심한 스웨덴 소녀의 용기, 물리적 한계에 도전하는 아프리카계 미국인 올림픽 출전 선수의 신기에 가까운 곡예, 1분에 144단어의 속도로 미국의 건국 역사를 랩으로 쏟아내는 푸에르토리코 출신 작곡가의 재능. 이 모든 능력은 인간이 할 수 있는 것을 경이로운 눈으로 바라보게 하고, 그로 인해 살아 있는 것을 감사하게 만든다.

카스트가 없는 세상에서 남성과 여성, 백인과 흑인, 이민자와 원주민이라는 조건들은 능력과 가능성에 아무런 관련이 없다. 카스트가 없는 세상에서는 모두가 자신의 생존을 위해 다른 종족의 복지에 투자할 것이다. 카스트가 없는 세상에서는 우리가 생각보다 더 서로를 필요로 한다는 사실을 깨달을 것이다. 불길이 치솟고 빙하가 녹으며 불안이 가중될수록, 우리는 전 세계에 흩어져 있는 원주민들과 힘을 합칠 것이다. 우리는 다른 사람이 고통을 겪을 때 인간이라는 집단이 그 고통의 진전을 더디게 만든다는 사실을 알게 될 것이다. 카스트가 없다면 말이다.

카스트가 없는 세상은 모두를 자유롭게 할 것이다.

머리말 격랑 앞의 조각배 하나

1 James Baldwin, *Fire Next Time*, pp. 53, 54.

2 전국도시연맹National Urban League은 1911년에 설립된 흑인 인권 단체로, 아프리카계 미국인의 사회경제 복지를 위해 일한다. Jerome and Taylor, *Einstein on Race and Racism*, p. 146.

3 Wayne Morrison, *Criminology, Civilisation and the New World Order*(New York: Routledge, Cavendish, 2006), p. 80.

1장 피할 수 없는 투영의 시간

1 Alexey Eremenko, "Heat Wave Sparks Anthrax Outbreak in Russia's Yamalo-Nenets Area," NBC News, July 27, 2016 ; "First Anthrax Outbreak Since 1941: 9 Hospitalised, with Two Feared to Have Disease," *Siberian Times*, July 26, 2016.

2 기사 앞에는 편집자의 경고 문구가 달렸다. "이 기사에는 저속하고 노골적인 언어가 포함되어 있어 불쾌감을 유발할 수 있습니다." Jessica Taylor, "'You Can Do Anything': In 2005 Tape, Trump Brags About Groping, Kissing Women," National Public Radio, October 7, 2016.

3 Hari Kunzru, "Hillbilly Elegy by J. D. Vance Review—Does This Memoir Really Explain Trump's Victory?" *Guardian*, December 7, 2016.

4 아이오와주 수 센터Sioux Center에서 열린 유세에서 트럼프는 이렇게 말했다. "사람들이 내게 충성한다고 하는데 그거 알고 있었어요? 내가 5번가 한복판에서 사람을 쏘더라도 한 표도 잃지 않을 거요. 믿을 수 없는 정도라고요." Katie Reilly, "Donald Trump Says He 'Could Shoot Somebody' and Not Lose Voters," *Time*, January 23, 2016.

5 Conor Dougherty, "Whites to Lose Majority Status in U.S. by 2042," Wall Street Journal, August 14, 2008, "US Set for Dramatic Change as White America Becomes

Minority by 2042," *Guardian*, August 14, 2008.

6   Melanie Burney, "Bordentown Police Chief Called President Trump 'The Last Hope For White People,' a South Jersey Officer Testifies," *Philadelphia Inquirer*, September 23, 2019.

7   Akhil Reed Amar, "The Troubling Reason the Electoral College Exists," *Time*, November 6, 2016. 선거인단은 건국 시대의 잔재로, 당시엔 인구의 18퍼센트, 즉 대략 6명 중 1명이 노예였다. 그들은 남부 주에 몰려있었고 투표권도 없었다. 18세기 헌법은 한 발 양보하여 남부 주에서 노예를 자유인의 5분의 3으로 계산했는데, 이는 의회에서 그들의 대표성과 함께 대통령 선거에서 선거인단의 수를 늘리기 위한 꼼수였다. 덕분에 노예 주들은 다른 주보다 더 많은 영향력을 행사할 수 있었다. 요즘에도 보수적이고 시골이 많고 인구가 적은 주들은 그렇지 않은 주보다 선거에서 더 많은 영향력을 행사한다.

8   선거인단에 의해 결과가 바뀐 경우는 1876년 새뮤얼 틸든Samuel Tilden을 누른 러더퍼드 B. 헤이즈Rutherford B. Hayes, 1888년에 그로버 클리블랜드Grover Cleveland를 따돌린 벤저민 해리슨Benjamin Harrison, 2000년에 앨 고어Al Gore를 제친 조지 W. 부시George W. Bush, 2016년에 힐러리 클린턴에게 이긴 도널드 J. 트럼프 등이다. (1824년 선거는 일반투표와 선거인단 투표 어디서도 과반수를 얻은 후보가 없어 4명의 후보가 하원에서 다시 선거인단 투표를 한 끝에 존 퀸시 애덤스John Quincy Adams가 최종 당선자로 확정되었다.) Tara Law, "These Presidents Won the Electoral College—but Not the Popular Vote," *Time*, May 15, 2019.

9   사우스캐롤라이나 리치랜드 카운티의 민주당 의장 맷 키스너Matt Kisner는 "정상적으로 가동되는 민주주의"라면 분명 탄핵이 옳은 조치겠지만 현 상황의 미국에서는 애석하게도 역효과만 낳을 것이라며 이렇게 말했다. "그것은 그의 기반을 흔들 것이다. 그리고 동시에 너도나도 그를 어떻게든 끌어내리려 한다는 그들의 우려를 정당화시킬 것이다. 그렇게 되면 기표소에서 그를 누르는 일이 더 복잡해질 뿐이다. 우리가 정작 이겨야 할 곳은 그곳이다." Daniel Dale, "Democratic Leaders Remain Reluctant to Impeach Trump," *Star* (Toronto), April 23, 2019,

10   재임 중 탄핵 소추된 두 명의 전임 대통령은 1868년의 앤드루 존슨과 1998년의 빌 클린턴이었다. 리처드 닉슨은 1974년 8월에 하원이 탄핵을 서두르자 공화당 동료들의 압력에 밀려 대통령직에서 사임했다.

11   2019년 3월 11일 백악관에서 가진 언론 브리핑을 마지막으로 2020년 2월 5일 대통령 탄핵 재판이 끝날 때까지 329일 동안 브리핑은 없었다. Chris Cillizza, "The Last 'Daily' White House Press Briefing Was 170 Days Ago," CNN, August 28, 2019.

12   Dan Diamond, "Trump's Mismanagement Helped Fuel Coronavirus Crisis," *Politico*, March 7, 2020.

13   Zachary Crockett, "Donald Trump Is the Only US President Ever with No Political or Military Experience," *Vox*, January 23, 2017.

14   두 워싱턴 기자는 클린턴의 오랜 연설문 작성자인 리사 머스커틴Lissa Muscatine과 버락 오바마 대통령의 천재 연설문 작성자였던 존 패브로Jon Favreau의 견해를 "볼썽사

나운 난장판^{unholy mess}"이라는 표현으로 압축한다. Jonathan Allen and Amie Parnes, *Shattered: Inside Hillary Clinton's Doomed Campaign* (New York: Crown, 2017), p. 13.

15 NBC 뉴스의 보도에 따르면 러시아과학원^{Russian Academy of Sciences} 생물학 교수 블라디미르 보그다노프^{Vladimir Bogdanov}는 러시아 통신사 RBC와의 인터뷰에서 "반세기 이상 발병 사실이 없다는 이유로 야말 당국이 10년 전에 순록 예방접종을 중단한 것은 명백한 실수였다"라고 말했다. Alexey Eremenko, "Heat Wave Sparks Anthrax Outbreak in Russia's Yamalo-Nenets Area," NBC News, July 27, 2016.

16 "Russian Troops Destroy Hundreds of Reindeer Killed by Anthrax," *Times* (London), August 9, 2016.

17 Tundra Ablaze as Reindeer Carcasses Infected with Deadly Anthrax Are Incinerated," *Siberian Times*, August 5, 2016.

18 Hacker, *Two Nations*, p. 4.

19 Martin Luther King, Jr., "My Trip to the Land of Gandhi" (1959).

20 C. Edwards Lester, *Life and Public Services of Charles Sumner* (New York, 1874), pp. 74, 81.

21 Myrdal, *American Dilemma*, p. 2:677.

22 Montagu, *Most Dangerous Myth*, p. 180.

23 Madison Grant, *The Passing of the Great Race* (New York: Charles Scribner's Sons, 1916), p. 64.

24 Pope, *Millhands*, p. 94.

25 "남부의 인종 위계^{Race Hierarchy in the South}"로 알려진 이 강령은 1913년도 〈닐스 먼슬리 *Neale's Monthly*〉 11월호에 처음 실렸다. 이 내용은 다음 자료에도 나온다. Bailey, *Race Orthodoxy in the South*, p. 112.

26 조티바^{Jotiba, Jotirao}는 19세기 인도의 반 카스트 개혁가로, 남북전쟁을 계기로 노예제도를 폐지한 미국 국민들에게 1873년에 발표한 자신의 저서 〈굴룸기리^{Gulumgiri}(노예제)〉를 헌정했다. 다음 자료에서 인용. Kalpana Kannabirin in *Non-Discrimination and the Indian Constitution* (New Delhi: Routledge, 2012), p. 151.

27 B. R. Ambedkar to W.E.B. Du Bois, ca. July 1946, in W.E.B. Du Bois Papers (MS 312). Special Collections and University Archives, University of Massachusetts Amherst Libraries.

28 W.E.B. Du Bois to B. R. Ambedkar, July 31, 1946, ibid.

29 Du Bois, *Souls of Black Folk*, p. 3.

30 Stampp, *Peculiar Institution*, pp. 330-31

31 Tocqueville, *Democracy in America*, p. 141.

32 *The great quest in the film series:* Wachowski, Lilly and Lana, writers and directors (originally as The Wachowski Brothers). *The Matrix Reloaded*. Warner Brothers Studio, 2003.

2장 분류는 차별이다

1   Vaughan, *Roots of American Racism*, p. 129.

2   Smedley and Smedley, *Race in North America*, p. 112.

3   Ibid., p. 113.

4   Ibid., p. 112.

5   Weld, *American Slavery*, p. 76.

6   Ibid., pp. 76, 77.

7   George McDowell Stroud, *A Sketch of the Laws Relating to Slavery in the Several States of the United States of America* (Philadelphia, 1856), p. 154; Weld, *American Slavery*, p. 283.

8   Steinberg, *Ethnic Myth*, p. 300.

9   Gross, *What Blood Won't Tell*, pp. 22, 23.

10 Goodell, *American Slave Code*, p. 64.

11 Ibid., pp. 72, 63, 12.

12 Stampp, *Peculiar Institution*, p. 218.

13 Goodell, *American Slave Code*, p. 125.

14 Ibid., p. 116.

15 Baptist, *The Half Has Never Been Told*, pp. 120, 139 – 141, 185.

16 Guy B. Johnson, "Patterns of Race Conflict," in Thompson, *Race Relations*, p. 130.

17 Cash, *Mind of the South*, pp. 82 – 83.

18 Baldwin, *Fire Next Time*, p. 69.

19 노예제도는 1619년부터 1865년까지 246년간 지속되었다. 독립선언서가 발표된 것은 1776년이다. 1776년부터 246년이 되는 해는 2022년이다. 1865년에 수정헌법 제13조가 통과되면서 아프리카계 미국인은 노예제에서 해방되었다. 아프리카계 미국인을 노예에서 해방시킨 수정헌법 제13조가 통과된 1865년을 기점으로 246년이 되는 해는 2111년이다.

20 Guy Gugliotta, "New Estimate Raises Civil War Death Toll," *New York Times*, April 3, 2012.

21 López, *White by Law*, p. 84.

22 James Baldwin, "On Being 'White' and Other Lies," *Essence*, April 1984, p. 90.

23 Jacobson, *Whiteness*, p. 8.

24 Foner, *Reconstruction*, pp. 32 – 33.

25 Jacobson, *Whiteness*, p. 9.

26 W. Lloyd Warner and Allison Davis, "A Comparative Study of American Caste," in Thompson, *Race Relations*, p. 245.

27 Doyle, *Etiquette of Race Relations*, p. 145.

28 Sokol, *There Goes My Everything*, pp. 108–9.

29 George B. Leonard,"Journey of Conscience: Midnight Plane to Alabama," *Nation*, March 10, 1965, pp. 502–5.

30 Chao-Qiang Lai, "How Much of Human Height Is Genetic and How Much Is Due to Nutrition?" *Scientific American*, December 11, 2006.

31 Smedley and Smedley, *Race in North America*, pp. 37, 14, 19.

32 López, *White by Law*, p. 59.

33 Painter, *The History of White People*, pp. 72–84.

34 López, *White by Law*, p. 54.

35 Naomi Zack, *Philosophy of Science and Race* (New York: Routledge, 2002), p. 68.

36 Montagu, *Most Dangerous Myth*, pp. 116, 72–73.

37 Painter, *History of White People*, p. xii.

38 Dante Puzzo, "Racism and the Western Tradition," *Journal of the History of Ideas* 25, no. 4 (October–December 1964): 579.

39 Garance Frank-Ruta, "The Time Obama Was Mistaken for a Waiter at a Tina Brown Book Party," *Atlantic*, July 19, 2013.

40 Borayin Larios and Raphaël Voi, "Introduction. Wayside Shrines in India: An Everyday Defiant Religiosity," *South Asia Multidisciplinary Academic Journal* 18 (2018).

41 Rajshekar, *Dalit*, p. 11.

42 Shah et al., *Ground Down*, p. 3.

43 Verba, Ahmed, and Bhatt, *Caste, Race and Politics*, p. 15.

44 Kevin D. Brown, "African-American Perspective on Common Struggles: Benefits for African Americans Comparing Their Struggle with Dalit Efforts," in Yengde and Teltumbde, *Radical Ambedkar*, p. 56.

45 Whitman, *Hitler's American Model*, p. 113. 세상을 술렁이게 만든 휘트먼의 책은 미국의 법체계가 어떻게 나치의 인종 정책에 영향을 미치고 그들에게 영감을 주었는지에 대해 소름 끼칠 정도로 상세히 파헤친다. 방대한 조사와 나치의 기록과 나치 시대의 문헌에 대한 면밀한 검토를 바탕으로, 휘트먼은 미국 인종법과 나치의 연관성을 하나의 큰 그림으로 재구성한다. 이 책은 1934년 6월 5일 나치형법개정위원회의 기획회의에 대한 상세한 설명서다.

46 1936년에 발간된 다음 저서의 서평에 언급된 내용. Heinrich Krieger, *The Race Law in the United States*. 다음 작품에서 재인용. Kül, *Nazi Connection*, p. 99.

47 Ibid., pp. 14, 15.

48 Ryback, *Hitler's Private Library*, p. 112.

49 Kühl, *Nazi Connection*, pp. 61, 62.

50 Spiro, Defending the Master Race, pp. xi, 357. F. 스콧 피츠제럴드[F. Scott Fitzgerald]는

당시 미국의 대중문화에서 스타다드와 그랜트가 차지하는 위치를 평가하면서 《위대한 개츠비*The Great Gatsby*》에서 등장인물의 대화를 통해 두 사람을 싸잡아 비난한다. 톰*Tom*은 데이지*Daisy*에게 멋진 책을 읽었다며 고다드*Goddard*가 쓴 "지배계급의 인종"이 직면하고 있는 도전을 얘기한다.

51 Fischer, *Hitler and America*, pp. 2, 9.

52 Waitman Wade Beorn, *The Holocaust in Eastern Europe: At the Epicenter of the Final Solution* (London: Bloomsury, 2018), p. 61.

53 Spiro, *Defending the Master Race*, p. 357.

54 Eugene DeFriest Béit, *Collective Amnesia: American Apartheid: African Americans' 400 Years in North America*, 1619 - 2019 (Xlibris, 2019), p. 282. 히틀러는 미국의 인종 정책을 직접 살폈다. "나는 미국 여러 주의 법을 흥미 있게 들여다봤다"라고 그는 말했다. "십중팔구 전혀 쓸모없는 자손을 낳거나 인종적 혈통에 해만 끼치는 사람들의 번식을 막는 문제에 나는 각별한 관심을 가졌다.(Ryback, *Hitler's Private Library*, p. 112.)"

55 Whitman, *Hitler's American Model*, p. 138.

56 Ibid., p. 77.

57 Ibid., p. 138. 남아프리카 공화국이 인종 간 결혼을 금한 것은 1949년에 혼혈결혼금지법*Prohibition of Mixed Marriages Act*을 통과시키면서부터였다. 1957년에 남아프리카공화국은 흑인과 백인 간의 동거나 성관계를 금지하는 배덕법*Immorality Act* 16조를 통과시켰다.(Nathaniel Sheppard, "S. Africa Plans to Repeal Racial Sex Ban," Chicago Tribune, April 16, 1985, Michael Parks, "S. Africa to End Racial Ban on Sex: Will Repeal Laws Forbidding Blacks to Marry Whites," Los Angeles Times, April 16, 1985.)

58 Brustein, *Logic of Evil, p. 9; Hett, Death of Democracy*, p. 201. 1932년, 나치 시대에 마지막으로 자유롭고 공정하게 치러진 독일 총선에서 나치당이 얻은 표는 38퍼센트에 못 미쳤다.

59 Fischer, *Hitler and America*, p. 4.

60 Barry Eichengreen and Tim Hatton, *Interwar Unemployment in International Perspective*, IRLE Working Paper no. 12 - 88 (April 1988).

61 Koonz, *Nazi Conscience*, p. 176

62 Whitman, *Hitler's American Model*, pp. 122, 121.

63 Ibid., pp. 122 - 23.

64 Alan E. Steinweis, *Studying the Jew: Scholarly Anti-Semitism in Nazi Germany* (Cambridge, Mass.: Harvard University Press, 2006), p. 45.

65 Whitman, *Hitler's American Model*, p. 120.

66 Ibid., p. 102.

67 Ibid., pp. 107 - 8.

68 Ibid., p. 109.

69 Koonz, *Nazi Conscience*, p. 171.

70 Ibid., p. 177.

71 Fredrickson, *White Supremacy*, pp. 123 - 24.

72 Whitman, *Hitler's American Model*, p. 128.

73 Ibid.

74 Nigel Dunkley, interview by author, Berlin and Sachsenhausen, May 24, 2019.

75 Schrieke, *Alien Americans*, p. 133.

76 Ralph Ginzburg, *100 Years of Lynchings* (Baltimore: Black Classic Press, 1988), p. 155.

77 National Association for the Advancement of Colored People and James Weldon Johnson, N.A.A.C.P. Rubin Stacy Anti-Lynching Flier, Yale University, Beinecke Rare Book & Manuscript Library; Emma Sipperly, "The Rubin Stacy Lynching: Reconstructing Justice," Northeastern University Civil Rights and Restorative Justice Clinic working document, Fall 2016; John Dolen, "His Name Was Rubin Stacy," *Fort Lauderale Magazine*, August 1, 2018.

78 *The Crisis* 10, no. 2, June 1915, p. 71.

79 Allen, *Without Sanctuary*, pp. 29, 174 - 77, 183.

80 Richard Lacayo, "Blood at the Root," *Time*, April 2, 2000.

81 "A Horrible Lynching," *Nebraska Studies*, n.d.

82 Sean Hogan, "Turning On the Light: Henry Fonda and Will Brown," *Roger Ebert*, January 31, 2018.

3장 카스트의 기둥

1 Manu, *Law Code*, p. 20.

2 Genesis 9:20 - 27.

3 영국의 무역업자 리처드 잡슨Richard Jobson은 1623년에 아프리카 사하라 이남 지역에서 마주친 사람들에 대해 이렇게 썼다. "의심할 바 없이 이 사람들은 원래 아버지 노아의 은밀한 곳을 본 함의 후손 가나안 종족일 것이다. 잠을 깬 노아는 우리의 성서가 증언하듯 가나안을 저주했다."(Jordan, *White over Black*, p. 35.)

4 Leviticus 25:44 .

5 Thomas R. R. Cobb, Slavery from the Earliest Periods (Philadelphia, 1858), pp. xxxv - vi, clvii. 창세기에 대한 이런 해석을 문제 삼은 사람들은 기이하게도 노예를 부린 사람들보다 흑인을 더 증오했다. 그들은 이 같은 해석의 잘못을 지적하면서, 아프리카인은 인간이 아니라 짐승이기 때문에 저주를 받았든 받지 않았든 상관없이 노아의 아들들의 후손이 될 수 없다고 주장했다.

6   Bailey, *Race Orthodoxy in the South*, p. 93.

7   William Waller Hening, ed., *The Statutes at Large; Being a Collection of All the Laws of Virginia from the First Session of the Legislature, in the Year 1619* (New York, 1823), p. 2:170.

8   Davis, Gardner, and Gardner, *Deep South*, p. 15.

9   Raymond T. Diamond and Robert J. Cottrol, "Codifying Caste: Louisiana's Racial Classification Scheme and the Fourteenth Amendment," *Loyola Law Review* 29, no. 2.

10   "Forest Whitaker Was 'Humiliated' Dur\-ing Shoplifting Incident," *Express*, August 27, 2013.

11   David Zirin, "So(…) the NYPD Just Broke an NBA Player's Leg," *Nation*, April 10, 2015.

12   Lindsey Bever, "Video Shows Former NFL Player's Violent Arrest After He Said Police Mistook a Phone for a Gun," *Washington Post*, April 27, 2018.

13   Scott Davis, "LeBron James on His Advice to His Kids About Dealing with Police: Be Respectful and Put Your Phone on Speaker," *Business Insider*, October 17, 2017.

14   Ambedkar, *Castes in India*, p. 15.

15   몇 세기 후, 짐 크로 시대에 카스트 제도를 집행한 자들은 흑인과 백인 사이의 관계를 "지속적이고 은밀하며 평등에 기초한 것"으로 인정할 수 없다고 생각했다. George De Vos, "Psychology of Purity and Pollution as Related to Social Self-Identity and Caste," in Reuck and Knight, *Caste and Race*, p. 304.

16   "사건의 전모를 재구성할 수는 없지만 몇 가지는 합리적인 추측이 가능하다. (…) 데이비스의 상대는 '니그로'인 것으로 묘사되었지만, 데이비스의 경우는 그 상대에 대한 묘사만큼 인종을 확인할 만한 설명이 없다는 점에서 백인이라는 사실을 미루어 짐작할 수 있다."(Leon Higginbotham quoted in López, *White by Law*, p. 17.)

17   웬만한 주들은 대부분 다른 종족과의 결혼을 금지하는 법을 채택했기 때문에 이런 혼인을 법으로 금지시킨 주를 찾느니 그렇지 않은 주를 찾는 것이 더 빠르다. 결혼금지법이 제정된 이후에 연방에 편입된 알래스카와 하와이 외에 다인종과의 결혼에 대해 침묵한 주는 코네티컷, 미네소타, 뉴햄프셔, 뉴저지, 뉴욕, 버몬트, 위스콘신과 워싱턴 D.C.가 전부였다.

18   Suzy Hansen, "Mixing It Up," *Salon*, March 9, 2001.

19   López, *White by Law*, p. 11.

20   1958년에 갤럽이 인종 간 결혼에 대한 의견을 처음 조사했을 때 그 대상은 미국인 중에서도 백인이었다. 응답자의 94퍼센트는 흑인과 백인 간의 결혼을 반대했고 3퍼센트는 의견을 밝히지 않았다. 찬성한 사람은 4퍼센트에 불과했다.("Marriage," Gallup. com, n.d.)

21   Davis, Gardner, and Gardner, *Deep South*, p. 17.

22 Weld, *American Slavery*, p. 157; Goodell, *American Slave Code*, p. 103.

23 *Freedom Never Dies: The Legacy of Harry T. Moore*, PBS, aired January 12, 2001.

24 L. A. Krishna Iyer, *Social History of Kerala*(Madras: Book Centre Publications, 1970), p. 47. "달리트가 95보 이내로 들어오면 브라만족을 오염시키기 때문에 브라만 가족을 보호하거나 돌보는 일을 맡은 나이르들Nairs은 금기를 깬 달리트를 잔인한 방법으로 죽였다."(Michael Manjallor, "A Critical Analysis of the Efficacy of MDG 2: Case Study of the Dalits of Kerala, India," Ph.D. thesis, Auckland University of Technology, Auckland, New Zealand, 2015, p. 79.)

25 G. S. Ghurye, *Caste and Race in India* (London: Routledge & Kegan Paul, 1932), p. 12.

26 Cox, *Caste, Class, and Race*, p. 33.

27 Sartre, *Reflexions*, p. 29. 인용 부분은 1954년 프랑스판의 다음 영어 번역본에서 가져왔다. Steinweis and Rachlin, *Law in Nazi Germany*, p. 93. 1948년에 사르트르는 이렇게 썼다. "그들은 갇혀 있는 물속으로 이스라엘 사람이 뛰어들면 물이 완전히 오염된다고 생각하는 것 같았다."(Jean-Paul Sartre, *Anti-Semite and Jew*, translated by George J. Decker (New York: Schocken, 1948), p. 24.)

28 "A Brief History of Jim Crow," Constitutional Rights Foundation, n.d.

29 1908년에 폴라 베빙턴Paula Bevington은 애틀랜타에 있는 퍼스트컬렉션처치First Collection Church 건설을 감독한 휴 프록터Hugh Proctor의 작업을 이렇게 설명했다. "수많은 이웃들이 그에게 제안한 것 중에는 공용 음수대를 설치하는 것뿐 아니라 고아원과 교도소 2곳을 설립하는 안건도 포함되어 있었다. 음수대는 중요하지 않았다. 그래서 그들은 마을에 있는 흑인들이 예전에 이용했던 유일한 식수 시설을 보강했다. 바로 말구유였다."(Paula L. Bevington, "Atlanta Colored Music Festival Association," *New Georgia Encyclopedia*, June 19, 2014.)

30 Fon Louise Gordon, *Caste and Class: The Black Experience in Arkansas, 1880–1920* (Athens: University of Georgia Press, 1995), p. 60.

31 Doyle, *Etiquette of Race Relations*, pp. 153, 151, 152.

32 "Where Should a Negro Get Hurt?," *Christian Index* 61 (August 25, 1932): 9, 10.

33 Victoria W. Wolcott, *Race Riots and Roller Coasters: The Struggle over Segregated Recreation in America* (Philadelphia: University of Pennsylvania Press, 2012), p. 96.

34 Weiner, *Black Trials*, p. 177.

35 Wiltse, *Contested Waters*, p. 126.

36 Art Holliday, "1949 Swimming Pool Integration Sparked Violence, Triggered Change in St. Louis," KSDK, February 28, 2018.

37 Wiltse, *Contested Waters*, pp. 147 – 51, 135 – 38.

38 Mel Watkins, *Dancing with Strangers* (New York: Simon & Schuster, 1998), pp. 127, 128.

39 Fredrickson, *White Supremacy*, pp. 134, 135.

40 Mark Tushnet, *The American Law and Slavery, 1810–1860: Considerations of Humanity and Interest* (Princeton: Princeton University Press, 1981), p. 150.

41 Carla J. Mulford, *Benjamin Franklin and the Ends of Empire* (Oxford: Oxford University Press, 2015), p. 161.

42 Raymond T. Diamond and Robert J. Cottrol, "Codifying Caste: Louisiana's Racial Classification Scheme and the Fourteenth Amendment," *Loyola Law Review* 29, no. 2 (Spring 1983): 266.

43 Michael Denis Biddiss, *Father of Racist Ideology: The Social and Political Thought of Count Gobineau* (New York: Weybright & Talley, 1970), p. 144; and Michael Denis Biddiss, ed., *Gobineau: Selected Political Writings* (New York: Harper & Row, 1970), p. 161.

44 Gov. William Hodges Mann, testimony during a hearing before the Committee on Immigration and Naturalization, U.S. House of Representatives (Washington, D.C.: Government Printing Office, 1912), p. 8.

45 Ibid., pp. 15 – 23.

46 Ed Falco, "When Italian Immigrants Were 'the Other,'" CNN, July 10, 2012.

47 The case was Rollins v. Alabama, 1922.

48 1911년, 아칸소주는 법률 제320호(하원 법안 제78호)를 통과시켰다. 이른바 "한 방울 규칙"이었다. 이 법은 인종 간 "동거"를 중죄로 단정했고, "흑인의 피가 한 방울이라도 (…) 섞인" 자는 "니그로"로 규정했다. L. P. Sandels and Joseph M. Hill, *A Digest of the Statutes of Arkansas Embracing All Laws of a General Nature*(Columbia, Mo., 1894), p. 1375. 1910년에 루이지애나 대법원은 뉴올리언스에 사는 옥타브 트레더웨이Octave Treadaway와 그의 동거녀의 관계를 유죄라고 한 판결을 뒤집었다. 그녀는 조상이 혼혈이었다. 《아칸소 백과사전*Encyclopedia of Arkansas*》에 따르면 대법원장 올리비에 프로보스티Olivier Provosty는 그녀가 '니그로'도 '흑인'도 아닌 '유색인종'이라고 판결했다. 루이지애나 판례법의 규정에 따르면 유색인종은 이중 조상을 가진 중간 카스트였다. 프로보스티의 판결이 나온 지 한 달도 되지 않았을 때 의원들은 다시 모여 '니그로'를 니그로의 피가 32분의 1 이상 섞인 자로 법을 개정했다. 사실상 '한 방울 규칙'이었다. 다음 해 아칸소주 의회는 말을 듣지 않는 판사들이 재량을 발휘할 여지를 없애기 위해 루이지애나가 제정한 법령의 문구를 채택하는 한편 한 방울 규칙을 추가했다. 이로써 인종 간 성관계는 '1개월 이상 1년 이하의 중노동 징역형에 해당하는' 중범죄가 되었다.(Frank W. Sweet, "One Drop Rule," *Encyclopedia of Arkansas*, February 1, 2019.)

49 Brendan Wolfe, "Racial Integrity Laws (1924 – 1930)," *Encyclopedia Virginia*, November 4, 2015.

50 Raymond T. Diamond and Robert J. Cottrol, "Codifying Caste: Louisiana's Racial Classification Scheme and the Fourteenth Amendment," *Loyola Law Review* 29,

no. 2 (Spring 1983): 281, 266.

51 Nancy Hewitt, *Southern Discomfort: Women's Activism in Tampa, Florida, 1880s to 1920s* (Urbana: University of Illinois Press, 2001), quoted in Voogd, *Race Riots*, p. 40.

52 Yuchi Ichioka, "The Early Japanese Immigrant Quest for Citizenship: The Background of the 1922 Ozawa Case," *Amerasia* 4, no. 1(1977), quoted in López, *White by Law*, p. 60.

53 López, *White by Law*, p. 63.

54 Kritika Agarwal, "Vaishno Das Bagai's Disillusionment with America," *South Asian American Digital Archive*, August 6, 2014.

55 Okada, *No-No Boy*, p. 202.

56 Jana Riess, "Forty Years On, Most Mormons Still Believe the Racist Temple Ban Was God's Will," *Religion News*, June 1, 2018.

57 Goodell, *American Slave Code*, p. 312.

58 Roediger, *Wages of Whiteness*, p. 57.

59 W. W. Hunter, *The Indian Empire: Its People, History and Products* (London: Trübner & Co., 1886), p. 91.

60 Mills, *Racial Contract*, p. 51.

61 Clark, *Southern Discomfort*. Also interview of Tena Clark conducted by Lois Reitzes, WABE/National Public Radio, December 27, 2018.

62 George De Vos, "Psychology of Purity and Pollution as Related to Social Self-Identity and Caste," in Reuck and Knight, *Caste and Race*, p. 304.

63 James Henry Hammond, *Selections from the Letters and Speeches of the Hon. James H. Hammond of South Carolina* (New York, 1866), p. 318.

64 Bleser, *Secret and Sacred*, p. xii; Craig Thompson Friend, "Sex, Self, and the Performance of Patriarchal Manhood in the Old South," in *The Old South's Modern Worlds: Slavery, Region, and a Nation in the Age of Progress*, ed. L. Diane Barnes, Brian Schoen, and Frank Towers(Oxford: Oxford University Press, 2011), p. 247.

65 Rosellen Brown, "Monster of All He Surveyed" (a review of Bleser, *Secret and Sacred*), *New York Times*, January 29, 1989.

66 Verba, Ahmed, and Bhatt, *Caste, Race and Politics*, p. 83.

67 *Acts and Joint Resolutions of the General Assembly of the State of South Carolina, Passed at Sessions 1864–1865* (Columbia, S.C., 1866), p. 299.

68 Goodell, *American Slave Code*, p. 337.

69 Edward B. Reuter, "Competition and the Racial Division of Labor," in Thompson, *Race Relations*, p. 58.

70   *Independent* (New York) 54, no. 2798 (July 17, 1902), p. 1739

71   "미국에 피부색 장벽이 존재하는 이유는 정부가 그것을 필요로 했기 때문이 아니다."
     역사학자 조지 M. 프레드릭슨George M. Fredrickson은 그렇게 분석했다. "그것은 정부
     가 적어도 최근까지 민간 고용주와 노동조합의 차별적 관행을 금지하는 조치를 취
     하지 않았기 때문이다." Fredrickson, *White Supremacy*, p. 235. 다음 자료도 참조.
     Roediger, *Wages of Whiteness*, p. 58. "뉴욕과 다른 일부 북부 도시에서는 여전히 유
     색인종에게 생계유지 수단으로 마부나 그와 유사한 직업을 얻을 수 있는 면허를 내주
     지 않고 있다." Goodell, American Slave Code, p. 337.

72   William A. Sinclair, *The Aftermath of Slavery* (Boston: Small, Maynard, 1905), p.
     67.

73   W. Lloyd Warner and Allison Davis, "A Comparative Study of American Caste," in
     Thompson, *Race Relations*, p. 231.

74   Bouglé, *Caste System*, p. 17.

75   Steinberg, *Ethnic Myth*, pp. 206 – 7.

76   Roediger, *Wages of Whiteness*, p. 49.

77   Doyle, *Etiquette of Race Relations*, p. 154.

78   Ibid., pp. 154, 155.

79   Brown, *Life of William Wells Brown*, p. 45.

80   W. Lloyd Warner and Allison Davis, "A Comparative Study of American Caste," in
     Thompson, *Race Relations*, p. 237.

81   정치학자 앤드루 해커는 역사에서 아프리카계 미국인들에게 배당된 역할에 주목했다:
     "기억에 생생한 일이지만, 당신네들은 메이저리그 팀에 들어가지 못했다. 이제 그들은
     웬만한 프로 스포츠에서 엄청나게 높은 연봉을 받고 있다. 영화에서 당신네들은 하인
     이나 광대 역할에 만족해야 했다. 요즘은 의사나 경영자로 출연하는 사람도 더러 있다.
     (…) 결론적으로 말하면, 백인들의 미국은 여전히 흑인들이 운동선수나 뮤지션이나
     코미디언으로 자신들의 기분 전환에 도움이 되는 역할을 맡아주기 원한다." Hacker,
     Two Nations, p. 46.

82   "Narrative and Testimony of Sarah M. Grimké" (1830), in Weld, *American Slavery*,
     p. 24.

83   벽에 적힌 글에는 죄수들에게 곰처럼 춤추며 삽 주위를 돌게 하는 친위대장 리하르트
     북달레스Richard Bugdalles의 모습이 묘사되어 있다. 한 남자가 거절하자, 북달레스는 "삽
     을 들어 그를 쳐 죽였다."

84   Goodell, *American Slave Code*, p. 77.

85   Doyle, *Etiquette of Race Relations*, p. 61.

86   Rajshekar, *Dalit*, p. 64.

87   "The Brickworks," Sachsenhausen Concentration Camp, Sachsenhausen, Germany.
     Wall text describing conditions inflicted on forced laborers at the concentration

camp.

88 Brown, *Slave Life in Georgia*, p. 74.

89 Goodell, *American Slave Code*, p. 287.

90 Ibid., p. 291; H. Bruce Franklin, "*Billy Budd* and Capital Punishment: A Tale of Three Centuries," in *Demands of the Dead: Executions, Storytelling and Activism*, ed. Katy Ryan (Iowa City: University of Iowa Press, 2012), p. 117.

91 Goodell, *American Slave Code*, p. 290.

92 Stampp, *Peculiar Institution*, p. 209.

93 "Bricks for 'Germania'—Shells for the 'Final Victory,' the 'Brickworks,' an External Camp of Sachsenhausen Concentration Camp," Sachsenhausen Concentration Camp, Sachsenhausen, Germany. 벽에 적힌 글에는 죄수들이 매일 진흙 구덩이까지 걸어가 노역하고, 일과가 끝난 뒤 현장에서 사망한 사람들의 시신을 실은 수레를 밀고 돌아오는 장면이 묘사되어 있다.

94 Washington, *Medical Apartheid*, pp. 62–70. 의료윤리학자 해리엇 워싱턴의 획기적인 연구는 아프리카계 미국인들을 상대로 자행된 오랜 의료 학대를 본격적으로 다룬 선도적이고 결정적인 분석이다. 흑인 아기의 두피를 절개한 내과의사 제임스 매리언 심스는 경련과 발작 증세가 특징인 근강직성 경련을 실험했다. 다음 자료는 노예 여성에 대한 의료 학대를 폭넓게 분석하고 있다. Deborah Kuhn McGregor, *From Medicine to Midwives: The Birth of American Gynecology* (New Brunswick, N.J.: Rutgers University Press, 1998).

95 Smith, *Less Than Human*, p. 128.

96 Albert Bandura, Bill Underwood, and Michael E. Fromson, "Disinhibition of Aggression Through Diffusion of Responsibility and Dehumanization of Victims," *Journal of Research in Personality* 9, 1975, p. 266.

97 Smith, *Less Than Human*, pp. 4, 6.

98 Kristina DuRocher, *Raising Racists: The Socialization of White Children in the Jim Crow South* (Lexington: University Press of Kentucky, 2018), pp. 76, 77.

99 Smith, *Less Than Human*, p. 118. See also David Nasaw, *Going Out: The Rise and Fall of Public Amusements*. (Cambridge, Mass.: Harvard University Press, 1993), pp. 92, 93; Michael W. Robbins and Wendy Palitz, *Brooklyn: A State of Mind* (New York: Workman Publishing Company, 2001), p. 52.

100 DuRocher, *Raising Racists*, p. 94.

101 Stampp, *Peculiar Institution*, p. 174.

102 Ibid., p. 188.

103 Baptist, *The Half Has Never Been Told*, pp. 118, 120, 140.

104 Mills, *Racial Contract*, p. 99.

105 Taylor, *Slavery in Louisiana*, p. 236, quoted in Stampp, *Peculiar Institution*, p.

188; Edwin Adam Davis, *Plantation Life in the Florida Parishes of Louisiana, 1836 - 1846, as Reflected in the Diary of Bennet H. Barrow* (New York: AMS Press, 1967), pp. 173 - 74. 1770년 이전의 조지아주와 1775년 이전의 노스캐롤라이나주에서 노예의 목숨을 빼앗는 것은 중죄가 아니었다. Stampp, Peculiar Institution, p. 218.

106 Stampp, *Peculiar Institution*, p. 178.

107 Ibid., p. 183.

108 Brown, *Slave Life in Georgia*, p. 57.

109 Ibid., p. 72.

110 Ibid., pp. 28 - 30.

111 Kenneth M. Stampp, "To Make Them Stand in Fear," in *A Turbulent Voyage: Readings in African American Studies*, ed. Floyd W. Hayes III (Oxford: Collegiate Press, 2000), p. 295.

112 Weld, *American Slavery*, p. 90.

113 Dollard, *Caste and Class*, p. 360.

114 Regester, *African-American Actresses*, pp. 71 - 106; Bogle, *Toms, Coons*, pp. 54 - 57.

115 Smedley and Smedley, *Race in North America*, p. 99.

116 Goodell, *American Slave Code*, p. 285.

117 Doyle, *Etiquette of Race Relations*, p. 55.

118 Eulanda A. Sanders, "The Politics of Textiles Used in African American Slave Clothing," in *Textile Society of America Symposium Proceedings* (Washington, D.C., 2012), p. 740,

119 Nigel Dunkley, interview by author, Berlin and Sachsenhausen, May 24, 2019.

120 *The Farmers' Register of 1834*, quoted in Stampp, *Peculiar Institution*, p. 142.

121 Ibid., p. 144.

122 Ibid., pp. 207 - 8.

123 Douglass, *My Bondage*, p. 92.

124 Davis, Gardner, and Gardner, *Deep South*, p. 394.

125 James C. Cobb, *The Most Southern Place on Earth: The Mississippi Delta and the Roots of Regional Identity* (New York: Oxford University Press, 1992), p. 213.

126 Doyle, *Etiquette of Race Relations*, pp. 149 - 50.

127 Berreman, *Caste and Other Inequities*, p. 159, cited in Smaje, *Natural Hierarchies*, p. 21.

128 Jordan, *White over Black*, p. 182.

129 Louis Adamic, *A Nation of Nations* (New York: Harper, 1945), p. 201.

4장 불 보듯 뻔한 모순

1 "A Class Divided," *Frontline*, PBS (March 26, 1985). 차별의 의미를 깨우쳐주는 이 교사의 동영상은 〈프런트라인〉에서도 요청이 가장 많은 프로그램 중 하나다.

2 Jane Elliott, interview by NBC, September 29, 2017.

3 Anne Case and Angus Deaton, "Rising Morbidity and Mortality in Midlife Among White Non-Hispanic Americans in the 21st Century," *Proceedings of the National Academy of Sciences* 112, no. 49 (December 8, 2015): 15078-83.

4 제2차 세계대전 당시 사망한 미군은 약 40만 5000명이다.

5 Anne Case and Ta-Nehisi Coates, "Fear and Despair: Consequences of Inequity," in *Knowledge to Action: Accelerating Progress in Health, Well-Being and Equity*, ed. Alonzo L. Plough (New York: Oxford University Press, 2017), pp. 11-15.

6 Anne Case and Angus Deaton, "Mortality and Morbidity in the 21st Century," *Brookings Papers on Economic Activity* (Spring 2017); Case and Deaton, "Rising Morbidity." 2019년의 영국도 추세가 이와 비슷했다. "Deaths of Despair, Once an American Phenomenon, Now Haunt Britain," *Economist*, May 14, 2019.

7 Diana C. Mutz, "Status Threat, Not Economic Hardship, Explains the 2016 Presidential Vote," *Proceedings of the National Academy of Sciences* 115 (May 8, 2018): 4330-39.

8 Cash, *Mind of the South*, p. 66.

9 Smith, *Killers of the Dream*, p. 171.

10 Myrdal, *American Dilemma*, p. 2:597.

11 Roediger, *Wages of Whiteness*, p. 60.

12 Du Bois, *Black Reconstruction*, p. 700.

13 버지니아 동부에 사는 노예 소유주가 보낸 편지. Richmond Enquirer, May 4, 1832, 다음 자료에서 인용. Theodore Allen, *The Invention of the White Race* (London: Verso, 1997), p. 2:255.

14 Smith, *Killers of the Dream*, pp. 164-65.

15 W. Lloyd Warner and Allison Davis, "A Comparative Study of American Caste," in Thompson, *Race Relations*, p. 236.

16 Russell Baker, "The Problem of the White Anglo-Saxon Protestant," *New York Times*, November 9, 1963.

17 Smith, *Killers of the Dream*, pp. 179, 222.

18 Sushrut Jadhav, interview by author, May 2018.

19 Ambedkar, *Annihilation of Caste*, p. 250.

20 Ambedkar, *Castes in India*, p. 45.

21 Ben Mathis-Lilley, "An Ingenious and Powerful Case for Reparations in the Atlantic," *Slate*, May 22, 2014. 저자는 타나하시 코츠TaNehisi Coates의 독창적인 기획 기사 "배상의 사례The Case for Reparations"를 분석하여 이런 결론을 내렸다. (*Atlantic*, 2014.).

22 Lipsitz, *Possessive Investment*, pp. 5 – 7, 107.

23 Michael I. Norton and Samuel Sommers, "Whites See Racism as a Zero-Sum Game That They Are Now Losing," *Perspectives on Psychological Science* 6, no. 3 (2011), pp. 215 – 18.

24 David R. Williams, interview by author, Prov\-idence, R.I., May 29, 2013.

25 Devah Pager, "The Mark of a Crimi\-nal Record," *American Journal of Sociology* 108, no. 5 (March 2003): 937 – 75.

26 Kelly M. Hoffman et al., "Racial Bias in Pain Assessment and Treatment Recommendations, and False Beliefs About Biological Differences Between Blacks and Whites," *Proceedings of the National Academy of Sciences 113, no. 16* (April 19, 2016): 4296 – 301. "연구 결과 흑인 환자는 백인 환자에 비해 통증에 대한 조치를 제대로 받지 못하는 것으로 확인되었다. 뿐만 아니라 그들이 받는 치료 수준은 세계보건기구의 기준에도 못 미쳤다. (…) 버지니아 대학의 새로운 연구에 따르면 통증 관리가 차이가 나는 데는 편견도 일부 작용한 것으로 분석되었다. 연구를 주도한 학자들은 백인 의대생과 거주자들 상당수가 흑인과 백인의 생물학적 차이에 대해 잘못된 생각을 가지고 있는데(예를 들어 흑인은 피부가 두껍고 혈액도 더 빨리 응고된다는 등), 이는 흑인 환자들이 겪는 통증을 평가하고 치료하는 방법에 영향을 미칠 수 있다고 밝혔다." University of Virginia, "Study Links Disparities in Pain Management to Racial Bias," *ScienceDaily*, April 4, 2016.

27 Metzl, *Dying of Whiteness*, pp. 3 – 7, 174 – 75.

28 Leviticus 16:5 – 10, 20 – 22.

29 Perera, *Scapegoat Complex*, p. 8.

30 Ibid., pp. 12, 13.

31 Weld, *American Slavery*, p. 59.

32 Davis, Gardner, and Gardner, *Deep South*, p. 49.

33 린치의 의식에 대해서는 다음 자료 참조. Dray, *Persons Unknown*; Raper, *Tragedy of Lynching*; and Litwack, *Trouble in Mind*.

34 Myrdal, *American Dilemma*, vol. 2, p. 598.

35 Kimberlé W. Crenshaw, "Framing Affirmative Action," 105 *Michigan Law Review First Impressions* 123 (2007); Victoria M. Massie, "White Women Benefit Most from Affirmative Action and Are Among Its Fiercest Opponents," *Vox*, May 25, 2016.

36 Ashley Crossman, "Definition of Scapegoat, Scapegoating, and Scapegoat Theory," *ThoughtCo.*, August 2, 2019.

37 Margaret Carlson, "Presumed Innocent," *Time*, June 24, 2001.

38 "또 다른 일련의 조사 과정에서, 경찰은 하우스의 죽음이 카르텔과 관련이 있는지 여부를 확인하려고 했다. 피고 측 변호사 마크 맥크리먼Mark McCrimmon은 몇 주 전 동네에서 마약소지 혐의로 체포된 적이 있는 의뢰인이 폭탄 테러 수사 과정에서 경찰의 심문을 받았다고 말했다. Eli Rosenberg, "Exploding Packages Tap into Simmering Tensions over Austin's Racial Segregation," *Washington Post*, March 15, 2018.

39 Ibid.; "Police: Exploding Package Caused Death of NE Austin Man, Tips Sought," CBS Austin, March 5, October 15, 2018.

40 Tom Dart, "Austin Bombings: How They Unfolded, and What They Revealed," *Guardian*, March 24, 2018.

41 Safina, *Beyond Words*, p. 155.

42 Wolf Howl Organization, "Wolf Behavior," part 1, *Running with the Wolves*, n.d. 테레사 디마이오Teresa DeMaio가 롱아일랜드에 세운 "러닝위드더울브즈Running with the Wolves"는 늑대와 야생동물을 보호하는 단체다.

43 Bancroft, *Slave Trading*, p. 81.

44 Richard Frucht, *Black Society in the New World* (New York: Random House, 1971), p. 32.

45 Stampp, *Peculiar Institution*, p. 343.

46 Brandon Griggs, "A Black Yale Graduate Student Took a Nap in Her Dorm's Common Room. So a White Student Called Police," CNN, May 12, 2018.

47 Nicole Rojas, "Black Man Records White Woman Calling 911 After Accusing Him of Breaking into His Own Car," *Newsweek*, August 17, 2018.

48 Patrick May, "Video of a San Francisco Dad's 'Trespassing' 911 Call to Report a Black Software Engineer Goes Viral," *Mercury News*, July 9, 2019.

49 Melissa Gomez, "White Woman Who Blocked Black Neighbor from Building Is Fired," *New York Times*, October 15, 2018.

50 Melissa Gomez, "Babysitting While Black: Georgia Man Was Stalked by Woman as He Cared for 2 White Children," *New York Times*, October 9, 2018. Corey Lewis's video is at https://m.youtube.com/watch?v=TyATgNSAkj8. See also Yamiche Alcindor, "Living While Black: How Does Racial Bias Lead to Unnecessary Calls to Police?" *PBS NewsHour*, July 2, 2018.

51 Du Bois, *Black Reconstruction*, p. 633.

52 미국원정군American Expeditionary Force 사령부의 J.L.A. 리나드J.L.A. Linard 대령은 프랑스 사령부에 아프리카계 미국인 병사들을 다루는 법을 일러주었다. 여기에 인용된 그의 메모는 "프랑스의 지시사항A French Directive"으로 공개되었다. *Crisis*, no. 18 (May 1919): 16–18.

53 Nicole Bauke, "Black Soldier Killed in WWI Was Denied Medal of Honor. Advocates Are Now Trying to Change That," *Army Times*, February 28, 2018.

54 Ibid.

55 Ward, *Defending White Democracy*, p. 41.

56 Richard Gergel, *Unexampled Courage: The Blinding of Sgt. Isaac Woodard and the Awakening of President Harry S. Truman and Judge J. Waties Waring* (New York: Farrar, Straus & Giroux, 2019), p. 14.

57 Richard Kluger, *Simple Justice: The History of Brown v. Board of Education and Black America's Struggle for Equality* (New York: Knopf, 2004), p. 298. The attack on Woodard and other 우더드를 비롯한 흑인 참전용사들에 대한 폭행에 충격을 받은 트루먼 대통령은 1948년에 2개의 획기적인 행정명령을 공표했다. 군대에서 흑백 분리를 금지한 제9981호와 연방정부에서 흑백 분리를 종식시킨 제9980호였다.

58 Schrieke, *Alien Americans*, p. 143.

59 Paul Ortiz, "Ocoee, Florida: Remembering 'the Single Bloodiest Day in Modern U.S. Political History,' " *Facing South*, May 14, 2010.

60 Ida B. Wells, *Crusade for Justice: The Autobiography of Ida B. Wells*, ed. Alfreda M. Duster (Chicago: University of Chicago Press, 1970), p. 55.

61 Nathaniel C. Ball, "Memphis and the Lynching at the Curve," *Uplift Memphis, Uplift the Nation: The Blog for Community Engagement* (Memphis: Benjamin Hooks Institute for Social Change, 2015).

62 Stampp, *Peculiar Institution*, p. 166.

63 "How an African Slave in Boston Helped Save Generations from Smallpox," *History*, February 1, 2019.

64 Washington, *Medical Apartheid*, pp. 72–73; Rene F. Najera, "Black History Month: Onesimus Spreads Wisdom That Saves Lives of Bostonians During a Smallpox Epidemic," *History of Vaccines*, February 3, 2019; and Erin Blakemore, "How an African Slave in Boston Helped Save Generations from Smallpox," *History*, February 1, 2019.

65 Du Bois, *Black Reconstruction*, p. 697.

66 Raphael Gross, "Guilt, Shame, Anger, Indignation: Nazi Law and Nazi Morals," in Steinweis and Rachlin, *Law in Nazi Germany*, p. 92.

67 Tracy Jan, "News Media Offers Consistently Warped Portrayals of Black Families, Study Finds," *Washington Post*, December 13, 2017.

68 C.K., "Black Americans Are Over‐ Represented in Media Portrayals of Poverty," *Economist*, February 20, 2018.

69 "장기적으로 볼 때 비히스패닉계 흑인 청소년들의 출산율 감소는 특히 가파르다." 연구진은 그렇게 밝혔다. 히스패닉계 청소년들의 출산율은 1991년에 15-19세 여성 1000명당 105명이었으나 2017년에는 29명으로 크게 줄었다. 예로부터 흑인 청소년과 라틴계 청소년에 비해 비율이 매우 낮았던 비히스패닉계 백인 청소년들의 출생률은 같은 기간에 1000명당 43명에서 13명으로 줄었다. 이는 흑인의 출산율의 4분의 1

이 조금 넘는 수준에서 현재 약 절반이 된 것으로, 꾸준히 떨어지기는 해도 속도는 느린 편이다. "Teen Births," *Child Trends*, May 24, 2019.

70   Ibid.

71   Albany, Georgia, "auc-tioned three pools and a tennis court rather than desegregate them." The city "padlocked the library for months." Sokol, *There Goes My Everything*, p. 93.

72   "McKinney Video: Protest over Texas Pool Party Policing," BBC, June 9, 2015.

73   Jonathan Capehart, "The McKinney, Texas Pool Party: More Proof That 'Black Children Don't Get to Be Children,' " *Washington Post*, June 10, 2015.

74   Matory, *Stigma and Culture*, p. 384.

75   Ibid., p. 333.

76   Ambedkar, *Annihilation of Caste*, p. 277.

77   Sudipta Sarangi, "Capturing Indian 'Crab' Behaviour," *Hindu Business Line*, April 1, 2013.

78   Bryan Stevenson, *Just Mercy* (New York: Spiegel & Grau, 2014), p. 142.

79   Kasinitz, *Caribbean New York*, p. 36.

80   Ibid.

81   Matory, *Stigma and Culture*, p. 49.

82   Ambedkar, *Annihilation of Caste*, p. 294.

83   Varel, *Lost Black Scholar*, p. 85.

84   Ibid., p. 74.

85   Jennifer Jensen Wallach, introduction to Davis, Gardner, and Gardner, *Deep South*, p. xvii.

86   Ibid., p. xxii.

87   Ibid., p. xxi.

88   Varel, *Lost Black Scholar*, p. 85.

89   Davis, Gardner, and Gardner, *Deep South*, pp. 561–62.

90   Varel, *Lost Black Scholar*, p. 86.

91   Ibid., p. 87

92   Ibid., p. 92.

93   Wallach introduction to Davis, Gardner, and Gardner, *Deep South*, p. xxviii.

94   Jane Adams and D. Gorton, "Southern Trauma: Revisiting Caste and Class in the Mississippi Delta," *American Anthropologist* 106, no. 2 (June 2004): 334–45.

95   Cox, *Caste, Class, and Race*, pp. 498, 519.

96   포괄적일 수도 있었던 콕스의 당혹스러운 주장은 또 있다. 인도에서 "카스트는 순응하고 스스로 만족하는 사회 속의 신분적 통일체다. 사회적 지위와 상관없이, 각자의 카스

트는 그에게 신성한 것이며, 한 카스트는 다른 카스트를 지배하지 않는다." Ibid.

97 Robert Smith, *Pioneers of Baseball* (Boston: Little, Brown, 1978), quoted in the *Encyclopedia of World Biography* (Farmington Hills, Mich.: Gale Research, 1998), p. 62.

98 Larry Tye, interview by Michel Martin, National Public Radio, July 27, 2009. See Larry Tye, *Satchel: The Life and Times of an American Legend* (New York: Random House, 2009).

99 Steven Goldman, ed., *It Ain't Over 'Til It's Over: The Baseball Prospectus Pennant Race Book* (Philadelphia: Basic Books, 2007), p. 62.

100 Smith, *Pioneers of Baseball*, in *Encyclopedia of World Biography*, p. 62.

101 Tye interview by Martin.

102 "Satchel Paige," National Baseball Hall of Fame, n.d.

103 Pat Galbincea, "Pitcher Satchel Paige Helped Indians Win Pennant in 1948: Black History Month," *Cleveland Plain Dealer*, February 16, 2013.

104 Sam Mellinger, "Fifty Years Ago, Satchel Paige Pitched His Last Big-League Game in KC at Age 59," *Kansas City Star*, September 18, 2015.

105 "Satchel Paige 1906 – 1982," Encyclopedia .com, n.d..

5장 보호가 만든 위험

1 이 글은 히틀러가 1940년 7월, 프랑스와의 전투를 끝내고 독일로 돌아올 당시 군중의 모습을 담은 기록영상을 본 후 쓴 글이다. 이 영상은 다음 자료에서 확인할 수 있다. Hitler—How Could It Happen? exhibition, Berlin Story museum, Berlin, Germany, https://www.berlinstory.de/hitler-dokumentation/anfahrt/ . 퍼레이드 장면과 군중의 모습은 유튜브에서 확인할 수 있다. https://youtube.com/watch?v=g3xRVKkvx9A. 박물관 전시장에서 보여주는 군중 장면들은 3분부터 나온다. 이 장에서 설명한 것처럼, 박물관 영상에는 소리나 해설이 없었다. 하지만 온라인에서 접할 수 있는 영상보다 길이가 더 길었다.

2 Hacker, *Two Nations*, p. 250.

3 Ronningstam, *Identifying and Understanding*, p. 3.

4 Fromm, *Heart of Man*, p. 79.

5 Fromm quoted in Sakurai, *Theories of Narcissism*, p. 54.

6 Fromm, *Heart of Man*, p. 71.

7 Ibid., p. 78.

8 Sakurai, *Theories of Narcissism*, p. 53.

9 Fromm, *Heart of Man*, p. 76.

10   Ambedkar, *Castes in India*, p. 47.

11   Niall O'Dowd, "Was Your Family Shanty or Lace Curtain Irish? It's Important," *Irish Central*, October 10, 2019. Also see Jeanne Charters, "The Irish Caste System— What Shanty Irish Means," *Jeanne Charters*, July 25, 2014.

12   Leonid Bershidsky, "Trump Trolls the Nordics. They Troll Him Back," *Bloomberg*, August 21, 2019; Frida Ghitis, "Why Trump Is So Obsessed with Scandinavia," CNN, August 21, 2019; and Terje Solsvik and Camilla Knudsen, "'Thanks, But No Thanks'—Norwegians Reject Trump's Immigration Offer," Reuters, January 12, 2018.

13   나치 시절의 인종 여권에 대해서는 다음 자료 참조. Douglass, God Among Germans, p. 117.

14   Patricia Hill Collins, *Black Feminist Thought: Knowledge, Consciousness and the Politics of Empowerment* (London: Routledge, 2000), p. 257.

15   Edmund Leach, "Caste, Class, and Slavery: The Taxonomic Problem," in Reuck and Knight, *Caste and Race*, pp. 10–11.

16   Ashley Reese, "The Perverse Spectacle of Black Forgiveness," *Jezebel*, October 3, 2019.

17   "심리를 받기 위해 법정에 들어설 때만 해도 나는 전과가 없는 자유인이었다." 뉴욕시의 방과후 프로그램의 조교인 디안드레 서머빌은 그렇게 말했다. "결국 나는 범죄자가 되어 수갑을 찼다." 여론의 압력으로 판사는 서머빌의 기록을 삭제했지만, 이미 감옥에서 열흘을 다 복역한 뒤였다. 판사는 서머빌이 완전히 뉘우쳤다고 판단해 그렇게 조치했다고 말했다. P. R. Lockhart, "A Black Man Went to Jail for Missing Jury Duty. After Public Outrage, the Judge Cleared His Record," *Vox*, October 8, 2019.

18   Hanif Abdurraqib, "Why Do We Expect Victims of Racism to Forgive?" *Pacific Standard*, November 1, 2018.

19   Everton Bailey, Jr., "The Story Behind Devonte Hart's Famous 'Hug' Photo," *Oregonian*, March 28, 2018.

20   Shane Dixon Kavanaugh, "Devonte Hart Family Crash: Deceptions, Missed Signals Preceded Deaths," *Oregonian*, April 8, 2018; and Shane Dixon Kavanaugh, "Devonte Hart's Little Sister Told Police in 2010 She Was Beaten, Denied Food," *Oregonian*, March 29, 2018.

21   Daniel Victor, "Hart Family Parents Killed 6 Children in Murder-Suicide, Jury Determines," *New York Times*, April 5, 2019.

22   Roxane Gay, "Why I Can't Forgive Dylann Roof," *New York Times*, June 23, 2015.

23   Ibid.

24   Kristine Phillips, "A Black Child's Backpack Brushed Up Against a Woman. She Called 911 to Report a Sexual Assault," *Washington Post*, October 16, 2018.

25   Gay, "Why I Can't Forgive."

26 Tinku Ray, "No Escape from Caste on These Shores, 'Untouchables' from India Say," *Pulitzer Center*, February 26, 2019.

27 "한 아프리카계 미국인 여성 단체는 흑인인 주제에 크게 웃었다는 이유로 기차에서 쫓겨나는 굴욕을 당했다고 말해 '백인의 공간'에 대한 논쟁에 불을 붙였다. 이들은 소송 제기 가능성까지 언급했다." Rupert Neate, "Napa Wine Train Controversy: 'I Do Think It Was Based on the Color of Our Skin,'" *Guardian*, September 13, 2015. 관광회사는 나중에 이들 여성에 대한 처우가 잘못되었다고 사과하고, 여성들이 제기한 소송에 대해서도 따로 합의를 보았다. Mary Bowerman, "Black Women Kicked off Napa Valley Wine Train Settle," *USA Today*, April 20, 2016.

28 Dan Cancian, "Pennsylvania Golf Club Ejects Black Women, Including NAACP's Sandra Thompson, for 'Playing Too Slowly,'" *Newsweek*, April 24, 2018. See also Tony Marco and Lauren DelValle, "A Group of Black Women Say a Golf Course Called the Cops on Them for Playing Too Slow," CNN, April 25, 2018.

29 Lori Aratani, "United Passenger: Dragging Incident More Horrifying Than When He Fled Vietnam," *Washington Post*, April 13, 2017.

30 Julia Jacobo, "Doctor Dragged Off United Airlines Flight After Watching Viral Video of Himself: 'I Just Cried,'" ABC News, April 9, 2019.

31 Julia Jacobo, "Doctor Dragged Off United Airlines Flight After Watching Viral Video of Himself: 'I Just Cried,'" ABC News, April 9, 2019.

32 Elizabeth Page-Gould, "The Unhealthy Racist," in Marsh, Mendoza-Denton, and Smith, *Are We Born Racist?*, p. 41.

33 Susan T. Fiske, "Are We Born Racist?" ibid., pp. 7–15.

34 Arline T. Geronimus et al., "Race-Ethnicity, Poverty, Urban Stressors, and Telomere Length in a Detroit Community-based Sample," *Journal of Health and Social Behavior* 56 (June 2015): 199–224. See also Elizabeth DeVita-Raeburn, "Arline Geronimus: Q&A About Weathering, or How Chronic Stress Prematurely Ages Your Body," *Everyday Health*, October 16, 2018.

35 Lipsitz, *Possessive Investment in Whiteness*, p. 111.

36 David R. Williams, interview by author, Providence, R.I., May 29, 2013.

37 "인종과 민족 간의 차이는 교육수준이 높은 계층에서도 나타난다. 고학력의 흑인 남녀는 교육을 덜 받은 백인보다 더 오래 살지만 고학력 백인에 비하면 4.2년, 고학력 히스패닉계에 비하면 6.1년 정도 수명이 짧다." S. Jay Olshansky et al., "Differences in Life Expectancy Due to Race and Educational Differences Are Widening, And Many May Not Catch Up," *Health Affairs* 31, no. 8.

38 Graves, *Race Myth*, p. 133.

39 Hacker, *Two Nations*, p. 42.

6장 값진 것을 허투루 쓰는 나라

1 Paul Solman, "How the 2008 Financial Crisis Crashed the Economy and Changed the World," *PBS NewsHour*, September 13, 2018.

2 David Gregory, "Sen. Biden Apologizes for Remarks on Obama," NBC News, January 31, 2007.

3 2008년 대선에서 백인의 57퍼센트가 민주당 후보를 찍지 않았다. 2012년에는 61퍼센트가 오바마를 찍지 않았다. Jardina, *White Identity*, p. 218. 버락 오바마의 선거 운동과 그의 당선에서 인종 문제가 차지했던 역할에 관한 자세한 내용은 다음 자료 참조.Gillespie, *Race and the Obama Administration*.

4 Patrick Fisher, "Economic Performance and Presidential Vote for Obama: The Underappreciated Influence of Race," *Politics, Groups, and Identities* 4, no. 1 (2015): 30 – 46.

5 민주당이 1976년 이후 대선에서 백인 유권자로부터 득표한 비율은 다음과 같다. 카터: 1976년 48퍼센트, 1980년 36퍼센트, 먼데일Mondale: 1984년 41퍼센트, 듀카키스Dukakis: 1988년 40퍼센트, 클린턴Clinton: 1992년 39퍼센트, 1996년 44퍼센트, 고어Gore: 2000년 42퍼센트, 케리Kerry: 2004년 41퍼센트, 오바마Obama: 2008년 43퍼센트. 2012년 39퍼센트, 힐러리 클린턴Hillary Clinton: 2016년 37퍼센트 등이다. "How Groups Voted in 1976," Roper Center, n.d. The shadow of the Civil War seemed to hang over the 2008 election. 2008년 선거에 남북전쟁의 그림자가 드리운 것 같았다. 오바마는 1860년 에이브러햄 링컨이 승리했던 주를 모두 가져갔다. 1860년의 유권자는 거의 전부가 백인이었지만 그 선거는 노예제도와 공화국의 미래를 놓고 벌인 대리전이었다. Fisher, "Economic Performance and Presidential Vote for Obama," pp. 30 – 46, esp. 38. 다음 자료도 참조. Timothy J. Hoffman, "The Civil Rights Realignment: How Race Dominates Presidential Elections," Political Analysis 17, article 1 (2015).

6 Jardina, *White Identity*, p. 227.

7 Gillespie, *Race and the Obama Administration*, p. 194.

8 "Top GOP Priority: Make Obama a One-Term President," *National Journal*, October 23, 2010.

9 David Batty, " 'You Lie': Republican Joe Wilson's Outburst at Obama Health Speech," *Guardian*, September 10, 2009.

10 Tommy Christopher, "Drama Clubbed: Jan Brewer Says 'I Felt a Little Bit Threatened' by President Obama," *Mediaite*, January 26, 2012; Brittney Cooper, "White Women's Rage: Five Reasons Jan Brewer Should Keep Her Fingers to Herself," *Ms.*, January 31, 2012.

11 Reed Karaim, "America's Most Puzzling Governor," *Politico*, March 6, 2014. 오바마 대통령이 재닛 나폴리타노Janet Napolitano 주지사를 장관으로 임명하는 바람에 주무장관이었던 브루어가 주지사 자리를 승계했다. 애리조나에는 부지사라는 직책이 없다.

주지사 다음은 주무장관인 브루어였다.

12 Donovan Slack, "Jan Brewer: Obama 'Didn't Feel I Treated Him Cordially,' " *Politico44 Blog*, January 25, 2012.

13 Howard Fischer, "Brewer Using Tiff with Obama to Raise Money," *Arizona Daily Star*, January 30, 2012.

14 Jonathan Chait, "The Color of His Presidency," *New York*, April 4, 2014.

15 Kevin Morris et al., "Purges: A Growing Threat to the Right to Vote," Brennan Center for Justice, July 20, 2018.

16 Chait, "Color of His Presidency."

17 Mark Potok, "The Year in Hate and Extremism," Southern Poverty Law Center, March 4, 2013.

18 "AP Poll: U.S. Majority Have Prejudice Against Blacks," *USA Today*, October 27, 2012.

19 "Police Killed More Than 100 Unarmed Black People in 2015," Mapping Police Violence, n.d.

20 Amin Khan, "Getting Killed by Police Is a Leading Cause of Death for Young Black Men in America," *Los Angeles Times*, August 16, 2019.

21 Jardina, *White Identity*, p. 226.

22 Baldwin, *Fire Next Time*, p. 9.

23 Jardina, *White Identity*, p. 273.

24 Thomas B. Edsall, "Is Rush Limbaugh's Country Gone?" *New York Times*, November 18, 2012.

25 Meena Hart Duerson, "Florida Man Who Warned He Wouldn't 'Be Around' If Barack Obama Was Reelected Kills Himself After the Election," *New York Daily News*, November 14, 2012; Dan Amira, "Overreactions: Florida Man Commits Suicide Over Obama Win," *New York*, November 14, 2012.

26 John Sides, Michael Tesler, and Lynn Vavreck, *Identity Crisis: The 2016 Presidential Campaign and the Battle for the Meaning of America* (Princeton: Princeton University Press, 2019), pp. 28–30, 175, 176.

27 Jardina, *White Identity*, p. 7.

28 Ibid., p. 5.

29 코넬 대학의 로퍼센터The Roper Center는 2016년에 도널드 트럼프가 백인 표의 57퍼센트를 가져갔다고 분석했다. 이는 CNN의 발표보다 1퍼센트 낮은 수치다.

30 Jardina, *White Identity*, pp. 272, 267.

31 Seth Dowland, "American Evangelicalism and the Politics of Whiteness," *Christian Century*, June 19, 2018.

32 Robert Tsai, "Specter of a White Minority," *Los Angeles Review of Books*,

September 3, 2018.

33 Jardina, *White Identity*, p. 278.

34 Diana C. Mutz, "Status Threat, Not Economic Hardship, Explains the 2016 Presidential Vote," *Proceedings of the National Academy of Sciences* 115 (May 8, 2018): 4330–39.

35 Peter Baker, "Can Trump Destroy Obama's Legacy?," *New York Times*, June 23, 2017.

36 Mutz, "Status Threat, Not Economic Hardship."

37 Brendan Wolfe, "Robert Edward Lee Sculpture," *Encyclopedia Virginia*, March 20, 2019.

38 "Whose Heritage? Public Symbols of the Confederacy," Southern Poverty Law Center.이 데이터 세트와 지도와 온라인 보고서는 2019년 2월 1일 자로 업데이트되어 있었다. 최초 보고서가 공개된 날은 2016년 4월 21일이다. 보고서를 작성한 사람은 부스 군터Booth Gunter와 제이미 키차이어Jamie Kizzire이고 신티 켄트Cindy Kent도 도왔다.

39 Alexander H. Stephens, vice president of the Confederate States of America, "Cornerstone Speech," March 21, 1861, in Henry Cleveland, *Alexander H. Stephens in Public and Private: With Letters and Speeches, Before, During, and Since the War* (Philadelphia, 1886), pp. 717–29.

40 Leonard J. Leff, "*Gone With the Wind* and Hollywood's Racial Politics," *Atlantic*, December 1999.

41 Robert E. Lee to Mary Randolph Custis Lee, December 27, 1856, in *Encyclopedia Virginia*.

42 "Testimony of Wesley Norris," *National Anti-Slavery Standard*, April 14, 1866.

43 Robert M. Poole, "How Arlington National Cemetery Came to Be," *Smithsonian Magazine*, November 2009.

44 Frederick Douglass, speech delivered in Madison Square, New York, May 30, 1878, p. 13.

45 Nathaniel Cary and Doug Stanglin, "South Carolina Takes Down Confederate Flag," *USA Today* via *Greenville* (S.C.) *News*, July 10, 2015.

46 Rachel Brown, "How New Orleans' Mayor Was Inspired by a Jazz Great to Take Down Confederate Monuments," *National Geographic*, March 11, 2018; Britt McCandless Farmer, "Behind the Decision to Remove a Statue of Robert E. Lee," CBS News, March 11, 2018.

47 Landrieu, *Shadow of Statues*, p. 186

48 독일은 1945년에 연합군에 패한 이후 물리적인 탈나치 진통을 치렀다. 현재 나치 지도자들의 동상은 법으로 금지되어 있다. 이 나라는 미국보다 발언 수위에 대한 제약이 엄격하며 증오금지법도 마련해 놓고 있다. 아우구스트도르프에 있는 야전사령관 롬멜 병영Generalfeldmarschall-Rommel-Kaserne 등 제3제국 장군들의 이름을 딴 독일군 기지가

여럿 있다. 2017년 이곳의 이름을 바꾸려는 움직임이 있었다. Justin Huggler, "German Army to Drop Nazi Names from Barracks More than 70 Years After the End of World War Two," *Telegraph* (UK), May 14, 2017). 롬멜은 지금도 논란이 끊이지 않는, 평가가 애매하고 호불호가 갈리는 인물이다. 전장에서 얻은 명성 외에도 그는 히틀러를 전복시키려는 음모에 연루되었고 그 때문에 자살을 택해야 했다. 병영을 비롯한 몇몇 군사시설에 그의 이름을 붙인 것에는 그런 요인이 작용한 것으로 보인다. 블라우슈타인의 헤어링엔에 있는 롬멜의 묘지에는 무덤과 묘비와 표지판이 있다. 일반적으로 히틀러가 가장 아끼는 전쟁무기이자 암살 시도에 가담한 자로서 롬멜의 역할에는 논쟁의 여지가 있다.

49 Landrieu, *Shadow of Statues*, p. 187.

50 Mitch Landrieu, "What I Learned from My Fight to Remove Confederate Monuments," *Guardian*, March 24, 2018.

51 Landrieu, *Shadow of Statues*, p. 189.

52 Ibid., pp. 188, 190, 191, 192.

53 Ibid., p. 192.

54 Campbell Robertson, "From Lofty Perch, New Orleans Monument to the Confederacy Comes Down," *New York Times*, May 19, 2017; Tegan Wendland, "With Lee's Statue Removal, Another Battle of New Orleans Coming to a Close," National Public Radio, May 20, 2017.

55 Rachel Brown, "How New Orleans' Mayor Was Inspired by a Jazz Great to Take Down Confederate Monuments," *National Geographic*, March 11, 2018.

56 Landrieu, "What I Learned from My Fight."

57 Howard Koplowitz, "Legislature Passes Monuments Preservation Bill," *Alabama Live*, May 19, 2017.

58 Peter Eisenman, in "How Long Does One Feel Guilty?" *Der Spiegel*, May 9, 2005.

59 Joachim Fest, *Inside Hitler's Bunker: The Last Days of the Third Reich* (New York: Picador, 2002), p. 116.

60 Susan Neiman, "There Are No Nostalgic Nazi Memorials," *Atlantic*, September 14, 2019.

61 Joshua Zeitz, "Why There Are No Nazi Statues in Germany," *Politico*, August 20, 2017.

62 독일의 반나치법안Strafgesetzbuch 86조a는 나치의 상징물이나 선전물을 배포하는 행위를 불법으로 규정하고 있다.

63 Erin McClam, "Flags of Some Southern States Still Include Confederate Symbols," NBC News, June 23, 2015; "Supreme Court Refuses to Hear Appeal of Mississippi Flag Case," WLOX, January 12, 2004.

64 "The State of Capital Punishment," National Conference of State Legislatures, July 30, 2019. See also "State by State," Death Penalty Information Center, n.d.

65 Neiman, "There Are No Nostalgic Nazi Memorials."

66 Neiman, *Learning from Germans*, p. 267.

67 "Republican Voter Suppression Efforts Are Targeting Minorities, Journalist Says," National Public Radio, October 23, 2018.

68 "지난 선거에서 투표하지 않은 시민을 유권자 등록 명단에서 제외시키는 조지아주와 같은 방침을 내세운 주가 적어도 9곳은 된다. 가장 대표적인 곳이 오하이오다. 오하이오는 한 번만 투표를 안 해도 명단 삭제의 이유가 된다. 6년 동안 빠지면 명단에서 완전히 삭제된다. 올해 초 미국 대법원은 오하이오주의 정책이 국가유권자등록법National Voter Registration Act에 위배되지 않는다고 판결했다." Johnny Kauffman, "6 Takeaways From Georgia's 'Use It or Lose It' Voter Purge Investigation," National Public Radio, October 22, 2018.

69 "True Cost of US Healthcare Shocks the British Public," *PoliticsJOE*, December 3, 2019.

70 Chait, "The Color of His Presidency."

71 Nurith Aizenman, "Deaths from Gun Violence: How the U.S. Compares with the Rest of the World," National Public Radio, November 9, 2018.

72 Munira Z. Gunja et al., "What Is the Status of Women's Health and Health Care in the U.S. Compared to Ten Other Countries?" Commonwealth Fund, December 19, 2018; Ashley Welch, "U.S. Women Pay More, Fare Worse During Pregnancy and Childbirth, Global Health Study Finds," CBS News, December 19, 2018.

73 Selena Gonzales, Marco Ramirez, and Bradley Sawyer, "How Does U.S. Life Expectancy Compare to Other Countries?" *Health System Tracker*, December 23, 2019.

74 Christopher Ingraham, "Our Infant Mortality Rate Is a National Embarrassment," *Washington Post*, September 29, 2014; Organisation for Economic Co-operation and Development, "Infant Mortality Rates," 2020.

75 Joe Heim, "On the World Stage, U.S. Students Fall Behind," *Washington Post*, December 6, 2016.

76 Josh Fiallo, "U.S. Falls in World Happiness Report, Finland Named Happiest Country," *Tampa Bay Times*, March 20, 2019.

77 Annie Lowrey, "As Usual, Americans Must Go it Alone," *Atlantic*, March 19, 2020.

78 Simon Tisdall, "US's Global Reputation Hits Rock-Bottom Over Trump's Coronavirus Response," *Guardian*, April 12, 2020.

79 Gary Michael Tartakov, International Conference on Caste and Race, at the University of Massachusetts Amherst, May 5, 2018. 필자와의 토론 중에서.

1 Jerome and Taylor, *Einstein on Race*, pp. 144 – 45.

2 Ibid., p. 32.

3 Matthew Francis, "How Albert Einstein Used His Fame to Denounce American Racism," *Smithsonian Magazine*, March 3, 2017.

4 Einstein to Peter Bucky, quoted in Jerome and Taylor, *Einstein on Race*, p. 151.

5 Ken Gewertz, "Albert Einstein, Civil Rights Activist," *Harvard Gazette*, April 12, 2007.

6 Jerome and Taylor, *Einstein on Race*, p. 88.

7 Ibid., p. 9.

8 Dedrick Asante-Muhammad et al., "The Ever Growing Gap," Institute for Policy Studies, August 2016.

9 Smith, *Less Than Human*, p. 16.

10 Ambedkar, *Annihilation of Caste*, p. 74.

11 Francis, "How Albert Einstein Used His Fame to Denounce American Racism"; Jerome and Taylor, *Einstein on Race*, p. 144.

카스트

1판 1쇄 인쇄 2022년 4월 8일
1판 1쇄 발행 2022년 4월 25일

지은이 이저벨 윌커슨
옮긴이 이경남

발행인 양원석 **편집장** 박나미 **책임편집** 이정미
디자인 신자용, 김미선 **영업마케팅** 조아라, 신예은, 이지원, 김보미

펴낸 곳 ㈜알에이치코리아
주소 서울시 금천구 가산디지털2로 53, 20층(가산동, 한라시그마밸리)
편집문의 02-6443-8827 **도서문의** 02-6443-8800
홈페이지 http://rhk.co.kr
등록 2004년 1월 15일 제2-3726호

ISBN 978-89-255-7836-1 (03330)